计算机技术入门丛书

信息技术前沿

张凯　张雯婷 ◎ 主编

清华大学出版社
北京

内 容 简 介

本书系统介绍当前比较热门的信息技术及其前沿,以拓展学生专业视野。全书共 10 章,内容包括信息与信息系统、物联网技术、移动互联网技术、云计算技术、大数据技术、人工智能技术、区块链、信息安全、生物计算、新技术及其应用。

本书内容完整、深入浅出、通俗易懂,可作为一般院校或高职高专信息技术类相关专业"信息技术前沿"选修课的教材,也可作为部分 211 大学该课程的教材,还是相关专业技术人员和信息技术爱好者不可多得的参考书。

本书封面贴有清华大学出版社防伪标签,无标签者不得销售。
版权所有,侵权必究。举报: 010-62782989,beiqinquan@tup.tsinghua.edu.cn。

图书在版编目(CIP)数据

信息技术前沿/张凯,张雯婷主编. —北京:清华大学出版社,2024.1
(计算机技术入门丛书)
ISBN 978-7-302-65359-2

Ⅰ. ①信… Ⅱ. ①张… ②张… Ⅲ. ①信息技术-研究 Ⅳ. ①G202

中国国家版本馆 CIP 数据核字(2024)第 012239 号

责任编辑:闫红梅 薛 阳
封面设计:刘 键
责任校对:王勤勤
责任印制:宋 林

出版发行:清华大学出版社
  网　　址:https://www.tup.com.cn,https://www.wqxuetang.com
  地　　址:北京清华大学学研大厦 A 座　　邮　　编:100084
  社 总 机:010-83470000　　邮　　购:010-62786544
  投稿与读者服务:010-62776969,c-service@tup.tsinghua.edu.cn
  质量反馈:010-62772015,zhiliang@tup.tsinghua.edu.cn
  课件下载:https://www.tup.com.cn,010-83470236
印 装 者:小森印刷霸州有限公司
经　　销:全国新华书店
开　　本:185mm×260mm　　印　张:15.25　　字　数:373 千字
版　　次:2024 年 1 月第 1 版　　印　次:2024 年 1 月第 1 次印刷
印　　数:1～1500
定　　价:49.00 元

产品编号:098693-01

前言 PREFACE

2010年，作者曾经在清华大学出版社出版教材《计算机科学技术前沿选讲》，读者对其反映良好。但该书年代久远，技术过时，且技术范围相对狭窄。2022年，清华大学出版社提出了"升级"《计算机科学技术前沿选讲》一书的建议，其想法与作者不谋而合。由于目前市面上这类教材较少，作为一名高校计算机专业的教师，与同行一样，深感该课程教学不便，于是作者便有了编撰《信息技术前沿》一书的计划。

由于信息技术发展较快，在2017版《普通高等院校本科专业目录》计算机类（专业代码0809）下新增了很多专业。作者认为，本书的内容定位不应该过于狭窄，其适用范围应该相对宽泛，能与计算机科学与技术、软件工程、网络工程、信息安全、物联网工程、数据科学与大数据技术、人工智能、电子信息科学与技术、信息工程、信息与计算科学、通信工程、信息管理与信息系统、信息资源管理、电子商务、数字媒体技术等专业的本专科教学相配套。

据了解，目前该课程的教学大致存在三种情况：一是国内"顶尖"大学，比如清华大学和北京大学等排行靠前的高校，其院士、杰出青年、长江学者或著名教授可以轻松解决问题；二是985或211高校，其高水平师资力量也可以通过"轮番上阵"的方式解决问题，但211信息技术实力偏弱的高校，在讲授这门课时就存在一些困难；三是一般院校或高职高专院校，由于师资力量有限，在开设这门课程时则更困难。《信息技术前沿》的主要目的是帮助一般院校以及高职高专院校解决该课程的教学问题。如果211高校老师愿意选择本书作为教材，可根据自身的情况调整教学内容。

本书主要由中南财经政法大学计算机系张凯教授编写，张雯婷博士参与了第2章和第5章部分内容的编写和全书的文字校对工作。在本书的编写过程中，参考和引用了大量国内外的著作、论文和研究报告，由于篇幅有限，各章节仅列举了主要文献。作者向所有被参考和引用论著的作者表示由衷的感谢，他们的辛勤劳动成果为本书提供了丰富的资料。如果有的资料因疏忽或没有查到出处而未列出，请原作者原谅，并告知我们，以便于在再版时补上。

《信息技术前沿》一书是对本、专科信息技术前沿技术教学的一种探索，不足之处在所难免，欢迎读者提出宝贵意见。

读者可从清华大学出版社教学平台下载本书课件、教学计划、教学进度表、电子教案、考试题等配套资源，如果还有其他特殊需要，请直接与张凯联系（zhangkai@zuel.edu.cn），我们将尽量满足您的愿望。

张 凯
2023年10月15日

目录 CONTENTS

第1章 信息与信息系统 ··· 1
 1.1 信息和信息技术 ··· 1
  1.1.1 信息定义及特性 ··· 1
  1.1.2 信息处理、信息处理系统和信息技术 ························ 3
 1.2 信息通信技术 ··· 4
  1.2.1 通信系统 ·· 4
  1.2.2 通信技术 ·· 7
  1.2.3 通信介质 ·· 9
  1.2.4 无线电通信 ··· 10
 1.3 计算机信息系统 ··· 12
  1.3.1 计算机信息系统的定义和特点 ································· 12
  1.3.2 计算机信息系统的结构和功能 ································· 13
  1.3.3 计算机信息系统类型 ··· 14
  1.3.4 计算机信息系统的发展趋势 ···································· 16
 1.4 典型信息系统介绍 ·· 18
  1.4.1 电子商务与电子政务 ··· 18
  1.4.2 远程教育与远程医疗 ··· 19
  1.4.3 数字图书馆与智慧图书馆 ······································· 22
  1.4.4 CIMS 与智能制造 ·· 25
  1.4.5 数字地球与智慧地球 ··· 26
 思考题 ··· 27

第2章 物联网技术 ··· 29
 2.1 物联网概述 ··· 29
  2.1.1 物联网的基本概念 ··· 29
  2.1.2 物联网发展历程及国内外现状 ································ 30
  2.1.3 物联网与互联网的区别 ··· 34
 2.2 物联网关键技术 ··· 35
  2.2.1 物联网三层体系结构 ··· 35

2.2.2　物联网感知层关键技术 …………………………………………… 36
　　　2.2.3　物联网网络层关键技术 …………………………………………… 38
　　　2.2.4　物联网应用层关键技术 …………………………………………… 41
　2.3　物联网主要应用领域 ……………………………………………………… 43
　　　2.3.1　物联网技术应用 …………………………………………………… 43
　　　2.3.2　信息物理系统 ……………………………………………………… 47
　　　2.3.3　物联网技术未来发展趋势 ………………………………………… 49
　思考题 ……………………………………………………………………………… 50

第3章　移动互联网技术 ……………………………………………………………… 51
　3.1　移动互联网概述 …………………………………………………………… 51
　　　3.1.1　移动互联网的基本概念 …………………………………………… 51
　　　3.1.2　移动互联网的特征 ………………………………………………… 52
　　　3.1.3　移动互联网的发展历程 …………………………………………… 52
　　　3.1.4　5G关键技术和主要优势 …………………………………………… 53
　　　3.1.5　6G关键技术和主要优势 …………………………………………… 56
　3.2　移动互联网的关键技术 …………………………………………………… 59
　　　3.2.1　SOA面向服务架构 ………………………………………………… 59
　　　3.2.2　Web 2.0的特点 …………………………………………………… 61
　　　3.2.3　HTML5的新特性 …………………………………………………… 62
　　　3.2.4　Android的系统架构 ……………………………………………… 63
　　　3.2.5　iOS的系统架构 …………………………………………………… 65
　3.3　移动互联网的应用领域 …………………………………………………… 68
　　　3.3.1　移动互联网的应用 ………………………………………………… 68
　　　3.3.2　移动互联网未来发展趋势 ………………………………………… 68
　思考题 ……………………………………………………………………………… 69

第4章　云计算技术 …………………………………………………………………… 70
　4.1　云计算概述 ………………………………………………………………… 70
　　　4.1.1　云计算的基本概念 ………………………………………………… 70
　　　4.1.2　云计算产生的历史背景 …………………………………………… 71
　　　4.1.3　云计算的优势 ……………………………………………………… 72
　4.2　云计算的相关技术 ………………………………………………………… 73
　　　4.2.1　分布式计算 ………………………………………………………… 73
　　　4.2.2　服务器刀片化 ……………………………………………………… 74
　　　4.2.3　虚拟化技术 ………………………………………………………… 75
　　　4.2.4　虚拟计算 …………………………………………………………… 77
　　　4.2.5　雾计算 ……………………………………………………………… 78
　　　4.2.6　边缘计算 …………………………………………………………… 80

4.3　云计算的技术应用 ·· 81
　　　4.3.1　公有云、私有云和混合云 ·· 81
　　　4.3.2　IaaS、PaaS 和 SaaS ··· 84
　　　4.3.3　国内外主流云服务平台 ·· 85
　思考题 ··· 95

第 5 章　大数据技术 ·· 96

　5.1　大数据概述 ·· 96
　　　5.1.1　大数据产生背景及基本概念 ··· 96
　　　5.1.2　大数据发展历程 ··· 97
　5.2　大数据的关键技术 ·· 98
　　　5.2.1　Hadoop 等大数据技术 ··· 98
　　　5.2.2　爬虫、清洗等技术与工具 ·· 102
　　　5.2.3　大数据分析、挖掘及可视化技术 ·· 106
　　　5.2.4　大数据管理 ··· 109
　5.3　大数据主要应用领域 ·· 112
　　　5.3.1　大数据典型应用 ··· 112
　　　5.3.2　数据中心及其智能化 ·· 112
　　　5.3.3　大数据未来发展趋势 ·· 113
　思考题 ··· 114

第 6 章　人工智能技术 ·· 116

　6.1　人工智能概述 ··· 116
　　　6.1.1　人工智能的定义 ··· 116
　　　6.1.2　人工智能派系之争 ·· 116
　　　6.1.3　人工智能发展历程 ·· 117
　6.2　人工智能技术分类 ·· 117
　　　6.2.1　机器学习 ··· 117
　　　6.2.2　人工神经网络与深度学习 ·· 118
　　　6.2.3　自然语言处理与情感分析 ·· 121
　　　6.2.4　计算机视觉 ·· 123
　　　6.2.5　智能数据挖掘 ··· 124
　　　6.2.6　算法对经济的影响 ·· 126
　　　6.2.7　机器人的新技术 ··· 128
　　　6.2.8　自主系统 ··· 129
　6.3　人工智能主要应用领域 ·· 131
　　　6.3.1　国内外常用人工智能平台 ·· 131
　　　6.3.2　人工智能应用 ··· 132
　　　6.3.3　人工智能未来发展趋势 ··· 134

思考题 ··· 135

第 7 章 区块链 ·· 136

7.1 区块链概述 ·· 136
7.1.1 区块链的基本概念 ··· 136
7.1.2 区块链的技术、特点及其价值 ································· 137
7.1.3 区块链的发展历程 ··· 138

7.2 典型区块链技术介绍 ·· 139
7.2.1 以太坊技术框架 ·· 139
7.2.2 超级账本 Fabric 技术框架 ······································ 143

7.3 区块链主要应用领域 ·· 145
7.3.1 区块链的行业应用 ··· 145
7.3.2 区块链未来发展趋势 ··· 147

7.4 相关技术应用 ·· 149
7.4.1 数字货币 ·· 149
7.4.2 中国现代化支付系统 ··· 150
7.4.3 电子支付 ·· 151
7.4.4 国际资金清算系统 ··· 153

思考题 ··· 155

第 8 章 信息安全 ·· 156

8.1 信息安全概述 ·· 156
8.1.1 信息安全威胁 ··· 156
8.1.2 信息安全定义 ··· 157
8.1.3 信息安全属性 ··· 158
8.1.4 信息安全体系 ··· 160
8.1.5 信息安全发展史 ·· 161

8.2 信息安全技术 ·· 164
8.2.1 物理与设备安全 ·· 164
8.2.2 网络安全 ·· 166
8.2.3 软件系统安全 ··· 167

8.3 信息安全典型应用 ··· 169
8.3.1 物联网安全 ··· 169
8.3.2 大数据安全 ··· 171
8.3.3 云计算安全 ··· 172
8.3.4 量子通信 ·· 173
8.3.5 信息对抗 ·· 174
8.3.6 国家网络空间安全 ··· 176
8.3.7 黑客与有组织攻击 ··· 177

8.3.8　暗网 ··· 180
　思考题 ··· 182

第 9 章　生物计算 ··· 183

　9.1　生物信息技术 ··· 183
　　　9.1.1　演化计算 ·· 183
　　　9.1.2　生物信息学 ·· 185
　　　9.1.3　生物计算机与 DNA 计算机 ·· 187
　　　9.1.4　生物芯片 ·· 188
　　　9.1.5　人工生命与人工社会 ·· 190
　9.2　生物信息技术应用 ··· 192
　　　9.2.1　生物识别技术 ··· 192
　　　9.2.2　脑机接口 ·· 194
　　　9.2.3　大脑思维下载与上载 ·· 196
　思考题 ··· 199

第 10 章　新技术及其应用 ··· 200

　10.1　微观硬件新技术 ··· 200
　　　10.1.1　石墨烯及其应用 ·· 200
　　　10.1.2　纳微器件及其应用 ··· 202
　　　10.1.3　芯片设计与封装技术 ·· 204
　　　10.1.4　芯片智能趋势 ·· 206
　　　10.1.5　芯片产业现状与展望 ·· 208
　10.2　宏观硬件新技术 ··· 210
　　　10.2.1　超级计算机 ··· 210
　　　10.2.2　算力与国家间竞争 ··· 212
　　　10.2.3　虚拟币与挖矿 ·· 214
　　　10.2.4　量子计算机 ··· 215
　10.3　软件新技术应用 ··· 219
　　　10.3.1　操作系统的发展趋势 ·· 219
　　　10.3.2　Web 3.0 ·· 222
　　　10.3.3　硬件软化技术 ·· 224
　　　10.3.4　增强现实 ·· 226
　　　10.3.5　数字孪生与元宇宙技术 ·· 228
　　　10.3.6　ChatGPT 与大模型 ··· 230
　思考题 ··· 232

参考文献 ··· 234

信息与信息系统

本章将介绍信息和信息技术、信息通信技术、计算机信息系统和典型信息系统。通过本章的学习,学生可了解信息的定义及其特性、信息处理、信息处理系统、信息技术、通信系统、通信技术、通信介质、无线电通信、计算机信息系统的定义及其特点、计算机信息系统的结构与功能、计算机信息系统类型、计算机信息系统的发展趋势、电子商务、电子政务、远程教育、远程医疗、数字图书馆、智慧图书馆、CIMS、智能制造、数字地球、智慧地球等知识。

1.1 信息和信息技术

1.1.1 信息定义及特性

1. 信息的定义

信息、物质与能源是人类社会的三大资源,是推进人类社会发展的三大要素。其中,物质为社会提供所需的物质基础,能源为社会提供能量和动力,而信息则为社会提供思维、知识和决策。三者的有机结合和相辅相成,才使人类社会若江河奔腾,不断地向前发展。然而,目前学术界对信息仍无统一的定义。

1928 年,哈特莱(L. R. V. Hartley)在《贝尔系统电话》杂志上发表一篇题为《信息传输》的论文,区分了消息和信息。他认为"信息是指有新内容、新知识的消息",将信息理解为选择通信符号的方式,并用选择的自由度来计算这种信息的大小。

1975 年,意大利学者郎高(G. Longo)出版了专著《信息论:新的趋势与未决问题》,并在序言中指出"信息是反映事物的形成、关系和差别的东西,它包含在事物的差异之中,而不是在事物本身。"

1996 年,中国学者钟义信在《信息科学原理》中详尽阐述信息概念。他指出,在信息概念的诸多层次中,最重要的两个层次一个是没有任何约束条件的本体论层次,另一个是受主体约束的认识论层次。从本体论的层次上考察,信息可被定义为"事物运动的状态以及它的状态改变的方式"。在此,"事物"泛指一切可能的研究对象,包括外部世界的物质客体和主观世界的精神现象;"运动"泛指一切意义上的变化,包括机械运动、物理运动、化学运动、生物运动、思维运动和社会运动等;"运动方式"是指事物运动在时间上所呈现的过程和规律;"运动状态"则是事物运动在空间上所展示的性状与态势。由于宇宙间一切事物都在运动,都有一定的运动状态和状态改变的方式,因而一切事物都在产生信息。从认识论的角度考察,信息是主体所感知或者主体所描述的事物运动状态及其变化的方式。认识论层次的信息概念内涵:①语法信息。由于主体具有观察力,能够感知事物运动状态及其变化方式的外在形式,由此获得的信息可称为语法信息。②语义信息。由于主体具有理解力,能够领悟事物运动状态及其变化方式的逻辑含义,由此获得的信息可称为语义信息。③语用信息。由于主体具有明确的目的性,能够判断事物运动状态及其变化方式带来的效用,由此获得的信息可称为语用信息。语法信息、语义信息、语用信息三者综合在一起构成认识论层次上的全部信息,即全信息。

2. 信息的特性

信息的特性,是指信息区别于其他事物的本质属性。信息的基本特性主要有普遍性、时效性、相对性、与物质不可分割性、可传递和干扰性、可加工性和可共享性等。

(1) 普遍性。信息是事物运动的状态和方式。只要有事物存在,就会有其运动的状态和方式,就存在着信息。因此,信息是普遍存在着的。

(2) 时效性。客观事物本身都在不停地运动变化,信息是事物运动的状态和方式,因此,信息也在不断发展更新。因此,信息的存在有一定的时效性,在获取与利用信息时必须树立时效观念。

(3) 相对性。客观上信息是无限的,但相对于认知主体来说,人们实际获得的信息总是有限的。由于不同认知主体有着不同的感知能力,对同一事物获得的信息是因人而异的。

(4) 与物质不可分割性。信息本身是看不见、摸不着的,它必须依附于一定的物质形式(如纸张、声波、电磁波、化学材料、磁性材料等)之上,不可能脱离物质单独存在。我们把这些以承载信息为主要任务的物质形式称为信息的载体。信息没有语言、文字、图形图像、符号等记录手段便不能表述,没有物质载体便不能存储和传播,但其内容并不因记录手段或物质载体的改变而发生变化。

(5) 可传递和干扰性。信息能够通过多种渠道、采用多种方式进行传递。信息从时间或空间上的某一点向其他点移动的过程称为信息传递。信息传递要借助于一定的物质载体。一个完整的信息传递过程必须具备信源(信息发送方)、信宿(信息接收方)、信道(信息媒介,实现信息传递功能的载体)和信息四个基本要素。信道对信息传递有干扰和阻碍作用。我们把任何不属于信源原意而加之于其信号上的附加物都称为信息干扰。例如,噪声就是一种典型的干扰。产生噪声的因素很多,有传输设备发热引起的热噪声、不同频率的信号相干扰产生的调制噪声等。

(6) 可加工性。信息可以被分析或综合,扩充或浓缩,也就是说,人们可以对信息进行加工处理。所谓信息加工,是把信息从一种形式变换成另一种形式。

(7) 可共享性。信息可以被共同占有,共同享用,也就是说,信息在传递过程中不但可以被信源和信宿共同拥有,还可以被众多的信宿同时接收利用。

3. 信息的类型

根据表现形式,可将信息划分为消息、资料、数据和知识。消息是关于客观事物发展变化情况的最新报道。资料是客观事物的静态描述与社会现象的原始记录。数据是事实或观察的结果。在计算机系统中,数据以二进制0、1表示,可以是数字、符号、文字、声音、图像、视频等。知识是人类社会实践经验的总结,是人类发现、发明与创造的成果。

1.1.2 信息处理、信息处理系统和信息技术

1. 信息处理

信息处理包括信息采集、信息加工、信息存储、信息检索和信息服务等。

(1) 信息采集,是根据用户的特定需求或管理工作规划的需要,用科学方法收集、检索和获取特定信息的活动过程。信息采集是信息资源管理的首要环节,是开展信息服务的物质基础和保障。

(2) 信息加工,是指将采集来的大量原始信息进行筛选和判别、分类和排序、计算和研究、著录和标引、编目和组织而使之成为二次信息的活动。

(3) 信息存储,是指将经过科学加工处理后的信息资源(包括文件、图像、数据、报表、档案等),按照一定的规定记录在相应的信息载体上,并将这些载体按照一定特征和内容性质组织成系统化的检索体系。

(4) 信息检索,是根据特定用户在特定时间特定条件下的特定需求,运用某种检索工具,按照一定的检索过程、方法和技术,从各种各样的信息系统中查出所需的信息,生成用户所需要的信息资源的过程。

(5) 信息服务,是信息机构向用户按一定方式提供信息的过程。信息服务以用户为中心,与信息需求和信息提问有密切的关系。

2. 信息处理系统

信息处理系统(Information Processing System,IPS)是指运用现代信息处理技术,对企业的事务和基本信息进行加工处理,以提高事务处理的效率和自动化水平的信息系统。

信息处理系统是以计算机为基础的处理系统,由输入、输出、处理三部分组成,或者说由硬件(包括中央处理机、存储器、输入/输出设备等)、系统软件(包括操作系统、实用程序、数据库管理系统等)、应用程序和数据库所组成。一个信息处理系统是一个信息转换机构,有一组转换规则。

3. 信息技术

1) 信息技术的定义

信息技术(Information Technology,IT),是用于管理和处理信息所采用的各种技术的总称。它主要是应用计算机科学和通信技术来设计、开发、安装和使用信息系统及应用软件。它也常被称为信息和通信技术(Information and Communications Technology,ICT),主要包括传感技术、计算机与智能技术、通信技术和控制技术。

信息技术的应用包括计算机硬件和软件、网络和通信技术、应用软件开发工具等。计算机和互联网普及以来,人们日益普遍地使用计算机来生产、处理、交换和传播各种形式的信息(如书籍、商业文件、报刊、唱片、电影、电视节目、语音、图形、影像等)。

2) 新一代信息技术

《国务院关于加快培育和发展战略性新兴产业的决定》中列了七大国家战略性新兴产业体系,其中包括"新一代信息技术产业"。关于发展"新一代信息技术产业"的主要内容是:"加快建设宽带、泛在、融合、安全的信息网络基础设施,推动新一代移动通信、下一代互联网

核心设备和智能终端的研发及产业化,加快推进三网融合,促进物联网、云计算的研发和示范应用。着力发展集成电路、新型显示、高端软件、高端服务器等核心基础产业。提升软件服务、网络增值服务等信息服务能力,加快重要基础设施智能化改造。大力发展数字虚拟等技术,促进文化创意产业发展。"

1.2 信息通信技术

1.2.1 通信系统

1. 组成

实现信息传递所需的一切技术设备和传输媒质的总和称为通信系统。以基本的点对点通信为例,通信系统的组成(通常也称为一般模型)如图 1-1 所示。

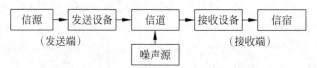

图 1-1 通信系统的一般模型

(1) 信源(信息源,也称发终端)的作用是把待传输的消息转换成原始电信号,如电话系统中电话机可看成是信源。信源输出的信号称为基带信号。基带信号是指没有经过调制(进行频谱搬移和变换)的原始电信号,其特点是信号频谱从零频附近开始,具有低通形式。根据原始电信号的特征,基带信号可分为数字基带信号和模拟基带信号,相应地,信源也分为数字信源和模拟信源。

(2) 发送设备的基本功能是将信源和信道匹配起来,即将信源产生的原始电信号(基带信号)变换成适合在信道中传输的信号。变换方式是多种多样的,在需要频谱搬移的场合,调制是最常见的变换方式。对传输数字信号来说,发送设备又常常包含信源编码和信道编码等。

(3) 信道是指信号传输的通道,可以是有线的,也可以是无线的,甚至还可以包含某些设备。图中的噪声源,是信道中的所有噪声以及分散在通信系统中其他各处噪声的集合。

(4) 在接收端,接收设备的功能与发送设备相反,即进行解调、译码和解码等。它的任务是从带有干扰的接收信号中恢复出相应的原始电信号来。

(5) 信宿(也称受信者或收终端)是将复原的原始电信号转换成相应的消息,如电话机将对方传来的电信号还原成了声音。

2. 通信系统分类

通信的目的是传递消息,按照不同的分法,通信可分成许多类别,下面介绍几种较常用的分类方法。

1) 按传输媒质分

按消息由一地向另一地传递时传输媒质的不同,通信可分为两大类:一类称为有线通信,另一类称为无线通信。有线通信是指传输媒质为架空明线、电缆、光缆和波导等形式的通信,其特点是媒质看得见,摸得着。无线通信是指传输消息的媒质为看不见、摸不着的媒质(如电磁波)的一种通信形式。通常,有线通信可进一步再分类,如明线通信、电缆通信、光缆通信等。无线通信常见的形式有微波通信、短波通信、移动通信、卫星通信、散射通信和激光通信等,其形式较多。

2) 按信道中所传信号的特征分

按照信道中传输的是模拟信号还是数字信号,可以相应地把通信系统分为模拟通信系统与数字通信系统。

3) 按工作频段分

按通信设备的工作频率不同,通信系统可分为长波通信、中波通信、短波通信和微波通信等。

4) 按调制方式分

根据是否采用调制,可将通信系统分为基带传输和频带(调制)传输。基带传输是将没有经过调制的信号直接传送,如音频市内电话;频带传输是对各种信号调制后再送到信道中传输的总称。

5) 按业务的不同分

按通信业务分,通信系统可分为话务通信和非话务通信。电话业务在电信领域中一直占主导地位,它属于人与人之间的通信。近年来,非话务通信发展迅速,它主要包括数据传输、计算机通信、电子信箱、电报、传真、可视图文及会议电视、图像通信等。另外,从广义的角度来看,广播、电视、雷达、导航、遥控和遥测等也应列入通信的范畴,因为它们都满足通信的定义。由于广播、电视、雷达、导航等的不断发展,它们已从通信中派生出来,形成了独立的学科。

6) 按通信者是否运动分

通信还可按收发信者是否运动分为移动通信和固定通信。移动通信是指通信双方至少有一方在运动中进行信息交换。

另外,通信还有其他一些分类方法,如按多地址方式可分为频分多址通信、时分多址通信、码分多址通信等,按用户类型可分为公用通信和专用通信,按通信对象的位置可分为地面通信、对空通信、深空通信和水下通信等。

3. 通信方式

从不同角度考虑问题,通信的工作方式通常有以下几种。

1) 按消息传送的方向与时间分

对于点对点之间的通信,按消息传送的方向与时间,通信方式可分为单工通信、半双工通信及全双工通信三种。

(1) 单工通信是指消息只能单方向进行传输的一种通信工作方式。单工通信的例子很多,如广播、遥控、无线寻呼等。这里,信号(消息)只从广播发射台、遥控器和无线寻呼中心分别传到收音机、遥控对象和 BP 机上。

(2) 半双工通信是指通信双方都能收发消息,但不能同时进行收和发的工作方式。对讲机、收发报机等都是这种通信方式。

(3) 全双工通信是指通信双方可同时双向传输消息的工作方式。在这种方式下,双方都可同时收发消息。很明显,全双工通信的信道必须是双向信道。生活中全双工通信的例子非常多,如普通电话、手机等。

2) 按数字信号排序方式分

在数字通信中,按照数字信号代码排列顺序的方式不同,可将通信方式分为串序传输和并序传输。

串序传输是将代表信息的数字信号序列按时间顺序一个接一个地在信道中传输的方式。如果将代表信息的数字信号序列分割成两路或两路以上的数字信号序列同时在信道上传输,则称为并序传输方式。

3) 按通信网络形式分

通信的网络形式通常可分为三种:两点间直通方式、分支方式和交换方式。

(1) 直通方式是通信网络中最为简单的一种形式,终端 A 与终端 B 之间是专用线路。

(2) 在分支方式中,它的每一个终端(A,B,C,…)经过同一信道与转接站相互连接。此时,终端之间不能直通信息,必须经过转接站转接,此种方式只在数字通信中出现。

(3) 交换方式是终端之间通过交换设备灵活地进行线路交换的一种方式,即把要求通信的两终端之间的线路接通(自动接通),或者通过程序控制实现消息交换,即通过交换设备先把发方传来的消息存储起来,然后再转发至收方。

4. 模拟通信系统

信道中传输模拟信号的系统称为模拟通信系统。模拟通信系统的组成可由一般通信系统模型略加改变而成。这里,一般通信系统模型中的发送设备和接收设备分别被调制器和解调器所代替。

对于模拟通信系统,它主要包含两种重要变换。一是把连续消息变换成电信号(发端信息源完成)和把电信号恢复成最初的连续消息(收端完成)。由信源输出的电信号(基带信号)具有频率较低的频谱分量,一般不能直接作为传输信号而送到信道中去。因此,模拟通信系统常有第二种变换,即将基带信号转换成适合信道传输的信号,这一变换由调制器完成;在收端同样需经相反的变换,由解调器完成。经过调制后的信号通常称为已调信号。已调信号有三个基本特性:一是携带消息,二是适合在信道中传输,三是频谱具有带通形式,且中心频率远离零频。因而已调信号又常称为频带信号。

1) 模拟调制

大多数待传输的信号具有较低的频率成分,称为基带信号。如果将基带信号直接传输,称为基带传输。但是,很多信道不适宜进行基带信号的传输,或者说,如果基带信号在其中传输,会产生很大的衰减和失真。因此,需要将基带信号进行调制,变换为适合信道传输的形式,调制是让基带信号 $m(t)$ 去控制载波的某个参数,使该参数按照信号 $m(t)$ 的规律变化的过程。载波可以是正弦波,也可以是脉冲序列,以正弦信号作为载波的调制称为连续波调制。

调制在通信系统中具有十分重要的作用,通过调制,可将消息信号的频谱搬移,使已调信号适合信道传输的要求,同时也有利于实现信道复用。例如,将多路基带信号调制到不同的载频上并行传输,实现信道的频分复用。

2) 模拟调制分类

(1) 幅度调制是用调制信号去控制高频载波的振幅,使其按调制信号规律变化的过程,常分为标准调幅、抑制载波双边带调制、单边带调制和残留边带调制等。

(2) 角度调制。一个正弦载波有幅度、频率、相位三个参量,因此,不仅可以把调制信号的信息寄托在载波的幅度变化中,还可以寄托在载波的频率和相位变化中。这种使高频载波的频率或相位按照调制信号规律变化而振幅恒定的调制方式,称为频率调制和相位调制,分别简称为调频和调相。因为频率或相位的变化都可以看成是载波角度的变化,故调频和调相又统称为角度调制。

1.2.2 通信技术

1. 信道的定义

信道一般有两种定义:狭义信道和广义信道。

通常把发送设备和接收设备之间用以传输信号的媒介定义为狭义信道。例如,架空明线、同轴电缆、双绞线、光缆、自由空间、电离层和对流层等都是狭义信道。

从研究消息传输的观点看,常常所关心的只是通信系统中的基本问题。因此,信道的范围还可以扩大,即除了传输媒介外,还可以包括有关的转换器,如天线、调制器、解调器等。通常将这种扩大了范围的信道称为广义信道。在讨论通信的一般原理时,通常采用的是广义信道。

2. 信道分类

狭义信道按具体媒介的不同类型可分为有线信道和无线信道。有线信道是指明线、对称电缆、同轴电缆和光缆等能够看得见的传输媒介。有线信道是现代通信网中最常用的信道之一。无线信道的传输媒介比较多,它包括短波电离层、对流层散射等。可以这样认为,凡不属于有线信道的媒介均为无线信道的媒介。无线信道的传输特性没有有线信道的传输特性稳定和可靠,但无线信道有方便、灵活、通信者可以移动等优点。

广义信道也可分为调制信道和编码信道。

调制信道是从研究调制与解调的基本问题出发来定义的,它是指从调制器输出端到解调器输入端的所有电路设备和传输媒介。调制信道可视为传输已调信号的一个整体,它希望知道已调信号经过传输后,在解调器输入端的信号特性,而不必考虑中间的变换过程。调制信道主要用来研究模拟通信系统的调制解调问题。

在数字通信系统中,如果仅着眼于研究编码和解码的问题,则可得到另一种广义信道,即编码信道。编码信道的范围是从编码器输出端至译码器输入端。编码信道可细分为无记忆编码信道和有记忆编码信道。从编译码的角度来看,编码器的输山和译码器的输入都是数字序列,在此之间的所有变换设备及传输媒介可用编码信道加以概括。

3. 信道容量的概念

信道容量是在特定约束下,给定信道从规定的源发送消息的能力度量,通常是在采用适当的代码,差错率在可接受范围下,以所能达到的最大比特率来表示。对于只有一个信源和一个信宿的单用户信道,它是一个数,单位是比特每秒或比特每信道符号。它代表每秒或每个信道符号能传送的最大信息量,或者说小于这个数的信息率必能在此信道中无错误地传送。

信道容量是信道的一个参数,反映了信道所能传输的最大信息量,其大小与信源无关。对不同的输入概率分布,交互信息一定存在最大值,将这个最大值定义为信道的容量。一旦转移概率矩阵确定以后,信道容量也就完全确定了。尽管信道容量的定义涉及输入概率分布,但信道容量的数值与输入概率分布无关。将不同的输入概率分布称为实验信源,对不同的实验信源,交互信息也不同。其中必有一个实验信源使交互信息达到最大,这个最大值就是信道容量。信道容量有时也表示为单位时间内可传输的二进制位的位数(称为信道的数据传输速率,位速率),以位/秒(b/s)的形式予以表示。

4. 多路复用技术

在实际通信中,信道上往往允许多路信号同时传输。解决多路信号同时传输问题就是信道复用问题。将多路信号在发送端合并后通过信道进行传输,然后在接收端分开并恢复为原始各路信号的过程称为复接和分接。从理论上讲,只要各路信号分量相互正交,就能实现信道的复用。常用的复用方式有频分复用、波分复用、时分复用和码分复用等。数字复接技术就是在多路复用的基础上把若干个小容量低速数据流合并成一个大容量的高速数据流,再通过高速信道传输,传到接收端再分开,完成这个数字大容量传输的过程,就是数字复接。

1) 频分多路复用

(1) 基本频分复用。频分多路复用是指将多路信号按频率的不同进行复接并传输的方法,多用于模拟通信中。在频分多路复用中,信道的带宽被分成若干个互不重叠的频段,每路信号占用其中一个频段,因而在接收端可采用适当的带通滤波器将多路信号分开,从而恢复出所需要的原始信号,这个过程就是多路信号的复接和分接。频分复用实质上就是每个信号在全部时间内占用部分频率谱。

(2) 正交频分复用(OFDM)。OFDM是多载波数字调制技术,它将数据经编码后调制为射频信号。不像常规的单载波技术,如AM/FM(调幅/调频)在某一时刻只用单一频率发送单一信号,OFDM在经过特别计算的正交频率上同时发送多路高速信号。这一结果就如同在噪声和其他干扰中突发通信一样有效利用了带宽。正交频分复用作为一种多载波传输技术,主要应用于数字视频广播系统、多信道多点分布服务、WLAN服务以及下一代陆地移动通信系统。

2) 时分多路复用

在数字通信系统中,模拟信号的数字传输或数字信号的多路传输一般都采用时分多路复用方式来提高系统的传输效率。

3) 时分复用的PCM(Pulse Code Modulation,脉冲编码调制)系统

由对信号的抽样过程可知,抽样的一个重要特点是信号占用时间的有限性,这就可以使得多路信号的抽样值在时间上互不重叠。

当多路信号在信道上传输时,各路信号的抽样只是周期地占用抽样间隔的一部分。因此,在分时使用信道的基础上,可以用一个信源信息相邻样值之间的空闲时间区段来传输其他多个彼此无关的信源信息,这样便构成了时分多路复用通信。

4) 数字复接技术

随着通信技术的发展,数字通信的容量不断增大。目前,PCM通信方式的传输容量已由一次群(PCM30/32路或PCM24路)扩大到二次群、三次群、四次群及五次群,甚至更高速率的多路系统。扩大数字通信容量,形成二次群以上的高次群的方法通常有PCM复用和数字复接两种。

5. 交换技术

交换可以理解为一部电话与另一部电话通信，需要将其连通起来。如果从资源分配的角度出发，交换就是按照以下三种方式动态地分配传输线路资源。

(1) 电路交换。电路交换是面向连接的，即先连接再通信。电路交换是基于位置的。由于以上两个特性，采用电路交换的方式传送计算机数据效率会很低，这是因为计算机传输数据拥有极高的不可控性（即突发性高），导致通信线路的利用率低。

(2) 分组交换。在发送端把较长的数据段划分成较短的、固定长度的数据段，并在每个数据段前面添加首部构成分组。而交换网络就以"分组"为数据传输单元。"分组"到达接收端后会被提取出数据段并将多个数据段还原成报文。分组首部的重要性：每一个分组的首部都含有目的地地址等控制信息。地址决定分组交换网中的结点交换机根据收到的分组的首部中的地址信息，把分组转发到下一个结点交换机。主机向网络发送分组，中间会有路由器暂时存储，随后路由器查找转发表，找出目的地址或下一跳路由器，并从对应的端口转发该分组。

(3) 报文交换。基于存储转发原理，时间延迟较长，目前较少使用。

1.2.3 通信介质

网络传输介质是指在网络中传输信息的载体，常用的传输介质分为有线传输介质和无线传输介质两大类。不同的传输介质，其特性也各不相同，它们不同的特性对网络中数据通信质量和通信速度有较大影响。

1. 有线传输介质

有线传输介质是指在两个通信设备之间实现的物理连接部分，它能将信号从一方传输到另一方。有线传输介质主要有双绞线、同轴电缆和光纤。双绞线和同轴电缆传输电信号，光纤传输光信号。

(1) 双绞线：由两条互相绝缘的铜线组成，其典型直径为1mm。这两条铜线拧在一起，就可以减少邻近线对电气的干扰。双绞线既能用于传输模拟信号，也能用于传输数字信号，其带宽决定于铜线的直径和传输距离。但是许多情况下，几千米范围内的传输速率每秒可以达到几兆比特。由于性能较好且价格便宜，双绞线得到广泛应用。双绞线可以分为非屏蔽双绞线和屏蔽双绞线两种，屏蔽双绞线性能优于非屏蔽双绞线。双绞线共有6类，其传输速率为4~1000Mb/s。

(2) 同轴电缆：它比双绞线的屏蔽性要更好，因此在更高速度上可以传输得更远。它以硬铜线为芯（导体），外包一层绝缘材料（绝缘层），这层绝缘材料再用密织的网状导体环绕构成屏蔽，其外又覆盖一层保护性材料（护套）。同轴电缆的这种结构使它有更高的带宽和极好的噪声抑制特性。1km的同轴电缆可以达到1~2Gb/s的数据传输速率。

(3) 光纤：它是由纯石英玻璃制成的。纤芯外面包围着一层折射率比芯纤低的包层，包层外是一塑料护套。光纤通常被扎成束，外面有外壳保护。光纤的传输速率可达100Gb/s。

2. 无线传输介质

无线传输介质有无线电波、红外线、微波、卫星和激光等。在局域网中，通常只使用无线电波和红外线作为传输介质。无线传输介质通常用于广域互联网的广域链路的连接。无线传输的优点在于安装、移动以及变更都较容易,不会受到环境的限制。但信号在传输过程中容易受到干扰和被窃取,且初期的安装费用较高。

(1) 微波传输。微波是频率为 $10^8 \sim 10^{10}$ Hz 的电磁波。在 100MHz 以上,微波就可以沿直线传播,因此可以集中于一点。通过抛物线状天线把所有的能量集中于一小束,便可以防止他人窃取信号和减少其他信号对它的干扰,但是发射天线和接收天线必须精确地对准。由于微波沿直线传播,所以如果微波塔相距太远,地表就会挡住去路。因此,隔一段距离就需要一个中继站。微波塔越高,传的距离越远。微波通信被广泛用于长途电话通信、监察电话、电视传播和其他方面的应用。

(2) 红外线。红外线是频率为 $10^{12} \sim 10^{14}$ Hz 的电磁波。无导向的红外线被广泛用于短距离通信。电视、录像机使用的遥控装置都利用了红外线装置。红外线有一个主要缺点:不能穿透坚实的物体。但正是由于这个原因,一间房屋里的红外系统不会对其他房间里的系统产生串扰,所以红外系统防窃听的安全性要比无线电系统好。正因为此,应用红外系统不需要得到政府的许可。

(3) 激光传输。激光传输通过装在楼顶的激光装置来连接两栋建筑物里的 LAN。由于激光信号是单向传输,因此每栋楼房都得有自己的激光以及测光的装置。激光传输的缺点之一是不能穿透雨和浓雾,但是在晴天里可以工作得很好。

1.2.4 无线电通信

1. 微波通信

波长在 0.1mm~1m 的电磁波称为微波。该波长段电磁波所对应的频率范围是 300MHz~3000GHz。在现代通信技术中,微波通信占有非常重要的作用。近年来,微波通信在许多领域都得到了广泛的应用,如移动通信、卫星通信等。凡是处于 300MHz~3000GHz 频段内的通信,都可称为微波通信。微波按波长不同可分为分米波、厘米波、毫米波及亚毫米波,分别对应于特高频 UHF(0.3~3GHz)、超高频 SHF(3~30GHz)、极高频 EHF(30~300GHz)及至高频 THF(300GHz~3THz)。微波通信系统由发信机、收信机、天馈线系统、多路复用设备及用户终端设备等组成。

2. GSM 通信系统

全球移动通信系统(Global System of Mobile communication,GSM)是当前应用最为广泛的移动电话标准,是由欧洲电信标准组织 ETSI 制定的一个数字移动通信标准。它的空中接口采用时分多址技术。自 20 世纪 90 年代中期投入商用以来,已被全球超过一百个国家采用。GSM 标准的设备占据当前全球蜂窝移动通信设备市场份额 80% 以上。GSM 是一个蜂窝网络,也就是说,移动电话要连接到它能搜索到的最近的蜂窝单元区域。GSM 网络运行在多个不同的无线电频率上,如图 1-2 所示。

3. 5G 通信

5G 是第 5 代移动通信网络,其峰值理论传输速度可达每秒数吉比特,比 4G 网络的传输速度快数百倍。5G 网络不仅支持智能手机,还支持智能手表、健身腕带、智能家庭设备如鸟巢式室内恒温器等。5G 具体特征如下:①传输速率。5G 网络已成功在 28GHz 波段下达到了 1Gb/s。②智能设备。5G 网络中看到的最大改进之处是它能够灵活支持各种不同

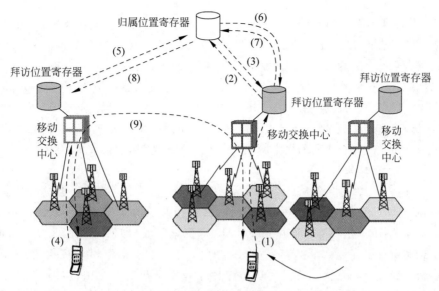

图 1-2 GSM 通信系统

的设备,除了支持手机和平板电脑外,5G 网络还将支持可佩戴式设备。在一个给定的区域内可支持无数台设备。③网络连接。5G 网络改善端到端性能将是另一个重大的课题。端到端性能是指智能手机的无线网络与搜索信息的服务器之间保持连接的状况。

4. 卫星通信

卫星通信系统实际上也是一种微波通信,它以卫星作为中继站转发微波信号,在多个地面站之间通信,其主要目的是实现对地面的"无缝隙"覆盖。由于卫星工作于几百、几千甚至上万千米的轨道上,因此覆盖范围远大于一般的移动通信系统。卫星通信系统由卫星端、地面端、用户端三部分组成。卫星端在空中起中继站的作用,即把地面站发上来的电磁波放大后再返送回另一地面站,卫星星体又包括星载设备和卫星母体两大子系统。地面站则是卫星系统与地面公众网的接口,地面用户也可以通过地面站出入卫星系统形成链路,地面站还包括地面卫星控制中心,及其跟踪、遥测和指令站。用户端即各种用户终端,如图 1-3 所示。

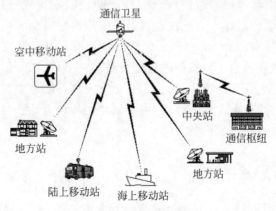

图 1-3 卫星通信系统

从 20 世纪 80 年代开始,西方很多公司开始意识到未来覆盖全球、面向个人的无缝隙通信,所谓的个人通信全球化的巨大需求,相继发展以中、低轨道的卫星星座系统为空中转接平台的卫星移动通信系统,开展卫星移动电话、卫星直播或卫星数字音频广播、互联网接入以及高速、宽带多媒体接入等业务。已经实施的项目包括:铱星(Iridium)系统、Globalstar系统、ORBCONN系统、信使系统(俄罗斯)等。以下给出其中几种成功案例。

(1) 铱星(Iridium)系统。铱星系统属于低轨道卫星移动通信系统,由Motorola提出并主导建设,由分布在6个轨道平面上的66颗卫星组成。这些卫星均匀地分布在6个轨道面上,轨道高度为780km。主要为个人用户提供全球范围内的移动通信,采用地面集中控制方式,具有星际链路、星上处理和星上交换功能。其技术先进,但商业上较为失败,一是目标用户不明确,二是成本高昂。

(2) Globalstar系统。Globalstar系统设计简单,既没有星际电路,也没有星上处理和星上交换功能,仅定位为地面蜂窝系统的延伸,从而扩大了地面移动通信系统的覆盖,降低了系统投资与技术风险。Globalstar系统由48颗卫星组成,均匀分布在8个轨道面上,轨道高度为1389km。

(3) 星链(Starlink)系统。它是美国太空探索技术公司的一个项目,即2019—2024年在太空搭建由约1.2万颗卫星组成的"星链"网络提供互联网服务,其中1584颗将部署在地球上空550km处的近地轨道。随后,该公司将卫星增加到4.2万颗。2021年3月11日,该公司发射了60颗"星链"互联网卫星,5月5日又发射了60颗卫星,5月15日发射了52颗卫星,9月13日51颗卫星被送入轨道。

(4) 北斗卫星导航系统。它是我国自行研制的全球卫星导航系统,也是继GPS(美国)、GLONASS(俄罗斯)之后的第三个成熟的卫星导航系统。第四个卫星导航系统是欧盟的GALILEO(伽利略卫星定位系统)。北斗卫星导航系统由空间段、地面段和用户段三部分组成,可在全球范围内全天候、全天时为各类用户提供高精度、高可靠定位、导航、授时服务,并且具备短报文通信能力,已经初步具备区域导航、定位和授时能力,定位精度为分米、厘米级别,测速精度为0.2m/s,授时精度为10ns。

5. 红外线通信

红外线通信是一种利用红外线传输信息的通信方式,可传输语言、文字、数据、图像等信息。传输角度有一定限制。红外线具有容量大、保密性强、抗电磁干扰性能好、设备结构简单、体积小、重量轻、价格低等优点;但在大气信道中传输时易受气候影响。红外线波长范围为 $0.70\mu m \sim 1mm$,其中,$300\mu m \sim 1mm$ 区域的波也称为亚毫米波。大气对红外线辐射传输的影响主要是吸收和散射。低功率的近红外线(波长为 $0.72 \sim 1.5\mu m$)传送信号,对人体健康尤其对人的眼睛无任何伤害作用,也不会干扰飞机与陆地之间的无线电通信。其工作过程是:音频信号先被转换成数字信号,再调制在红外线上,通过特制的红外线发射器,使载有音频信号的红外线充满室内的每一个角落。

1.3 计算机信息系统

1.3.1 计算机信息系统的定义和特点

1. 定义

计算机信息系统是20世纪80年代创立的一门新学科,其概念至今尚无统一的定义。

国内外相关定义很多,其中以下3个比较有代表性。

定义1 计算机信息系统是一个具有高度复杂性、多元性和综合性的人机系统,它全面使用现代计算机技术、网络通信技术、数据库技术以及管理科学、运筹学、统计学、模型论和各种最优化技术,为经营管理和决策服务。

定义2 计算机信息系统是一个由人、计算机等组成的能进行管理信息收集、传递、储存、加工、维护和使用的系统。计算机信息系统能实测企业的各种运行情况,利用过去的数据预测未来,从全局出发辅助企业进行决策,利用信息控制企业的行为,帮助企业实现其规划目标。

定义3 计算机信息系统是一个能对管理者提供帮助的基于计算机的人机系统,它也是一个社会系统,以社会为大背景,将科学理论转向社会实践,将技术方法转向使用这些技术的组织与人,从系统本身转向系统与组织、环境的交互作用。

2. 特点

(1) 面向管理决策。计算机信息系统是继管理学的思想方法、管理与决策的行为理论之后的一个重要发展,它是一个为管理决策服务的信息系统,它必须能够根据管理的需要,及时提供所需要的信息,帮助决策者做出决策。

(2) 综合性。从广义上说,计算机信息系统是一个对组织进行全面管理的综合系统。一个组织在建设计算机信息系统时,可根据需要逐步应用个别领域的子系统,然后进行综合,最终达到应用计算机信息系统进行综合管理的目标。计算机信息系统综合的意义在于产生更高层次的管理信息,为管理决策服务。

(3) 人机系统。计算机信息系统的目的在于辅助决策,而决策只能由人来做,因而计算机信息系统必然是一个人机结合的系统。在计算机信息系统中,各级管理人员既是系统的使用者,又是系统的组成部分,因而,在计算机信息系统开发过程中,要根据这一特点,正确界定人和计算机在系统中的地位和作用,充分发挥人和计算机各自的长处,使系统整体性能达到最优。

(4) 现代管理方法和手段相结合的系统。人们在计算机信息系统应用的实践中发现,只简单地采用计算机技术提高处理速度,而不采用先进的管理方法,计算机信息系统的应用仅仅是用计算机系统仿真原手工管理系统,充其量只是减轻了管理人员的劳动,其作用的发挥十分有限。计算机信息系统要发挥其在管理中的作用,就必须与先进的管理手段和方法结合起来,在开发计算机信息系统时,融进现代化的管理思想和方法。

(5) 多学科交叉的边缘科学。计算机信息系统作为一门新的学科,产生较晚,其理论体系尚处于发展和完善的过程中。早期的研究者从计算机科学与技术、应用数学、管理理论、决策理论、运筹学等相关学科中抽取相应的理论,构成计算机信息系统的理论基础,从而形成一门有着鲜明特色的边缘科学。

1.3.2 计算机信息系统的结构和功能

1. 功能性结构

目前,对计算机信息系统的结构描述尚无统一的模式。计算机信息系统并不是与一个组织的其他系统相分离的特殊实体,它是企业信息系统的核心,贯穿于企业管理的全过程,同时又覆盖了管理业务的各个层面,因而其结构也必然是一个包含各种子系统的广泛结构。图 1-4 是计算机信息系统的结构矩阵。纵向概括了基于管理任务的系统层次结构;横向从管理的组织和职能上概括了计算机信息系统的组成。

图 1-4 功能子系统和管理活动矩阵

2. 层次结构

计算机信息系统的任务在于支持管理业务,因而可以按照管理任务的层次进行分层。管理任务的层次如表 1-1 所示。

表 1-1 管理任务的层次

层 次	内 容
战略管理	规定企业的目标、政策和总方针,以及企业的组织层次;决定企业的任务
管理控制(战术管理)	负责资源的获得与组织,人员的招聘与训练,资金的监控等
运行控制	有效地利用现有设备和资源,在预算限制内活动
业务处理	涉及企业的每一项生产经营和管理活动

战略管理是企业的长远计划,处理中、长期事件,如制定市场战略、确定产品品种等;管理控制(或战术管理)属于中期计划范围,包括资源的获取与组织、人员的招聘与训练、资金监控等方面;运行控制涉及作业的控制(如作业计划和调度等);业务处理是企业的最基本活动,它涉及企业的每一项生产经营和管理活动。其他组织的管理与企业管理一样,存在类似的层次关系。

从工作量来看,信息处理所需资源的数量随管理任务的层次而变化。一般业务处理的信息处理量较大,层次越高,信息量越小,形成如图 1-5 所示的金字塔型系统结构,塔的底部表示结构明确的管理过程和决策,而顶部则为非结构化的处理工作和决策。

1.3.3 计算机信息系统类型

计算机信息系统的结构也可以按照使用信息的组织职能加以描述。系统所涉及的各职能部门都有着自己特殊的信息需求,需要专门设计相应的功能子系统,以支持其管理决策活动,同时各职能部门之间存在着各种信息联系,从而使各个功能子系统构成一个有机结合的整体,计算机信息系统正是完成信息处理的各功能子系统的综合。

例如,对于制造企业,典型的功能组成包括生产、销售和市场、财务和会计、后勤、人事等。顶层管理也可以看作是分离出来的功能。每一个功能子系统用来完成有关功能的全部

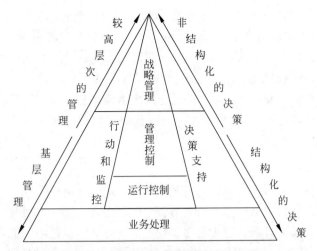

图 1-5　计算机信息系统的金字塔型结构

信息处理,包括业务处理、运行控制、管理控制和战略管理。因而,按管理职能划分,计算机信息系统可由下列子系统构成。

1. 销售与市场子系统

销售与市场功能通常包括产品的销售和推销以及售后服务的全部活动。其中,业务处理有销售订单、推销订单的处理。运行控制活动包括雇佣和培训销售人员、编制销售计划和推销工作的各项目,以及按区域、产品、顾客的销售量定期分析。管理控制涉及总的成果与市场计划的比较,它要用到有关客户、竞争者、竞争产品和销售力量等方面的数据。在战略管理方面包括新市场的开拓和新市场的战略,它使用的信息有顾客分析、竞争者分析、顾客调查信息、收入预测和技术预测等。

2. 生产子系统

生产子系统的功能包括产品的设计与制造、生产设备计划、作业的调度与运行、生产工人的录用与培训、质量的控制与检验等。生产子系统中,典型的业务处理是生产指令、装配单、成品单、废品单和工时单等的处理。运行控制要求把实际进度和计划比较,找出瓶颈环节。管理控制需要概括性报告,反映进度计划、单位成本、所用工时等项目在整个计划中的绩效变动情况。战略管理包括制造方法及各种自动化方案的选择。

3. 物资供应子系统

物资供应子系统包括采购、收货、库存控制、发放等管理活动。业务处理数据为购货申请、购货订单、加工单、收货报告、库存票、提货单等;运行控制要求把物资供应情况与计划进行比较,产生库存水平、采购成本、出库项目和库存营业额等分析报告。管理控制信息包括计划库存与实际库存的比较、外购项目的成本、缺货情况及库存周转率等。战略管理主要涉及新的物资供应战略、对供应商的新政策以及"自制与外购"的比较分析等,此外,可能还有新供应方案、新技术等信息。

4. 财务和会计子系统

财务和会计有不同的目标和工作内容,但它们之间有着密切的联系。财务的职责是在尽可能低的成本下,保证企业的资金运转,包括托收管理、现金管理和资金筹措等。会计则是把财务工作分类、绘制标准财务报表、制定预算及对成本数据的分类与分析。对管理控制报告来说,预算和成本是输入数据,也就是说,会计是为管理控制各种功能提供输入信息。与财务有关的业务处理有赊欠申请、销售、开单据、收账凭证、支付凭证、支票、转账传票、分类账和股份转让等。运行控制使用日报表、例外情况报告、延误处理记录、未处理事项报告等。管理控制利用财务资源成本、会计数据处理成本及差错率等信息。战略管理包括:保证足够资金的长期战略计划、为减少税收冲击的长期税收会计政策以及对成本会计和预算系统的计划等。

5. 人事子系统

人事子系统包括人员的录用、培训、考核记录、工资和终止聘用等。其业务处理要产生有关聘用条件、培训说明、人员的基本情况数据、工资变化、工时、福利及终止聘用通知等内容。运行控制要完成聘用、培训、终止聘用、改变工资和发放福利等。管理控制主要进行实际情况与计划比较,产生各种报告和分析结果,用以说明在岗工人的数量、招工费用、技术专长的构成、应付工资、工资率分配及是否符合政府就业政策等。人事战略计划包括对招工、工资、培训、福利以及等各种策略方案的评价,这些策略将确保企业能获得完成战略目标所需的人力资源。战略管理还包括对就业制度、教育情况、地区工资率的变化及对聘用和留用人员的分析。

6. 高层管理子系统

每个组织都有一个最高领导层,如公司总经理和各职能领域的副总经理组成的委员会。高层管理子系统为高层领导服务,它的业务处理活动主要是信息的查询和决策的支持,处理的文件常常是信函和备忘录以及高层领导向各职能部门发送的指示等。运行控制层主要是会议安排、信函管理和会晤记录文档。管理控制层要求各功能子系统执行计划的当前综合报告情况。最高层的战略管理活动包括组织的经营方针和必要的资源计划等,它要求综合外部和内部的信息。这里的外部信息可能包括竞争者信息、区域经济指数、顾客偏好、提供服务的质量等。

7. 信息处理子系统

信息处理子系统的作用是保证各职能部门获得必要的信息资源和信息处理服务。该子系统典型的业务处理有工作请求、采集和变更数据请求,软硬件情况的报告以及设计方面的建议。信息处理的运行控制包括日常任务的调度、差错率和设备故障信息等。对于新项目的开发,还需要程序员的工作进展情况和调试时间的安排。管理控制层对计划情况和实际情况进行比较,如设备费用、程序员的能力、项目开发的实施计划等情况的比较。战略管理层则主要关心功能的组织,如采用集中式还是分散式,信息系统的总体规划,硬件和软件的总体结构等。

计算机信息系统的应用离不开办公自动化技术,其主要作用是支持知识工作和文书工作,如字符处理、电子信件、电子文件等。办公自动化可以看作是与信息处理系统合一的子系统,也可以作为一个独立的子系统。

1.3.4 计算机信息系统的发展趋势

信息系统的总体发展已呈现出网络化、虚拟化、智能化和集成化的趋势。

1. 网络化趋势

计算机信息系统的发展呈现网络化趋势,主要受信息资源管理活动中信息类型与数目快速增加的影响。新一代信息技术的快速发展,将实现对多样化信息的有效处理,信息管理效率逐步提升,特别是由于互联网大数据和联邦异构数据库的互联,信息系统在数据处理时其网络化更加突出,系统对网络依赖更强。在安全、高效的互联网环境中,信息系统完成对数据信息的收集、处理、分析及传递等工作,最终实现跨区域计算机信息数据的可靠交换和共享,为社会群体提供更强大的服务。近年,随着 5G 的广泛应用,无线互联网在信息系统方面的应用越来越多。随着 6G 商业化的邻近,更加高速的无线互联网将展现出前所未有的魅力。Web 3.0 技术将进一步加强网络在信息系统中的应用,可为用户提供所需的服务。

2. 虚拟化趋势

管理信息系统已经出现虚拟化趋势。目前,信息系统虚拟化技术主要指存储、计算和桌面的虚拟化,其为云计算的基础,包括存储集群设备的虚拟化和刀片服务器集群的虚拟化。其虚拟化后,云计算环境完成。为实现企业的目标,首先需建设云计算平台,然后合理应用云计算平台虚拟化操作实现对多样化数据信息的有效处理。企业数据中心虚拟化的效果越好,互联网云计算速度越快。另外,互联网发展的必然结果是网络空间的产生,接着是数字虚拟空间的抽象,其得益于现实世界的数量化。大数据化是数字空间的数据基础,2005 年信息物理系统(Cyber-Physical Systems,CPS)技术的出现,以及 2012 年数字孪生(Digital Twins)技术的出现,使现实空间与虚拟空间的映射和反馈成为可能。这两种技术使信息系统的运行可以实现在数字虚拟空间中试算、反馈和调优,这进一步提升了信息系统的运行效率,且使其得到更加灵活全面的应用。

3. 智能化趋势

20 世纪后期,计算机在管理中应用的重点逐渐由事务性处理转向企业管理的高层决策方面,出现了决策支持系统。之后,随着决策支持系统与人工智能相结合,又出现了智能决策支持系统。智能决策支持系统是将人工智能技术引入决策支持系统而形成的一种信息系统,它最初由专家系统和决策支持系统结合而成,在结构上比原来的决策支持系统增加了知识库与推理机。这类系统离不开模型库的支持,因此基于知识模型、基于智能模型、基于机器学习模型、基于自然语言理解模型等方面成为热点。另一类系统增加了知识库的支持,因此知识深加工、数据库与人工智能结合、大数据知识提取和挖掘、个性智能推荐等方面成为热点。这为信息系统的智能化发展奠定了坚实的基础。

4. 集成化趋势

在诺兰模型数据管理阶段和成熟阶段,信息系统集成是必然趋势。首先是计算机网络驱动的信息系统集成和协同,然后是与数据库的集成,以及异构数据库的联邦连接。这是诺兰模型数据管理阶段必须完成的"规定动作",即数据"孤岛破除"。大数据出现后,大数据与传统数据的集成处理成为一个新的研究方向。数据的融合必须以软件平台为基础,即大数据平台的构建,其中数据变成为信息系统运行的"物料",所以,数据集成和信息系统集成必须同步进行。这是今后的一个发展方向,它是信息系统走向成熟的必由之路。

1.4 典型信息系统介绍

1.4.1 电子商务与电子政务

1. 电子商务

1) 概述

电子商务是一套运用现代科学手段进行的商务活动。它能高效利用有限的资源,加快商业周期循环,节省时间,降低成本,提高利润和增强企业的竞争力,在国际商务的实践中,人们通常对电子商务是从狭义和广义两方面来理解的。从狭义上看,电子商务也就是电子交易,主要指利用 Web 提供的通信手段在网上进行交易活动,包括通过互联网买卖产品和提供服务。产品可以是实体化的,如汽车、电视,也可以是数字化的,如新闻、录像、软件等。此外,还可以提供各类服务,如安排旅游、远程教育等。从广义上讲,电子商务还包括企业内部商务活动,如生产、管理、财务等以及企业间的商务活动。从最初的电话、电报到电子邮件以及二十多年前开始的 EDI,都可以说是电子商务的某种形式;发展到今天,人们已提出了包括通过网络来实现从原材料的查询、采购、产品的展示、订购到出口、储运以及电子支付等一系列贸易活动在内的完整电子商务的概念。

电子商务的本质是商务。电子商务的目标是通过电子的方式来进行商务活动,所以它要服务于商务,满足商务活动的要求。它是包括信息流、物流和货币流三部分的有机结合。

2) 分类

按电子商务应用服务的领域范围可分为以下四类。

(1) 企业对消费者(Business-to-Consumer)的电子商务。企业对消费者的电子商务基本等同于电子零售商业。这类电子商务近年来发展较快,主要是互联网的发展为企业和消费者之间开辟了新的交易平台,开展企业对消费者的电子商务,障碍最少,应用潜力巨大。

(2) 企业对企业(Business-to-Business)的电子商务。这类电子商务从未来的发展看将是电子商务的主流。

(3) 企业对政府机构(Business-to-Administrations)的电子商务。政府将采购的细节在互联网上公布,通过网上竞价方式进行招标,企业也要通过电子的方式进行投标。目前这类电子商务仍处于初期的实验阶段。

(4) 消费者对政府机构(Consumer-to-Administrations)的电子商务。这类电子商务活动目前还没有真正形成。

3) 电子商务的功能

(1) 广告宣传。电子商务可凭借企业的 Web 服务器和客户的浏览,在互联网上发布各类商业信息。商家可利用网上主页和电子邮件在全球范围内做广告宣传。与以往各类广告相比,网上的广告成本最为低廉,而给顾客的信息却最为丰富。

(2) 咨询洽谈。电子商务可借助非实时的电子邮件、新闻组和实时的讨论组、白板会议来了解市场和商品信息、洽谈交易事务。网上的咨询和洽谈能超越人们面对面洽谈的限制,提供多种方便的异地交换形式。

(3) 网上订购。电子商务可借助 Web 中的邮件交互传送实现网上的订购。当客户填完订购单以后,系统会回复确认信息单来保证订购信息的收悉,同时可以采用加密方式使客户和商家的商业信息不会泄露。

(4) 网上支付。客户和商家之间可采用信用卡实施支付。采用电子支付手段可以节省交易中很多人员的开销,网上支付将需要更为可靠的信息传输安全性控制,以防止欺骗、窃听、冒用等非法行为。

(5) 电子账户。网上支付必须要有电子金融来支持,即银行或信用卡公司及保险公司等金融单位的金融服务要提供网上操作的业务,而电子账户管理是其基本的组成部分,信用卡号或银行账号都是电子账户的一种标志,而其可信用度需配以必要技术措施来保证,如数字凭证、数字签名、加密等手段的应用提供了电子账户操作的安全性。

(6) 服务传递。对于已经付款的客户应将其订购的货物尽快传递到他们手中,电子邮件能够在网络中进行物流的调配。而最适合网上直接传输的货物是信息产品,如软件、电子读物、信息服务等。它能直接从电子仓库中将货物发到用户。

(7) 意见征询。电子商务能方便地采用网页上的格式文件来收集用户对销售服务的反馈意见,这样使企业的市场动作能形成一个封闭的回路,客户的反馈意见不仅能提高售后服务的水平,更使企业获得改进产品、发现市场的商业机会。

(8) 交易管理。电子商务的发展,将会提供一个良好的交易管理的网络环境及多种多样的应用服务系统,这样能保障电子商务获得更广泛的应用。

2. 电子政务

1) 概述

电子政务通常是指政府机构在其管理和服务职能中运用现代信息技术,实现政府组织结构和业务流程的重组优化,超越时间、空间和部门分隔的制约,建成一个精简、高效、廉洁、公平的政府运作模式。

电子政务模型可简单概括为两方面:一是政府部门内部利用先进的网络信息技术实现办公自动化、管理信息化、决策科学化;二是政府部门与社会各界利用网络信息平台充分进行信息共享与服务、加强群众监督、提高办事效率及促进政务公开等。

2) 我国电子政务的发展

我国电子政务的发展可以分为三个阶段,一是20世纪80年代初期缓慢发展,二是20世纪90年代快速发展,三是2000年以后迅速发展。

我国电子政务取得的阶段性成果:丰富了政府职能的实现形式;初步建设了基础网络和内部应用;促进了我国软件业的发展。我国电子政务在建设中存在的问题:基层政府电子政务建设缺乏长远规划;保障电子政务发展的法律、法规还不完善;与电子政务有关的国家标准有待细化;严格的安全管理制度有待建立;管理体制机制有待理顺。

我国电子政务发展方向展望:实现电子政务内网顶层互联互通互信;建立基础信息资源库以及共享交换平台;研究保障电子政务安全的关键技术;成为推动政府机构深化改革的技术力量。

1.4.2 远程教育与远程医疗

1. 远程教育

1) 定义

远程教育就是教育机构借助网络和多媒体技术以及各种教育资源实施的超越传统校园

时空限制的教育活动形式。为便于深入理解,现给出狭义和广义定义。

(1) 狭义定义:远程教育是指由特定教育组织机构,综合应用信息技术,收集、设计、开发和利用各种教育资源,构建教育环境,并基于信息技术、教育资源和教育环境为学生提供教育服务,以及出于教学和社会化的目的进而为学生组织一些集体会议交流活动(以传统面对面方式或者以现代电子方式进行),帮助和促进学生远程学习为目的的所有实践活动的总称。在所有活动中,教师是以教育资源的形式或学习帮促者的身份与学生保持着一种准永久性分离的状态;而学生与教育组织机构(教师)或学生与学生之间将通过建立双向或多向通信机制保持即时会话。在中国,现代远程教育有时也称网络教育,多数从事高等教育的现代远程教育机构为普通高校的网络教育学院或现代远程教育学院。网络教育是现代信息技术应用于教育后产生的新概念,即运用网络远程技术与环境开展的教育,在教育部已出台的某些文件中,也称现代远程教育为网络教育。

(2) 广义定义:远程教育是学生与教师、学生与教育组织之间采取网络和多媒体方式进行系统教学和通信联系的教育形式,是将课程传送给校园外的一处或多处学生的教育。现代远程教育则是指通过音频、视频(直播或录像)以及包括实时和非实时在内的信息技术把课程传送到校园外的教育。现代远程教育是随着现代信息技术的发展而产生的一种新型教育方式。信息技术、多媒体技术、通信技术的发展,使远程教育的手段有了质的飞跃,成为高新技术条件下的远程教育。现代远程教育是以现代远程教育手段为主,兼容面授、函授和自学等传统教学形式,网络和多种媒体优化组合的教育方式。

现代远程教育可以有效发挥远程教育的特点,是一种跨学校、跨地区的教育体制和教学模式,它的特点是:学生与教师分离;采用特定的传输系统和传播媒体进行教学;信息的传输方式多种多样;学习的场所和形式灵活多变。与面授教育相比,远距离教育的优势在于它可以突破时空的限制;提供更多的学习机会;扩大教学规模;提高教学质量;降低教学的成本。基于远程教育的特点和优势,许多有识之士已经认识到发展远程教育的重要意义和广阔前景。

2) 基本特征

(1) 开放性:这是远程教育最基本的特征。常规的学校教育是封闭性的,其表现是教育资源被封闭在校园内,教育的门槛被抬高,接受教育的人始终是社会中的少数精英。远程教育则是面向社会大众的,对学习者来说,教育的门槛被降低,接受教育的机会大幅度增加,教育信息资源得以共享。远程教育就是应社会大众的教育需求而诞生,远程教育的根本目的就是为一切有意愿的人提供受教育的机会。

(2) 延伸性:这是远程教育的功能特征。常规的学校教育把学习者从四面八方汇集在特定的校园中,在一定的制度安排下,由教育者对其实施教育活动。这是一种教育资源与功能收缩和集中应用的教育形式。远程教育正好相反,它把教育信息传送给四面八方的学习者,借助网络和多媒体技术把教育信息向外传输,实际上就是把教育资源和教育功能向外扩散。远程教育就是通过这种扩散,将自己的教育功能向整个社会延伸。这种延伸性符合现代教育终生学习的理念。

(3) 灵活性:从各个国家的情况看,远程教育一般面向成人,承担了在职教育、成人教育的工作。于是,远程教育在高等教育、成人教育领域得到迅速发展。这样一来,远程教育在课程设置、学籍管理、教育管理等方面要比常规的学校教育更灵活多样,充分适应成人学习者的特点。

（4）媒介性：与常规的学校教育相比，远程教育利用网络和多媒体技术以及各种教育信息资源进行其活动。所以，远程教育的各个环节，如注册报到、教学活动、作业的布置与提交、评价和信息的交流与反馈等，都离不开网络和多媒体的中介作用。尽管常规的学校教育也需要网络和多媒体技术，但它不像远程教育那样对多媒体工具、对网络传输手段有着高度的依赖性。

3）主要形式

远程教育主要有三种形式：①基于Web的软件实现方式，师生仅需有一台联网的设备，就可以通过软件进行远距离教学，而不需要其他特殊的硬件，可传输的内容包括文字、图形、声音、图像等；②基于视频会议系统的实现方式，不仅需要上述软件，更需要额外的硬件用于数据的解压缩以及传输；③基于移动手机的实现方式，教师在手机端授课，学生在手机端学习。

远程教育技术的成熟使网上授课更加直观、形象、自如且高效。时间与空间上的差别逐渐缩小，增强了人机交互能力和人与人交互的友好性。同时也可以减轻教师的负担。但也正因为其特性，因为没有教师的现场交互和监督而可能导致学生学习效率的下降。

2. 远程医疗

1）定义

广义定义：远程医疗就是使用远程通信技术、全息影像技术、信息技术和多媒体技术发挥大型医学中心医疗技术和设备优势对医疗卫生条件较差的及特殊环境提供远距离医学信息和服务。它包括远程诊断、远程会诊及护理、远程教育、远程医疗信息服务等所有医学活动。

狭义定义：包括远程影像学、远程诊断及会诊、远程护理等医疗活动。

早期的远程医疗仅仅是对病人进行电话/电视监控。20世纪50年代双向电视系统的应用标志着远程医疗雏形的诞生。其旨在提高诊断与医疗水平、降低医疗开支、满足广大人民群众保健需求。目前，远程医疗技术已经从最初的电视监护、电话远程诊断发展到利用高速网络进行数字、图像、语音的综合传输，并且实现了实时的语音和高清晰图像的交流，为现代医学的应用提供了更广阔的发展空间。

2）主要特点

（1）降低医疗成本。在恰当的场所和家庭医疗保健中使用远程医疗可以极大地降低运送病人的时间和成本。

（2）偏远地区急救。可以良好地管理和分配偏远地区的紧急医疗服务，这可以通过将照片传送到关键的医务中心来实现。

（3）共享医疗资源。可以使医生突破地理范围的限制，共享病人的病历和诊断影像，从而有利于临床研究的发展。

（4）远程教育教学。可以为偏远地区的医务人员提供更好的医学教育。

3）远程手术系统

达芬奇外科手术系统是一种高级机器人平台，其设计的理念是通过使用微创的方法，实施复杂的外科手术，可用于成人和儿童的普通外科、胸外科、泌尿外科、妇产科、头颈外科以及心脏手术。截至2022年，达芬奇手术机器人最新版本为第四代，每台价值千万元，其由三部分组成,如图1-6所示。

图1-6 达芬奇外科手术系统

(1) 外科医生控制台。主刀医生坐在控制台中,位于手术室无菌区之外,使用双手(通过操作两个主控制器)及脚(通过脚踏板)来控制器械和一个三维高清内窥镜。正如在立体目镜中看到的那样,手术器械尖端与外科医生的双手同步运动。

(2) 床旁机械臂系统(Patient Cart)。它是外科手术机器人的操作部件,主要功能是为器械臂和摄像臂提供支撑。助手医生在无菌区内的床旁机械臂系统边工作,负责更换器械和内窥镜,协助主刀医生完成手术。为了确保患者安全,助手医生比主刀医生对于床旁机械臂系统的运动具有更高优先控制权。

(3) 成像系统(Video Cart)。其内装有外科手术机器人的核心处理器以及图像处理设备,在手术过程中位于无菌区外,可由巡回护士操作,并可放置各类辅助手术设备。外科手术机器人的内窥镜为高分辨率三维(3D)镜头,对手术视野具有10倍以上的放大倍数,能为主刀医生带来患者体腔内三维立体高清影像,使主刀医生较普通腹腔镜手术更能把握操作距离,更能辨认解剖结构,提升了手术精确度。

1.4.3 数字图书馆与智慧图书馆

1. 数字图书馆

1) 概述

数字图书馆是一门科学技术,也是一项社会事业。简言之,数字图书馆是一种拥有多种媒体内容的数字化信息资源,能够为用户提供方便、快捷、高水平的信息化服务。

数字图书馆不是图书馆实体,它是对应于各种公共信息管理与传播的现实社会活动,是一种新型信息资源组织和信息传播服务。它借鉴图书馆的资源组织模式,借助计算机网络通信和多媒体技术,以存取人类知识为目标,创造性地运用知识分类和精准检索手段,有效地进行信息整序,使读者获取信息时不受时空限制。

数字图书馆从概念上讲可以理解为两个范畴:数字化图书馆和数字图书馆系统。涉及两个工作内容:一是将纸质图书转化为电子版的数字图书;二是电子版图书的存储、交换、流通。数字图书馆通常包括以下几部分:①一定规模且内容或主题上相对独立的数字化资源;②具有数字图书服务的网络设备、通信条件和多媒体;③一整套符合标准规范的数字图书馆软件系统,主要分为信息的获取与创建、存储与管理、访问与查询、动态发布以及权限管理五大模块。

2) 与传统图书馆对比

从功能和特征上看,数字图书馆在馆藏建设、读者服务等方面都有了新的发展。由于数字图书馆以网络和高性能计算机为环境,向读者和用户提供比传统图书馆更为广泛、更为先进、更为方便的服务,其从根本上改变了人们获取信息、使用信息的方法,较之传统图书馆具有很大的优势。

从文献存储上看,传统图书馆的馆藏载体主要是纸质文献,与之相比,数字图书馆对藏书建设的影响,首先表现在图书馆"馆藏"的含义已被扩展,不仅包括不同的信息格式(如磁盘、光盘、磁带等），还包括不同的信息类型（如书目信息、全文信息、图像、音频、视频等），因而使得数字图书馆将不再受制于物理空间，它们所能收藏的书刊等资料的数量也将没有空间制约。

从检索方式上看，用传统的检索方法，读者往往要在众多的卡片前花费不少时间，颇使借阅者感到不便，查全率和查准率都难以提高。

从信息的传递速度上看，传统图书馆位置固定，读者往往将大量的时间花费在去图书馆的路上。数字图书馆则可以利用互联网迅速传递信息，读者只要登录网站，轻点鼠标，即使和图书馆所在地相隔千山万水，也可以在几秒钟内看到自己想要查阅的信息，这种便捷是以往的图书馆所不能比拟的。

从资源共享角度上看，一本书可以同时被多个人查阅，大大提高了信息的使用效率。

2. 智慧图书馆

1）定义

智慧图书馆是指把智能技术运用到图书馆建设中而形成的一种智能化建筑，是智能建筑与高度自动化管理的数字图书馆的有机结合和创新。智慧图书馆是一个不受空间限制的但同时能够被切实感知的概念。从智能计算角度来看，智慧图书馆是图书馆、物联网、云计算和智能化设备的技术叠加，是通过物联网实现图书馆的智慧化的服务和管理。从数字图书馆服务的角度来看，智慧图书馆是指充分利用信息与通信技术进行阅览图书资料、预约座位等操作的数字图书馆。从感知的角度来看，智慧图书馆是感知智慧化和数字图书馆服务智慧化的综合。

智慧图书馆是一种以数字化、网络化、智能化的信息科学为基本手段、有着更加高效和便利特点的图书馆运行模式。它是未来新型图书馆的发展模式，能实现广阔的互联以及共享，它以人为本，进行智慧化的管理和服务。智慧图书馆提供的是智慧服务，而智慧服务的最本质特征就是完成实时的增值，让知识服务的内涵得以升华，这对于人类的可持续发展有着极其重要的意义。

2）主要特点

（1）知识共享性。建立在智能性基础上的智慧图书馆拥有数字化、网络化和智能化的外部特征。通过互联网技术将各种独立文献信息与读者、管理人员互联，将所有的信息进行串联实现读者与管理、前后台的相互智能连接，实现知识的共享，才是智慧图书馆的最终目的。所以，知识共享性就成为智慧图书馆的重要特征之一。具体表现在，智慧图书馆为读者提供了全方位和一体化的服务，通过知识和管理的共享，解决读者的各类问题，并且为读者借阅过程中节约更多的时间，为馆员提供更加快捷的管理，让馆员为读者提供更加优良的服务。

（2）服务高效性。面对日益发展的社会形势，纸质图书馆的管理存在着一系列的问题，尤其在服务的效率上。高效、便捷、灵敏以及整合的图书馆是数字化和智能化发展中对图书馆提出的新要求。现如今，各类图书馆的建筑面积在日益扩大，基础设施的负荷也在日益加重，服务体系的信息量和运载负荷也越来越大，而这些巨大体量的信息系统一旦崩溃，就可能给图书馆带来很大的影响。面对千变万化的发展态势，图书馆只有借助更加灵敏的管理、更加智能的信息系统和更加完善的服务才能为读者提供更加综合的信息服务。

（3）使用便利性。智慧图书馆是建立在以人为本的公益惠民的理念之下的，让每一位读者都能获得同一空间的阅读学习解决方案,享受智慧图书馆带来的便利性和方便性。智慧图书馆的建立和发展为读者和馆员的学习和工作带来了翻天覆地的变化。基于图书馆+物联网+云计算+智慧化设备的智慧图书馆一方面可以为馆员在智能化和自主化的基础上实现更高效率的管理,另一方面还可以为广大读者提供快捷便利的信息查询和阅读等综合服务。

3)智慧图书馆的评价标准

(1)服务目标。以知识网格为基本内容的图书馆,在现有技术条件之下实现数字化的调整,实现一种最大程度上的资源的重复利用,让一个图书馆是全球数字图书馆的一部分,但却能够和全球数字资源进行有效的连接。泛在化[①]图书馆服务内容的实现以知识网格化为基础,目的是利用网格化模式实现更多用户多样化的需要。在这种服务模式之下,用户不必去寻找资源的地址,只需要知道自己要找什么,并且在此基础上提出关键词,进行相关的搜索,就能便捷地找到自己想要的资源。借助于一个平台、一个时空或者说借助于一种工具实现对于资源信息和知识的探索、追求、发现、存储、传递、分享,甚至是再创。

(2)服务模式。知识网格是一种虚拟化社区,用户的多样需求、用户本身,以及各种各样的服务共同构建出了这个知识网格。泛在化图书馆能够为用户提供最原始的信息搜索以及知识的传递,还可以借助于传感器和各种终端设备同图书馆外的世界进行有效的连接和信息交流。根据这个知识网格,同时配合语义技术对原始数据进行再加工,然后进行技术抽取,从而获得想要的任何信息。

4)智慧图书馆服务模式具有的功能

以知识网格结构为基本构成的泛在化图书馆系统具有很多功能,下面从系统资源和集成服务方面来分析智慧图书馆的服务模式所具有的功能。

(1)获取资源的功能。利用这个系统可以很轻易地在茫茫的数据之海中找到自己想到的资源。图书馆资源具有系统性,但是从寻找者的角度来说,这些知识的存在形态是碎片化的,只有通过一定的整合和描述才能够更好地为读者服务,才能够让信息的被发现更加容易、更加可行。

(2)整合资源、维护资源和发布资源。根据网格化的知识结构模式,通过对已经收集好的信息资源做出相对应的处理,例如,可以对这些基本数据进行整理、关联、维护等。在这之后系统会自动地为用户进行相应的保存,存入云端。

(3)资源存储和代理。当用户收集到自己想要的数据信息,同时进行有效的处理之后,可以对这些数据进行存储,以方便以后的需求和使用。

(4)元数据目录功能。借助软件进行连接,将数据进行传递、删除、加工等工作。可以为自己的数据建立一个一致的逻辑图表。通过这个图表可以让关键的目录信息一目了然,可以更加便捷地搜索得到所需的知识信息。

(5)智慧服务平台。本着信息管理和应用的视角看智慧图书馆,可以把智慧图书馆平台的建设划分为信息的收集、协同感知以及泛在聚合[②]这3个阶段。在建设智慧图书馆的

---

① 计算模式经历了第一代主机(大型机)计算模式、第二代 PC(桌面)计算模式和第三代普适计算(Pervasive Computing 或 Ubiquitous Computing)模式,也称无处不在的计算或泛在计算,即使用任意设备、通过任意网络、在任意时间都可以获得上佳网络服务。

② 指对互联网中无序的海量数据进行属性精确标识,以实现数据的资源化,其属于基础性工作,可为后续针对某个主题的数据服务提供便于或易于操作(调用或链接)的数据。

过程中,要注意用户的真实数据需求,借助于架构,整理各路来源的信息,为用户提供更加贴心的安全的使用氛围,让用户可以实现无障碍、横跨时空的资源共享,追求资源利用的最大化。

1.4.4 CIMS 与智能制造

1. 计算机集成制造系统

计算机集成制造系统(Computer Integrated Manufacturing System,CIMS),是随着计算机辅助设计与制造的发展而产生的。它是在信息技术、自动化技术与制造的基础上,通过计算机技术把分散在产品设计制造过程中的各种孤立的自动化子系统有机地集成起来,形成的适用于多品种、小批量生产,实现整体效益集成化和智能化的制造系统。CIMS 大致可以分为六层:生产/制造系统、硬事务处理系统、技术设计系统、软事务处理系统、信息服务系统和决策管理系统。

CIMS 是企业管理运作的一种手段,是一种战略思想的应用,其初期投资大,涉及面广,资金回笼周期长,短期内很难见到效益,因此在对 CIMS 进行效益评价时不能单凭货币标准来衡量其效益,要多方面综合考虑其效益指标。所谓综合效益指 CIMS 对企业和社会所能带来的各种效益,可以从下面几方面来理解:①应用 CIMS 提高了劳动生产力为企业带来的利润,为国家增加国民收入所做出的贡献;②应用 CIMS 提高了企业对市场的应变能力和抗风险能力,对企业实现经营战略所做出的贡献,提高企业市场竞争力,促进技术进步所做的贡献;③为提高整个企业员工素质和技术水平所做的贡献;④为节约天然资源所做出的贡献;⑤通过应用和推广 CIMS 技术,为国家优化产业结构、发展新产业、提高在国际市场上的竞争力所做的贡献。

2. 数字制造

数字制造是指在数字化技术和制造技术融合的背景下,在虚拟现实、计算机网络、快速原型、数据库和多媒体等技术的支持下,根据用户需求,迅速收集资源信息,对产品信息、工艺信息和资源信息进行分析、规划和重组,实现对产品设计和功能的仿真以及原型制造,进而快速生产出达到用户要求性能的产品制造全过程。

数字化就是将许多复杂多变的信息转变为可以度量的数字、数据,再以这些数字、数据建立起适当的数字化模型,把它们转变为一系列二进制代码,引入计算机内部,进行统一处理。数字制造就是制造领域的数字化,它是制造技术、计算机技术、网络技术与管理科学的交叉、融合、发展与应用的结果,也是制造企业、制造系统与生产过程、生产系统不断实现数字化的必然趋势,其内涵包括三个层面:以设计为中心的数字化制造技术、以控制为中心的数字化制造技术、以管理为中心的数字化制造技术。

数字制造研究比较关注以下几个研究方向:①利用基于网络的 CAD/CAE/CAPP/CAM/PDM 集成技术,实现产品全数字化设计与制造;②CAD/CAE/CAPP/CAM/PDM 技术与企业资源计划、供应链管理、客户关系管理相结合,形成制造企业信息化的总体构架;③虚拟设计、虚拟制造、虚拟企业、动态企业联盟、敏捷制造、网络制造以及制造全球化,将成为数字化设计与制造技术发展的重要方向;④以提高对市场快速反应能力为目标的制造技术将得到超速发展和应用;⑤制造工艺、设备和工厂的柔性、可重构性将成为企业装备的显著特点。

3. 智能制造

1）概述

智能制造（Intelligent Manufacturing,IM）是一种由智能机器和人类专家共同组成的人机一体化智能系统,它在制造过程中能进行智能活动,如分析、推理、判断、构思和决策等。它通过人与智能机器的合作共事,去扩大、延伸和部分地取代人类专家在制造过程中的脑力劳动。它把制造自动化的概念更新,扩展到柔性化、智能化和高度集成化。

工业和信息化部在2015年启动实施"智能制造试点示范专项行动"。2018年的全国工业和信息化工作会议重点部署了智能制造、信息消费、5G等方面工作。在2021世界智能制造大会上,中国工程院院士周济指出,人才是智能制造发展的第一资源。2021年,工业和信息化部、国家发展和改革委员会等8部门发布的《"十四五"智能制造发展规划》要求：到2025年主营业务收入在2000万元以上的企业大部分实现数字化网络化,重点行业骨干企业初步应用智能化。

2）智能制造系统的特征

（1）自律能力。即搜集与理解环境信息和自身的信息,并进行分析判断和规划自身行为的能力。"智能机器"在一定程度上要表现出独立性、自主性和个性,甚至相互间还能协调运作与竞争。强有力的知识库和基于知识的模型是自律能力的基础。

（2）人机一体化。是一种人机混合智能。人机一体化一方面突出人在制造系统中的核心地位,另一方面在智能机器的配合下,更好地发挥出人的潜能,使人机之间表现出一种平等共事、相互"理解"、相互协作的关系,使二者在不同的层次上各显其能、相辅相成。因此,在智能制造系统中,高素质、高智能的人将发挥更好的作用,机器智能和人的智能将真正地集成在一起,互相配合,相得益彰。

（3）虚拟现实技术。以计算机为基础,融合信号处理、动画技术、智能推理、预测、仿真和多媒体技术为一体；借助各种音像和传感装置,虚拟展示现实生活中的各种过程、物件等,因而也能制造过程和未来的产品,从感官和视觉上使人获得完全如同真实的感受。

（4）自组织超柔性。智能制造系统中的各组成单元能够依据工作任务的需要,自行组成一种最佳结构,其柔性不仅突出在运行方式上,而且突出在结构形式上,所以称这种柔性为超柔性,如同一群人类专家组成的群体,具有生物特征。

（5）学习与维护。智能制造系统能够在实践中不断地充实知识库,具有自学习功能。同时,在运行过程中能自主进行故障诊断,并具备自行排除故障、自行维护的能力。这种特征使智能制造系统能够自我优化并适应各种复杂的环境。

1.4.5 数字地球与智慧地球

1. 数字地球

数字地球是以计算机技术、多媒体技术和大规模存储技术为基础,以宽带网络为纽带,运用海量地球信息对地球进行多分辨率、多尺度、多时空和多种类的三维描述,并利用它作为工具来支持和改善人类活动和生活质量的信息系统。

数字地球是美国前副总统戈尔于1998年1月在加利福尼亚科学中心开幕典礼上发表

的题为"数字地球——新世纪人类星球之认识"演说时,提出的一个与GIS、网络、虚拟现实等高新技术密切相关的概念。数字地球的核心是地球空间信息科学,地球空间信息科学的技术体系中的技术核心是"3S"技术及其集成。"3S"是全球定位系统(GPS)、地理信息系统(GIS)和遥感(RS)的统称。

2. 数字城市

数字城市是综合运用地理信息系统、遥感、遥测、多媒体及虚拟仿真等技术,对城市的基础设施、功能机制进行自动采集、动态监测管理和辅助决策服务的技术系统。它指在城市规划建设与运营管理以及城市生产与生活中,利用数字化信息处理技术和多媒体技术,将城市的各种数字信息及各种信息资源加以整合并充分利用。

数字城市的内容包括:第一信息基础设施的建设,要有高速宽带网络和支撑的计算机服务系统和网络交换系统;第二城市基础数据的建设,数据涉及的内容包括城市基础设施(建筑设施、管线设施、环境设施)、交通设施(地面交通、地下交通、空中交通)、金融业(银行、保险、交易所)、文教卫生(教育、科研、医疗卫生、博物馆、科技馆、运动场、体育馆、名胜古迹)、安全保卫(消防、公安、环保)、政府管理(各级政府、海关税务、户籍管理与房地产)、城市规划与管理的背景数据(地质、地貌、气象、水文及自然灾害等)、城市监测、城市规划等。

数字社区,就是通过数字化信息将管理、服务的提供者与每个住户实现有机连接的社区。这种数字化的网络系统,使社会化信息提供者、社区的管理者与住户之间可以实时地进行各种形式的信息交互。由于现代网络浏览器的先进性以及多态表现性,加上各种网络多媒体技术的应用,数字城市营造出一个个丰富多彩的虚拟社区。

3. 智慧地球

智慧地球也称为智能地球,就是把感应器嵌入和装备到电网、铁路、桥梁、隧道、公路、建筑、供水系统、大坝、油气管道等各种物体中,并且被普遍连接,形成"物联网",然后将"物联网"与现有的互联网整合起来,实现人类社会与物理系统的整合。这一概念由IBM首席执行官彭明盛首次提出。

4. 智慧城市

智慧城市是指充分借助物联网、传感网,涉及智能楼宇、智能家居、路网监控、智能医院、城市生命线管理、食品药品管理、票证管理、家庭护理、个人健康与数字生活等诸多领域,把握新一轮科技创新革命和信息产业浪潮的重大机遇,充分发挥城市信息通信(ICT)产业发达、RFID相关技术领先、电信业务及信息化基础设施优良等优势,通过建设ICT基础设施、认证、安全等平台和示范工程,加快产业关键技术攻关,构建城市发展的智慧环境,形成基于海量信息和智能过滤处理的新的生活、产业发展、社会管理等模式,面向未来构建全新的城市形态。

思 考 题

1. 信息有什么特性?
2. 什么是信息处理系统(定义)?
3. 什么是新一代信息技术?

4. 什么是单工通信？半双工通信？全双工通信？
5. 什么是信道？
6. 多路复用有几种方式？
7. 有哪几种常见的通信介质？
8. 什么是 GSM？什么是 5G 通信？什么是卫星通信？
9. 什么是计算机信息系统？
10. 计算机信息系统有什么特点？层次结构上有哪几层？
11. 计算机信息系统的发展有哪几方面趋势？
12. 什么是电子商务？
13. 什么是电子政务？
14. 什么是远程教育？什么是远程医疗？
15. 数字图书馆与智慧图书馆有什么区别？
16. CIMS 与智能制造有什么区别？
17. 数字地球与智慧地球有什么区别？

第 2 章

物联网技术

本章将介绍物联网概述、物联网关键技术和物联网的主要应用领域。通过本章的学习，学生可了解物联网的基本概念、物联网发展历程及国内外现状、物联网与互联网的区别、物联网三层体系结构、物联网感知层关键技术、物联网网络层关键技术、物联网应用层关键技术原理、物联网技术应用、信息物理系统、物联网技术未来发展趋势等。

2.1 物联网概述

2.1.1 物联网的基本概念

1. 一般定义

物联网是新一代信息技术领域的重要组成部分，其英文名称是"The Internet of Things"，顾名思义，"物联网就是物物相连的互联网"。这里有两层意思：第一，物联网的核心和基础仍然是互联网，是在互联网基础上延伸和扩展的网络；第二，其用户端延伸和扩展到了任何物品与物品之间。因此，可将物联网定义为通过射频识别(RFID)、红外感应器、全球定位系统、激光扫描器等信息传感设备，按约定的协议，把任何物品与互联网相连接，进行信息交换和通信，以实现对物品的智能化识别、定位、跟踪、监控和管理的一种网络。

2. 中国定义

物联网是一个基于互联网、传统电信网等信息承载体，让所有能够被独立寻址的普通物理对象实现互联互通的网络。它具有普通对象设备化、自治终端互联化和普适服务智能化三个重要特征。物联网将无处不在的末端设备和设施(具备"内在智能"和"外在使能"的传感器、移动终端、工业系统、楼控系统、家庭智能设施、视频监控系统等，如贴上RFID的各种资产、携带无线终端的个人与车辆等"智能化物件或动物"或"智能尘埃")通过各种无线/有线的长距离/短距离通信网络实现互联互通、应用集成并基于云计算的SaaS营运等模式对这些设备和设施提供安全可控乃至个性化的实时在线监测、定位追溯、报警联动、调度指挥、预案管理、远程控制、安全防范、远程维保、在线升级、统计报表、决策支持、领导桌面等管理和服务，实现对"万物"的"高效、节能、安全、环保"的"管、控、营"一体化。

3. 欧盟定义

2009年9月,在北京举办的"物联网与企业环境中欧研讨会"上,欧盟委员会信息和社会媒体司RFID部门负责人Lorent Ferderix博士给出了欧盟对物联网的定义:物联网是一个动态的全球网络基础设施,它具有基于标准和互操作通信协议的自组织能力,其中,物理的和虚拟的"物"具有身份标识、物理属性、虚拟的特性和智能的接口,并与信息网络无缝整合。物联网将与媒体互联网、服务互联网和企业互联网一道,构成未来互联网。

2.1.2 物联网发展历程及国内外现状

1. 物联网发展史

物联网的实践最早可以追溯到1990年施乐公司的网络可乐贩售机——Networked Coke Machine。

1999年,在美国召开的移动计算和网络国际会议上首先提出了物联网这个概念,它是MIT Auto-ID中心的Ashton教授在研究RFID时最早提出来的。

2003年,美国《技术评论》提出传感网络技术将是未来改变人们生活的十大技术之首。

2005年11月17日,在突尼斯举行的信息社会世界峰会(WSIS)上,国际电信联盟(ITU)发布《ITU互联网报告2005:物联网》,引用了物联网概念。物联网的定义和范围已经发生了变化,覆盖范围有了较大的拓展,不再只是指基于RFID技术的物联网。

2008年后,为了促进科技发展,寻找新的经济增长点,各国政府开始重视下一代的技术规划,将目光放在了物联网上。在中国,同年11月,在北京大学举行的第二届中国移动政务研讨会"知识社会与创新2.0"中提出移动技术、物联网技术的发展代表着新一代信息技术的形成,并带动了经济社会形态、创新形态的变革,推动了面向知识社会的以用户体验为核心的下一代创新(创新2.0)形态的形成,创新与发展更加关注用户、注重以人为本。而创新2.0形态的形成又进一步推动新一代信息技术的健康发展。

2009年1月28日,奥巴马就任美国总统后,与美国工商业领袖举行了一次"圆桌会议",作为信息产业界仅有的两名代表之一,IBM首席执行官彭明盛首次提出"智慧地球"这一概念,建议新政府投资新一代的智慧型基础设施。当年,美国将新能源和物联网列为振兴经济的两大重点。

2009年2月24日,2009 IBM论坛上,IBM大中华区首席执行官钱大群公布了名为"智慧地球"的最新策略。此概念一经提出,即得到美国各界的高度关注,甚至有分析认为IBM公司的这一构想极有可能上升至美国的国家战略,并在世界范围内引起轰动。

2014年,工业物联网标准联盟成立,这表明物联网有可能改变任何制造和供应链流程的运行方式。

2016年发生了两件标志性的事件:一是很多汽车公司开始测试自动驾驶汽车;二是僵尸网络用制造商默认的用户名和密码攻击物联网设备,并将其用于分布式拒绝服务攻击。

2017—2019年,物联网开发变得更便宜、更容易,也更被广泛接受,从而促使整个行业掀起了一股创新浪潮。例如,区块链和人工智能技术被用于物联网平台,智能手机和宽带的普及使物联网功能更强。

2. 国外发展概况

（1）美国。在产业方面，2014年，英特尔发布 Edison 可穿戴及物联网设备的微型系统级芯片，2015年推出 Curie 芯片，集成了低功耗蓝牙通信和运动传感器；2016年，思科斥资14亿美元收购 Jasper 全部股权，以完善物联网生态体系。在2020年4月6—9日美国加州硅谷世界物联网展上，四百多家公司展示了其在石油化工、智慧城市、自动驾驶、能源与农业、制造业、供应链与物流管理、智能建筑与施工、智能家居等行业的新技术成果，涵盖虚拟现实技术、人工智能、区块链、物联网、物联网安全与隐私、商业模式与货币化、5G、边缘计算、资料分析、物联网架构、LPWAN 物联网应用、云平台等。美国政府是 RFID 应用的积极推动者。按照美国国防部的合同规定，2004年10月1日或者2005年1月1日以后，所有军需物资都要使用 RFID 标签；美国食品及药物管理局（FDA）建议制药商从2006年起利用 RFID 跟踪最常造假的药品；美国社会福利局（SSA）于2005年年初正式使用 RFID 技术追踪 SSA 各种表格和手册。2008年12月，奥巴马向 IBM 咨询了智慧地球的细节，并就投资智慧基础设施进行了讨论。2009年1月7日，IBM 与美国智库机构信息技术与创新基金会（ITF）共同向奥巴马政府提交了 *The Digital Road to Recover A Stimulus Plan to Create Jobs, Boost Productivity and Revitalize America*（"恢复数字之路——创造就业、提高生产率和振兴美国的刺激计划"），通过物联网政策的出台推动能源、宽带与医疗三大领域开展物联网技术的应用。2010—2011年，美国联邦政府首席信息官 Vivek Kundra 先后签署颁布了关于政府机构采用云计算的政府文件以及《联邦云计算策略》白皮书。

（2）欧洲。在产业方面，欧洲的 Philips、STMicroelectronics 在积极开发廉价的 RFID 芯片；Checkpoint 开发支持多系统的 RFID 识别系统；诺基亚开发能够基于 RFID 的移动电话购物系统；SAP 则在积极开发支持 RFID 的企业应用管理软件。在应用方面，欧洲在诸如交通、身份识别、生产线自动化控制、物资跟踪等封闭系统方面与美国基本处在同一阶段。目前，欧洲许多大型企业都纷纷进行 RFID 应用实验，例如，英国的零售企业 Tesco 最早于2003年9月结束了第一阶段实验，实验由该公司的物流中心和英国的两家商店进行，实验是对物流中心和两家商店之间的包装盒及货盘的流通路径进行追踪，使用915MHz 频带。2009年6月18日，欧盟委员会向欧盟议会、理事会、欧洲经济和社会委员会和地区委员会递交了《欧盟物联网行动计划》。2011—2013年，其每年新增2亿欧元，同时拿出3亿欧元专款，支持物联网相关公司合作项目建设。2007—2013年，欧盟投入研发经费共计532亿欧元，推动欧洲最重要的第7期欧盟科研架构（EU-FP7）研究补助计划，其中包括有感知的系统、交互作用和机器人技术等。2015年3月，欧盟成立了物联网创新联盟，汇聚欧盟各成员的物联网技术和资源，创造物联网生态体系。2015年10月，欧盟发布"物联网大规模试点计划书"征求提案，向全球征集发展物联网产业的建议。该计划涉及智能看护、智能交通、智慧城市、智慧农业、智能可穿戴设备等领域，对用户隐私、数据安全、用户接受度、标准化、互操作性以及法规等共性问题进行资助。2016年，欧盟计划投入1亿欧元支持物联网重点领域。2019年，欧盟启动了能源、农业和医疗保健领域的数字化转型三个大型试点项目。

（3）日本。日本是一个制造业强国，它在电子标签研究领域起步较早，政府也将 RFID 作为一项关键的技术来发展。MPHPT 在2004年3月发布了针对 RFID 的"关于在传感网络时代运用先进的 RFID 技术最终研究草案报告"，报告称 MPHPT 将继续支持测试在

UHF频段的被动及主动电子标签技术,并在此基础上进一步讨论管制的问题;2004年7月,日本经济产业省METI选择了七大产业做RFID的应用实验,包括消费电子、书籍、服装、音乐CD、建筑机械、制药和物流。从日本RFID领域的动态来看,与行业应用相结合的基于RFID技术的产品和解决方案开始集中出现,这为2005年RFID在日本的应用,特别是在物流等非制造领域的推广,奠定了坚实的基础。2004年,日本推出了基于物联网的国家信息化战略,称作u-Japan(u代表英文单词ubiquitous,意为普遍存在的,无所不在的)。2009年,日本IT战略本部发布了新一代的信息化战略——至2015年的中长期信息技术发展战略"i-Japan战略2015"。2010年,日本总务省发布了"智能云研究会报告书",制定了"智能云战略",目的在于借助云服务,推动整体社会系统实现海量信息和知识的集成与共享。该战略包括三部分内容:应用战略、技术战略和国际战略。

(4)韩国。韩国主要通过国家的发展计划,再联合企业的力量来推动RFID的发展,即主要是由产业资源部和情报通信部来推动RFID的发展计划。2005年3月,韩国政府耗资7.84亿美元在仁川新建技术中心,主要从事电子标签技术包括RFID研发以及生产,以帮助韩国企业快速确立在全球RFID市场的主流地位。该中心于2007年完工,2008年开始批量出货。2016年,韩国两大电信运营商SK电信和韩国电信争先部署物联网。2016年,韩国已成为世界上物联网普及率最高的国家之一。2004年,韩国也推出了u-Korea计划。2009年10月,韩国通信委员会通过了《物联网基础设施构建基本规划》,将物联网市场确定为新增长动力,确定了构建物联网基础设施、发展物联网服务、研发物联网技术、营造物联网扩散环境4大领域、12项详细课题。2014年5月,韩国发布《物联网基本规划》。自2015年起,韩国未来科学创造部和产业通商资源部将投资370亿韩元用于物联网核心技术以及MEMS传感器芯片、宽带传感设备的研发。

(5)新加坡。新加坡是世界上最早使用RFID技术的国家之一,早在1998年新加坡就将RFID技术应用于控制和管理城市交通量的自动收费系统。新加坡所有的公交车均采用了RFID技术。新加坡的每辆汽车内装配了可插入内置了RFID芯片的智能卡装置,并在车辆流量最大的中心商业区和高速公路上分别设置了多个电子收费站。新加坡国立图书馆是RFID行业中极具知名度的一个项目,它也是世界上第一个完全采用RFID管理的大型图书馆。新加坡医院已经将RFID用于病区、手术室的动态调配,药品、血库、化验库等方面实时管理,RFID技术大大提升了新加坡医院的管理运作效率。

3. 我国物联网发展现状及面临的挑战

1)市场现状

据新华社报道,截至2021年年底,中国物联网市场规模达到2.63万亿元,较2020年增加9700亿元,同比增长36.88%。中国是全球制造业和产业发展的大国,随着产业政策逐渐落实,市场空间有望加速扩张。中国的工业物联网企业在赋能智慧城市、智能交通、政府管理方面的前景巨大,市场规模有望达到更高水平。

近几年来,物联网概念加快与产业应用融合,成为智慧城市和信息化整体方案的主导性技术思维。当前,物联网已由概念炒作、碎片化应用、闭环式发展进入跨界融合、集成创新和规模化发展的新阶段,与中国新型工业化、城镇化、信息化、农业现代化建设深度交汇,在传统产业转型升级、新型城镇化和智慧城市建设、人民生活质量不断改善方面发挥了重要作用,取得了明显的成果。

2）技术现状

早在1999年中国科学院就启动了传感网研究,与其他国家相比具有先发优势。该院无锡微纳传感网工程技术研发中心为此组成了两千多人的团队,先后投入数亿元,在无线智能传感器网络通信技术、微型传感器、传感器终端机、移动基站等方面展开研究并取得了重大进展,已拥有从材料、技术、器件、系统到网络的完整产业链。在世界传感网领域,中国与德国、美国、韩国一起,成为国际标准制定的主导国。我国物联网技术的发展呈现以下特点。

（1）生态体系逐渐完善。在企业、高校、科研院所共同努力下,中国形成了芯片、元器件、设备、软件、电器运营、物联网服务等较为完善的物联网产业链。涌现出一批较强实力物联网领军企业,初步建成一批共性技术研发、检验检测、投融资、标识解析、成果转化、人才培训、信息服务等公共服务平台。

（2）创新成果不断涌现。中国在物联网领域已经建成一批重点实验室,汇聚整合多行业、多领域的创新资源,基本覆盖了物联网技术创新各环节,物联网专利数量逐年增加,到2023年9月9日为止,达449 196件。

（3）产业集群优势不断突显。中国形成了环渤海、长三角、珠三角等四大区域发展格局,无锡、杭州、重庆运用配套政策,已成为推动物联网发展重要基地,培育重点企业带动作用显著。

3）中国物联网技术发展面临的挑战

梳理物联网技术在中国的发展和取得的成绩,其得益于我国在物联网方面的几大优势:第一,我国早在1999年就启动了物联网核心传感网技术研究,研发水平处于世界前列;第二,在世界传感网领域,我国是标准主导国之一,专利拥有量高;第三,我国是目前能够实现物联网完整产业链的国家之一;第四,我国无线通信网络和宽带覆盖率高,为物联网的发展提供了坚实的基础设施支持;第五,我国已经成为世界第二大经济体,有较为雄厚的经济实力支持物联网发展。分析我国物联网的发展和未来的趋势,可以将中国物联网近年的发展和趋势分为四个阶段,如表2-1所示。

表2-1 中国物联网发展和趋势分段

时间	1990—2009年	2009—2015年	2015—2020年	2020—2025年
阶段	自然发展阶段	生态意识阶段	数据爆发阶段	智能演化阶段

尽管我国物联网技术的进步取得了一些成绩,但还有一些问题亟待解决,主要涉及核心技术、信息安全、产品研发等方面。

（1）核心技术有待突破。信息技术的发展促使物联网技术初步形成,我国物联网技术发展还处于初级阶段,存在的问题比较多,一些关键技术还处于初始应用阶段,急需优先发展传感器接入技术和核心芯片技术等。首先,我国现阶段物联网中所使用的物联网传感器的连接技术受距离影响限制较大,由于传感器本身属于精密设备,对外部环境要求较高,很容易受到外部环境的干扰;其次,我国物联网技术中使用的传感器存储能力有限,随着物联网发展的要求,对信息的存储量要求变大,其存储能力和通信能力还需要继续提高,且需求数量较大,现有物联网能力不能满足物联网发展的需求;最后,物联网技术的发展还需要有大量的传感器对信息进行传输,因此需要发展传感器网络中间技术,不断创新和完善新技术的应用。

（2）标准规范有待统一。物联网技术的发展对互联网技术有一定的依赖性。目前，我国互联网技术仍处于发展阶段，尚未形成较为完善的标准体系，这在一定程度上阻碍了我国物联网技术的进一步发展。目前由于各国之间的发展以及感应设备技术的差异性，难以形成统一的国际标准，导致难以在短时间内形成规范标准。

（3）信息安全和保护隐私的问题。电子计算机技术和互联网技术在不断方便人们工作生活的同时，也对人们的信息安全和隐私提出一定的挑战。这种问题在物联网技术的发展中也有重要影响。物联网技术主要是通过感知技术获取信息，因此如果不采取有效的控制措施，会导致信息获取不受限制，同时感应设备由于识别能力的局限性，在对物体进行感知的过程中容易造成无限制追踪问题，从而对用户隐私造成严重威胁。

2.1.3 物联网与互联网的区别

1. 物联网还是"网"

有学者认为，物联网的关键不在"物"，而在"网"。实际上，早在物联网这个概念被正式提出之前，网络就已经将触角伸到了"物"的层面，如交通警察通过摄像头对车辆进行监控，通过雷达对行驶中的车辆进行车速测量等。然而，这些都是互联网范畴之内的一些具体应用。

物联网，实际上指的是在网络的范围之内，可以实现人对人、人对物以及物对物的互联互通。在技术层面上，物联网主要通过将新一代 IT 技术充分运用在各行各业之中，将具备了数字处理功能的传感器嵌入和装备到各行各业的各种物体中（如电网、交通网、交通工具以及个人数字产品等），通过现有的互联网将其整合起来，从而实现人类社会与物理系统的整合。

2. 物联网是互联网的延伸

物联网并不是互联网的翻版，也不是互联网的一个接口，而是互联网的一种延伸。物联网的精髓，远远不仅是对物实现连接和操控，物联网通过技术手段的扩张，赋予网络新的含义，实现人与物之间的相融与互动，甚至是交流与沟通。

目前有不少观点，认为物联网是传感网，这样定义会使得物联网的外延缩小。如 1999 年所提出的物联网的概念，是把所有物品通过射频识别等信息传感设备与互联网连接起来，实现智能化识别和管理。这种传感网的概念缺乏了人、物之间的相连、沟通与互动。

合作性与开放性、长尾理论的适用性，是互联网在应用中的重要基本特征，就是这些基本特征，引发了互联网经济的蓬勃发展。对物联网来说，通过人物一体化，就能够在性能上对人和物的能力都做进一步的扩展。在网络上可以增加人与人之间的接触，从中获得更多的商机。就好像通信工具的出现，可以增加人类之间的交流与互动，而伴随着这些交流与互动的增加，产生出了更多的商业机会。例如，在人物交汇处建立起新的结点平台，使得长尾在结点处显示出更高的效用。

这样一来，在物联之后，就不仅能够产生出新的需求，而且能够产生新的供给，更可以让整个网络在理论上获得进一步的扩展和提高，从而创造出更多的机会。

3. 物联网有其鲜明的特征

和传统的互联网相比，物联网有其鲜明的特征。

(1) 它是各种感知技术的广泛应用。物联网上部署了海量的多种类型传感器,每个传感器都是一个信息源,不同类别的传感器所捕获的信息内容和信息格式不同。传感器按一定的频率周期性采集环境信息,不断更新数据,其获得的数据具有实时性。

(2) 它是一种建立在互联网上的泛在网络。物联网技术的重要基础和核心仍旧是互联网,通过各种有线和无线网络与互联网融合,将物体的信息实时准确地传递出去。在物联网上传感器定时采集的信息需要通过网络传输,由于其数量极其庞大,形成了海量信息,在传输过程中,为了保障数据的正确性和及时性,必须适应各种异构网络和协议。

(3) 物联网不仅提供了传感器的连接,其本身也具有智能处理的能力,能够对物体实施智能控制。物联网将传感器和智能处理相结合,利用云计算、模式识别等各种智能技术扩充其应用领域。可以从传感器获得的海量信息中分析、加工和处理出有意义的数据,以适应不同用户的不同需求,发现新的应用领域和应用模式。

2.2 物联网关键技术

2.2.1 物联网三层体系结构

从技术架构上来看,物联网可分为三层:感知层、网络层和应用层。

1. 物联网的感知层

感知层由各种传感器以及传感器网关构成,包括二氧化碳浓度传感器、温度传感器、湿度传感器、二维码标签、RFID 标签和读写器、摄像头、GPS 等感知终端。感知层的作用相当于人的眼耳鼻喉和皮肤等神经末梢,它是物联网识别物体、采集信息的来源。如果传感器的单元简单唯一,直接能接上 TCP/IP 接口(如摄像头 Web 传感器),那问题就简单多了,可以直接写接口数据。实际工程中显然没那么简单,如果购买了某一款装置,硬件接口往往是 RS 232 或 USB,其电源电压、电流都不同,更何况传感器往往是多种装置的集合,需要在一定条件下整合。感知层设计需要在嵌入式智能平台上整合,也就是以 ARM 芯片控制单元为基础,实行软硬件可裁剪,适度对不同种类的接口、控制功能进行搭建。

2. 物联网的网络层

网络层由各种私有网络、互联网、有线和无线通信网、网络管理系统和云计算平台等组成,相当于人的神经中枢和大脑,负责传递和处理感知层获取的信息。网络层包括通信与互联网的融合网络、网络管理中心、信息中心和智能处理中心等,其将感知层获取的信息进行传递和处理。总之,物联网的网络层设计需要软件设计人员熟悉传感网设计结构,保持数据不丢失并平衡两端设计工作量。物联网的网络层设计关键是端口信号获取,保证信号从传感器端流畅导入到 Web Service 中,这也就是移动、电信和互联网的数据融合。

3. 物联网的应用层

应用层是物联网和用户(包括人、组织和其他系统)的接口,它与行业需求结合,实现物联网的智能应用。应用层是物联网与行业专业技术的深度融合,与行业需求相结合,实现行业智能化,这一部分必须适合行业的前端(ASP 或 JSP 界面)和后端(Web Service),后端要考虑 SOA 架构及数据存放。

2.2.2 物联网感知层关键技术

1. RFID 技术的基本原理

1) 定义

RFID(Radio Frequency IDentification),即无线射频识别,有时也称感应式电子芯片或近接卡、感应卡、非接触卡、电子标签、电子条码等。它是一种通信技术,可通过无线电信号来识别特定目标并读写相关数据,而无须在识别系统与特定目标之间建立机械或光学接触。

一套完整的 RFID 系统由阅读器(Reader)与应答器(Transponder)两部分组成。Reader 发射特定频率的无限电波能量给 Transponder,用以驱动 Transponder 电路将其内部的 ID Code 送出,此时 Reader 便接收此 ID Code。

RFID 易于操控,简单实用,无须人工干预,可支持只读工作模式也可支持读写工作模式,且无须接触或瞄准,比较适合用于自动化控制方面的应用。RFID 应用具有以下特点:短距离射频产品不怕油渍、灰尘等特点;长距射频产品多用于交通,可识别距离达几十米,如车辆身份自动识别和收费。另外,RFID 还具有芯片密码唯一且无法复制,安全性高、寿命长的特点。

RFID 的应用非常广泛,目前的典型应用有动物芯片、汽车芯片防盗器、门禁管制、停车场管制、生产线自动化、物料管理等。RFID 标签有两种:有源标签和无源标签。

RFID 射频识别是一种非接触式的自动识别技术。它通过射频信号自动识别目标对象来获取相关数据,识别工作无须人工干预,可工作于各种恶劣环境。该技术可识别高速运动物体并可同时识别多个标签,操作快捷方便。RFID 技术具有条形码所不具备的防水、防磁、耐高温、使用寿命长、读取距离大、数据加密、存储容量大、信息更改自如等优点。

2) 基本原理

RFID 技术的基本工作原理并不复杂:标签进入磁场后,接收解读器发出的射频信号,凭借感应电流所获得的能量发送出存储在芯片中的产品信息(Passive Tag,无源标签或被动标签),或者主动发送某一频率的信号(Active Tag,有源标签或主动标签)。解读器读取信息并解码后,送至中央信息系统进行有关数据处理。

一套完整的 RFID 系统,由 Reader 与电子标签(TAG)也就是所谓的 Transponder 及应用软件系统三部分所组成。其工作原理是 Reader 发射一特定频率的无线电波能量给 Transponder,用以驱动 Transponder 电路将内部的数据送出,此时 Reader 便依序接收解读数据,送给应用程序做相应的处理。

以 RFID 卡片阅读器及电子标签之间的通信及能量感应方式来看,大致上可以分成感应耦合(Inductive Coupling)及后向散射耦合(Backscatter Coupling)两种。一般低频的 RFID 大都采用第一种方式,而较高频大多采用第二种方式。

阅读器根据使用的结构和技术不同,可以分为读或读写装置,是 RFID 系统的信息控制和处理中心。阅读器通常由耦合模块、收发模块、控制模块和接口单元组成。阅读器和应答器之间一般采用半双工通信方式进行信息交换,同时,阅读器通过耦合给无源应答器提供能量和时序。在实际应用中,可进一步通过 Ethernet 或 WLAN 等实现对物体识别信息的采集、处理及远程传送等管理功能。应答器是 RFID 系统的信息载体,目前应答器大多是由耦合元件(线圈、微带天线等)和微芯片组成的无源单元。

2. EPC 技术的基本原理

为满足对单个产品的标识和高效识别，1999 年，美国麻省理工学院 Auto ID 中心在美国统一代码委员会(UCC)的支持下，提出了产品电子代码(EPC)的概念，随后由国际物品编码协会和美国统一代码委员会主导，实现了全球统一标识系统中的 GTIN 编码体系与 EPC 概念的完美结合，将 EPC 纳入了全球统一标识系统，从而确立了 EPC 在全球统一标识体系中的战略地位，使 EPC 成为一项真正具有革命性意义的新技术，受到了世界众多发达国家的高度重视，被誉为全球物品编码工作的未来，将给人类社会生活带来巨大的变革。

EPC 的全称是 Electronic Product Code，中文译作产品电子代码，它是为了提高物流供应链管理水平、降低成本而发展起来的一项新技术，可以实现对所有实体对象(包括零售商品、物流单元、集装箱、货运包装等)的唯一有效标识。EPC 系统以 EPC 为每一实体对象的标识码，利用 RFID(射频识别)技术优势和互联网的基础资源优势，搭建覆盖全球的"物联网"。

基于互联网和射频技术的 EPC 系统，即实物物联网(简称物联网)，是在计算机互联网的基础上，利用 RFID、天线数据通信等技术，构造一个实现全球物品信息实时共享的"Internet of Things"。它将成为继条码技术之后，再次变革商品零售结算、物流配送及产品跟踪管理模式的一项新技术，是条码技术应用的延伸和拓展。

EPC 的信息编码方式可以与传统的条码兼容，但是其信息容量大大增强，弥补了条码技术不能识别到单品层次的不足。同时，由于 EPC 系统采用了比条码技术更为先进的 RFID 技术，可以实现相对较远距离的快速识别，并且加强了 RFID 标签的环境适应能力，被誉为具有革命性意义的新技术。它将给供应链管理、物流、生产控制、零售等领域带来革命性影响，将在全球范围内从根本上改善对生产、运输、仓储、销售各环节物品流动监控管理的水平，大大提高对生产和销售计划实施调控的能力，增加企业竞争力。

EPC 系统的组成：①标签装载有 EPC 编码，它应附着在物品上。②阅读器用于读或读写 EPC 标签，并能连接于本地网络之中。③Savant 是连接阅读器和应用程序的软件，也称为中间件，它是物联网中的核心技术，可认为是该网络的神经系统，故称为 Savant。④对象名称解析服务(ONS)的作用类似于 Internet 中的域名解析服务(DNS)，它给 Savant 指明了存储产品有关信息的服务器(EPCIS)。系统中 EPC 信息描述采用实体标记语言(PML)，PML 是在可扩展标记语言(XML)基础上发展而成，用于描述有关物品信息的一种计算机语言。

3. 传感器技术的基本原理

传感器(Transducer/Sensor)是一种物理装置，或生物器官，它能够探测感受外界的信号、物理条件(如光、热、湿度)，或化学组成(如烟雾)，并将探知的信息传递给其他装置或器官。

我国国家标准 GB 7665—1987 对传感器下的定义是：能感受规定的被测量件并按照一定规律转换成可用信号的器件或装置，通常由敏感元件和转换元件组成。传感器是一种检测装置，能感受到被测量的信息，并能将检测感受到的信息，按一定规律变换成为电信号或其他所需形式的信息输出，以满足信息的传输、处理、存储、显示、记录和控制等要求。它是实现自动检测和自动控制的首要环节。

传感器在新韦式大词典中的定义为：从一个系统接受功率，通常以另一种形式将功率送到第二个系统中的器件。根据这个定义，传感器的作用是将一种能量转换成另一种能量形式，所以不少学者也用"换能器"来称谓"传感器"。

传感器分为两种：传统传感器和新型传感器。前者包括电阻式传感器、电容式传感器、电感式传感器、压电式传感器、光电传感器、热电式传感器、气敏传感器、湿敏传感器、磁场传感器、数字式传感器等。后者包括生物传感器、微波传感器、超声波传感器、机器人传感器等。

2.2.3 物联网网络层关键技术

1. ZigBee 技术基本原理与特点

1）定义

ZigBee 技术是一种应用于短距离和低速率下的无线通信技术。ZigBee 过去又称为"HomeRF Lite"和"FireFly"技术，统一称为 ZigBee 技术。

ZigBee 主要用于距离短、功耗低且传输速率不高的各种电子设备之间进行数据传输以及典型的有周期性数据、间歇性数据和低反应时间数据传输的应用。

ZigBee 这个名字的灵感来源于蜂群的交流方式：蜜蜂通过 Z 字形飞行来通知发现的食物的位置、距离和方向等信息。ZigBee 联盟便以此作为这个新一代无线通信技术的名称。蜜蜂在发现花丛后会通过一种特殊的肢体语言来告知同伴新发现的食物源位置等信息，这种肢体语言就是 ZigZag 行舞蹈，是蜜蜂之间一种简单传达信息的方式。借此意义，ZigBee 作为新一代无线通信技术的命名。

2）ZigBee 技术

ZigBee 是一种高可靠的无线数传网络，类似于 CDMA 和 GSM 网络。ZigBee 数传模块类似于移动网络基站。通信距离从标准的 75m 到几百米、几千米，并且支持无限扩展。

ZigBee 是一个由可多到 65 535 个无线数传模块组成的无线数传网络平台，在整个网络范围内，每一个 ZigBee 网络数传模块之间可以相互通信，每个网络结点间的距离可以从标准的 75m 无限扩展。

与移动通信的 CDMA 网或 GSM 网不同的是，ZigBee 网络主要是为工业现场自动化控制数据传输而建立，因而，它必须具有简单、使用方便、工作可靠、价格低的特点。移动通信网主要是为语音通信而建立，每个基站价值一般都在百万元以上，而每个 ZigBee"基站"却不到 1000 元。

每个 ZigBee 网络结点不仅本身可以作为监控对象，例如，其所连接的传感器直接进行数据采集和监控，还可以自动中转别的网络结点传过来的数据资料。除此之外，每一个 ZigBee 网络结点还可在自己信号覆盖的范围内，和多个不承担网络信息中转任务的孤立的子结点（RFD）无线连接。

3）特点

ZigBee 是一种无线连接，可工作在 2.4GHz（全球流行）、868MHz（欧洲流行）和 915MHz（美国流行）3 个频段上，分别具有最高 250kb/s、20kb/s 和 40kb/s 的传输速率，它的传输距离在 10～75m 的范围内，但可以继续增加。作为一种无线通信技术，ZigBee 具有如下特点。

(1) 低功耗。由于 ZigBee 的传输速率低，发射功率仅为 1mW，而且采用了休眠模式，功耗低，因此 ZigBee 设备非常省电。据估算，ZigBee 设备仅靠两节 5 号电池就可以维持长达 6 个月到 2 年左右的使用时间，这是其他无线设备望尘莫及的。

(2) 成本低。ZigBee 模块的初始成本在 6 美元左右，估计很快就能降到 1.5～2.5 美元，并且 ZigBee 协议是免专利费的。低成本对于 ZigBee 也是一个关键的因素。

(3) 时延短。通信时延和从休眠状态激活的时延都非常短，典型的搜索设备时延是 30ms，休眠激活的时延是 15ms，活动设备信道接入的时延为 15ms。因此 ZigBee 技术适用于对时延要求苛刻的无线控制（如工业控制场合等）应用。

(4) 网络容量大。一个星状结构的 ZigBee 网络最多可以容纳 254 个从设备和一个主设备，一个区域内可以同时存在最多 100 个 ZigBee 网络，而且网络组成灵活。

(5) 可靠。采取了碰撞避免策略，同时为需要固定带宽的通信业务预留了专用时隙，避开了发送数据的竞争和冲突。MAC 层采用了完全确认的数据传输模式，每个发送的数据包都必须等待接收方的确认信息。如果传输过程中出现问题可以进行重发。

(6) 安全。ZigBee 提供了基于循环冗余校验（CRC）的数据包完整性检查功能，支持鉴权和认证，采用了 AES-128 的加密算法，各个应用可以灵活确定其安全属性。

(7) 自组网。一组人正在移动，每人持有一个 ZigBee 网络模块终端，只要他们彼此间在网络模块的通信范围内，通过彼此自动寻找，很快就可以形成一个互联互通的 ZigBee 网络。而且，由于人员的移动，彼此间的联络还会发生变化。因而，模块还可以通过重新寻找通信对象，确定彼此间的联络，对原有网络进行刷新。这就是自组织网。

2. Wi-Fi 技术基本原理与特点

1) 基本原理

Wi-Fi 是一个创建于 IEEE 802.11 标准的无线局域网技术。基于两套系统的密切相关，也常有人把 Wi-Fi 当作 IEEE 802.11 标准的同义术语。"Wi-Fi"常被写成"WiFi"或"Wifi"，但是它们并没有被 Wi-Fi 联盟认可。

并不是每样匹配 IEEE 802.11 的产品都申请 Wi-Fi 联盟的认证，相对地，缺少 Wi-Fi 认证的产品并不一定意味着不兼容 Wi-Fi 设备。

IEEE 802.11 的设备已安装在市面上的许多产品中，例如，个人计算机、游戏机、MP3 播放器、智能手机、平板电脑、打印机、笔记本电脑以及其他可以无线上网的周边设备。

Wi-Fi 这个术语被人们普遍误以为是指无线保真（Wireless Fidelity），并且即便是 Wi-Fi 联盟本身也经常在新闻稿和文件中使用"Wireless Fidelity"这个词，Wi-Fi 还出现在 ITAA 的一个论文中。但事实上，Wi-Fi 一词没有任何意义。

随着最新的 IEEE 802.11 ax 标准发布，新的 Wi-Fi 标准名称也将定义为 WiFi 6，因为当前的 802.11 ax 是第 6 代 Wi-Fi 标准了，Wi-Fi 联盟从这个标准起，将原来的 802.11 a/b/g/n/ac 之后的 ax 标准定义为 Wi-Fi 6，从而也可以将之前的 802.11 a/b/g/n/ac 依次追加为 Wi-Fi1/2/3/4/5。

2.4GHz 频段支持 802.11b/g/n/ax，5GHz 频段支持 802.11a/n/ac/ax，由此可见，802.11n/ax 同时工作在 2.4GHz 和 5GHz 频段，所以这两个标准是兼容双频工作的。

无线网络上网可以简单地理解为无线上网，几乎所有智能手机、平板电脑和笔记本电脑都支持 Wi-Fi 上网，它是当今使用最广的一种无线网络传输技术。实际上就是把有线网络信号转换成无线信号,使用无线路由器供支持其技术的相关计算机、手机、平板等接收。手机如果有 Wi-Fi 功能的话,在有 Wi-Fi 无线信号的时候就可以不通过移动联通的网络上网,省掉了流量费。

使用无线网络无线上网在大城市比较常用,虽然由 Wi-Fi 技术传输的无线通信质量不是很好,数据安全性能比蓝牙差一些,传输质量也有待改进,但传输速度非常快,可以达到 54Mb/s,符合个人和社会信息化的需求。Wi-Fi 最主要的优势在于不需要布线,可以不受布线条件的限制,因此非常适合移动办公用户的需要,并且由于发射信号功率低于 100mW,低于手机发射功率,所以 Wi-Fi 上网相对也是比较安全的。

但是 Wi-Fi 信号也是由有线网提供的,如家里的 ADSL、小区宽带等,只要接一个无线路由器,就可以把有线信号转换成 Wi-Fi 信号。国外很多发达国家城市里到处覆盖着由政府或大公司提供的 Wi-Fi 信号供居民使用,我国也有许多地方实施"无线城市"工程使这项技术得到推广。在 4G 牌照没有发放的试点城市,许多地方使用 4G 转 Wi-Fi 让市民试用。

2)特点

(1)更宽的带宽。截至 2023 年 9 月,IEEE 802.11ax 是最先进的 Wi-Fi 技术,也被称为 Wi-Fi 6。它采用了许多新技术,以提高 Wi-Fi 网络的性能、容量和效率。IEEE 802.11ax 最高速度可达 9.6Gb/s。

(2)更强的射频信号。IEEE 802.11ax 也称"高效率无线标准"(High-Efficiency Wireless,HEW),旨在实现密集用户(火车站、飞机场)环境中的每位用户较以前标准的平均传输率提升至 4 倍以上。

(3)Wi-Fi 功耗更低。使用 TWT 技术后,IEEE 802.11ax 可明显降低设备的功耗,从而延长电池寿命,减少充电频率。

(4)改进的安全性。Wi-Fi 6 引入安全协议 WPA3 后可对个性化数据进行加密,使针对威胁和攻击的保护能力更强,用户使用 Wi-Fi 连接更安全。

3. 蓝牙技术基本原理与特点

1)定义

蓝牙技术是一种开放的无线数据和语音通信全球规范,是为固定和移动设备建立通信环境的一种特殊的近距离无线技术连接。

蓝牙使当前的一些便携移动设备和计算机设备能够不需要电缆就能连接到互联网,并且可以无线接入互联网。

2)系统组成

(1)底层硬件模块。蓝牙技术系统中的底层硬件模块由基带、无线调频和链路管理。其中,基带完成蓝牙数据和跳频的传输。无线调频层是不需要授权的通过 2.4GHz ISM 频段的微波,数据流传输和过滤就是在无线调频层实现的,主要定义了蓝牙收发器在此频带正常工作所需要满足的条件。链路管理实现了链路建立、连接和拆除的安全控制。

(2)中间协议层。蓝牙技术系统构成中的中间协议层主要包括服务发现协议、逻辑链路控制和适应协议、电话通信协议和串口仿真协议四部分。服务发现协议层的作用是为上层应用程序提供一种机制以便于使用网络中的服务。逻辑链路控制和适应协议层负责数据拆装、复用协议和控制服务质量,是其他协议层作用实现的基础。

(3)高层应用。在蓝牙技术构成系统中,高层应用是位于协议层最上部的框架部分。

蓝牙技术的高层应用主要有文件传输、网络、局域网访问。不同种类的高层应用是通过相应的应用程序以一定的应用模式实现的一种无线通信。

3) 蓝牙技术及蓝牙产品的特点

(1) 蓝牙技术的适用设备多。不需要电缆,通过无线使计算机和电信联网进行通信。

(2) 蓝牙技术的工作频段全球通用。适用于全球范围内用户无界限的使用,解决了蜂窝式移动电话的国界障碍。蓝牙技术产品使用方便,利用蓝牙设备可以搜索到另外一个蓝牙技术产品,迅速建立起两个设备之间的联系,在控制软件的作用下,可以自动传输数据。

(3) 蓝牙技术的安全性和抗干扰能力强。由于蓝牙技术具有跳频的功能,有效避免了ISM频带遇到干扰源。蓝牙技术的兼容性较好,可良好兼容各种操作系统。

(4) 传输距离较短。现阶段,蓝牙技术的主要工作范围在10m左右,经过增加射频功率后的蓝牙技术可以在100m的范围工作,只有这样才能保证蓝牙在传播时的工作质量与效率,提高蓝牙的传播速度。另外,在蓝牙技术连接过程中还可以有效地降低该技术与其他电子产品之间的干扰。

(5) 通过跳频扩频技术进行传播。蓝牙技术在实际应用期间,可以原有的频点进行划分、转换,如果采用一些跳频速度较快的蓝牙技术,那么整个蓝牙系统中的主单元都会通过自动跳频的形式进行转换,从而将其随机地进行跳频。由于蓝牙技术本身具有较高的安全性与抗干扰能力,在实际应用期间可以测试蓝牙运行的质量。

2.2.4 物联网应用层关键技术

1. 物联网应用与云计算技术的融合

1) 物联网与云计算结合是必然趋势

(1) 云计算机是实现物联网的核心。物联网需要三大支撑,一是用于感知的传感器设备;二是物联网设备互相联动时彼此之间需要传输大量信息的传输设施;三是控制和支配对象的,也就是计算资源处理中心。这个资源处理中心,利用云计算模式,可以处理海量数据,并能实时动态管理和即时智能分析,并通过无线或有线传输动态信息送达计算资源处理中心,进行数据的汇总、分析、管理、处理,从而将各种物体连接。

(2) 云计算成为互联网和物联网融合的纽带。云计算与物联网各自具备优势,如果把云计算与物联网结合起来构造成物联网云,云计算其实就相当于一个人的大脑,而物联网就是其眼睛、鼻子、耳朵和四肢等。

2) 云计算与物联网的融合方式

(1) 单中心,多终端。此类模式分布范围较小,各物联网终端把云中心或部分云中心作为数据/处理中心,终端所获得的信息和数据统一由云中心处理及存储,云中心提供统一界面给使用者操作或查看。

(2) 多中心,大量终端。多中心、大量终端的模式比较适合区域跨度加大的企业和单位。有些数据或信息需要及时甚至实时共享给各个终端的使用者,这时可采取这种方式。这个模式的前提是云中心必须包括公共云和私有云,并且它们之间的互联没有障碍。

(3) 信息、应用分层处理,海量终端。这种模式可以针对用户的范围广、信息及数据种类多、安全性要求高等特征来构造。对需要大量数据传送,但是安全性要求不高的情况,可以采取本地云中心处理或存储。对于计算要求高,数据量不大的,可以放在专门负责高端运算的云中心里。而对于数据安全要求非常高的信息和数据,可以放在具有灾备中心的云中心里。

2. 物联网应用与大数据技术的融合

物联网、大数据和云计算作为当前第三次信息化浪潮的代表技术,将在未来形成广泛的影响。物联网专注于物物相连,大数据专注于数据的价值化,而云计算则为大数据和物联网提供计算资源等服务支持。

物联网和大数据之间的联系还是非常紧密的,主要体现在以下几方面。

第一,物联网是大数据的重要基础。大数据的数据来源主要有三方面,分别是物联网、Web 系统和传统信息系统。其中,物联网是大数据的主要数据来源,占到了整个数据来源的 90%以上,所以说没有物联网也就没有大数据。

第二,大数据是物联网体系的重要组成部分。物联网的体系结构分成六部分,分别是设备、网络、平台、分析、应用和安全。其中,分析部分的主要内容就是大数据分析。大数据分析是大数据完成数据价值化的重要手段之一,目前的分析方式有两种,一种是基于统计学的分析方式,另一种是基于机器学习的分析方式。当大数据与人工智能技术相结合之后,智能体就可以把决策通过物联网平台发送到终端,当然决策也可以是人工做出的。

第三,物联网平台的发展进一步整合大数据和人工智能。当前物联网平台的研发正处在发展期,随着相关标准的陆续制定,未来物联网平台将进一步整合大数据和人工智能,物联网未来必然是数据化和智能化。

第四,物联网、大数据、云计算和人工智能技术是产业互联网的核心技术,随着产业互联网的发展,未来相关技术将会逐渐落地到广大的传统行业,为传统行业的创新和发展赋能。产业互联网的发展也会创造出大量的就业岗位,所以学习相关技术会获得更多的发展机会。

3. 物联网应用与人工智能技术的融合

AIoT(人工智能物联网)＝AI(人工智能)＋IoT(物联网)。AIoT 融合 AI 技术和 IoT 技术,通过物联网产生、收集来自不同维度的、海量的数据存储于云端、边缘端,再通过大数据分析,以及更高形式的人工智能,实现万物数据化、万物智联化。物联网技术与人工智能相融合,最终追求的是形成一个智能化生态体系,在该体系内,实现了不同智能终端设备之间、不同系统平台之间、不同应用场景之间的互融互通。除了在技术上需要不断革新外,与 AIoT 相关的技术与测试标准的制定、典型案例的推广和规模应用也是现阶段物联网与人工智能领域面临的重要问题。

从广泛的定义来看,AIoT 就是人工智能技术与物联网在实际应用中的落地融合。它并不是新技术,而是一种新的 IoT 应用形态,从而与传统 IoT 应用区分开来。如果物联网是将所有可以行使独立功能的普通物体实现互联互通,用网络连接万物,那 AIoT 则是在此基础上赋予其更智能化的特性,做到真正意义上的万物互联。

随着 AI、IoT、云计算、大数据等技术的快速发展,以及在众多产业中的垂直产业落地应用,AI 与 IoT 在实际项目中的融合落地变得越来越多。AIoT 作为一种新的 IoT 应用形态存在,与传统的 IoT 的区别在于,传统的物联网是通过有线和无线网络,实现物-物、人-物之间的相互连接,而 AIoT 不仅是实现设备和场景间的互联互通,还要实现物-物、人-物、物-人、人-物-服务之间的连接和数据的互通,以及人工智能技术对物联网的赋能进而实现万物之间的相互融合,使得用户获得更加个性化的更好的使用体验、更好的操作感受,最终目的是让用户或使用方获得"安全、简单、便捷、舒适的体验"。

AI 与 IoT"一体化"后,人工智能逐渐向智能应用方向发展。因为深度学习需要物联网传感器收集数据,物联网系统需要人工智能辨识和发现异常并进行预测。因此,人工智能物联网(AIoT)将会有比较大的发展,而这样的发展将会影响到各行各业,甚至会对某些产业产生巨大冲击,也就是说,接下来 AIoT 服务,将会在我们工作和生活中大量出现。

尽管物联网和人工智能在信息系统中应用非常重要,但物联网和人工智能的融合,即人工智能物联网(AIoT)系统已远远超越了目前的智能系统或物联网系统,它已成为企业及其产品不可分割的一部分。目前很多企业已开始使用人工智能释放物联网的巨大潜力。比如,亚马逊(Amazon)、甲骨文(Oracle)和微软(Microsoft)等公司已将人工智能功能整合到其物联网中,以实现其业务的更大灵活性。事实上,人工智能和物联网非常实用,几乎每一个技术节点上都可以得到应用,比如在线业务、在线工具、开源 API、工业机器人、医疗保健、云端和移动设备等。

AI 应用程序和 IoT 设备可以在不同的消费者和工业部署中进行交互,主要有三种方式。第一,也是最简单的,IoT 设备提供信息,供 AI 领域使用,在 AI 领域进行基于数据和算法的分析和决策。这是一个典型运行在 IoT 领域之上的 AI 的例子。第二,AI 可以应用于 IoT 领域本身。比如检查传感器是否正常工作,并向 AI 领域的应用程序提供未损坏的数据。这将捕获由于传感器故障或传输意外中断而可能导致数据泄露的情况。除了统计检查外,AI 的使用还可能涉及与数字"孪生"的比较,以检测传感器是否以"降级"的方式工作。通过确保到达的数据是正确的,AI 领域中的应用程序可以省去执行数据验证任务的额外工作量。第三个交互模型涉及 AI 和 IoT 领域应用程序之间的关系推理。这些关系为可解释 AI 和可信 AI 提供了基础。考虑一个 AI 应用程序在任务关键型机器中发出早期故障信号的情况。在机器停止使用进行维护之前,技术人员会对逻辑链、数据来源和导致故障的异常现象进行解释。

2.3 物联网主要应用领域

2.3.1 物联网技术应用

1. 物联网在物流中的应用

物联网在物流中的应用非常广泛,以下是几个比较有代表性的场景。

(1)物流信息采集。物联网中的传感器、RFID 等设备可以对物流货物的位置、温度、湿度等信息进行实时采集和传输。比如在运输过程中通过 GPS 定位货物的位置和运动轨迹,温度传感器等设备可以实时监测货物环境变化,这样可以及时发现问题并采取措施,保证货物的安全。

(2)物流路线优化。可通过物联网大数据和智能算法对物流路线进行事前规划和事中调优。比如,当出现道路拥堵时可进行物流配送路线调优,以提高物流效率并减少运输成本。

(3)物流车辆管理。物联网的传感器和 GPS 定位等设备可实时监测车辆的位置、行驶速度、燃油消耗等信息,通过智能决策可以提高物流车辆的运输效率和管理水平。

(4) 物流配送管理。物联网可借助智能算法和数据分析,对物流配送过程进行优化管理。比如,在配送过程中的货物追踪和配送监管,由此可减少其过程中的误差和损耗。

(5) 仓库管理。物联网的传感器、RFID 等设备可对仓库量、货物状态、仓储温度等信息进行实时监控。比如,货物的识别与分类、库存的监控与管理等。

(6) 追溯管理。通过物联网智能追踪系统,可以对物流货物进行跟踪和追溯。当发现问题时,可对物流中出现的问题进行定位,取证和问责。

(7) 供应链管理。物联网的传感器、RFID 等设备可提供物流货物的实时状态,通过物联网,可以与销售商、制造商和原料供应商进行信息共享和交流,这使供应链中的每个环节都可实时可视化。通过供应链的智能物流信息管理,可使供应链上下游企业合作更密切。

(8) 数据分析。物联网的传感器、RFID 等设备可以获得物流过程中的相关数据,比如仓库量、货物状态、环境温度、车辆、路线、客户等信息,这为物流科学管理提供了可靠的数据资源。

2. 物联网在医疗中的应用

以下是物联网技术在健康医疗行业中的 5 种应用场景。

(1) 公共卫生。物联网平台系统可以提供无线远程监控。比如疫苗,其属于公共卫生的范畴,物联网平台系统可以为农村诊所之类的医疗机构中的疫苗冷藏柜提供无线远程温度监控,其工作原理是传感器被放置在制冷单元内部,它将温度等数据上传到物联网平台系统中,以供监控人员使用。

(2) 医疗保健。物联网在医疗保健中可以使用条形码和 RFID 标签系统。通过物联网,患者和医疗设备上的条形码或 UDI 码被识别后,其数据被传输给医护人员,这便于其更好地为患者服务。

(3) 慢性病管理。物联网用于慢性病管理,主要通过物联网将慢性病患者、药物、治疗设备等进行关联。这样,医护人员就可以通过物联网进行远程治疗,包括根据患者病情数据提醒服药,开启治疗设备等。

(4) 智能睡眠。利用智能床垫和睡眠环境感应器收集到的数据,结合智能手机通信和控制的功能,儿女可为老年父母调节床垫和睡眠温度。

(5) 减轻护理工作强度。因为物联网平台可以同时监控千张以上的床位。如果多张床位病患同时发出请求,平台可根据患者的情况,合理安排护士处理病患的先后顺序。

3. 物联网在家居中的应用

物联网在智能家居中的应用场景有以下几个。

(1) 远程门锁管理。忘带钥匙或亲戚无法进门时,可通过远程开锁。

(2) 远程安防监控。通过摄像头、感应设备等,可随时随地(在手机上)查看家里的情况和周边环境,以保障生命财产安全。

(3) 远程家电管理。将空调、洗衣机、冰箱、微波炉、电饭煲等设备置于物联网系统中,可通过手机进行远程操控,比如房间温度设置、冰箱调温、洗衣机关闭、微波炉和电饭煲开启等。

(4) 照明控制。物联网可将家中照明系统与手机关联。下班天黑进门前,可提前开启房间照明、设置灯光颜色偏好、节能模式等。

4. 物联网在工业制造中的应用

过去几年,工业物联网作为关键词,已经被多次写入两会政府工作报告。不论在传统产业还是新兴领域,都涌起了一股工业物联网建设和应用的热潮。其实早在 2015 年政府就已经提出,推动互联网与制造业融合,提升制造业的数字化、网络化、智能化水平。发展工业物联网,对于我国打造制造强国,推动经济高质量发展,都具有十分重要的意义。

1) 工业物联网领域

众所周知,工业物联网的主要技术领域涵盖传感器技术、网络互联技术、信息处理技术、安全技术、边缘和云计算等多个方向。其中发展最为迅速的几大技术领域如下。

(1) 边缘计算+人工智能:工业物联网的成功关键在于为机械设备赋予物联网连接能力。在生产环境中采用联网设备,企业便能将这些数字化智能设备纳入企业生产,并在设备的整个生命周期里保障系统正常运作。万物互联意味着海量数据需要实时分析和处理,所以边缘计算结合人工智能就是一个重要发展趋势。

(2) 网络安全:在万物互联环境下,难以想象如果边缘端智能设备被黑客控制,将会带来什么样的灾难。实际上,网络安全威胁的确阻碍了制造商对数字技术的投资,在接下来很长一段时间内,制造商不得不拨出更多预算,以确保任何数字创新都通过安全认证。

(3) 人机协作:基于以上两大趋势,将会有越来越多的人机协作场景出现。随着设备更加智能化、更安全和更可靠,基于工业物联网的协作机器人将更为普及。当前汽车制造商是工业机器人的消费大户,但随着工业互联、机器视觉以及控制技术的迭代,协作机器人将在制造业、物流领域乃至服务业取得突破性进展,"机器人即服务"的理念将逐步深入人心。

2) 物联网与智能制造结合的优势

(1) 设备和环境数据的采集——从单点到全局。实现了数据标准的归一化,通过协议转换,使得不同品牌的设备数据以及各类不同的环境数据统一采集并上传到同一个数据库。能够在同一个数据库中对所有的设备运行数据和环境数据进行整体分析。

(2) 生产设备的故障和检修——从被动到主动。将设备运行的数据进行分析比对,提前预知可能发生故障的设备,邀请相关厂家维护人员上门更换,安排一次 2h 的主动停机,将故障损失降到最低。

(3) 降低产品的维护成本和运行风险。设备的运行数据可远程直接上传到后端平台,能够有针对性地安排巡检,大大降低售后服务成本;同时,在平台上可对设备的运行数据进行分析并进行运行优化,延长使用寿命,降低风险。

5. 物联网在智能交通中的应用

物联网已应用到诸多领域,智能交通领域即是其中之一。智能交通是指将传感器技术、RFID 技术、无线通信技术、数据处理技术、网络技术、自动控制技术、视频检测识别技术、GPS 和信息发布技术等运用于整个交通运输管理体系中,从而建立起实时的、准确的、高效的交通运输综合管理控制系统。

物联网与智能技术融合是交通运输的趋势之一。智能交通是继计算机产业、互联网产业、通信产业之后的又一新兴产业,其与物联网的结合是必然的。智能交通行业已被公认为是物联网产业化发展落实到实际应用最能够取得成功的优先行业之一,必将能够创造出巨大的应用空间和市场价值。

智能交通的发展,将带动智能汽车、导航、车辆远程信息系统、RFID、交通基础设施运行状况的感知技术(如智能公路、智能铁路、智能水运航道等)、运载工具与交通基础设施之间的通信技术、运载工具与同种运载工具或不同种运载工具之间的通信技术、动态实时交通信息发布技术等多个产业的发展,具有很广泛的应用需求。

智能交通系统包括出行和交通管理系统、出行需求管理系统、公共交通运营系统、商用车辆运营系统、电子收费系统、应急管理系统、先进的车辆控制和安全系统等。

随着车载导航装置的发展和手机的普及,基于车载导航装置和手机的动态交通信息服务被进一步普及。如今交通出行已越来越方便。

6. 物联网在电网中的应用

智能电网的核心在于构建具备智能判断与自适应调节能力的多种能源统一入网和分布式管理的智能化网络系统,可对电网与客户用电信息进行实时监控和采集,且采用最经济、最安全的输配电方式将电能输送给终端用户,实现对电能的最优配置与利用,提高电网运行的可靠性和能源利用效率。智能电网的本质是能源替代和兼容利用,它需要在开放的系统和共享信息模式的基础上,整合系统中的数据,优化电网的运行和管理。

2009年5月,国家电网公司首次公布智能电网计划,全面建设以特高压电网为骨干网架、各级电网协调发展的,以坚强电网为基础,信息化、自动化、互动化为特征的自主创新、国际领先的坚强智能电网。国家电网公司进一步提出物联网发展的三个阶段:信息汇聚阶段、协同感知阶段、泛在聚合阶段。2011年3月2日国家电网宣布,智能电网初步完成。

7. 物联网在环境监测中的应用

物联网引入环境监测在我国已有很多应用案例。GIS技术把地理位置与相关属性信息有机地结合起来,根据实际需要,科学、准确、图文并茂地将处理结果交给用户。用户借助其独特的空间分析功能和可视化表达,将GIS与物联网结合用以进行各种决策。GIS和物联网的产生改变了传统的信息收集和信息处理方式,使信息的处理由数值领域进入空间领域。目前,物联网和GIS已经在环境保护与治理、环境监测、灾害监测和防治、生态资源保护与利用等诸多领域得到了初步应用。

环保领域的空间信息量相当大,运用物联网的物物相连,把环境信息通过数据采集传感器、智能设备等采集后收集至一个平台进行存储和分析,对空间信息的管理与分析也正是二者结合的优势。物联网和GIS能够提供的远远不只是地图可视化和简单查询、定位,其更加强大和本质的部分,在于可以对相同空间范围内各种不同因素之间的内在关系进行发掘和分析,帮助我们寻找到这些不同因素之间的内在联系,从而更好地认识其规律和现象后面更深层的原因。这对于决策者而言是十分重要的,它可以帮助决策者在更加全面、系统地把握信息的基础上进行科学的决策。因此,物联网和GIS技术是政府部门监控污染、保护环境资源的理想选择。

8. 物联网在农业中的应用

农业物联网,就是将传感器、RFID、摄像头等设备用于农作物生长,并通过物联网传输数据,并进行控制的网络。可以为温室精准调控提供科学依据,达到增产、改善品质、调节生长周期、提高经济效益的目的。

农业物联网的一般应用是将大量的传感器结点构成监控网络,通过各种传感器采集信息,以帮助农民及时发现问题,并且准确地确定发生问题的位置,这样农业将逐渐地从以人力为中心、依赖于孤立机械的生产模式转向以信息和软件为中心的生产模式,从而大量使用各种自动化、智能化、远程控制的生产设备。

大棚控制系统中,运用物联网系统的温度传感器、湿度传感器、pH传感器、光照度传感器、CO_2传感器等设备,检测环境中的温度、相对湿度、pH、光照强度、土壤养分、CO_2浓度等物理量参数,保证农作物有一个良好的、适宜的生长环境。远程控制的实现使技术人员在办公室就能对多个大棚的环境进行监测控制。采用无线网络来测量获得作物生长的最佳条件。

2.3.2 信息物理系统

1. 定义

信息物理系统(Cyber-Physical Systems,CPS)是计算进程和物理进程的统一体,是集成计算、通信与控制于一体的下一代智能系统,如图2-1所示。CPS通过人机交互接口实现网络空间(虚拟世界)和物理世界进程的交互,使用网络空间以远程的、可靠的、实时的、安全的、协作的方式操控一个物理(世界)实体,如图2-2所示。作为一个综合计算、网络和物理环境的多维复杂系统,其通过3C(Computation、Communication、Control)技术的有机融合与深度协作,实现大型工程系统的实时感知、动态控制和信息服务。CPS的计算、通信与物理系统的一体化设计,可使其更加可靠、高效、实时协同,具有重要而广泛的应用前景。CPS是近年新兴技术数字孪生和平行智能的基础。

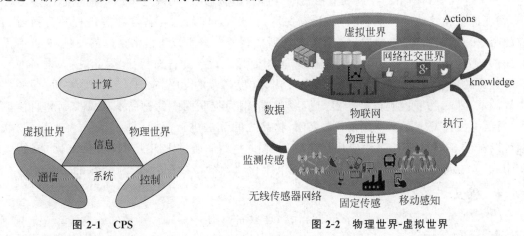

图 2-1 CPS   图 2-2 物理世界-虚拟世界

CPS使物理系统具有计算、通信、精确控制、远程协作和自治功能。它注重计算资源与物理资源的紧密结合与协调,可用于智能系统上的设备互联、物联传感、智能家居、机器人、智能导航等。

2. 结构

CPS有3层,分别是感知层、网络层和控制层,如图2-3所示。感知层主要是由传感器、控制器和采集器等设备组成。感知层中的传感器作为CPS中的末端设备,通过传感器获取环境的信息数据,并定时发送给服务器。服务器接收到数据之后进行相应的处理,再返回给物理末端设备相应的信息,物理末端设备接收到数据之后要进行相应的变化。网络层是连接信息世界和物理世界的桥梁,其任务是数据传输,为系统提供实时的网络服务。控制层根据物理设备传回来的数据进行相应的分析,将相应的结果返回给客户端,以可视化的界面呈现给客户。

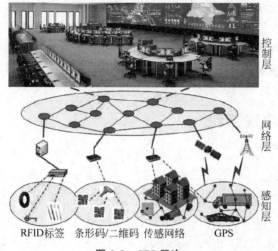

图 2-3　CPS 层次

3. 特征

CPS 赋予人类和自然之间一种新的关系。CPS 将计算、网络和物理进程有机结合在一起。物理进程受到网络的控制和监督,计算机接收它所控制物理进程的反馈信息。在 CPS 中,物理进程和其他进程紧密联系、相互关联。CPS 意味着监测各项物理进程并且执行相应的命令。换句话说,物理进程被计算系统所监视着。该系统与很多小设备关联,其拥有无线通信、感知存储和计算功能。海量运算是 CPS 接入设备的普遍特征,因此,接入设备通常具有强大的计算能力。从计算性能的角度出发,把高端的 CPS 应用比作胖客户机/服务器架构的话,那么物联网则可视为客户机服务器,因为物联网中的物品不具备控制和自治能力,通信也大都发生在物品与服务器之间,物品之间无法进行协同。从这个角度来说,物联网可以看作 CPS 的一种简约应用。在物联网中主要是通过 RFID 与读写器之间的通信。RFID 感知在 CPS 中十分重要。从这个意义上说,传感器网络也可视为 CPS 的一部分。

4. 意义

CPS 的意义在于将物理设备联网,让物理设备具有计算、通信、精确控制、远程协调和自治五大功能。CPS 本质上是一个具有控制属性的网络,但它又有别于现有的控制系统。CPS 把通信放在与计算和控制同等地位上,因为 CPS 强调的分布式应用系统中物理设备之间的协调是离不开通信的。CPS 对网络内部设备的远程协调能力、自治能力、控制对象的种类和数量,特别是网络规模上远远超过现有的工控网络。美国国家科学基金会(NSF)认为,CPS 将让整个世界互联互通。如同互联网改变了人与人的互动一样,CPS 将会改变人类与物理世界的互联互通关系。从产业角度看,CPS 涵盖了小到智能家庭网络大到工业控制系统乃至智能交通系统等国家级甚至世界级的应用。更为重要的是,这种涵盖并不仅仅是将现有的家电简单地连在一起,而是要催生出众多具有计算、通信、控制、协同和自治性能的设备。

2.3.3 物联网技术未来发展趋势

1. 物联网应用面临的挑战

虽然物联网近年来的发展已经渐成规模,各国都投入了巨大的人力、物力、财力来进行研发,但其在技术标准、管理平台、成本、安全、大数据和人工智能等方面仍然存在许多应用难题亟待克服,具体如下。

(1) 技术标准问题。传统互联网的标准并不适合物联网。物联网感知层的数据多源异构,因此不同设备不同接口应该有不同的技术标准;也由于网络类型不同、行业的应用方向不同,网络层和应用层的网络协议也应该不同。建立统一的物联网技术标准是物联网面临的挑战。

(2) 管理平台问题。物联网是一个复杂网络,其应用涉及各行各业,不可避免地存在交叉。如果这个网络体系没有一个专门的综合平台对信息进行分类管理,就会出现大量信息冗余、重复工作、重复建设造成资源浪费的状况。每个行业的应用各自独立、成本高、效率低,体现不出物联网的优势,势必会影响物联网的推广。物联网急需一个能整合各行业资源的统一管理平台,使其能形成一个完整的产业链模式。

(3) 成本问题。尽管物联网设备的价格已经下降了很多(比如摄像头不足20元),但百姓企业更期待其"白菜价"(如RFID电子标签只需一张纸的价格)的出现,这样,物联网的广泛普及就会"指日可待"。

(4) 安全性问题。物联网体系结构复杂,没有统一标准,其安全问题突出。传感网络的传感器被暴露在自然环境下,且部分被放置在恶劣环境中,这不仅受环境因素影响,也有人为因素的影响。RFID电子标签被置入物品中用于实时监控,因此部分标签容易造成个人隐私暴露,个人信息的安全性存在隐患。

(5) 大数据问题。大数据90%的数据来源于物联网,同时大数据也是物联网的重要组成部分,再加上云计算同时又是大数据和物联网的计算资源平台,三者的技术融合以及如何在各行各业得到广泛应用将是不得不面对的难题。

(6) 智能化问题。物联网属于新一代信息技术,而人工智能近年得到了快速发展,两者的深度融合既是机会也是挑战。另外,ChatGPT技术出现后,万亿级参数语言模型也对物联网数据采集和物联网数据分析提出了挑战。

2. 物联网技术的发展趋势

物联网属于新一代信息技术,是信息技术发展到一定阶段后出现的一种聚合应用与技术提升,它将各种感知技术、网络技术和人工智能技术与自动化技术聚合与集成,使人与物更贴近。物联网技术发展已呈现出以下几个趋势。

(1) 物联网使应用对象更安全。当物联网技术被应用后,其应用对象均被置于物联网传感器、RFID、摄像头等设备的监管之下,这将使应用对象更加安全。

(2) 物联网设备的"物美价廉"驱动了智能设备的普及。由于物联网传感器、RFID、摄像头等设备价格日趋低廉,它已在智慧交通、智能物流、医疗、农业、能源,甚至家居、个人、智能汽车等方面得到了应用。

（3）物联网使现实事物量化和大数据化成为一种趋势。随着5G的到来，移动设备对物联网网络的访问将大幅增加，再加上物联网传感器、RFID、摄像头等设备生成的数据，物联网相关设备产生的数据量呈现大数据或海量数据的趋势，这为物联网数据分析提供了便利。

（4）物联网更关注与人工智能的融合。人工智能技术的快速发展，有力推动了物联网与人工智能融合的进程。物联网大数据也为人工智能提供了上佳的"数据材料"，这为人工智能在物联网中的应用奠定了良好的基础。未来可期，人工智能将带来物联网技术的进步。随着越来越多的企业使用物联网设备与技术，收集到的数据量呈现指数级增长，传统的计算方式已经无法满足数据处理需求。而人工智能算法则能填补和较好地进行数据分析，这将为物联网应用场景创造更多的商机。

思 考 题

1. 什么是物联网？物联网与互联网有什么区别？
2. 物联网有哪三个层？
3. 我国物联网技术发展面临什么挑战？
4. 请介绍RFID的工作原理。什么是感知器？
5. 什么是Wi-Fi？什么是蓝牙？
6. 物联网与云计算、大数据、人工智能如何融合？
7. 物联网主要用于哪些领域？
8. 什么是信息物理系统？
9. 物联网技术未来发展趋势是什么？

第 3 章 移动互联网技术

本章将介绍移动互联网概述、移动互联网的关键技术和移动互联网的应用领域。通过本章的学习,学生可了解移动互联网的基本概念、移动互联网的特征、移动互联网的发展历程、5G 关键技术和主要优势、6G 关键技术和主要优势、SOA 面向服务架构、Web 2.0 的含义、HTML 5 的新特性、Android 的系统架构、iOS 的系统架构、移动互联网的应用、移动互联网未来发展趋势等。

3.1 移动互联网概述

3.1.1 移动互联网的基本概念

移动互联网将移动通信和互联网二者结合起来,成为一体,是 PC 互联网发展的必然产物。它是互联网的技术、平台、商业模式和应用与移动通信技术结合并实践的活动的总称。

移动互联网继承了移动随时、随地、随身和互联网开放、分享、互动的优势,是一个全国性的、以宽带 IP 为技术核心的,可同时提供话音、传真、数据、图像、多媒体等高品质电信服务的新一代开放的电信基础网络,由运营商提供无线接入,互联网企业提供各种成熟的应用。

移动互联网是指移动通信终端与互联网的结合,是用户使用手机、Pad 或其他无线终端设备,通过速率较高的移动网络,在移动状态下(如在地铁、公交车等)随时、随地访问 Internet 以获取信息,使用商务、娱乐等各种网络服务。

通过移动互联网,人们可以使用手机、平板电脑等移动终端设备浏览新闻,还可以使用各种移动互联网应用,例如,在线搜索、在线聊天、移动网游、手机电视、在线阅读、网络社区、收听及下载音乐等。其中,移动环境下的网页浏览、文件下载、位置服务、在线游戏、视频浏览和下载等是其主流应用。

目前,移动互联网正逐渐渗透到人们生活、工作的各个领域,微信、支付宝、位置服务等丰富多彩的移动互联网应用迅猛发展,正在深刻改变信息时代的社会生活。近几年,更是实现了 3G 经 4G 到 5G 的跨越式发展。全球覆盖的网络信号,使得身处大洋和沙漠中的用户,仍可随时随地保持与世界的联系。

3.1.2 移动互联网的特征

(1) 交互性。用户可以使用随身携带和可随时使用移动终端(如手机、IPad等),在移动状态下使用移动互联网,比如用语音、图文或者视频等方式实现用户与移动互联网交互。

(2) 便携性。相对于PC,移动终端更小巧轻便且可随身携带,比如放入书包和手袋中,且随时随地使用移动网络,比如可方便获取生活信息、玩网络游戏、进行商务交流、即时支付等操作。

(3) 隐私性。移动终端设备的隐私性远高于PC的要求。由于移动性和便携性的特点,移动互联网的信息处于高度保护状态,高隐私性是移动互联网终端应用的特点,数据共享时既要保障认证客户的有效性,也要保证信息的安全性。其不同于传统互联网公开透明开放的特点。

(4) 定位性。移动互联网有别于传统互联网的典型应用是位置服务应用。它具有以下几个服务:位置签到、位置分享及基于位置的社交应用;基于位置围栏的用户监控及消息通知服务。生活导航及优惠券集成服务;基于位置的娱乐和电子商务应用;基于位置的用户换机上下文感知及信息服务。

(5) 娱乐性。移动互联网上的丰富应用,如图片分享、视频播放、音乐欣赏、电子邮件等,为用户的工作、生活带来更多的便利和乐趣。

(6) 局限性。移动互联网应用服务在便捷的同时,也受到了来自网络能力和终端硬件能力的限制。在网络能力方面,受到无线网络传输环境、技术能力等因素限制;在终端硬件能力方面,受到终端大小、处理能力、电池容量等的限制。移动互联网各部分相互联系,相互作用并制约发展,任何一部分的滞后都会延缓移动互联网发展的步伐。

(7) 强关联性。由于移动互联网业务受到了网络及终端能力的限制,因此,其业务内容和形式也需要匹配特定的网络技术规格和终端类型,具有强关联性。移动互联网通信技术与移动应用平台的发展有着紧密联系,没有足够的带宽就会影响在线视频、视频电话、移动网游等应用的扩展。同时,根据移动终端设备的特点,也有与之对应的移动互联网应用服务,这是区别于传统互联网而存在的。

(8) 身份统一性。这种身份统一是指移动互联网用户自然身份、社会身份、交易身份、支付身份通过移动互联网平台得以统一。信息本来是分散到各处的,互联网逐渐发展、基础平台逐渐完善之后,各处的身份信息将得到统一。例如,在网银里绑定手机号和银行卡,支付的时候验证了手机号就直接从银行卡扣钱。

3.1.3 移动互联网的发展历程

整个移动互联网发展历史可以归纳为四个阶段:萌芽阶段、培育成长阶段、高速发展阶段和全面发展阶段。

1. 萌芽阶段(2000—2007年)

萌芽阶段的移动应用终端主要是基于WAP(无线应用协议)的应用模式。该时期由于受限于移动2G网速和手机智能化程度,中国移动互联网发展处在一个简单WAP应用期。WAP应用把Internet上的HTML信息转换成用WML描述的信息,显示在移动电话的显示屏上。由于WAP只要求移动电话和WAP代理服务器的支持,而不要求现有的移动通信网络协议做任何改动,因而被广泛地应用于 GSM、CDMA、TDMA 等多种网络中。

2. 培育成长阶段(2008—2011 年)

2009 年 1 月 7 日,工业和信息化部为中国移动、中国电信和中国联通发放 3 张第 3 代移动通信(3G)牌照,此举标志着中国正式进入 3G 时代,3G 移动网络建设掀开了中国移动互联网发展新篇章。随着 3G 移动网络的部署和智能手机的出现,移动网速的大幅提升初步破解了手机上网带宽瓶颈,移动智能终端丰富的应用软件让移动上网的娱乐性得到大幅提升。同时,我国在 3G 移动通信协议中制定的 TD SCDMA 协议得到了国际的认可和应用。

在成长培育阶段,各大互联网公司都在摸索如何抢占移动互联网入口,一些大型互联网公司企图推出手机浏览器来抢占移动互联网入口,还有一些互联网公司则通过与手机制造商合作,在智能手机出厂的时候,就把企业服务应用(如微博、视频播放器等应用)预安装在手机中。

3. 高速发展阶段(2012—2013 年)

随着手机操作系统生态圈的全面发展,智能手机规模化应用促进移动互联网快速发展,具有触摸屏功能的智能手机的大规模应用解决了传统键盘机上网的众多不便,安卓智能手机操作系统的普遍安装和手机应用程序商店的出现极大地丰富了手机上网功能,移动互联网应用呈现了爆发式增长。进入 2012 年之后,由于移动上网需求大增,安卓智能操作系统的大规模商业化应用,传统功能手机进入了一个全面升级换代期,传统手机厂商纷纷效仿苹果模式,普遍推出了触摸屏智能手机和手机应用商店。由于触摸屏智能手机上网浏览方便,移动应用丰富,受到了市场的极大欢迎。同时,手机厂商之间竞争激烈,智能手机价格快速下降,千元以下的智能手机大规模量产,推动了智能手机在中低收入人群中的大规模普及。

4. 全面发展阶段(2014 年至今)

移动互联网的发展永远都离不开移动通信网络的技术支撑,而 4G 网络建设将中国移动互联网发展推上快车道。随着 4G 网络的部署,移动上网网速得到极大提高,上网网速瓶颈限制得到基本破除,移动应用场景得到极大丰富。2013 年 12 月 4 日,工业和信息化部正式向中国移动、中国电信和中国联通三大运营商发放了 TD-LTE 4G 牌照,中国 4G 网络正式大规模铺开。

由于网速、上网便捷性、手机应用等移动互联网发展的外在环境基本得到解决,移动互联网应用开始全面发展。桌面互联网时代,门户网站是企业开展业务的标配;移动互联网时代,手机 App 是企业开展业务的标配,4G 网络催生了许多公司利用移动互联网开展业务。特别是由于 4G 网速大大提高,促进了实时性要求较高、流量较大、需求较大类型的移动应用快速发展,许多手机应用开始大力推广移动视频应用。2018 年华为推出 5G 后,其商业服务全面展开。

3.1.4　5G 关键技术和主要优势

移动通信已历经 1G、2G、3G、4G 的发展。每一次代际跃迁,每一次技术进步,都极大地促进了产业升级和经济社会发展。从 1G 到 2G,实现了模拟通信到数字通信的过渡,移动通信走进了千家万户;从 2G 到 3G、4G,实现了语音业务到数据业务的转变,传输速率成百倍提升,促进了移动互联网应用的普及和繁荣。当前,移动网络已融入社会生活的方方面面,深刻改变了人们的沟通、交流乃至整个生活方式。4G 网络造就了繁荣的互联网经济,解决了人与人随时随地通信的问题,随着移动互联网快速发展,新服务、新业务不断涌现,移动数据业务流量爆炸式增长,4G 移动通信系统难以满足未来移动数据流量暴涨的需求,急需研发下一代移动通信(5G)系统。

5G 作为一种新型移动通信网络,不仅要解决人与人通信,为用户提供增强现实、虚拟现实、超高清(3D)视频等更加身临其境的极致业务体验,更要解决人与物、物与物通信问题,满足移动医疗、车联网、智能家居、工业控制、环境监测等物联网应用需求。最终,5G 将渗透到经济社会的各行业各领域,成为支撑经济社会数字化、网络化、智能化转型的关键新型基础设施。

1. 概念

第 5 代移动通信技术(5th Generation Mobile Communication Technology,5G)是具有高速率、低时延和大连接特点的新一代宽带移动通信技术,5G 通信设施是实现人机物互联的网络基础设施。

国际电信联盟(ITU)定义了 5G 的三大类应用场景,即增强移动宽带(eMBB)、超高可靠低时延通信(uRLLC)和海量机器类通信(mMTC)。增强移动宽带(eMBB)主要面向移动互联网流量爆炸式增长,为移动互联网用户提供更加极致的应用体验;超高可靠低时延通信(uRLLC)主要面向工业控制、远程医疗、自动驾驶等对时延和可靠性具有极高要求的垂直行业应用需求;海量机器类通信(mMTC)主要面向智慧城市、智能家居、环境监测等以传感和数据采集为目标的应用需求。

为满足 5G 多样化的应用场景需求,5G 的关键性能指标更加多元化。ITU 定义了 5G 的八大关键性能指标,其中,高速率、低时延、大连接成为 5G 最突出的特征,用户体验速率达 1Gb/s,时延低至 1ms,用户连接能力达 100 万连接/km^2。

2. 关键技术

1) 性能指标

(1) 峰值速率需要达到 10~20Gb/s,以满足高清视频、虚拟现实等大数据量传输。

(2) 空中接口时延低至 1ms,满足自动驾驶、远程医疗等实时应用。

(3) 具备每平方千米百万连接的设备连接能力,满足物联网通信。

(4) 频谱效率要比 LTE 提升 3 倍以上。

(5) 连续广域覆盖和高移动性下,用户体验速率达到 100Mb/s。

(6) 流量密度达到 10Mb/$(m^2 \cdot s)$以上。

(7) 支持 500km/h 的高速移动。

2) 关键支撑技术

(1) 5G 无线关键技术。5G 国际技术标准重点满足灵活多样的物联网需要。在 OFDMA 和 MIMO 基础技术上,5G 为支持三大应用场景,采用了灵活的全新系统设计。在频段方面,与 4G 支持中低频不同,考虑到中低频资源有限,5G 同时支持中低频和高频频段,其中,中低频满足覆盖和容量需求,高频满足在热点区域提升容量的需求。5G 针对中低频和高频设计了统一的技术方案,并支持百兆赫的基础带宽。为了支持高速率传输和更优覆盖,5G 采用 LDPC、Polar 新型信道编码方案、性能更强的大规模天线技术等。为了支持低时延、高可靠性,5G采用短帧、快速反馈、多层/多站数据重传等技术。

(2) 5G网络关键技术。5G采用全新的服务化架构,支持灵活部署和差异化业务场景。5G采用全服务化设计,模块化网络功能,支持按需调用,实现功能重构;采用服务化描述,易于实现能力开放,有利于引入IT开发实力,发挥网络潜力。5G支持灵活部署,基于NFV/SDN,实现硬件和软件解耦,实现控制和转发分离;采用通用数据中心的云化组网,网络功能部署灵活,资源调度高效;支持边缘计算,云计算平台下沉到网络边缘,支持基于应用的网关灵活选择和边缘分流。5G通过网络切片满足差异化需求,网络切片是指从一个网络中选取特定的特性和功能,定制出的一个逻辑上独立的网络,它使得运营商可以部署功能、特性服务各不相同的多个逻辑网络,分别为各自的目标用户服务。目前定义了3种网络切片类型,即增强移动宽带、低时延高可靠、大连接物联网。

3. 应用

(1) 工业领域。以5G为代表的新一代信息通信技术与工业经济深度融合,为工业乃至产业数字化、网络化、智能化发展提供了新的实现途径。5G在工业领域的应用涵盖研发设计、生产制造、运营管理及产品服务4个大的工业环节。

(2) 车联网与自动驾驶。5G车联网助力汽车、交通应用服务的智能化升级。5G网络的大带宽、低时延等特性,支持实现车载VR视频通话、实景导航等实时业务。

(3) 能源领域。在电力领域,能源电力生产包括发电、输电、变电、配电、用电五个环节。目前,5G在电力领域的应用主要面向输电、变电、配电、用电四个环节开展,应用场景主要涵盖了采集监控类业务及实时控制类业务。

(4) 教育领域。5G在教育领域的应用主要围绕智慧课堂及智慧校园两方面开展。5G+智慧课堂、5G+智慧校园,为学生出行、活动、饮食安全等环节提供全面的安全保障服务。

(5) 医疗领域。5G通过赋能现有智慧医疗服务体系,提升远程医疗、应急救护等服务能力和管理效率,并催生5G+远程超声检查、重症监护等新型应用场景。

(6) 文旅领域。5G智慧文旅应用场景主要包括景区管理、游客服务、文博展览、线上演播等环节。5G智慧文博可支持文物全息展示、5G+VR文物修复、沉浸式教学等应用,赋能文物数字化发展,深刻阐释文物的多元价值,推动人才团队建设。

(7) 智慧城市领域。5G助力智慧城市在安防、巡检、救援等方面提升管理与服务水平。在城市安防监控方面,结合大数据及人工智能技术,5G+超高清视频监控可实现对人脸、行为、特殊物品、车等精确识别,形成对潜在危险的预判能力和紧急事件的快速响应能力;在城市安全巡检方面,5G结合无人机、无人车、机器人等安防巡检终端,可实现城市立体化智能巡检,提高城市日常巡查的效率;在城市应急救援方面,5G通信保障车与卫星回传技术可实现救援区域海陆空一体化的5G网络覆盖;5G+VR/AR可协助中台应急调度指挥人员直观、及时地了解现场情况,更快速、更科学地制定应急救援方案,提高应急救援效率。

(8) 信息消费领域。5G正在孕育新兴信息产品和服务,改变人们的生活方式。在5G+云游戏方面,5G可实现将云端服务器上渲染压缩后的视频和音频传送至用户终端,解决了云端算力下发与本地计算力不足的问题,解除了游戏优质内容对终端硬件的束缚和依赖,对于消费端成本控制和产业链降本增效起到了积极的推动作用。

(9) 金融领域。银行业是5G在金融领域落地应用的先行军,5G可为银行提供整体的改造。前台方面,综合运用5G及多种新技术,实现了智慧网点建设、机器人全程服务客户、远程业务办理等;中后台方面,通过5G可实现"万物互联",从而为数据分析和决策提供辅助。除银行业外,证券、保险和其他金融领域也在积极推动"5G+"发展,5G开创的远程服务等新交互方式为客户带来全方位数字化体验,线上即可完成证券开户核审、保险查勘定损和理赔,使金融服务不断走向便捷化、多元化,带动了金融行业的创新变革。

3.1.5 6G关键技术和主要优势

1. 概述

6G,即第6代移动通信标准,也被称为第6代移动通信技术,主要促进的就是物联网的发展。截至2019年11月,6G仍在开发阶段。6G的传输能力可能比5G提升100倍。6G在峰值速率、时延、流量密度、连接数密度、移动性、频谱效率、定位能力等方面远优于5G。

6G网络将是一个地面无线与卫星通信集成的全连接世界。通过将卫星通信整合到6G移动通信,实现全球无缝覆盖,网络信号能够抵达任何一个偏远的乡村,让深处山区的病人能接受远程医疗,让孩子们能接受远程教育。此外,在全球卫星定位系统、电信卫星系统、地球图像卫星系统和6G地面网络的联动支持下,地空全覆盖网络还能帮助人类预测天气、快速应对自然灾害等。6G通信技术不再是简单的网络容量和传输速率的突破,它更是为了缩小数字鸿沟,实现万物互联这个"终极目标"。

2. 技术

1) 技术关键指标

几个衡量6G技术的关键指标:峰值传输速度达到100Gb/s~1Tb/s,而5G仅为10Gb/s;室内定位精度达到10cm,室外为1m,相比5G提高10倍;通信时延0.1ms,是5G的十分之一;中断概率小于百万分之一,拥有超高可靠性;连接设备密度达到每立方米过百个,拥有超高密度;采用太赫兹频段通信,网络容量大幅提升。

2) 关键支撑技术

(1) 太赫兹频段。6G将使用太赫兹频段,且6G网络的"致密化"程度也将达到前所未有的水平,届时,我们的周围将充满小基站。太赫兹频段是指100GHz~10THz,是一个频率比5G高出许多的频段。从1G(0.9GHz)到4G(1.8GHz以上),我们使用的无线电磁波的频率在不断升高。因为频率越高,允许分配的带宽范围越大,单位时间内所能传递的数据量就越大,也就是人们通常说的"网速变快了"。不过,频段向高处发展的另一个主要原因在于,低频段的资源有限。就像一条公路,即便再宽阔,所容纳车量也是有限的。当路不够用时,车辆就会阻塞无法畅行,此时就需要考虑开发另一条路。频谱资源也是如此,随着用户数和智能设备数量的增加,有限的频谱带宽就需要服务更多的终端,这会导致每个终端的服务质量严重下降。而解决这一问题的可行方法便是开发新的通信频段,拓展通信带宽。我国三大运营商的4G主力频段位于1.8~2.7GHz的一部分频段,而国际电信标准组织定义的5G的主流频段是3~6GHz,属于毫米波频段。到了6G,将迈入频率更高的太赫兹频段,这个时候也将进入亚毫米波的频段。那么,为什么说到了6G时代网络"致密化",我们的周围会充满小基站?这就涉及基站的覆盖范围问题,也就是基站信号的传输距离问题。一般而言,影响基站覆盖范围的因素比较多,如信号的频率、基站的发射功率、基站的高度、移动端的高度等。就信号的频率而言,频率越高则波长越短,所以信号的绕射能力就越差,损耗也就越大。并且这种损耗会随着传输距离的增加而增加,基站所能覆盖到的范围会随之降低。6G 信号的频率已经在太赫兹级别,而这个频率已经接近分子转动能级的光谱了,信号很容易被空气中的水分子吸收掉,所以在空间中传播的距离不像 5G 信号那么远,因此 6G 需要更多的基站"接力"。5G 使用的频段要高于 4G,在不考虑其他因素的情况下,5G 基站的覆盖范围自然要比 4G 的小。到了频段更高的 6G,基站的覆盖范围会更小。因此,5G 的基站密度要比 4G 高很多,而在 6G 时代,基站密集度将无以复加。

(2) 空间复用技术。6G 将使用"空间复用技术",6G 基站将可同时接入数百个甚至数千个无线连接,其容量将可达到 5G 基站的 1000 倍。前面说到 6G 将要使用的是太赫兹频段,虽然这种高频段频率资源丰富,系统容量大,但是使用高频率载波的移动通信系统要面临改善覆盖和减少干扰的严峻挑战。

3) 6G 关键技术实验

300GHz 频段的频率是下一代移动通信技术 6G 重点研究领域,泰克科技公司及法国著名的研究实验室 IEMN 于 2018 年完成了在 300GHz 频段中使用单载波无线链路实现 100Gb/s 数据传输,见图 3-1。

300GHz 频段通信的实验原理是将一种高隔离技术应用于混频器元件,借助一种带有磷化铟高电子迁移率晶体管(InP-HEMT)的 IC,以抑制每个 IC 内部和 IC 中端口之间的信号泄漏,这解决了 300GHz 频段无线前端长期以来面临的挑战,实现了 100Gb/s 的传输速率,见图 3-2。

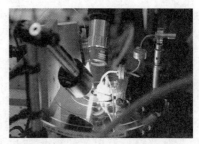

图 3-1 300GHz 传输实验(http://www.elecfans.com/tongxin/rf/20180601688185.html)

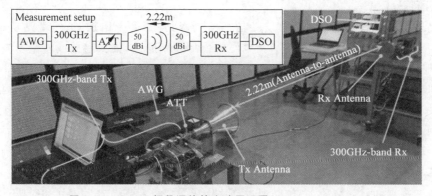

图 3-2 300GHz 频段通信的实验原理图(image.baidu.com)

3. 技术方案

1) 技术研究

目前,国际通信技术研发机构相继提出了多种 6G 技术路线,但这些方案都处于概念阶段,能否落地还需验证。

芬兰的奥卢大学无线通信中心是全球最先开始 6G 研发的机构,目前正在无线连接、分布式计算、设备硬件、服务应用四个领域展开研究。无线连接是利用太赫兹甚至更高频率的无线电波通信;分布式计算则是通过人工智能、边缘计算等算法解决大量数据带来的时延问题;设备硬件主要面向太赫兹通信,研发对应的天线、芯片等硬件;服务应用则是研究 6G

可能的应用领域，如自动驾驶等。

韩国SK集团信息通信技术中心曾在2018年提出了"太赫兹＋去蜂窝化结构＋高空无线平台（如卫星等）"的6G技术方案，不仅应用太赫兹通信技术，还要彻底变革现有的移动通信蜂窝架构，并建立空天地一体的通信网络。去蜂窝化结构是当前的研究热点之一，即基站未必按照蜂窝状布置，终端也未必只和一个基站通信，这确实能提高频谱效率。去蜂窝结构构想最早由瑞典林雪平大学的研究团队提出。但这一构想能否满足6G时延、通信速率等指标，还尚需验证。

美国贝尔实验室提出了"太赫兹＋网络切片"的技术路线。但该方案的技术细节尚需要长时间实验和验证。

华为的6G技术方案是通信感知一体化、星地融合和RIS可变信道三个维度上的技术融合，方案已完成阶段性验证，并逐步从理论走向实现。其中，①通信感知一体化包括E-band、太赫兹、光频谱等6G潜在使能频段，以及定位跟踪、成像与环境重构、健康监测等场景的应用；②星地融合将整合地面网络和非地面网络，由低轨或超低轨卫星构建的大型超低轨星座；③RIS可变信道。可重构智能超表面（Reconfigurable Intelligent Surface）是一种用于设计无线网络和无线传输模式的潜在新型技术，可为电磁波辐射增强提供解决方案。由于控制灵活，超表面通过数字平台实现"可编程"。每个单元都是一个特定形态的小辐射器，这使来自所有单元的组合波束可按需成形并指向目标位置；从宏观上看，多个单元可以设计成一个电磁互联网络，建设性地朝着特定功能（如波吸收、表面波消除、天线去耦和波束赋形等）运行。因此，也可把在环境中布置的RIS阵列看作是信道的一部分，并可通过控制RIS参数来动态改变无线信道传播特性。

2）硬件技术方案

提高通信速率有两个技术方案：一是基站更密集，部署量增加，虽然基站功率可以降低，但数量增加仍会带来成本上升；二是使用更高频率通信，如太赫兹或者毫米波，但高频率对基站、天线等硬件设备的要求更高，现在进行太赫兹通信硬件实验的成本都非常高，超出一般研究机构的承受能力。另外，从基站天线数上来看，4G基站天线数只有8根，5G能够做到64根、128根甚至256根，6G的天线数可能会更高，基站的更换也会提高应用成本。

基站小型化是一个发展趋势，例如，已有公司正在研究"纳米天线"，如同将手机天线嵌入手机一样，将采用新材料的天线紧凑集成于小基站里，以实现基站小型化和便利化，让基站无处不在。

不改变现有的通信频段，只依靠通过算法优化等措施很难实现设想的6G愿景，全部替换所有基站也不现实。未来很有可能会采取非独立组网的方式，即在原有基站等设施的基础上部署6G设备，6G与5G甚至4G、4.5G网络共存，6G主要用于人口密集区域或者满足自动驾驶、远程医疗、智能工厂等垂直行业的高端应用。其实，普通百姓对几十个吉字节、甚至太字节每秒的速率没有太高的需求，况且如果6G以毫米波或太赫兹为通信频率，其移动终端的价格必然不菲。因此，混合网也是一种方案。

3）软件技术方案

软件与开源化将颠覆6G网络建设方式。软件化和开源化趋势正在涌入移动通信领域，在6G时代，软件无线电（SDR）、软件定义网络（SDN）、云化、开放硬件等技术估计将进入成熟阶段。这意味着，从5G到6G，电信基础设施的升级更加便利，基于云资源和软件升级就可实现。同时,随着硬件白盒化、模块化、软件开源化,本地化和自主式的网络建设方式或将是 6G 时代的新趋势。

3.2 移动互联网的关键技术

3.2.1 SOA 面向服务架构

1. 基本概念

面向服务架构(Service Oriented Architecture,SOA)是一个组件模型,它将应用程序的不同功能单元(称为服务)进行拆分,并通过这些服务之间定义良好的接口和协议联系起来。接口是采用中立的方式进行定义的,它应该独立于实现服务的硬件平台、操作系统和编程语言。这使得构建在各种各样的系统中的服务可以以一种统一和通用的方式进行交互。

面向服务架构,可以根据需求通过网络对松散耦合的粗粒度应用组件进行分布式部署、组合和使用。服务层是 SOA 的基础,可以直接被应用调用,从而有效控制系统中与软件代理交互的人为依赖性。SOA 是一种粗粒度、松耦合服务架构,服务之间通过简单、精确定义接口进行通信,不涉及底层编程接口和通信模型。SOA 可以看作 B/S 模型、XML(标准通用标记语言的子集)/Web Service 技术之后的自然延伸。

SOA 将能够帮助软件工程师们站在一个新的高度理解企业级架构中的各种组件的开发、部署形式,它将帮助企业系统架构者更迅速、更可靠、更具重用性地架构整个业务系统。较之以往,以 SOA 架构的系统能够更加从容地面对业务的急剧变化。SOA 系统是一种企业通用性架构。可以将 SOA 理解为一个架构模型或者一种设计方法,而并不是服务解决方案。其中包含多个服务,服务之间通过相互依赖或者通过通信机制来完成相互通信,最终提供一系列的功能。一个服务通常以独立的形式存在于操作系统进程中。各个服务之间通过网络调用。

2. SOA 的特点

1) 服务

所有业务功能都是一项服务,服务就意味着要对外提供开放的能力,当其他系统需要使用这项功能时,无须定制化开发。

服务可大可小,可简单也可复杂。例如,人力资源系统可以是一项服务,包括人员基本信息管理、请假管理、组织结构管理等功能;而人员基本信息管理也可以作为一项独立的服务,组织结构管理也可以作为一项独立的服务,到底是划分为粗颗粒的服务,还是划分为细颗粒的服务,需要根据企业的实际情况进行判断。

2) ESB

ESB 的全称是 Enterprise Service Bus,中文翻译为"企业服务总线",从名字就可以看出,ESB 参考了计算机总线的概念。计算机中的总线将各个不同的设备连接到一起,ESB 将企业中的各个不同的服务连接在一起。因为各个独立的服务是异构的,如果没有统一的标准,则各个异构系统对外提供的接口是各式各样的。SOA 使用 ESB 来屏蔽异构系统对外提供各种不同的接口方式,以此来达到服务间高效的互联互通。

3）松耦合

松耦合的目的是减少各个服务间的依赖和互相影响，因为采用 SOA 架构后，各个服务是相互独立运行的，甚至都不清楚哪个服务到底有多少对其他服务的依赖。如果做不到松耦合，某个服务一升级，依赖它的其他服务全部故障，这样肯定是无法满足业务需求的。但实际上真正做到松耦合并没有那么容易，要做到完全后向兼容，是一项复杂的任务。典型的 SOA 结构样例如图 3-3 所示。

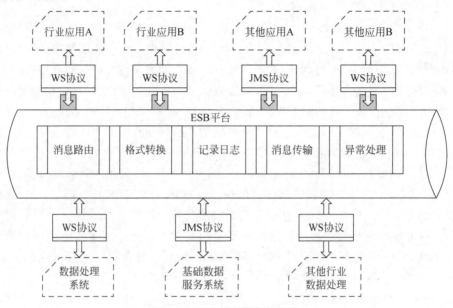

图 3-3　SOA 面向服务的架构

3. SOA 应用

SOA 架构是比较高层级的架构设计理念，一般情况下，可以说某个企业采用了 SOA 的架构来构建 IT 系统，但不会说某个独立的系统采用了 SOA 架构。例如，某企业采用 SOA 架构，将系统分为"人力资源管理服务""考勤服务""财务服务"，但人力资源管理服务本身通常不会再按照 SOA 的架构拆分更多服务，也不会再使用独立的一套 ESB，因为这些系统本身可能就是采购的，如果人力资源系统本身重构为多个子服务，再部署独立的 ESB 系统，成本会很高，也没有什么收益。

SOA 解决了传统 IT 系统重复建设和扩展效率低的问题，但其本身也引入了更多的复杂性。SOA 最为人诟病的就是 ESB，ESB 需要实现与各个系统间的协议转换、数据转换、透明的动态路由等功能。例如，图 3-4 中的 ESB 将 JSON 转换为 Java。

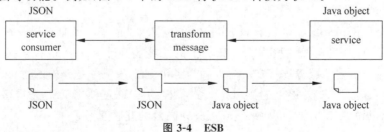

图 3-4　ESB

ESB虽然功能强大,但现实中的协议有很多种,如JMS、WS、HTTP、PRC等,数据格式也有很多种,如XML、JSON、二进制、HTML等,ESB要完成这么多协议和数据格式的互相转换,工作量和复杂度都很大,而且这种转换是需要耗费大量计算性能的,当ESB承载的消息太多时,ESB本身就会成为整个系统的性能瓶颈。

3.2.2 Web 2.0 的特点

1. 基本概念

Web 2.0是一个比Web 1.0新的概念,是建立在Internet上的一种网络服务,或基于互联网的软件服务,或Web平台,是一种由用户主导生成内容的互联网服务模式。Web 2.0的概念在2004年由O'Reilly提出。Web 2.0注重用户的参与和交互,用户既是网站内容的浏览者,也是网站内容的作者。互联网用户不仅在互联网上"冲浪",也要在互联网上"造浪"。不仅要"读"也要"写"内容,由被动地接收互联网信息向主动创造互联网信息。

2. 比较

Web 1.0模式侧重于为用户提供阅读和访问信息方面的服务。Web 2.0模式侧重于为用户提供读写数据和创建内容方面的服务。Web 3.0模式(本书第10章将详细介绍)侧重于为用户提供读写信息和程序操作服务。Web 1.0属于静态网站的时代,网站信息只能被读,目的是传递信息。Web 2.0是Web发展的第二个阶段,网站内容可以读写,即交互能力。Web 3.0则更进一步,即内容可读可写可操作,是一种沉浸式体验模型。Web 1.0由静态网页组成,Web 2.0由Web应用程序组成,Web 3.0则引入基于Web的智能应用程序。Web 1.0中,信息内容仅由服务器文件系统提供。Web 2.0的信息内容灵活且可人工输入。Web 3.0的内容信息可以通过不同的应用程序访问和智能加工。Web 1.0是万维网的第一阶段。在Web 1.0上,内容信息很少,其用户是内容信息的消费者,以服务器上的静态网页形式呈现。社交媒体的出现和快速发展,是Web 2.0开启的重要原因。这种变化的第二个原因是处理脚本的Web服务器能力增强,用户生成的可在数据库中存储。另外,移动互联网、社交网络等方面的技术创新,以及iPhone和基于Android的智能手机等先进移动设备的普及,进一步推动了Web 2.0的指数级增长。而Web 3.0出现的主要目的是让在线消费者更轻松地提交数据供计算机读取、处理和共享。

3. 特点

Web 2.0模式下的互联网应用具有以下显著特点:去中心化、开放、共享。

(1) 用户分享。在Web 2.0模式下,可以不受时间和地域的限制分享各种观点。用户可以得到自己需要的信息,也可以发布自己的观点。

(2) 信息聚合。信息在网络上不断积累,不会丢失。

(3) 以兴趣为聚合点的社群。在Web 2.0模式下,聚集的是对某个或者某些问题感兴趣的群体,可以说,在无形中已经产生了细分市场。

(4) 开放的平台,活跃的用户。平台对于用户来说是开放的,而且用户因为兴趣而保持比较高的忠诚度,他们会积极地参与其中。

其他特点包括:

(1) 用户参与网站内容制造。与Web 1.0网站单向信息发布的模式不同,Web 2.0网站的内容通常是用户发布的,使得用户既是网站内容的浏览者也是网站内容的制造者,这也就意味着 Web 2.0 网站为用户提供了更多参与的机会。例如,博客网站和 Wiki 就是典型的用户创造内容的指导思想,而 Tag 技术(用户设置标签)将传统网站中的信息分类工作直接交给用户来完成。

(2) Web 2.0 更加注重交互性。不仅用户在发布内容过程中实现与网络服务器之间的交互,而且也实现了同一网站不同用户之间的交互,以及不同网站之间信息的交互。

(3) 符合 Web 标准的网站设计。Web 标准是国际上正在推广的网站标准,通常所说的 Web 标准一般是指网站建设采用基于 XHTML 的网站设计语言。实际上,Web 标准并不是某一标准,而是一系列标准的集合。Web 标准中典型的应用模式是"CSS+XHTML",摒弃了 HTML4.0 中的表格定位方式,其优点之一是网站设计代码规范,并且减少了大量代码和网络带宽资源浪费,加快了网站访问速度。更重要的一点是,符合 Web 标准的网站对于用户和搜索引擎更加友好。

(4) Web 2.0 网站与 Web 1.0 没有绝对的界限。Web 2.0 技术可以成为 Web 1.0 网站的工具,一些在 Web 2.0 概念之前诞生的网站本身也具有 Web 2.0 特性。例如,B2B 电子商务网站的免费信息发布和网络社区类网站的内容也来源于用户。

(5) Web 2.0 的核心不是技术而在于指导思想。Web 2.0 有一些典型的技术,但技术是为了达到某种目的所采取的手段。Web 2.0 技术本身不是 Web 2.0 网站的核心,重要的在于典型的 Web 2.0 技术体现了具有 Web 2.0 特征的应用模式。因此,与其说 Web 2.0 是互联网技术的创新,不如说是互联网应用指导思想的革命。

(6) Web 2.0 是互联网的一次理念和思想体系的升级换代,由原来的自上而下的由少数资源控制者集中控制主导的互联网体系,转变为自下而上的由广大用户集体智慧和力量主导的互联网体系。

(7) Web 2.0 体现交互,可读可写,体现出的方面是各种微博、相册,用户参与性更强。

3.2.3 HTML5 的新特性

1. 简介

HTML5 是 HyperText Markup Language 5 的缩写,由不同的技术构成,在互联网中得到了非常广泛的应用,提供更多增强网络应用的标准机。与传统的技术相比,HTML5 的语法特征更加明显,并且结合了 SVG 的内容。这些内容在网页中使用可以更加便捷地处理多媒体内容,而且 HTML5 中还结合了其他元素,对原有的功能进行调整和修改,进行标准化工作。HTML5 在 2012 年已形成了稳定的版本。HTML5 是构建 Web 内容的一种语言描述方式,是互联网的下一代标准,是构建以及呈现互联网内容的一种语言方式,被认为是互联网的核心技术之一。

2. 发展历程

HTML 产生于 1990 年,HTML1.0 于 1993 年 6 月发布,HTML2.0 于 1995 年 11 月发布,HTML3.2 于 1996 年 1 月 14 日发布,HTML4.0 于 1997 年 12 月 18 日发布,HTML5.0 于 2004 年被提出。HTML5 技术是结合了 HTML4.01 的相关标准后的结果,符合现代网络发展要求,于 2008 年正式发布。

3. 新特性

HTML5 将 Web 带入一个成熟的应用平台,在这个平台上,视频、音频、图像、动画以及与设备的交互都进行了规范。

(1) 智能表单。表单是实现用户与页面后台交互的主要组成部分,HTML5 在表单的设计上功能更加强大。input 类型和属性的多样性大大地增强了 HTML 可表达的表单形式,再加上新增加的一些表单标签,使得原本需要 JavaScript 来实现的控件,可以直接使用 HTML5 的表单来实现;一些如内容提示、焦点处理、数据验证等功能,也可以通过 HTML5 的智能表单属性标签来完成。

(2) 绘图画布。HTML5 的 canvas 元素可以实现画布功能,该元素通过自带的 API 结合使用 JavaScript 脚本语言在网页上绘制图形和处理,拥有绘制线条、弧线以及矩形,用样式和颜色填充区域,书写样式化文本,以及添加图像的方法,且使用 JavaScript 可以控制其每一个像素。HTML5 的 canvas 元素使得浏览器不需要 Flash 或 Silverlight 等插件就能直接显示图形或动画图像。

(3) 多媒体。HTML5 最大的特色之一就是支持音频、视频,通过增加 < audio > 和 < video > 两个标签来实现对多媒体中的音频、视频使用的支持,只要在 Web 网页中嵌入这两个标签,而不需要第三方插件(如 Flash),就可以实现音视频的播放功能。HTML5 对音频、视频文件的支持使得浏览器摆脱了对插件的依赖,加快了页面的加载速度,扩展了互联网多媒体技术的发展空间。

(4) 地理定位。现今移动网络备受青睐,用户对实时定位的应用要求也越来越高。HTML5 通过引入 Geolocation 的 API,可以通过 GPS 或网络信息实现用户的定位功能,定位更加准确、灵活。通过 HTML5 进行定位,除了可以定位自己的位置,还可以在他人对你开放信息的情况下获得他人的定位信息。

(5) 数据存储。HTML5 较之传统的数据存储有自己的存储方式,允许在客户端实现较大规模的数据存储。为了满足不同的需求,HTML5 支持 DOM Storage 和 Web SQL Database 两种存储机制。其中,DOM Storage 适用于具有 key/value 对的基本本地存储;而 Web SQL Database 是适用于关系型数据库的存储方式,开发者可以使用 SQL 语法对这些数据进行查询、插入等操作。

(6) 多线程。HTML5 利用 Web Worker 将 Web 应用程序从原来的单线程业界中解放出来,通过创建一个 Web Worker 对象就可以实现多线程操作。Java Script 创建的 Web 程序处理事务都是在单线程中执行,响应时间较长,而当 JavaScript 过于复杂时,还有可能出现死锁的局面。HTML5 新增加了一个 Web Worker API,用户可以创建多个在后台的线程,将耗费较长时间的处理交给后台而不影响用户界面和响应速度,这些处理不会因用户交互而运行中断。使用后台线程不能访问页面和窗口对象,但后台线程可以和页面之间进行数据交互。子线程与子线程之间的数据交互,大致步骤如下:①创建发送数据的子线程;②执行子线程任务,把要传递的数据发送给主线程;③在主线程接收到子线程传递回的消息时创建接收数据的子线程,然后把发送数据的子线程中返回的消息传递给接收数据的子线程;④执行接收数据子线程中的代码。

3.2.4 Android 的系统架构

1. 简介

安卓(Android)是一种基于 Linux 内核(不包含 GNU 组件)的自由及开放源代码的操作系统,主要使用于移动设备,如智能手机和平板电脑,由美国谷歌公司和开放手机联盟领导及开发。安卓操作系统最初由安迪·鲁宾开发,主要支持手机。2005年8月,由谷歌收购注资。2007年11月,谷歌与84家硬件制造商、软件开发商及电信营运商组建开放手机联盟共同研发改良安卓系统。随后,Google以Apache开源许可证的授权方式,发布了Android的源代码。第一部Android智能手机发布于2008年10月。后来,Android逐渐扩展到平板电脑及其他领域上,如电视、数码相机、游戏机、智能手表等。2011年第一季度,Android在全球的市场份额首次超过塞班系统,跃居全球第一。2013年第四季度,Android平台手机的全球市场份额已经达到78.1%。2013年9月24日,全世界采用这款系统的设备数量已经达到10亿台。2022年5月12日,Android 13发布。

2. 体系架构

Android体系架构包括4层,由上到下依次是应用程序层、应用程序框架层、核心类库和Linux内核。其中,核心类库中包含系统库及Android运行环境。

1) 应用程序层

Android操作系统最顶层是应用程序,包括所有在手机上看到的应用程序,例如通讯录、短信、浏览器、地图等。每个应用程序都在自己的进程中运行,相互之间独立,拥有自己的运行环境和数据存储空间。应用程序通过调用下层的应用程序框架来完成各种功能。

2) 应用程序框架层

Android装配了一个核心应用程序集合,包括E-mail客户端、SMS短消息程序、日历、地图、浏览器、联系人管理程序和其他程序,所有应用程序都是用Java编程语言编写的。用户开发的Android应用程序和Android的核心应用程序是同一层次的,它们都是基于Android的系统API构建的。

应用程序的体系结构旨在简化组件的重用,任何应用程序都能发布它的功能且任何其他应用程序都可以使用这些功能(需要服从框架执行的安全限制),这一机制允许用户替换组件。开发者完全可以访问核心应用程序所使用的API框架。通过提供开放的开发平台,Android使开发者能够编制极其丰富和新颖的应用程序。开发者可以自由地利用设备硬件优势访问位置信息、运行后台服务、设置闹钟、向状态栏添加通知等。

所有的应用程序都是由一系列的服务和系统组成的(如表3-1所示)。

表3-1 所有的应用程序

系统/服务	说明
视图	这里的视图指的是丰富的、可扩展的视图集合,可用于构建一个应用程序,包括列表(List)、网格(Grid)、文本框(TextBox)、按钮(Button),甚至是内嵌的Web浏览器
内容管理器	内容管理器使得应用程序可以访问另一个应用程序的数据(如联系人数据库)或者共享自己的数据
资源管理器	资源管理器提供访问非代码资源,如本地字符串、图形和分层文件
通知管理器	通知管理器使得所有的应用程序都能够在状态栏显示通知信息
活动管理器	在大多数情况下,每个Android应用程序都运行在自己的Linux进程中。当应用程序的某些代码需要运行时,这个进程就被创建并一直运行下去,直到系统认为该进程不再有用为止,然后系统将回收该进程占用的内存以便分配给其他的应用程序。活动管理器管理应用程序生命周期,并且提供通用的导航回退功能

3)系统库

Android 本地框架是由 C/C++ 实现的,包含 C/C++ 库,以供 Android 系统的各个组件使用。这些功能通过 Android 的应用程序框架为开发者提供服务,如表 3-2 所示。

表 3-2 C/C++ 库中的一些核心库

名 称	说 明
系统 C 语言库	标准 C 语言系统库(libc)的 BSD 衍生,调整为基于嵌入式 Linux 设备
媒体库	基于 PacketVideo 的 OpenCORE,这些库支持播放和录制许多流行的音频和视频格式,以及静态图像文件,包括 MPEG4、H.264、MP3、AAC、AMR、JPG、PNG
界面管理	管理访问显示子系统,并且为多个应用程序提供 2D 和 3D 图层的无缝融合
LibWebCore	新式的 Web 浏览器引擎,支持 Android 浏览器和内嵌的 Web 视图
SGL	一个内置的 2D 图形引擎
3D 库	基于 OpenGL ES 1.0 API 实现,该库可以使用硬件 3D 加速或包含高度优化的 3D 软件光栅
FreeType	位图和矢量字体显示渲染
SQLite	SQLite 是一个所有应用程序都可以使用的强大且轻量级的关系数据库引擎

4)Android 运行环境

Android 包含一个核心库的集合,该核心库提供了 Java 编程语言核心库的大多数功能。几乎每一个 Android 应用程序都在自己的进程中运行,都拥有一个独立的 Dalvik 虚拟机实例。

Dalvik 是 Google 公司自己设计的用于 Android 平台的 Java 虚拟机。Dalvik 虚拟机是 Google 等厂商合作开发的 Android 移动设备平台的核心组成部分之一,它可以支持已转换为 .dex(Dalvik Executable)格式的 Java 应用程序的运行。

.dex 格式是专为 Dalvik 设计的一种压缩格式,适合内存和处理器速度有限的系统。

Dalvik 经过优化,允许在有限的内存中同时运行多个虚拟机的实例,并且每一个 Dalvik 应用作为一个独立的 Linux 进程执行。Dalvik 虚拟机依赖 Linux 内核提供基本功能,如线程和底层内存管理。

5)Linux 内核

Android 基于 Linux 提供核心系统服务,例如安全、内存管理、进程管理、网络堆栈、驱动模型。除了标准的 Linux 内核外,Android 还增加了内核的驱动程序,如 Binder(IPC)驱动、显示驱动、输入设备驱动、音频系统驱动、摄像头驱动、Wi-Fi 驱动、蓝牙驱动、电源管理。

Linux 内核也作为硬件和软件之间的抽象层,它隐藏具体硬件细节而为上层提供统一的服务。分层的好处就是使用下层提供的服务为上层提供统一的服务,屏蔽本层及以下层的差异,当本层及以下层发生变化时,不会影响到上层,可以说是高内聚、低耦合。

3.2.5 iOS 的系统架构

1. 简介

iOS 是由苹果公司开发的移动操作系统。苹果公司最早于 2007 年 1 月 9 日的 Macworld 大会上公布这个系统,最初是设计给 iPhone 使用的,后来陆续套用到 iPod touch、iPad 上。iOS 与苹果的 macOS 操作系统一样,属于类 UNIX 的商业操作系统。原本这个系统名为

iPhone OS,因为 iPad、iPhone、iPod touch 都使用 iPhone OS,所以 2010 年苹果全球开发者大会上宣布改名为 iOS(iOS 为美国思科公司网络设备操作系统注册商标,苹果改名已获得 Cisco 公司授权)。

2. 技术

2007 年 10 月 17 日,史蒂夫·乔布斯在一封张贴于苹果公司网页上的公开信上宣布软件开发工具包(SDK),它将在 2008 年 2 月提供给第三方开发商。SDK 于 2008 年 3 月 6 日发布,并允许开发人员开发 iPhone 和 iPod touch 的应用程序,并对其进行测试,名为"iPhone 手机模拟器"。然而,只有在付出了 iPhone 手机开发计划的费用后,应用程序才能发布。自从 Xcode 3.1 发布以后,Xcode 就成为 iPhone 软件开发工具包的开发环境。第一个 Beta 版本是 iPhone SDK 1.2b1(build 5A147p),它在发布后立即就能够使用了。

由于 iOS 是从 OS X 核心演变而来,因此开发工具也是基于 Xcode。

该 SDK 需要拥有英特尔处理器且运行 OS X Leopard 系统的 Mac 才能使用。其他的操作系统,包括微软的 Windows 操作系统和旧版本的 macOS X 都不支持。

SDK 本身是可以免费下载的,但为了发布软件,开发人员必须加入 iPhone 开发者计划,其中有一步需要付款以获得苹果的批准。加入了之后,开发人员将会得到一个牌照,他们可以用这个牌照将他们编写的软件发布到苹果的 App Store。发布软件一共有三种方法:通过 App Store,通过企业配置仅在企业内部员工间应用,也可通过基于 Ad-hoc 而上载至多达 100 部 iPhone。

这个发布 iPhone 软件的形式的出现使人们不能根据 GPLv3 的授权代码发布软件。任何根据 GPLv3 代码的开发者也必须得到 GPLv3 的授权。同时,开发商在发布已经由 GPLv3 授权的应用软件的同时必须提供由苹果公司提供的密钥以允许该软件修改版本的上载。

3. 控件

(1) 窗口:UIWindow。iPhone 的规则是一个窗口,多个视图。窗口是在 App 中显示出来所看到的最底层,是固定不变的,基本上可以不理会,但要知道每层是怎样的架构。

(2) 视图:UIView。视图是用户构建界面的基础,所有的控件都是在这个页面上画出来的,可以把它当成一个画布,可以通过 UIView 增加控件,并利用控件和用户进行交互和传递数据。窗口和视图是最基本的类,创建任何类型的用户界面都要用到。窗口表示屏幕上的一个几何区域,而视图类则用其自身的功能画出不同的控件,如导航栏、按钮都是附着在视图类之上的,而一个视图则链接到一个窗口。

(3) 视图控制器:UIViewController。可以用它对要用到的视图 UIView 进行管理和控制,可以在 UIViewController 中控制要显示的是哪个具体的 UIView。另外,视图控制器还增添了额外的功能,如内建的旋转屏幕、转场动画以及对触摸等事件的支持。

(4) UIKit:显示数据的视图。

UITextView:将文本段落呈现给用户,并允许用户使用键盘输入自己的文本。

UILabel:实现短的只读文本,可以通过设置视图属性为标签选择颜色、字体和字号等。

UIImageView:可以通过 UIImage 加载图片赋给 UIImageView,加载后可以指定显示的位置和大小。

UIWebView：可以提供显示 HTML、PDF 等其他高级的 Web 内容，包括 Excel、Word 等文档。

MKMapView：可以通过 MKMapView 向应用嵌入地图。很热门的 LBS 应用就是基于这个来做的。还可以结合 MKAnnotationView 和 MKPinAnnotationView 类自定义注释信息注释地图。

UIScrollView：一般用来呈现比正常的程序窗口大的一些内容。可以通过水平和竖直滚动来查看全部的内容，并且支持缩放功能。

UIAlertView：通过警告视图让用户选择或者向用户显示文本。

UIActionSheet：类似 UIAlertView，但当选项比较多的时候可以操作表单，它提供从屏幕底部向上滚动的菜单。

(5) 其他。

UIButton：主要是平常触摸的按钮，触发时可以调用想要执行的方法。

UISegmentControl：选择按钮，可以设置多个选项，触发相应的选项调用不同的方法。

UISwitch：开关按钮，可以选择开或者关。

UISlider：滑动按钮，常用于控制音量等。

UITextField：显示文本段，显示所给的文本。

UITableView：表格视图，可以定义表格视图，表格头和表格行都可以自定义。

UIPickerView：选择条，一般用于日期的选择。

UISearchBar：搜索条，一般用于查找功能。

UIToolBar：工具栏，一般用于主页面的框架。

UIActivityIndicatorView：进度条，一般用于显示下载进度。

UIProgressView：进度条，一般用于显示下载的进度条。

4. 层级

(1) 触摸层：为应用程序开发提供了各种常用的框架并且大部分框架与界面有关。本质上来说，它负责用户在 iOS 设备上的触摸交互操作，如 Notification Center 的本地通知和远程推送服务、iAd 广告框架、Game Kit 游戏工具框架、消息 UI 框架、图片 UI 框架、地图框架、连接手表框架、自动适配等。

(2) 媒体层：提供应用中视听方面的技术，如图形图像相关的 Core Graphics、CoreImage、GLKit、OpenGL ES、CoreText、Image IO 等，声音技术相关的 CoreAudio、OpenAL、AVFoundation，视频相关的 CoreMedia、Media Player 框架，音视频传输的 AirPlay 框架等。

(3) 核心服务层：提供给应用所需要的基础系统服务，如 Accounts 账户框架、广告框架、数据存储框架、网络连接框架、地理位置框架、运动框架等。这些服务中最核心的是 Core Foundation 和 Foundation 框架，定义了所有应用使用的数据类型。Core Foundation 是基于 C 的一组接口，Foundation 是对 Core Foundation 的 OC 封装。

(4) 核心操作系统层：包含大多数低级别接近硬件的功能，它所包含的框架常常被其他框架所使用。Accelerate 框架包含数字信号、线性代数、图像处理的接口。针对所有的 iOS 设备硬件之间的差异做优化，保证写一次代码在所有 iOS 设备上可高效运行。Core Blue tooth 框架利用蓝牙和外设交互，包括扫描连接蓝牙设备、保存连接状态、断开连接、获取外设的数据或者给外设传输数据等。Security 框架提供管理证书、公钥和私钥信任策略、keychain、hash 认证数字签名等与安全相关的解决方案。

3.3 移动互联网的应用领域

3.3.1 移动互联网的应用

移动互联网行业应用是基于移动互联网方式、面向行业用户的信息化服务。有别于移动互联网个人应用和网络应用，其逐渐受到市场追捧，正在成为移动互联网新的经济增长点。它适用于具有移动工作性质的企业、政府机关和各类公共事业机构，帮助其达到移动办公、移动工作流程管理以及移动人员行为管理等目标，从而大幅提升其业务效率和工作效益。

移动互联网行业应用具有低成本、低投入、即时开启、使用友好且高度定制化等特点。代表性行业包括政务、交通、警务、烟草、医疗卫生、教育、体育等这类客户具有较高的忠诚度，这是行业解决方案提供商和移动运营商推动移动互联网行业普及的动力。随着移动互联网技术的发展以及 SaaS 模式、云技术等理念的普及，使得原有入驻型、高成本的行业应用技术逐步落伍或淡出市场，而移动互联网云平台的理念逐步被广泛接受。

3.3.2 移动互联网未来发展趋势

1. 积极推动移动通信网络的发展与升级

若要更好地推动移动通信技术与互联网技术的高度融合，必须要大力推动移动通信网络技术的革新与升级。在发展中应不断推动覆盖多个区域基础设施的建设，只有做好此项工作，才能更好地发挥移动互联网的积极作用，为人们的工作和生活创造更大的便利，从而为移动通信的发展和壮大奠定良好的技术基础。因此运营商也要在日常的经营发展过程中制定一个长期的科学发展规划，不断加大基础设施的投放力度，同时还要在移动互联网建设发展中不断完善基础设施建设，推动移动互联网取得更大的进步。

2. 加大互联网信息安全的监管与保护

移动通信技术与互联网技术的融合必须要保证二者能够共同发展。互联网应用过程中，安全问题始终是不可回避的问题，互联网的弊端在于无法保证用户的信息安全。对此，近年来，相关研究人员加大了对互联网安全技术的研发和完善，互联网安全保护工作也取得了较为显著的进步。而为了实现这一目标，在实际工作中就应采用多种手段增强网络安全防护意识，提高防护能力，不断研发出新的防护技术和防护方法，从而提高信息安全防护工作的质量和水平，为二者的有效融合创造更为安全和谐的环境。

3. 加大信息共享力度，推动信息化建设

移动互联网技术效率更高，更加方便，加之移动互联网技术也可与多种互联网平台融合，充分发挥其作用与价值，所以，其也在很大程度上推动了信息共享平台的建设。很多行业在发展中都可采用移动互联网的信息共享功能来实现在企业内部和多家企业之间的信息共享。在共享平台创建过程中，每一个行业都在不断发展，这对信息技术的应用和推广应用也有积极的推动作用，而移动互联网的作用也会在这一过程中越来越明显。

思 考 题

1. 什么是移动互联网？移动互联网有什么特征？
2. 移动互联网的发展经历了哪几个阶段？
3. 5G 关键技术是什么？主要有什么优势？
4. 6G 关键技术是什么？主要有什么优势？
5. 请介绍 SOA 面向服务架构。
6. Web 2.0 的特点是什么？
7. HTML5 有什么新特性？
8. 请介绍 Android 的系统架构。
9. 请介绍 iOS 的系统架构。
10. 移动互联网主要应用于哪些领域？
11. 移动互联网未来发展趋势是什么？

云计算技术

本章将介绍云计算概述、云计算的相关技术和云计算的技术应用。通过本章的学习,学生可了解云计算的基本概念、云计算产生的历史背景、云计算的优势、分布式计算、服务器刀片化、虚拟化技术、虚拟计算、雾计算、边缘计算、公有云、私有云、混合云、IaaS、PaaS、SaaS、国内外主流云服务平台等。

4.1 云计算概述

4.1.1 云计算的基本概念

狭义云计算指 IT 基础设施的交付和使用模式,指通过网络以按需、易扩展的方式获得所需资源;广义云计算指服务的交付和使用模式,指通过网络以按需、易扩展的方式获得所需服务。这种服务可以是 IT 和软件、互联网相关,也可以是其他服务。云计算的核心思想,是将大量用网络连接的计算资源统一管理和调度,构成一个计算资源池向用户按需服务,提供资源的网络被称为"云"。"云"中的资源在使用者看来是可以无限扩展的,并且可以随时获取,按需使用;随时扩展,按使用付费。

云计算是网格计算、分布式计算、并行计算、效用计算、网络存储、虚拟化和负载均衡等传统计算机和网络技术发展融合的产物。事实上,许多云计算部署依赖于计算机集群(但与网格的组成、体系机构、目的、工作方式大相径庭),也吸收了自主计算和效用计算的特点。通过使计算分布在大量的分布式计算机上,而非本地计算机或远程服务器中,企业数据中心的运行将与互联网更相似。这使得企业能够将资源切换到需要的应用上,根据需求访问计算机和存储系统。好比是从古老的单台发电机模式转向了电厂集中供电的模式,它意味着计算能力也可以作为一种商品进行流通,就像煤气、水电一样,取用方便,费用低廉。最大的不同在于,它是通过互联网进行传输的。

总之,云计算不是一种全新的网络技术,而是一种全新的网络应用概念,云计算的核心概念就是以互联网为中心,在网站上提供快速且安全的云计算服务与数据存储,让每一个使用互联网的人都可以使用网络上的庞大计算资源与数据中心。

云计算是继互联网、计算机后在信息时代又一种新的革新,云计算是信息时代的一个大飞跃,未来的时代可能是云计算的时代,虽然目前有关云计算的定义有很多,但总体上来说,云计算虽然有许多的含义，但概括来说，云计算的基本含义是一致的，即云计算具有很强的扩展性和需要性，可以为用户提供一种全新的体验，云计算的核心是可以将很多的计算机资源协调在一起，因此，使用户通过网络就可以获取到无限的资源，同时获取的资源不受时间和空间的限制。

4.1.2 云计算产生的历史背景

互联网自 1960 年开始兴起，主要用于军方、大型企业等之间的纯文字电子邮件或新闻集群组服务。直到 1990 年才开始进入普通家庭，随着 Web 网站与电子商务的发展，网络已经成为目前人们离不开的生活必需品之一。云计算这个概念首次在 2006 年 8 月的搜索引擎会议上提出，成为互联网的第三次革命。

云计算也正在成为信息技术产业发展的战略重点，全球的信息技术企业都在纷纷向云计算转型。举例来说，每家公司都需要做数据信息化，存储相关的运营数据，进行产品管理、人员管理、财务管理等，而进行这些数据管理的基本设备就是计算机了。

对于一家企业来说，一台计算机的运算能力是远远无法满足数据运算需求的，那么公司就要购置一台运算能力更强的计算机，也就是服务器。而对于规模比较大的企业来说，一台服务器的运算能力显然还是不够的，那就需要企业购置多台服务器，甚至演变成为一个具有多台服务器的数据中心，而且服务器的数量会直接影响这个数据中心的业务处理能力。除了高额的初期建设成本之外，计算机的运营支出中花费在电费上的金钱要比投资成本高得多，再加上计算机和网络的维护支出，这些总的费用是中小型企业难以承担的，于是云计算的概念便应运而生了。

现如今，云计算被视为计算机网络领域的一次革命，因为它的出现，社会的工作方式和商业模式也在发生巨大的改变。

追溯云计算的根源，它的产生和发展与之前所提及的并行计算、分布式计算等计算机技术密切相关，都促进着云计算的成长。但追溯云计算的历史，可以追溯到 1956 年，Christopher Strachey 发表了一篇有关虚拟化的论文，正式提出了虚拟化的概念。虚拟化是今天云计算基础架构的核心，是云计算发展的基础。而后随着网络技术的发展，逐渐孕育了云计算的萌芽。

在 20 世纪 90 年代，计算机网络出现了大爆炸，出现以思科为代表的一系列公司，随即网络出现泡沫时代。

2004 年，Web 2.0 会议举行，Web 2.0 成为当时的热点，这也标志着互联网泡沫破灭，计算机网络发展进入了一个新的阶段。在这一阶段，让更多的用户方便快捷地使用网络服务成为互联网发展亟待解决的问题，与此同时，一些大型公司也开始致力于开发大型计算能力的技术，为用户提供了更加强大的计算处理服务。

2006 年 8 月 9 日，Google 首席执行官埃里克·施密特(Eric Schmidt)在搜索引擎大会(SESSanJose2006)上首次提出"云计算"(Cloud Computing)的概念。这是云计算发展史上第一次正式地提出这一概念，有着巨大的历史意义。

2007 年以来，"云计算"成为计算机领域最令人关注的话题之一，同样也是大型企业、互联网建设着力研究的重要方向。因为云计算的提出，互联网技术和 IT 服务出现了新的模式，引发了一场变革。

2008年,微软发布其公共云计算平台(Windows Azure Platform),由此拉开了微软的云计算大幕。同样,云计算在国内也掀起一场风波,许多大型网络公司纷纷加入云计算的阵列。

2009年1月,阿里软件在江苏南京建立首个"电子商务云计算中心"。同年11月,中国移动云计算平台"大云"计划启动。到现阶段,云计算已经发展到较为成熟的阶段。

2019年8月17日,北京互联网法院发布《互联网技术司法应用白皮书》。发布会上,北京互联网法院互联网技术司法应用中心揭牌成立。

2020年,我国云计算市场规模达到1781亿元,增速为33.6%。其中,公有云市场规模达到990.6亿元,同比增长43.7%,私有云市场规模达791.2亿元,同比增长22.6%。

据报2022年全球云计算市场从2021年4080亿美元增长到4740亿美元,增幅超过16%。其中,2022年中国云计算市场规模达3229亿元,同比增长54.4%。

4.1.3 云计算的优势

云计算的可贵之处在于高灵活性、可扩展性和高性价比等,与传统的网络应用模式相比,其具有如下优势与特点。

1. 虚拟化技术

必须强调的是,虚拟化突破了时间、空间的界限,是云计算最为显著的特点。虚拟化技术包括应用虚拟和资源虚拟两种。众所周知,物理平台与应用部署的环境在空间上是没有任何联系的,正是通过虚拟平台对相应终端操作完成数据备份、迁移和扩展等。

2. 动态可扩展

云计算具有高效的运算能力,在原有服务器基础上增加云计算功能能够使计算速度迅速提高,最终实现动态扩展虚拟化的层次,达到对应用进行扩展的目的。

3. 按需部署

计算机包含许多应用、程序软件等,不同的应用对应的数据资源库不同,所以用户运行不同的应用需要较强的计算能力对资源进行部署,而云计算平台能够根据用户的需求快速配备计算能力及资源。

4. 灵活性高

目前市场上大多数IT资源、软硬件都支持虚拟化,如存储网络、操作系统和开发软硬件等。虚拟化要素统一放在云系统资源虚拟池当中进行管理,可见,云计算的兼容性非常强,不仅可以兼容低配置机器、不同厂商的硬件产品,还能够通过外设获得更高性能计算。

5. 可靠性高

倘若服务器故障也不会影响计算与应用的正常运行。因为单点服务器出现故障可以通过虚拟化技术将分布在不同物理服务器上面的应用进行恢复或利用动态扩展功能部署新的服务器进行计算。

6. 性价比高

将资源放在虚拟资源池中统一管理在一定程度上优化了物理资源,用户不再需要昂贵、存储空间大的主机,可以选择相对廉价的PC组成云,一方面减少费用,另一方面计算性能不逊于大型主机。

7. 可扩展性

用户可以利用应用软件的快速部署条件来更为简单快捷地将自身所需的已有业务以及新业务进行扩展。例如，计算机云计算系统中出现设备的故障，对于用户来说，无论是在计算机层面上，抑或是在具体运用上，均不会受到阻碍，可以利用计算机云计算具有的动态扩展功能来对其他服务器开展有效扩展。这样一来就能够确保任务得以有序完成。在对虚拟化资源进行动态扩展的情况下，同时能够高效扩展应用，提高计算机云计算的操作水平。

4.2 云计算的相关技术

4.2.1 分布式计算

1. 分布式计算概述

分布式计算是一种计算方法，与集中式计算相对。随着计算技术的发展，有些应用需要非常巨大的计算能力才能完成。如果采用集中式计算，需要耗费相当长的时间来完成。分布式计算将该应用分解成许多小的部分，分配给多台计算机处理。这样可以节约整体计算时间，大大提高计算效率。

分布式计算具有以下几个优点：稀有资源共享；通过分布式计算在多台计算机上平衡计算负载；把程序放在最适合运行它的计算机上。

随着计算机的普及，个人计算机进入千家万户。与之伴随出现的问题是越来越多的计算机设备处于闲置状态，即使在开机状态下中央处理器的潜力也远远不能被完全利用。可以想象，一台家用的计算机将大多数的时间花费在"等待"上面。即便是使用者实际使用他们的计算机时，处理器依然是寂静的消费，依然是不计其数的等待(等待输入，但实际上并没有做什么)。互联网的出现，使得连接调用所有这些拥有限制计算资源的计算机系统成为现实。

如果将闲置状态的计算资源"整合"起来，其计算速度将变得非常迅速，而且被实践证明是的确可行的。目前一些较大的分布式计算实验证明，其处理能力已经可以达到甚至超过目前世界上速度最快的巨型计算机。

2. 网格计算技术

网格计算是目前最重要的分布式计算技术之一，它通过网络系统将分布在不同地点或区域的计算机资源（包括各种硬件和软件以及信息数据等）连接成一个巨大的"异构计算机"，虽然这些计算资源分布在各自不同的计算机上，这些计算机可能有不同的操作系统、不同的技术协议，但是通过网格技术组建的这个系统却可以像一台计算机一样对这些资源进行管理和利用，从而完成一些计算规模巨大的复杂运算和数据处理任务。

网格计算(Grid Computing)通过网络连接地理上分布的各类计算机(包括机群)、数据库、各类设备和存储设备等，形成对用户相对透明的虚拟的高性能计算环境，应用包括分布式计算、高吞吐量计算、协同工程和数据查询等诸多功能。网格计算被定义为一个广域范围的"无缝的集成和协同计算环境"。

从另一个意义上说，这种计算资源的统一管理和共享，不仅为复杂计算提供支持，还可以在很大的区域范围内，打破企业、组织和国家界限，避免重复资源投资和浪费，充分利用自己的计算资源。

网格是把整个因特网整合成一台巨大的超级计算机，实现计算资源、存储资源、数据资源、信息资源、知识资源、专家资源的全面共享。当然，网格并不一定非要这么大，可以构造地区性的网格，如区域网格、局域网格、企事业单位内部网格、家庭计算机网格等。事实上，网格的根本特征是资源共享而不是它的规模。由于网格是一种新技术，因此具有新技术的两个特征：其一，不同的群体用不同的名词来称谓它；其二，网格的精确含义和内容还没有固定，而是在不断变化。

4.2.2 服务器刀片化

1. 刀片服务器概述

刀片服务器是指在标准高度的机架式机箱内可插装多个卡式的服务器单元，是一种实现高可用高密度（High Availability High Density，HAHD）的低成本服务器平台，为特殊应用行业和高密度计算环境专门设计。刀片服务器就像"刀片"一样，每一块"刀片"实际上就是一块系统主板。它们可以通过"板载"硬盘启动自己的操作系统，类似于一个个独立的服务器，在这种模式下，每一块母板运行自己的系统，服务于指定的不同用户群，相互之间没有关联。不过，管理员可以使用系统软件将这些母板集合成一个服务器集群。在集群模式下，所有的母板可以连接起来提供高速的网络环境，并同时共享资源，为相同的用户群服务。在集群中插入新的"刀片"，就可以提高整体性能。而由于每块"刀片"都是热插拔的，所以，系统可以轻松地进行替换，并且将维护时间减少到最小，如图4-1所示。

图4-1 刀片服务器

刀片服务器在设计之初都具有低功耗、空间小、单机售价低等特点，同时它还继承发扬了传统服务器的一些技术指标，例如，把热插拔和冗余运用到刀片服务器之中，这些设计满足了密集计算环境对服务器性能的需求；有的还通过内置的负载均衡技术，有效地提高了服务器的稳定性和核心网络性能。而从外表看，与传统的机架式服务器/塔式服务器相比，刀片服务器能够最大限度地节约服务器的使用空间和费用，并为用户提供灵活、便捷的扩展升级手段。

刀片服务器比机架式服务器更节省空间，同时，散热问题也更突出，往往要在机箱内装上大型强力风扇来散热。此型服务器虽然较节省空间，但是其机柜与刀片价格都不低，一般应用于大型的数据中心或者需要大规模计算的领域,如银行、电信、金融行业以及互联网数据中心等。

2. 刀片服务器的发展趋势

刀片服务器由于节约空间、便于集中管理、易于扩展和提供不间断的服务,成为下一代服务器的新要求。结合目前推出的各种新技术,可大大提高刀片服务器的性能。

(1) 高性能的处理器。未来的服务器可通过采用更高性能的处理器、内存等硬件的方式来提高单个刀片的处理能力,同时提高系统的计算能力。

(2) 虚拟化。可以采用虚拟化和云计算的方式,根据实时的数据处理要求来调度不同数据中心的服务器进行运算。虚拟化技术是一种比较实用的技术。服务器的虚拟化特性将会在实践中得到更多的应用。

(3) 单芯片多处理器。随着处理器技术的发展,在单个刀片上可以集成多个 CPU,这样在能耗、散热上都会比传统的刀片服务器更具有优势。目前,各个厂商都在进行这方面服务器的开发。

4.2.3 虚拟化技术

1. 虚拟化

虚拟化(Virtualization)是一种资源管理技术,是将计算机的各种实体资源,如服务器、网络、内存及存储等,予以抽象、转换后呈现出来,打破实体结构间不可切割的障碍,使用户可以用比原本的组态更好的方式来应用这些资源。这些资源的新虚拟部分不受现有资源的架设方式、地域或物理组态所限制。一般所指的虚拟化资源包括计算能力和存储能力。在实际的生产环境中,虚拟化技术主要用来解决高性能的物理硬件产能过剩和老的旧的硬件产能过低的重组重用,透明化底层物理硬件,从而最大化地利用物理硬件。

虚拟化的发展大致分为四个阶段:第一阶段是以桌面应用为主,可在一台机器上同时运行多个操作系统;第二阶段是单台服务器虚拟化;第三阶段是构建虚拟资源池及虚拟数据中心;第四阶段就是多种虚拟技术相互融合,协同构成云计算的支撑平台,帮助企业最终实现能够突破分布式计算体系架构下的虚拟计算,以最大化地利用现有 IT 投资,建立更简单、高效的 IT 体系架构,让企业 IT 真正转变为动态、按需交付的服务。

2. 刀片化+虚拟化

信息技术开发商围绕着服务器以下几方面的研发值得注意:一是刀片服务器硬件系统的投资;二是围绕刀片服务器的生态系统投资,如 RDMA 解决方案、存储器的扩展解决方案等;三是在服务器虚拟化方面以及管理软件方面。刀片化+虚拟化将成为未来服务器的技术发展趋势。

1) 刀片取代主机

由于刀片服务器具有向外扩展(scale-out)和向上扩展(scale-up)的优点,刀片服务器替代主机将成为趋势。这是因为除了硬件小巧高性能的优势外,软件自动管理工具和部署工具非常简单。刀片服务器价格不高、运营成本低、设备维护简单、组件更新容易、运行速度快等优点正在改变人们对此的思维方式。

2)通过虚拟化提高使用率

服务器虚拟化技术已经成熟。例如,虚拟分区的技术,包括硬件分区、软件分区、资源分区等分区技术,不同的分区可以运行包括 UNIX、Linux、Windows 等不同的操作系统,提高整合环境中的系统利用率;负载管理器(Work Load Manager)可以根据客户工作负载的不同需求来分配资源,甚至可以细化到 CPU、内存、磁盘带宽等资源。例如,当客户同时运行多个业务时,可为每种业务设置优先级,WLM 可根据业务优先级、响应时间、内存资源需求等服务级目标(SLO),在虚拟分区间调配 CPU 实现计算资源的自动调节。

3. 虚拟化技术

虚拟化技术的实质是使用虚拟监控器管理底层硬件资源,将计算机资源逻辑抽象化,把单一的存储、计算、应用与服务都变成可跨域使用、动态分配、伸缩与扩展自由的资源,也能让故障独立隔离,在逻辑上以独立整体服务模式提供给用户使用,以满足灵活多变的用户需求。云计算核心和关键的技术原动力即是虚拟化技术的广泛应用。

虚拟化技术主要包括服务器虚拟化、存储虚拟化、应用虚拟化及桌面虚拟化。

1)服务器虚拟化

服务器虚拟化是利用虚拟化技术在物理服务器上划分出 $N(N>10)$ 台虚拟逻辑服务器,这些虚拟出的逻辑服务器以独立个体形式运行。通过虚拟化技术,可以将物理服务器虚拟出一个随需配置、独立的虚拟逻辑服务器供用户使用。在虚拟逻辑服务器中,可以设置虚拟硬件、虚拟盘、虚拟操作系统、虚拟应用软件等,其目的是根据应用的具体负荷情况对物理服务器进行调度,充分整合物理计算与物理存储资源,使物理服务器资源的利用率最大化。

2)存储虚拟化

存储虚拟化技术旨在提高设备存储效率,整合不同类型存储资源,为用户提供统一访问接口,从而解决异构存储系统的扩展性、兼容性、容错性等问题。存储虚拟化结构有两种模式:对称结构与非对称结构。对称结构也称作"带内存储虚拟化技术",存储设备的虚拟化主要在存储设备和应用服务器的数据路径上实现。它的数据与控制信息使用相同的传输路径,使用虚拟化管理软件(运行在虚拟化控制器上)实现虚拟化功能。非对称结构也称为"带外存储虚拟化技术",将虚拟化管理软件安装在存储网络中的独立服务器上,以此实现存储设备的逻辑映射、存储分配、数据安全保障等功能;先访问映射后的虚拟设备,而后通过数据通路直接访问存储设备,数据和指令并不在同一个路径上。

云环境下的存储虚拟化结构可设计成三层模式(物理层、逻辑层、虚拟层)。虚拟层与逻辑层之间的映射表存放着虚拟卷和逻辑卷的关系信息,映射表信息的建立与更新,可实现虚拟卷存储容量的动态扩充与缩减,满足存储容量的实时需求。逻辑层与物理层的映射表存放着逻辑存储池与存储结点的关系信息,通过映射表可以准确地定位逻辑存储池在存储结点中的物理地址。层与层之间通过映射表链接,以实现存储资源的统一管理与动态分配。用户无须关心存储设备所在的具体位置,只管放心存储与访问数据。存储虚拟化技术的应用有着两大优势:首先减少了在云存储中物理存储介质之间因厂家原因而存在的差异性;其次是存储空间的灵活伸缩性,可动态扩展存储空间,按需动态分配存储空间,大大减少了设备费用的投入。

3)应用虚拟化

应用虚拟化是将应用程序与操作系统解耦合,为应用程序提供一个虚拟的运行环境。

在这个环境中,不仅包括应用程序的可执行文件,还包括它所需要的运行时环境。从本质上说,应用虚拟化是把应用对低层的系统和硬件的依赖抽象出来,可以解决版本不兼容的问题。

应用虚拟化技术原理是基于应用/服务器计算 A/S 架构,采用类似虚拟终端的技术,把应用程序的人机交互逻辑(应用程序界面、键盘及鼠标的操作、音频输入/输出、读卡器、打印输出等)与计算逻辑隔离开来。在用户访问一个服务器虚拟化后的应用时,用户计算机只需要把人机交互逻辑传送到服务器端,服务器端为用户开设独立的会话空间,应用程序的计算逻辑在这个会话空间中运行,把变化后的人机交互逻辑传送给客户端,并且在客户端相应设备上展示出来,从而使用户获得如同运行本地应用程序一样的访问感受。

4) 桌面虚拟化

随着云计算的高速发展,在传统企业终端和资源整合管理领域中产生了新型的典型应用——桌面云。桌面云采用虚拟化技术将个人计算机终端与用户的桌面工作环境分离开来进而迁移,每个用户的操作系统、应用和用户配置文件等数据以整体打包的方式存储在云服务器上,以镜像方式配置专属的虚拟桌面。以浏览器或专业程序为介质平台,访问存储在云服务器上的虚拟桌面以及各种应用程序,所有操作的数据结果将最终保留在云计算中心,用户无须额外再配置应用程序和文件,可随时更换地点和客户端,使用所产生的体验仿佛就像用户使用自己的个人计算机一样,并无差异。

4.2.4 虚拟计算

虚拟计算,是一种以虚拟化、网络、云技术等技术的融合为核心的计算。虚拟化已成为企业 IT 部署不可或缺的组成部分。其本质是资源共享。虚拟计算技术不仅能更有效地共享现有的资源,而且能通过重组等手段,为人们提供更多、更完善的共享服务。

作为计算机技术与通信技术融合的产物,互联网正由一般意义下的计算机通信平台逐步演变成为广泛存在的虚拟计算环境。虚拟计算环境,是指建立在开放的网络基础设施之上,通过对分布自治资源的集成和综合利用,为终端用户或应用系统提供和谐、安全和透明的一体化服务的环境,实现有效资源共享和便捷合作工作。虚拟计算环境的核心是网络资源的聚合与协同。

虚拟计算包括 P2P 计算、云计算、网格计算、普适计算。前面已经介绍了网格计算和云计算,此处不再赘述。

1. P2P 计算

P2P(Peer To Peer,对等网络)是一种新型分布式网络通信技术,使得计算机之间可以直接访问和交换文件,而无须像过去那样连接到服务器去浏览与下载。

具体原理是,P2P 参与者通过网络共享他们的部分硬件资源(如处理能力、存储能力、网络连接能力、打印机等),其他结点可以直接访问而无须通过中间实体。在 P2P 系统中,参与者既是资源提供者,又是资源使用者。

P2P 技术改变了传统互联网以大网站为中心的状态,使得网络资源处于"非中心化"的地位,并把访问权交还给对等的用户。P2P 计算模式的三大关键问题是:资源存放、资源定位和资源获取。

(1) 资源存放。P2P 系统中,个人资源并非都放在本机,很可能是所有机器共同管理资源,即部分资料会放在别的用户机器上。

(2) 资源定位。通过集中方式、广播方式和DHT方式进行资源定位。集中方式就是有若干个目录服务器,首先通过它们进行资源定位;广播方式通过相邻结点直接广播传递查找;DHT(Distributed Hash Table,分布式哈希表)是大多数P2P系统的资源定位方式。

(3) 资源获取。充分发挥所有结点的带宽资源,并行下载。

P2P引导网络计算模式从集中式向分布式偏移,网络应用的核心从中央服务器向网络边缘的终端设备扩散,使得Internet上的共享提高了一个层次。

2. 普适计算

普适计算(Ubiquitous Computing、Pervasive Computing),又称普存计算、普及计算、遍布式计算、泛在计算,是一个强调和环境融为一体的计算概念,而计算机本身则从人们的视线里消失。在普适计算的模式下,人们能够在任何时间、任何地点、以任何方式进行信息的获取与处理。

普适计算的核心思想是小型、便宜、网络化的处理设备广泛分布在日常生活的各个场所,计算设备将不只依赖命令行、图形界面进行人机交互,而更依赖"自然"的交互方式,计算设备的尺寸将缩小到毫米甚至纳米级。

间断连接与轻量计算是普适计算最重要的两个特征,普适计算系统就是要实现在这种环境下的事务和数据处理。

4.2.5 雾计算

1. 概述

雾计算(Fog Computing),在该模式中,数据、(数据)处理和应用程序集中在网络边缘的设备中,而不是几乎全部保存在云中,是云计算(Cloud Computing)的延伸概念,由思科(Cisco)提出。这个因"云"而"雾"的命名源自"雾是更贴近地面的云"这一名句。

雾计算和云计算一样,十分形象。云在天空飘浮,高高在上,遥不可及,刻意抽象;而雾却现实可及,贴近地面,就在你我身边。雾计算并非由性能强大的服务器组成,而是由性能较弱、更为分散的各类功能计算机组成,渗入工厂、汽车、电器、街灯及人们物质生活中的各类用品。

雾计算的概念2011年被人提出,2012年被详细定义。正如云计算一样,雾计算也定义得十分形象。云在高高的天上,十分抽象,而雾则接近地面,与你我同在。雾计算没有强大的计算能力,只有一些弱的、零散的计算设备。

"雾计算"这个名字由美国纽约哥伦比亚大学的斯特尔佛教授提出,他当时的目的是利用"雾"来阻挡黑客入侵。后来思科首次正式提出,赋予雾计算新含义。雾计算是一种面向物联网的分布式计算基础设施,可将计算能力和数据分析应用扩展至网络"边缘",它使客户能够在本地分析和管理数据,从而通过连接获得即时的见解,如图4-2所示。

2. 特点

雾计算是一种对云计算概念的延伸,它主要使用的是边缘网络中的设备,数据传递具有极低时延。雾计算具有辽阔的地理分布,带有大量网络结点的大规模传感器网络。雾计算移动性好,手机和其他移动设备之间可以互相直接通信,信号不必到云端甚至基站去绕一

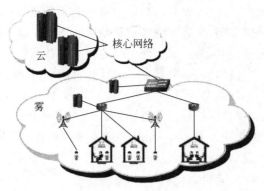

图 4-2　雾计算

圈,支持很高的移动性。

雾计算并非是些性能强大的服务器,而是由性能较弱、更为分散的各种功能计算机组成。雾计算是介于云计算和个人计算之间的,是半虚拟化的服务计算架构模型,强调数量,不管单个计算结点能力多么弱都要发挥作用。与云计算相比,雾计算所采用的架构更呈分布式,更接近网络边缘。雾计算将数据、数据处理和应用程序集中在网络边缘的设备中,而不像云计算那样将它们几乎全部保存在云中,数据的存储及处理更依赖本地设备,而非服务器。雾计算是新一代分布式计算,符合互联网的"去中心化"特征。自从思科提出了雾计算,已经有 ARM、戴尔、英特尔、微软等几大科技公司以及普林斯顿大学加入了这个概念阵营,并成立了非营利性组织开放雾联盟,旨在推广和加快开放雾计算的普及,促进物联网发展。雾计算是以个人云、私有云、企业云等小型云为主。

雾计算和云计算完全不同。云计算是以 IT 运营商服务,社会公有云为主的。雾计算以量制胜,强调数量,不管单个计算结点能力多么弱都要发挥作用。云计算则强调整体计算能力,一般由一堆集中的高性能计算设备完成计算。雾计算扩大了云计算的网络计算模式,将网络计算从网络中心扩展到了网络边缘,从而更加广泛地应用于各种服务。雾计算有几个明显特征:低延时和位置感知,更为广泛的地理分布,适应移动性的应用,支持更多的边缘结点。这些特征使得移动业务部署更加方便,满足更广泛的结点接入。

3. 雾计算与云计算的区别

与云计算相比,雾计算所采用的架构更呈分布式,更接近网络边缘。雾计算将数据、数据处理和应用程序集中在网络边缘的设备中,而不像云计算那样将它们几乎全部保存在云中。数据的存储及处理更依赖本地设备,而非服务器。所以,云计算是新一代的集中式计算,而雾计算是新一代的分布式计算,符合互联网的"去中心化"特征。

雾计算不像云计算那样,要求使用者连上远端的大型数据中心才能存取服务。除了架构上的差异,云计算所能提供的应用,雾计算基本上都能提供,只是雾计算所采用的计算平台效能可能不如大型数据中心。

云计算承载着业界的厚望。业界曾普遍认为,未来计算功能将完全放在云端。然而,将数据从云端导入、导出实际上比人们想象的要更为复杂和困难。由于接入设备(尤其是移动设备)越来越多,在传输数据、获取信息时,带宽就显得捉襟见肘。随着物联网和移动互联网的高速发展,人们越来越依赖云计算,联网设备越来越多,设备越来越智能,移动应用成为人们在网络上处理事务的主要方式,数据量和数据结点数不断增加,不仅会占用大量网络带宽,而且会加重数据中心的负担,数据传输和信息获取的情况将越来越糟。

因此,搭配分布式的雾计算,通过智能路由器等设备和技术手段,在不同设备之间组成数据传输带,可以有效减少网络流量,数据中心的计算负荷也相应减轻。雾计算可以作为介于 M2M(机器与机器对话)网络与云计算之间的计算处理,以应对 M2M 网络产生的大量数据——运用处理程序对这些数据进行预处理,以提升其使用价值。

雾计算不仅可以解决联网设备自动化的问题,更关键的是,它对数据传输量的要求更小。雾计算这一"促进云数据中心内部运作的技术"有利于提高本地存储与计算能力,消除数据存储及数据传输的瓶颈,非常值得期待。

4.2.6　边缘计算

1. 网络边缘

对于互联网设备,网络边缘是设备或包含设备的本地网络与互联网通信的位置。边缘是一个比较模糊的术语。例如,可以将用户的计算机或 IoT 摄像头内部的处理器视为网络边缘,但也可以将用户的路由器、ISP 或本地边缘服务器视为边缘。重要的是,网络边缘在地理位置上靠近设备,与源站和云服务器不同,后者可能与它们相互通信的设备相距很远。

2. 边缘计算

边缘计算是一种致力于使计算尽可能靠近数据源,以减少延迟和带宽使用的网络理念。简而言之,边缘计算意味着在云端运行更少的进程,将这些进程移动到本地,例如,用户的计算机、IoT 设备或边缘服务器。将计算放到网络边缘可以最大限度地减少客户端和服务器之间必须进行的长距离通信量。

边缘计算,是指在靠近物或数据源头的一侧,采用网络、计算、存储、应用核心能力为一体的开放平台,就近提供最近端服务。其应用程序在边缘侧发起,产生更快的网络服务响应,满足行业在实时业务、应用智能、安全与隐私保护等方面的基本需求。边缘计算处于物理实体和工业连接之间,或处于物理实体的顶端。而云端计算,仍然可以访问边缘计算的历史数据。无论是云、雾,还是边缘计算,本身只是实现物联网、智能制造等所需要计算技术的一种方法或者模式。严格地讲,雾计算和边缘计算本身并没有本质的区别,都是在接近于现场应用端提供的计算。就其本质而言,都是相对于云计算而言的。

3. 边缘计算的优势

(1) 节省成本。边缘计算有助于最大限度地减少带宽使用量和服务器资源消耗。带宽和云资源是有限的,并且需要花费成本。Statista 预测,随着每个家庭和办公室都配备智能相机、打印机、温度调节装置甚至烤面包机,到 2025 年,全球将安装超过 750 亿个 IoT 设备。为了支持所有这些设备,必须将大量计算移到网络边缘。

(2) 性能。将流程移至边缘的另一个重要优势是减少延迟。设备每次需要与某处的远程服务器通信时,都会造成延迟。例如,同一办公室中的两个同事在即时通信平台上聊天可能会遇到相当大的延迟,因为设备必须将每条消息路由到建筑物外,与全球某处的服务器通信,然后再传回,最后才能出现在收信人的屏幕上。如果将该过程放到边缘,并且由公司的内部路由器负责传输办公室内的聊天记录,则不会出现明显的延迟。同样,当各种 Web 应用程序的用户遇到必须与外部服务器进行通信的进程时,他们将感受到延迟。这些延迟的持续时间将根据可用带宽和服务器的位置而变化,但是可以通过将更多进程引入网络边缘来完全避免这些延迟。

(3) 新功能。此外,边缘计算可以提供以前无法提供的新功能。例如,公司可以使用边缘计算在边缘处理和分析数据,使得实时处理成为可能。

4.3 云计算的技术应用

4.3.1 公有云、私有云和混合云

1. 公有云

1) 概述

公有云通常指第三方提供商为用户提供的能够使用的云,公有云一般可通过 Internet 使用,可能是免费或成本低廉的,公有云的核心属性是共享资源服务。这种云有许多实例,可在当今整个开放的公有网络中提供服务。

公有云能够以低廉的价格,提供有吸引力的服务给最终用户,创造新的业务价值,公有云作为一个支撑平台,还能够整合上游的服务(如增值业务、广告)提供者和下游最终用户,打造新的价值链和生态系统。

公有云被认为是云计算的主要形态。在国内发展如火如荼,根据市场参与者类型,可以分为五类:①传统电信基础设施运营商,包括中国移动、中国联通和中国电信;②政府主导下的地方云计算平台,如各地如火如荼的各种"XX 云"项目;③互联网巨头打造的公有云平台,如盛大云;④部分原 IDC 运营商,如世纪互联;⑤具有国外技术背景或引进国外云计算技术的国内企业,如风起亚洲云。

由于国内并未开放外国公司在中国直接进行云计算的业务,因此像亚马逊、IBM、Joyent、Rackspaces 等国外已有多年云计算业务经验的厂商在进入中国市场途中仍障碍重重。微软终于实现旗下公有云计算平台 Windows Azure 在中国的落地,这将掀开外资企业进军中国云计算市场的序幕。

据报,2022 年,中国公有云计算 IaaS 市场规模为 2442 亿元,同比增长 51%。这说明公有云的市场应用发展非常快。

2) 公有云的计算模型

分为三部分:①公有云接入,个人或企业可以通过普通的互联网来获取云计算服务,公有云中的"服务接入点"负责对接入的个人或企业进行认证,判断权限和服务条件等,通过"审查"的个人和企业,就可以进入公有云平台并获取相应的服务了;②公有云平台,公有云平台是负责组织协调计算资源,并根据用户的需要提供各种计算服务;③公有云管理,公有云管理对"公有云接入"和"公有云平台"进行管理监控,它面向的是端到端的配置、管理和监控,为用户可以获得更优质的服务提供了保障。

2. 私有云

1) 概述

私有云是为一个用户单独使用而构建的,因而在数据安全性以及服务质量上自己可以

有效地管控,私有云的基础是首先你要拥有基础设施并可以控制在此设施上部署应用程序的方式,私有云可以部署在企业数据中心的防火墙内,核心属性是专有资源。

私有云可以搭建在公司的局域网上,与公司内部的监控系统、资产管理系统等相关系统进行打通,从而更有利于公司内部系统的集成管理。

私有云虽然在数据安全性方面比公有云高,但是维护的成本也相对较大(对于中小企业而言),因此一般只有大型企业会采用这类云平台,因为对于这些企业而言,业务数据这条生命线不能被任何其他的市场主体获取到。与此同时,一个企业尤其是互联网企业发展到一定程度之后,自身的运维人员以及基础设施都已经比较充足完善了,搭建自己的私有云有时候成本反而会比公有云来得低(所谓的规模经济)。举个例子:百度绝对不会使用阿里云,不仅是出于自己的数据安全方面的考虑,成本也是一个比较大的影响因素。

私有云(Private Clouds)是为一个客户单独使用而构建的,因而提供对数据、安全性和服务质量的最有效控制。该公司拥有基础设施,并可以控制在此基础设施上部署应用程序的方式。私有云可部署在企业数据中心的防火墙内,也可以将它们部署在一个安全的主机托管场所,私有云的核心属性是专有资源。

私有云可由公司自己的 IT 机构,也可由云提供商进行构建。在此"托管式专用"模式中,像 Sun、IBM 这样的云计算提供商可以安装、配置和运营基础设施,以支持一个公司企业数据中心内的专用云。此模式赋予公司对于云资源使用情况的极高水平的控制能力,同时带来建立并运作该环境所需的专门知识。

一个著名技术专家曾经说过这样一句话:"对于云计算,每个人都有自己的定义。"但是人们对于云计算很多方面都有一定的共识,如三层架构(SaaS、PaaS 和 IaaS)。除了三层架构外,人们也都认为云可以被分为三种:公有云、私有云和混合云。

2) 私有云平台

私有云平台分为以下三部分:①私有云平台向用户提供各类私有云计算服务、资源和管理系统;②私有云服务提供了以资源和计算能力为主的云服务,包括硬件虚拟化、集中管理、弹性资源调度等;③私有云管理平台负责私有云计算各种服务的运营,并对各类资源进行集中管理。

3) 新一代私有云

新一代私有云的主流形态以企业客户防火墙内的复杂环境和数据需求为设计初衷,建立以客户数据为中心的、具备多云管理能力的私有云。拥有良好的硬件和软件的兼容性,兼顾企业级新一代应用和传统应用,同时具备应对企业复杂环境下的可进化特性,还提供公有云似的消费级体验。

新一代私有云的本质是云的私有部署。一方面,相对私有云和公有云以云为中心的表达,云的私有部署和公有部署更能体现以"将云移动到数据上"的主导模式,即防火墙内的数据需要云的私有部署,防火墙外的数据需要云的公有部署。另一方面,相对私有云和公有云的分割式表达,云的私有部署和公有部署更能体现云的一致性体验。

公有和私有部署的一致性设计最初的设想即围绕公有云为核心,其价值更多在于公有云服务在防火墙内的延伸,是新一代私有云主流形态的重要补充。

新一代私有云的特性:第一,在业务层的应用上,新一代私有云能够承载 Cloud、Mobile、IoT、BigData、AI 等新一代企业级应用。第二,在 PaaS 的体验上,基于开源 PaaS 为主的生态,通过Kubernetes构建跨公有云/私有云的可共享PaaS；另外,可以根据需求在云上开发新的PaaS,应用于特定场景和适用行业。第三,在IaaS的实施上,云平台的微服务化和一体化设计,新一代私有云能带来公有云似的消费级体验,不仅从交付、运维、升级实现"交钥匙工程",也使得新一代私有云按需付费的云服务模式得以实现,从云软件时代进入云服务时代。第四,在演进路径上,基于开源生态的产品化是新一代私有云演进的一部分。当各大公有云厂商大量应用Linux/KVM/MangoDB等开源技术,谷歌更是在Google Cloud Next 2019大会上直接挑明——"公有云的未来是开源"。新一代私有云在保持与开源生态兼容与同步的前提下高度产品化,一方面保持与社区的充分同步,另一方面通过场景化的合作生态来满足客户需求。第五,在演进方式上,新一代私有云演进的核心驱动力是可进化。可进化不同于可升级,需要在服务能力、产品形态、支撑场景三大方向上实现演进。

新一代私有云核心特性是可进化。在云的公有部署中,可进化是一项基础能力。云的私有部署中,环境更复杂,且不可能都有运维团队,同时,传统私有云产品版本迭代升级速度越快,碎片化就越严重,升级就越困难。在无人工干预的前提下,传统的私有云实现不同版本的升级尚有难度,新一代私有云要在云的私有部署中实现服务能力、产品形态、支撑场景的可进化,就需要从核心架构的最基础单元开始,具备各种技术栈的微服务化和一体化设计能力,这也是新一代私有云的核心竞争力。升级包含三大要素：业务无感知、数据不迁移、服务不中断。升级不仅包含升级云平台过程中业务无影响,更可在升级云平台过程中对云平台自身的操作不受影响,这就像一辆新能源汽车在升级系统的同时仍然可以正常行驶,iPhone在升级iOS过程中仍然可以打电话和操作App。

3. 混合云

混合云融合了公有云和私有云,是近年来云计算的主要模式和发展方向。私有云主要是面向企业用户,出于安全考虑,企业更愿意将数据存放在私有云中,但是同时又希望可以获得公有云的计算资源,在这种情况下混合云被越来越多地采用,它将公有云和私有云进行混合和匹配,以获得最佳的效果,这种个性化的解决方案,达到了既省钱又安全的目的。

1) 混合云的特点

(1) 更完善。私有云的安全性是超越公有云的,而公有云的计算资源又是私有云无法企及的。在这种矛盾的情况下,混合云解决了这个问题,它既可以利用私有云的安全性,将内部重要数据保存在本地数据中心；同时也可以使用公有云的计算资源,更高效快捷地完成工作,相比私有云或是公有云都更完善。

(2) 可扩展。混合云突破了私有云的硬件限制,利用公有云的可扩展性,可以随时获取更高的计算能力。企业通过把非机密功能移动到公有云区域,可以降低对内部私有云的压力和需求。

(3) 更节省。混合云可以有效地降低成本。它既可以使用公有云又可以使用私有云,企业可以将应用程序和数据放在最适合的平台上,获得最佳的利益组合。

2) 混合云的优点

混合云提供了许多重要的功能,可以使各种规模的企业受益。这些新功能使企业能够利用混合云,以前所未有的方式扩展IT基础架构。下面来看看混合云的五大优点。

(1) 降低成本。它是云计算最吸引人的优势之一,也是驱使企业管理层考虑云服务的重要因素。升级预置基础设施的增量成本很高,增加预置的计算资源需要购置额外的服务器、存储、电力以及在某些极端情况下新建数据中心。混合云可以帮助企业降低成本,利用"即用即付"云计算资源来消除购买本地资源的需求。

(2) 增加存储和可扩展性。混合云为企业扩展存储提供了经济高效的方式,云存储的成本相比等量本地存储要低得多,是备份、复制 VM 和数据归档的不错选择。除此之外,增加云存储没有前置成本和本地资源需求。

(3) 提高可用性和访问能力。虽然云计算并不能保证服务永远正常,但公有云通常会比大多数本地基础设施具有更高的可用性。云内置有冗余功能并提供关键数据的本地备份。另外,像 Hyper-V 副本和 SQL Server AlwaysOn 可用性组等技术可以让我们利用云计算来改进 HA 和 DR。云还提供了几乎无处不在的连接,使全球组织可以从几乎任何位置访问云服务。

(4) 提高敏捷性和灵活性。混合云最大的好处之一就是灵活性。混合云使用户能够将资源和工作负载从本地迁移到云,反之亦然。对于开发和测试而言,混合云使开发人员能够轻松搞定新的虚拟机和应用程序,而不需要 IT 运维人员的协助。还可以利用具有弹性伸缩的混合云,将部分应用程序扩展到云中以处理峰值处理需求。云还提供了各种各样的服务,如 BI、分析、物联网等,用户可以随时使用这些服务,而不是自己构建。

(5) 获得应用集成优势。许多应用程序都提供了内置的混合云集成功能。例如,如前所述,Hyper-V 副本和 SQL Server AlwaysOn 可用性组都具有内置的云集成功能。SQL Server 的 Stretch Databases 功能等新技术也使用户能够将数据库从内部部署到云中。

4.3.2 IaaS、PaaS 和 SaaS

1. 云计算服务

云计算可以认为包括以下几个层次的服务:基础设施即服务(IaaS)、平台即服务(PaaS)和软件即服务(SaaS)。云计算服务通常提供通用的通过浏览器访问的在线商业应用,软件和数据可存储在数据中心。

IaaS(Infrastructure as a Service):基础设施即服务。消费者通过 Internet 可以从完善的计算机基础设施获得服务。

PaaS(Platform as a Service):平台即服务。PaaS 实际上是指将软件研发的平台作为一种服务,以 SaaS 的模式提交给用户。因此,PaaS 也是 SaaS 模式的一种应用。但是,PaaS 的出现可以加快 SaaS 的发展,尤其是加快 SaaS 应用的开发速度。

SaaS(Software as a Service):软件即服务。它是一种通过 Internet 提供软件的模式,用户无须购买软件,而是向提供商租用基于 Web 的软件,来管理企业经营活动。相对于传统的软件,SaaS 解决方案有明显的优势,包括较低的前期成本,便于维护,可快速展开使用等。

2. 云计算体系架构

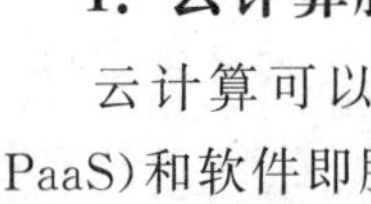

云计算的三级分层:云软件、云平台、云设备。如图 4-3 所示,分别对应应用程序、平台和基础设备。

| 应用程序 |
| 平台 |
| 基础设备 |

图 4-3 云层次结构

上层分级:云软件(SaaS)打破以往大厂垄断的局面,所有人都可以在上面自由挥洒创意,提供各式各样的软件服务。参与者是世界各地的软件开发者。

中层分级:云平台(PaaS)打造程序开发平台与操作系统平台,让开发人员可以通过网络撰写程序与服务,一般消费者也可以在上面运行程序。参与者是 Google、微软、苹果和 Yahoo 等。

下层分级:云设备(IaaS)将基础设备(如 IT 系统、数据库等)集成起来,像旅馆一样,分隔成不同的房间供企业租用。参与者是英业达、IBM、戴尔、升阳、惠普和亚马逊等。

大部分的云计算基础构架是由通过数据中心传送的可信赖的服务和创建在服务器上的不同层次的虚拟化技术组成。人们可以在任何有提供网络基础设施的地方使用这些服务。"云"通常表现为对所有用户计算需求的单一访问点。人们通常希望商业化的产品能够满足服务质量(QoS)的要求,并且一般情况下要提供服务水平协议。开放标准对于云计算的发展是至关重要的,并且开源软件已经为众多的云计算实例提供了基础。

云的基本概念,是通过网络将庞大的计算处理程序自动拆分成无数个较小的子程序,再由多部服务器所组成的庞大系统搜索、计算分析之后将处理结果回传给用户。通过这项技术,远程的服务供应商可以在数秒之内,达成处理数以千万计甚至亿计的信息,达到和"超级计算机"同样强大性能的网络服务。它可分析 DNA 结构、基因图谱定序、解析癌症细胞等高级计算,例如,Skype 以点对点(P2P)方式来共同组成单一系统;又如,Google 通过 MapReduce 架构将数据拆成小块计算后再重组回来,而且 Big Table 技术完全跳脱一般数据库数据运作方式,以 row 设计存储,又完全配合 Google 自己的文件系统(Google 文件系统),以帮助数据快速穿过"云"。

4.3.3 国内外主流云服务平台

目前主要有 AWS(亚马逊)云、Google 云、微软 Azure 云、阿里云、华为云、腾讯云等国内外主流云服务提供平台。

1. AWS 云

AWS(Amazon Web Services)云是亚马逊云服务,是目前全球市场份额最大的云计算厂商。下面介绍 AWS 旗下的几类服务。

1) 计算类

EC2(Elastic Compute Cloud)是一种弹性云计算服务,可为用户提供弹性可变的计算容量,通常用户可以创建和管理多个虚拟机,在虚拟机上部署自己的业务,虚拟机的计算能力(CPU、内存等)可以根据业务需求随时调整。

Elastic IP Addresses(弹性 IP 地址)是动态云计算设计的静态 IP 地址。不同于传统的静态 IP 地址,弹性 IP 地址可以通过重新匹配用户共有 IP 地址到用户账户任意的实例,从而让用户可以忽略实例或者可用区域的错误。连接本质上是通过 NAT 1∶1 地匹配每个 Elastic IP 和 Private IP。

Elastic MapReduce(EMR)采用运行在亚马逊 EC2 和 S3 的托管 Hadoop 框架上。以立即获得满足需要的计算能力,例如,网页索引、数据挖掘等数据密集型任务,可处理海量数据,而不用担心对 Hadoop 集群耗时的设置、管理或调优。

AS(Auto Scaling,自动伸缩服务):允许用户根据需要控制亚马逊 EC2 自动扩大或减小计算能力。用户利用 AS 可以无缝地增加 EC2 的实例数量,以保证使用高峰期的性能,也可以在需求停滞时自动减少以降低成本。

ELB(Elastic Load Balancing,弹性负载平衡)：自动将入口流量分配到多个亚马逊 EC2 实例上。弹性负载平衡在实例池中不断检测不正常的实例,并自动引导路由流量到正常的实例上,直到不正常的实例恢复正常。

2）部署 & 管理类

ACW(Amazon Cloud Watch,云监控服务)：监控亚马逊自身提供的云资源以及在云上运行的应用程序。提供可视化监测,并且可以利用 API 调用进一步处理监控的数据。

Amazon WorkSpaces：是一种虚拟桌面服务,托管在 Amazon 的云中。用户可以选择任何终端设备（如笔记本电脑、iPad、Kindle Fire 或 Android 平板电脑）访问 Amazon WorkSpaces,获得与传统办公桌面一样的使用体验,更能享受节约设备成本、保证个人数据安全、随时随地办公等便利。

3）网络类

R53(Amazon Route 53,亚马逊 53 号路由)：网络域名服务,提供从基础设施（EC2 实例,ELB 或者 S3）到 IP 地址的映射。

VPC(Virtual Private Cloud,虚拟私有云)：在亚马逊公有云之上创建一个私有的、隔离的云。可以像在用户自己的数据中心一样定义 VPC 的拓扑结构。可以和公司现有的数据中心互通。可以利用 NAT 使得子网不暴露内网 IP,公用一个 IP 地址与外界通信。通过 NAT 设置访问控制,保护数据安全性。

4）存储类

S3(Simple Storage Service,亚马逊简单存储服务)：是一种网络存储服务,可为用户提供持久性、高可用性的存储。用户可以将本地存储迁移到 Amazon S3,利用 Amazon S3 的扩展性和按使用付费的优势,应对业务规模扩大而增加的存储需求,使可伸缩的网络计算更易于开发。

EBS(Elastic Block Store,弹性数据块存储)：EBS 卷是独立于实例的存储,可作为一个设备动态连接到运行着的亚马逊 EC2 实例上。EBS 特别适合于单独需要一个数据库、文件系统或访问原始块存储的应用程序。

5）应用服务类

SQS(Simple Queue Service,简单消息队列服务)：提供消息存储队列,使消息可以在计算机之间传递,在执行不同任务的分布式应用组件之间轻松地转移数据,既不会丢失信息,也不要求每个组件都保持可用。SQS 可以与亚马逊 EC2 和其他 AWS 的基础设施网络服务紧密结合在一起,方便地建立自动化的工作流程。SQS 以网络服务的形式运行,对外发布一个 Web 消息框架。Internet 中任何计算机都可以添加或阅读消息,而不必安装任何软件或配置特殊的防火墙。使用 SQS 的应用组件可以独立运行,不需要在同一网络中使用相同的技术开发,也不必在同一时间运行。

SNS(Simple Notification Service,简单通知服务)：在云中安装、处理或发送通知。它为开发人员提供了一种从应用程序发布消息,并立即传送给订阅者或其他应用程序的能力,用于创建通知某应用程序（或客户）某方面的主题。客户订阅这些主题,并使用客户选定的通信协议（例如,HTTP、电子邮件等）发布消息。亚马逊 SNS 的潜在用途包括监控、工作流系统、时间敏感的信息更新、移动应用等。

6）数据库类

SDB(Amazon SimpleDB,简单数据库)：非关系型数据存储服务。

RDS(Relational Database Service)：是一种基于云的关系型数据库服务,用户可以在云中配置、操作和扩展关系数据库。Amazon RDS 支持 MySQL、Oracle、Microsoft SQL Server 或 PostgreSQL 等关系型数据库。用户无须在本地维护数据库,由 Amazon RDS 为用户管理。

7）支付类

FPS(Flexible Payments Service)灵活支付服务。

ADP(Amazon DevPay)亚马逊支付设计。

8）内容交付类

CloudFront(云前)：整合亚马逊其他云服务产品,完成高效快速的分布式内容交互。

9）人工服务类

AMT(Amazon Mechanical Turk)：基于以上的弹性计算、存储、数据库、应用程序服务组合,AWS 可以为企业提供完整的 IT 业务解决方案。最关键的是,AWS 是按需使用、即用即付的模式,能够灵活应对企业快速多变的 IT 需求。

2. Google 云

1）Google 云计算基础结构模式

Google 云计算技术,实际上是针对 Google 特定的网络应用程序而定制的。针对内部网络数据规模超大的特点,Google 提出了一整套基于分布式并行集群方式的基础结构,利用软件的能力来处理集群中经常发生的结点失效问题。

Google 使用的云计算基础结构模式,包括以下四个既相互独立而又紧密结合在一起的系统：①Google 建立在集群之上的文件系统(Google File System)；②针对 Google 应用程序的特点提出的 Map/Reduce 编程模式；③分布式的锁机制 Chubby；④Google 开发的模型简化的大规模分布式数据库管理系统 BigTable。

2）Google 文件系统

为了满足 Google 迅速增长的数据处理需求,Google 设计并实现了 Google 文件系统(Google File System,GFS)。GFS 与过去的分布式文件系统相比具有许多相同的目标,例如,性能、可伸缩性、可靠性和可用性。

(1) 应用负载和技术环境的影响。GFS 的设计还受到 Google 应用负载和技术环境的影响。这主要体现在以下四方面：①集群中的结点失效是一种常态,而不是一种异常。由于参与运算与处理的结点数目非常庞大,通常会使用上千个结点进行共同计算。因此,每时每刻总会有结点处在失效状态,需要通过软件程序模块,监视系统的动态运行状况,侦测错误；并且将容错以及自动恢复系统集成在系统中。②GFS 中的文件大小,与通常文件系统中的文件大小,概念不一样。其文件大小通常以 GB 计。另外,文件系统中的文件含义与通常文件不同。一个大文件可能包含大量数目的通常意义上的小文件。所以,设计预期和参数,例如文件操作和块尺寸,都要重新考虑。③GFS 中的文件读写模式与传统的文件系统不同。在 Google 应用(如搜索)中对大部分文件的修改,不是覆盖原有数据,而是在文件尾追加新数据。对文件的随机写是几乎不存在的。对于这类巨大文件的访问模式,客户端对数据块缓存失去意义,追加操作成为性能优化和原子性(把一个事务看作一个程序,它要么被完整地执行,要么完全不执行)保证的焦点。④GFS某些具体操作不再透明,而且需要应用程序的协助完成。应用程序和文件系统 API 的协同设计,提高了整个系统的灵活性。例如,放松了对 GFS 一致性模型的要求。这样,不用加重应用程序的负担,就大大简化了文件系统的设计。还引入了原子性的追加操作,这样在多个客户端同时进行追加的时候,就不需要额外的同步操作了。总之,GFS 是为 Google 应用程序本身而设计的。据称,Google 已经部署了许多 GFS 集群。有的集群拥有超过 1000 个存储结点,超过 300TB 的硬盘空间,被不同机器上的数百个客户端连续不断地频繁访问着。

(2) Google 文件系统架构。一个 GFS 集群,包含一个主服务器和多个块服务器,被多个客户端访问。文件被分割成固定尺寸的块。在每个块在创建的时候,服务器分配给它一个不变的、全球唯一的 64 位块句柄,对它进行标识。块服务器把块作为 Linux 文件保存在本地硬盘上;并根据指定的块句柄和字节范围,来读写块数据。为了保证可靠性,每个块都会复制到多个块服务器上,默认保存三个备份。主服务器管理文件系统所有的元数据,包括名字空间、访问控制信息和文件到块的映射信息,以及块当前所在的位置。GFS 客户端代码被嵌入到每个程序里。它实现了 Google 文件系统 APL,帮助应用程序与主服务器和块服务器通信,对数据进行读写,客户端跟主服务器交互进行元数据操作。但是,所有的数据操作的通信,都是直接和块服务器进行的。客户端提供的访问接口,类似于 POSIX 接口;但有一定的修改,并不完全兼容 POSIX 标准。通过服务器端和客户端的联合设计,Google File System 能够针对它本身的应用,获得最大的性能以及可用性效果。

3) Map/Reduce 分布式编程模式

为了让内部非分布式系统方向背景的员工能够有机会将应用程序建立在大规模的集群基础之上,Google 还设计并实现了一套大规模数据处理的编程规范 Map/Reduce 系统。这样,非分布式专业的程序编写人员,也能够为大规模的集群编写应用程序,而不用去顾虑集群的可靠性、可扩展性等问题。应用程序编写人员,只需要将精力放在应用程序本身;而关于集群的处理问题,则交由平台来处理。Map/Reduce 通过"Map"(映射)和"Reduce"(化简)这样两个简单的概念来参加运算。用户只需要提供自己的 Map 函数以及 Reduce 函数,就可以在集群上进行大规模的分布式数据处理。据称,Google 的文本索引方法,即搜索引擎的核心部分,已经通过 Map/Reduce 的方法进行了改写,获得了更加清晰的程序架构。在 Google 内部,每天都有上千个 Map/Reduce 的应用程序在运行。

4) 分布式大规模数据库管理系统 BigTable

构建于上述两项基础之上的第三个云计算平台,是 Google 关于将数据库系统扩展到分布式平台上的分布式大规模数据库管理系统 BigTable。

很多应用程序对于数据的组织还是非常有规则的。一般来说,数据库对于处理格式化数据还是非常方便的。但是,由于关系数据库很强的一致性要求,很难将其扩展到很大的规模。

为了处理 Google 内部大量的格式化和半格式化数据,Google 构建了弱一致性要求的大规模数据库管理系统 BigTable。现在有很多 Google 的应用程序建立在 BigTable 之上,例如,Search History、Maps、Orkut 和 RSS 阅读器等。

在 BigTable 模型中的数据模型包括行列以及相应的时间戳,所有的数据都存放在表格中的单元里。

BigTable 的内容按照行来划分：将多个行组成一个小表，保存到某一个服务器结点中。这一个小表就被称为 Tablet。

5）相关云计算服务平台

以上是 Google 内部云计算基础平台的三个主要部分。除了这三个主要部分之外，Google 还建立了分布式程序调度器、分布式锁服务等一系列相关的云计算服务平台。

6）Google 云应用

(1) Google 云计算应用程序。除了上述云计算基础设施之外，Google 还在其云计算基础设施之上建立了一系列新型网络应用程序。由于借鉴了异步网络数据传输的 Web 2.0 技术，这些应用程序给予用户全新的界面感受，以及更加强大的多用户交互能力。其中，典型的 Google 云计算应用程序，就是 Google 推出的与 Microsoft Office 软件进行竞争的 Docs 网络服务程序。Google Docs 是一个基于 Web 的工具。它有跟 Microsoft Office 相近的编辑界面，有一套简单易用的文档权限管理。而且，它还记录下所有用户对文档所做的修改。Google Docs 的这些功能使它非常适用于网上共享与协作编辑文档。Google Docs 甚至可以用于监控责任清晰、目标明确的项目进度。Google Docs 已经推出了文档编辑、电子表格、幻灯片演示、日程管理等多个功能的编辑模块；能够替代 Microsoft Office 相应的一部分功能。值得注意的是，通过这种云计算方式形成的应用程序，非常适合于多个用户进行共享以及协同编辑，为一个小组的人员进行共同创作带来很大的方便性。Google Docs 是云计算的一种重要应用。即可以通过浏览器的方式，访问远端大规模的存储与计算服务。云计算能够为大规模的新一代网络应用打下良好的基础。

(2) Google 云计算平台是私有环境。虽然可以说 Google Web 工具包是云计算的最大实践者，但是 Google 的云计算平台是私有环境；特别是 Google 的云计算基础设施还没有开放出来。除了开放有限的应用程序接口，例如 GWT(Google Web Toolkit)以及 Google Map API(谷歌地图接口)之外，Google 并没有将云计算的内部基础设施共享给外部的用户使用。上述所有基础设施都是私有的。目前，Google 已经公开了其内部集群计算环境的一部分技术，这使得全球的技术开发人员，能够根据这一部分文档，构建开源的大规模数据处理云计算基础设施。其中，最有名的项目即 Apache 旗下的 Hadoop 项目。GWT 是一种开源 Java 软件开发框架，可以使不会使用第二种浏览器语言的开发人员编写 Google 地图和 Gmail(Google 的免费网络邮件服务)等 AJAX 应用程序时更加轻松。如今，编写动态网络应用程序是一个单调乏味而且易于出错的过程。用户需要花费 90% 的时间，来处理网络浏览器和平台之间细微的不兼容性问题。而且，由于 JavaScript 尚不完善，使得 AJAX 组件的共享、测试和重复使用变得困难而且不可靠。AJAX(Asynchronous JavaScript and XML，异步 JavaScript 和 XML)不是新的编程语言，而是一种使用现有标准的新方法。AJAX 是在不重新加载整个页面的情况下，与服务器交换数据并更新部分网页的艺术。JavaScript 是一种基于对象和事件驱动并具有相对安全性的客户端脚本语言。同时也是一种广泛用于客户端 Web 开发的脚本语言，常用来给 HTML 网页添加动态功能，如响应用户的各种操作。XML(Extensible Markup Language，可扩展标记语言)是标准通用标记语言的子集，是一种用于标记电子文件使其具有结构性的标记语言。

(3) 两个云计算的实现。下面两个云计算的实现，为外部的开发人员以及中小公司，提供了云计算的平台环境，使得开发者能够在云计算的基础设施之上构建自己的新型网络应用。其中，IBM 的蓝云计算平台，是可供销售的计算平台，用户可以基于这些软硬件产品，自己构建云计算平台；亚马逊的弹性计算云，是托管式的云计算平台，用户可以通过远端的操作界面直接使用。

3. 微软 Azure 云

1) 简介

Windows Azure 是微软基于云计算的操作系统，名为 Microsoft Azure。Azure Services Platform 是微软"软件和服务"的技术名称。Windows Azure 的主要目标是为开发者提供一个平台，帮助开发可运行在云服务器、数据中心、Web 和 PC 上的应用程序。云计算的开发者能使用微软全球数据中心的存储、计算能力和网络基础服务。Azure 服务平台包括以下主要组件：Windows Azure；Microsoft SQL 数据库服务，Microsoft.NET 服务；用于分享、存储和同步文件的 Live 服务；针对商业的 Microsoft SharePoint 和 Microsoft Dynamics CRM 服务。

Azure 是一种灵活和支持互操作的平台，它可以被用来创建云中运行的应用或者通过基于云的特性来加强现有应用。它开放式的架构给开发者提供了 Web 应用、互联设备的应用、个人计算机、服务器或者提供最优在线复杂解决方案的选择。Windows Azure 以云技术为核心，提供了软件＋服务的计算方法。它是 Azure 服务平台的基础。Azure 能够将处于云端的开发者个人能力，同微软全球数据中心网络托管的服务，如存储、计算和网络基础设施服务，紧密结合起来。

微软会保证 Azure 服务平台自始至终的开放性和互操作性，企业的经营模式和用户从 Web 获取信息的体验将会因此改变。最重要的是，这些技术将使用户有能力决定，是将应用程序部署在以云计算为基础的互联网服务上，还是将其部署在客户端，或者根据实际需要将二者结合起来。

2) 结构

Microsoft Azure 是专为在微软建设的数据中心管理所有服务器、网络以及存储资源所开发的一种特殊版本 Windows Server 操作系统，它具有针对数据中心架构的自我管理机能，可以自动监控划分在数据中心数个不同的分区（微软将这些分区称为 Fault Domain）的所有服务器与存储资源，自动更新补丁，自动运行虚拟机部署与镜像备份（Snapshot Backup）等。Windows Azure 被安装在数据中心的所有服务器中，并且定时和中控软件 Microsoft Azure Fabric Controller 进行沟通，接收指令以及回传运行状态数据等。系统管理人员只要通过 Windows Azure Fabric Controller 就能够掌握所有服务器的运行状态，Fabric Controller 本身是融合了很多微软系统管理技术的总成，包含对虚拟机的管理（System Center Virtual Machine Manager）、对作业环境的管理（System Center Operation Manager），以及对软件部署的管理（System Center Configuration Manager）等。在 Fabric Controller 中有上佳发挥，如此才能够达成通过 Fabric Controller 来管理在数据中心中所有服务器的能力。

Microsoft Azure 环境除了各式不同的虚拟机外，也为应用程序打造了分散式的巨量存储环境（Distributed Mass Storage），也就是 Microsoft Azure Storage Services。应用程序可以根据不同的存储需求来选择要使用哪一种或哪几种存储方式，以保存应用程序的数据，而微软也尽可能地提供应用程序的兼容性工具或接口，以降低应用程序移转到 Windows

Azure 上的负担。

Microsoft Azure 不但是开发给外部的云应用程序使用的,它也作为微软许多云服务的基础平台,如 Microsoft Azure SQL Database 或是 Dynamic CRM Online 这类在线服务。

微软 Cloud OS 云操作系统以 Windows Server 和 Windows Azure 为核心,其中,Windows Server 负责交付私有云,Windows Azure 主要交付公有云,二者相互结合即可在用户数据库、服务商数据中心以及公有云上提供统一的平台,其管理和自动化功能,可有效减轻企业在 IT 信息环节中的管理负担和成本。微软最新发布的 Windows Server 2012 R2、System Center 2012 R2 和面向 Windows Server 的 Windows Azure Pack 服务及其他新产品,是微软 Cloud OS 云操作系统的重要组成部分,这次全面升级将再次提升微软云平台的整体表现,帮助企业客户以更高的灵活性及更佳的经济效益,管理基于云平台的各项服务和互联设备。

4. 阿里云

阿里云创立于 2009 年,是一种在线公共服务的方式,提供安全、可靠的计算和数据处理服务。其主要云商品如下。

1) 弹性计算

云服务器(ECS):可弹性扩展、安全、稳定、易用的计算服务。

块存储:可弹性扩展、高性能、高可靠的块级随机存储。

专有网络(VPC):帮助用户轻松构建逻辑隔离的专有网络。

负载均衡:对多台云服务器进行流量分发的负载均衡服务。

弹性伸缩:自动调整弹性计算资源的管理服务。

资源编排:批量创建、管理、配置云计算资源。

容器服务:应用全生命周期管理的 Docker 服务。

高性能计算(HPC):加速深度学习、渲染和科学计算的 GPU 物理机。

批量计算:简单易用的大规模并行批处理计算服务。

E-MapReduce:基于 Hadoop/Spark 的大数据处理分析服务。

2) 数据库

云数据库 RDS:完全兼容 MySQL、SQL Server、PostgreSQL。

云数据库 MongoDB 版:三结点副本集保证高可用。

云数据库 Redis 版:兼容开源 Redis 协议的 Key-Value 类型。

云数据库 Memcache 版:在线缓存服务,为热点数据的访问提供高速响应。

PB 级云数据库 PetaData:支持 PB 级海量数据存储的分布式关系型数据库。

云数据库 HybridDB:基于 Greenplum Database 的 MPP 数据仓库。

云数据库 OceanBase:金融级高可靠、高性能、分布式自研数据库。

数据传输:比 GoldenGate 更易用,阿里异地多活基础架构。

数据管理:比 phpMyadmin 更强大,比 Navicat 更易用。

3) 存储

对象存储 OSS:海量、安全和高可靠的云存储服务。

文件存储:无限扩展、多共享、标准文件协议的文件存储服务。

归档存储:海量数据的长期归档、备份服务。

块存储：可弹性扩展、高性能、高可靠的块级随机存储。

表格存储：高并发、低延时、无限容量的 NoSQL 数据存储服务。

4）网络

CDN：跨运营商、跨地域全网覆盖的网络加速服务。

专有网络 VPC：帮助用户轻松构建逻辑隔离的专有网络。

高速通道：高速稳定的 VPC 互联和专线接入服务。

NAT 网关：支持 NAT 转发、共享带宽的 VPC 网关。

2018 年 6 月 20 日，阿里云宣布联合三大运营商全面对外提供 IPv6 服务。

5）大数据

MaxCompute：原名 ODPS，是一种快速、完全托管的 TB/PB 级数据仓库解决方案。

Quick BI：高效数据分析与展现平台，通过对数据源的连接和数据集的创建，对数据进行即时的分析与查询。并通过电子表格或仪表板功能，以拖曳的方式进行数据的可视化呈现。

大数据开发套件：提供可视化开发界面、离线任务调度运维、快速数据集成、多人协同工作等功能，拥有强大的 Open API 为数据应用开发者提供良好的再创作生态。

DataV 数据可视化：专精于业务数据与地理信息融合的大数据可视化，通过图形界面轻松搭建专业的可视化应用，满足用户日常业务监控、调度、会展演示等多场景使用需求。

关系网络分析：基于关系网络的大数据可视化分析平台，针对数据情报侦察场景赋能，如打击虚假交易、审理保险骗赔、案件还原研判等。

推荐引擎：推荐服务框架，用于实时预测用户对物品的偏好，支持 A/B Test 效果对比。

公众趋势分析：利用语义分析、情感算法和机器学习，分析公众对品牌形象、热点事件和公共政策的认知趋势。

企业图谱：提供企业多维度信息查询，方便企业构建基于企业画像及企业关系网络的风险控制、市场监测等企业级服务。

数据集成：稳定高效、弹性伸缩的数据同步平台，为阿里云各个云产品提供离线（批量）数据进出通道。

分析型数据库：在毫秒级针对千亿级数据进行即时的多维分析透视和业务探索。

流计算：流式大数据分析平台，提供给用户在云上进行流式数据实时化分析工具。

6）人工智能

机器学习：基于阿里云分布式计算引擎的一款机器学习算法平台，用户通过拖曳的方式可视化地操作组件来进行实验，平台提供了丰富的组件，包括数据预处理、特征工程、算法组件、预测与评估。

语音识别与合成：基于语音识别、语音合成、自然语言理解等技术，为企业在多种实际应用场景下，赋予产品"能听、会说、懂你"式的智能人机交互体验。

人脸识别：提供图像和视频帧中人脸分析的在线服务，包括人脸检测、人脸特征提取、人脸年龄估计和性别识别、人脸关键点定位等独立服务模块。

印刷文字识别：将图片中的文字识别出来，包括身份证文字识别、门店招牌识别、行驶证识别、驾驶证识别、名片识别等证件类文字识别场景。

7) 云安全

服务器安全(安骑士)：由轻量级 Agent 和云端组成,集检测、修复、防御为一体,提供网站后门查杀、通用 Web 软件 0day 漏洞修复、安全基线巡检、主机访问控制等功能,保障服务器安全。

DDoS 高防 IP：云盾 DDoS 高防 IP 是针对互联网服务器(包括非阿里云主机)在遭受大流量的 DDoS 攻击后导致服务不可用的情况下,推出的付费增值服务,用户可以通过配置高防 IP,将攻击流量引流到高防 IP,确保源站的稳定可靠。

Web 应用防火墙：网站必备的一款安全防护产品。通过分析网站的访问请求、过滤异常攻击,保护网站业务可用及资产数据安全。

加密服务：满足云上数据加密、密钥管理、加解密运算需求的数据安全解决方案。

CA 证书服务：云上签发 Symantec、CFCA、GeoTrust SSL 数字证书,部署简单,轻松实现全站 HTTPS 化,防监听、防劫持,呈现给用户可信的网站访问。

数据风控：凝聚阿里多年业务风控经验,专业、实时对抗垃圾注册、刷库撞库、活动作弊、论坛灌水等严重威胁互联网业务安全的风险。

绿网：智能识别文本、图片、视频等多媒体的内容违规风险,省去 90% 人力成本。

安全管家：基于阿里云多年安全实践经验为云上用户提供的全方位安全技术和咨询服务,为云上用户建立和持续优化云安全防御体系,保障用户业务安全。

云盾混合云：在用户自有 IDC、专有云、公共云、混合云等多种业务环境为用户建设涵盖网络安全、应用安全、主机安全、安全态势感知的全方位互联网安全攻防体系。

态势感知：安全大数据分析平台,通过机器学习和结合全网威胁情报,发现传统防御软件无法覆盖的网络威胁,溯源攻击手段,并且提供可行动的解决方案。

先知：全球顶尖白帽子和安全公司,具有最私密的安全众测平台。全面体检,提早发现业务漏洞及风险,按效果付费。

移动安全：为移动 App 提供安全漏洞、恶意代码、仿冒应用等检测服务,并可对应用进行安全增强,提高反破解和反逆向能力。

5. 华为云

1) 华为云简介

华为云始于 2005 年,专注于云计算中公有云领域的技术研究与生态拓展,致力于为用户提供一站式云计算基础设施服务。

华为云立足于互联网领域,提供包括云主机、云托管、云存储等基础云服务、超算、内容分发与加速、视频托管与发布、企业 IT、云计算机、云会议、游戏托管、应用托管等服务和解决方案。

华为云通过基于浏览器的云管理平台,以互联网线上自助服务的方式,为用户提供云计算 IT 基础设施服务。云计算的最大优势在于 IT 基础设施资源能够随用户业务的实际变化而弹性伸缩,用户需要多少资源就用多少资源,通过这种弹性计算的能力和按需计费的方式有效帮助用户降低运维成本。

华为云是华为的云服务品牌,将华为三十多年在 ICT 领域的技术积累和产品解决方案开放给客户,提供稳定可靠、安全可信、可持续发展的云服务。

2) 华为云的特点

华为云产品和服务严格按照行业规范,在行业固有技术的基础上也做了改进和创新,引入了多项华为独有的新技术,通过以降低成本、弹性灵活、电信级安全、高效自助管理等优势惠及用户。

(1) 降低成本。华为云通过按需付费的方式提供远低于传统模式价格的产品和服务,不必再为服务器等设施做一次性资金投入,不必缴纳放置服务器的机柜费用,也不必为带宽使用签署长期协议,完全即需即用。

(2) 弹性灵活。华为云提供弹性计算资源,提高服务器、带宽等资源利用率。当业务量上升时,不需要再为服务器等资源的采购到位等待数十天,只需要几分钟即可开通几台至数百台云主机。业务量经过峰值期而下降,也不担心多余资源浪费,多余资源会被自动释放回收。同时,不管使用几小时或数十天,资源使用时间完全在用户的掌控之中,真正高效弹性灵活,自由按需使用。

(3) 电信级安全。华为云是经过行业认证和授权的安全持久的专业云计算平台,采用数据中心集群架构设计,从网络接入到管理配备 7 层安全防护,云主机采用如 SAS 磁盘、RAID 技术以及系统券快照备份,确保云主机 99.9% 的稳定性和安全性。存储方面是通过用户鉴权、ACL 访问控制、传输安全以及 MD5 码完整性校验确保数据传输网络和数据存储、访问的安全性。此外,基于华为自主研发的监控和故障报警平台,再加上 7 天×24h 的专业运维服务团队,提供高等级的 SLA 服务保证。

(4) 高效自助管理。华为云采用基于浏览器的图形化管理平台——华为云管理平台,通过互联网,轻松实现远程对华为云产品或服务的体验、下单、购买、账户充值、账户管理、资源维护管理、系统监控、系统镜像安装、数据备份、故障查询与处理等功能。

(5) 精明的策略。服务器、存储等硬件设施是华为云服务实施的基础元素,在这一方面华为取得了显著的成果。华为公司通过多年的研究和创新,给企业用户提供值得依赖的基础硬件。

3) 华为云的主要产品

(1) 弹性计算。弹性计算云(Elastic Computing Cloud,ECC)是整合了计算、存储与网络资源,按需使用、按需付费的一站式 IT 计算资源租用服务,以帮助开发者和 IT 管理员在不需要一次性投资的情况下,快速部署和管理大规模可扩展的 IT 基础设施资源。

(2) 存储服务。华为对象存储服务(Object Storage Services)是一个基于对象的云存储服务,为客户提供海量、安全、高可靠、低成本的数据存储能力。客户可以通过 REST 接口或者基于 Web 浏览器的云管理平台界面对数据进行管理和使用。同时,提供了多种语言(Java、PHP、C、Python)的 SDK 来简化编程。华为对象存储服务可以为多种应用构建大规模的数据存储服务,如互联网海量内容(视频、图片、照片、图书、音像、杂志等)、网盘、数字媒体、备份、归档、BigData 等服务。

(3) 桌面云。桌面云是采用最新的云计算技术开发出的一款智能终端产品,外表看起来是一个小盒子,但却可以代替普通计算机使用;同时用户也可以用 PC 和移动 PAD 等多种方式接入桌面云。华为桌面云改变了传统的 PC 办公模式,突破时间、地点、终端、应用的限制,随时随地办公介入,成就自由的现代办公时代,让客户更专注于核心业务的发展。

(4) 云云协同。华为云和华为终端云在能力和生态两方面深度协同,为客户和伙伴提供统一的服务和体验，包括统一账号、支付、音频、视频、地图、广告等开放能力，以及统一开发平台、统一应用分发及运营服务，实现 to B 和 to C 的全生态融合。

6. 腾讯云

腾讯云是腾讯公司旗下的产品，为开发者及企业提供云服务、云数据、云运营等整体一站式服务方案。具体包括云服务器、云存储、云数据库和弹性 Web 引擎等基础云服务；腾讯云分析（MTA）、腾讯云推送（信鸽）等腾讯整体大数据能力；以及 QQ 互联、QQ 空间、微云、微社区等云端链接社交体系。这些正是腾讯云可以提供给这个行业的差异化优势，造就了可支持各种互联网使用场景的高品质的腾讯云技术平台。

腾讯公司第一个产品 QQ 其实就是一朵云。从 PC 时代第一版的 QQ 到现在，腾讯云始终积极地探寻，从解决如何稳定服务、让用户的 QQ 不掉线；到解决如何满足用户越来越丰富的需求——更多的社交、更好玩的娱乐、更丰富的在线生活；再到如何开放、如何实现一个中国最大互联网生态平台的价值，腾讯云一步未曾松懈，困难始终巨大，阻碍从未变少，但腾讯精神、技术、实力，还有对用户永不怠慢的热情，让腾讯云走到今天。

多年来，腾讯云基于 QQ、QQ 空间、微信、腾讯游戏真正业务的技术锤炼，从基础架构到精细化运营，从平台实力到生态能力建设，腾讯云将之整合并面向市场，使之能够为企业和创业者提供集云计算、云数据、云运营于一体的云端服务体验。

云计算为 IT 乃至整个商业市场带来的变革早已不是空谈。传统企业在云时代得以根本意义上的转型，大企业在云端获得源源不断的生命力，中小企业通过云，更快地面向市场获得机遇与发展。未来会有更多的企业将加入云的世界，腾讯云将致力于打造最高质量、最佳生态的公有云服务平台，让企业更专注业务，而将基础建设放心地交给腾讯云。

腾讯云包括云服务器、云数据库、CDN、云安全、万象图片和云点播等产品。

思 考 题

1. 什么是云？什么是云计算？什么是雾计算？
2. 云计算产生的历史背景是什么？
3. 云计算有什么特点？
4. 什么是分布式计算？
5. 什么是服务器刀片化？
6. 什么是虚拟计算？什么是边缘计算？
7. 什么是公有云？什么是私有云？什么是混合云？
8. 国内有哪几个主流云平台？国外有哪几个主流云平台？

第 5 章

大数据技术

本章将介绍大数据概述、大数据的关键技术和大数据主要应用领域。通过本章的学习，学生可了解大数据的产生背景及其基本概念、大数据发展历程、Hadoop 等大数据技术、爬虫、清洗等技术与工具、大数据分析、挖掘及可视化技术、大数据管理、大数据典型应用、数据中心及其智能化、大数据未来发展趋势等。

5.1 大数据概述

5.1.1 大数据产生背景及基本概念

1. 背景

从 1990 到 2003 年，由法国、德国、日本、中国、英国和美国 6 个国家的 20 个研究所 2800 多名科学家参加的人类基因组计划耗资 13 亿英镑，产生的 DNA 数据达 200TB。DNA 自动测序技术的快速发展使核酸序列数据量每天增长 106bp，生物信息呈现海量数据增长的趋势。生物信息学将其工作重点定位于对生物学数据的搜索（收集和筛选）、处理（编辑、整理、管理和显示）及利用（计算、模拟、分析和解释）。人类基因组计划研究开创了大数据或海量数据处理（数据密集计算）科学研究方法的先河。

2012 年 2 月，《纽约时报》的一篇专栏中称，大数据时代已经来临。在商业、经济及其他领域中，决策将日益基于数据和分析而做出，而并非基于经验和直觉。哈佛大学社会学教授加里·金说："这是一场革命，庞大的数据资源使得各个领域开始了量化进程，无论学术界、商界还是政府，所有领域都将开始这种进程。"此后，大数据一词越来越多地被提及，人们用它来描述和定义信息爆炸时代产生的海量数据，并命名与之相关的技术发展与创新。在国内，一些互联网主题的讲座沙龙中，甚至国金证券、国泰君安、银河证券等都将大数据写进了投资推荐报告。数据正在迅速膨胀并变大，它决定着企业的未来发展，虽然很多企业可能并没有意识到数据爆炸性增长带来问题的隐患，但是随着时间的推移，人们将越来越多地意识到数据对企业的重要性。

2. 定义

根据维基百科的定义，大数据指无法在可承受的时间范围内用常规软件进行捕捉、管理和处理的数据集合。研究机构 Gartner 关于大数据的定义是需要新处理模式才能具有更强的决策力、洞察发现力和流程优化能力来适应海量、高增长率和多样化的信息资产。麦肯锡全球研究所给出的定义是：一种规模大到在获取、存储、管理、分析方面大大超出了传统数据库软件工具能力范围的数据集合，具有海量的数据规模、快速的数据流转、多样的数据类型和价值密度低四大特征。

大数据技术的战略意义不在于掌握庞大的数据信息，而在于对这些含有意义的数据进行专业化处理。换而言之，如果把大数据比作一种产业，那么这种产业实现营利的关键，在于提高对数据的加工能力，通过加工实现数据的增值。

从技术上看，大数据与云计算的关系就像一枚硬币的正反面一样密不可分。大数据必然无法用单台的计算机进行处理，必须采用分布式架构。它的特色在于对海量数据进行分布式数据挖掘。但它必须依托云计算的分布式处理、分布式数据库和云存储、虚拟化技术。随着云时代的来临，大数据也吸引了越来越多的关注。分析师团队认为，大数据通常用来形容一个公司创造的大量非结构化数据和半结构化数据，这些数据在下载到关系型数据库用于分析时会花费过多时间和金钱。大数据分析常和云计算联系到一起，因为实时的大型数据集分析需要向数十、数百甚至数千台计算机分配工作。

5.1.2 大数据发展历程

1980 年，美国著名未来学家阿尔文·托夫勒就在其著作《第三次浪潮》中，将"大数据"称为"第三次浪潮的华彩乐章"。不过，他可能并没有在书中直接用到"大数据"这个词汇，因为公认的最早使用这个词汇的人是 20 世纪 90 年代在美国硅图公司担任首席科学家的 John Mashey。就像数据的概念从诞生到后来会发生意义转变一样，大数据的初始内涵与它现在的意义也肯定不甚相同。托夫勒也好，John Mashey 也罢，他们当时对大数据的理解更多地停留在表象层面，至于大数据的理论以及可能的应用范围等，还是后来在商用的刺激下被不断深化和放大的。

2008 年对"大数据"而言算得上是一个分水岭，因为国际知名杂志《自然》推出专刊，对其做了介绍。3 年后，美国的《科学》杂志也做了同样的事情。它们从互联网技术、互联网经济学、超级计算、环境科学、生物医药等多方面介绍了海量数据所带来的技术挑战，自此"大数据"一发不可收拾，成为学界研究的热点。鉴于《自然》《科学》等杂志在国际学术界中的权威及影响，推出专刊介绍大数据，无异于为其做了背书。如果说，大数据在此之前只是商人、学者零散的激情，那么此后则成为整个社会的共鸣。

2012 年数据科学家维克托·迈尔-舍恩伯格在《大数据时代》一书中，从理论的层面预言大数据将导致人类思维、商业以及管理领域的变革。大数据的出现已将"相关关系"推升到一个思维的高度。有学者甚至发出"理论的终结"之类的感叹。大数据作为一个时代的标签已经成型。这一判断非常容易得到确认，因为现代社会所有的设备和系统，如果没有数据，就无法进行智能推理和判断。云计算也好，人工智能也罢，从根本上讲，都是靠数据驱动的。19 世纪、20 世纪有很多标签，但其实都属于"石油时代"。同理，21 世纪也存在着诸多可能，但不妨碍我们称其为"大数据时代"。

5.2 大数据的关键技术

5.2.1 Hadoop 等大数据技术

1. Hadoop 概述

Hadoop 是一种处理大数据的分布式软件框架,具有可靠、高效、扩展、低成本和兼容性等特点。Hadoop 的可靠性表现在它有多个工作数据副本,以确保能够针对失败结点的重新分布处理。Hadoop 的高效性表现在其并行工作方式,能够在结点之间动态地移动数据,并保证各个结点的动态平衡,通过并行处理加快处理速度。Hadoop 的扩展性表现在可用的计算机集簇间分配数据,这些集簇可以方便地扩展到数以千计的结点中。Hadoop 低成本表现为它是开源的,依赖于社区服务。Hadoop 带有用 Java 语言编写的框架,可在 Linux 平台上运行,应用程序也可以使用其他语言编写。

Hadoop 框架的核心是 HDFS 和 MapReduce。HDFS 为海量的数据提供了存储,MapReduce 为海量的数据提供了计算。HDFS 是分布式文件系统,负责存储超大数据文件,运行在集群硬件上,具有容错、可伸缩和易扩展特性。MapReduce 功能实现了将单个任务打碎,并将碎片任务(Map)发送到多个结点上,之后再以单个数据集的形式加载(Reduce)到数据仓库里。

Hadoop 框架包括 Hadoop 内核、HDFS、MapReduce 和群集资源管理器 YARN。Hadoop 是一个生态系统,包括很多组件,除 HDFS、MapReduce 和 YARN 外,还有 NoSQL 数据库 HBase、数据仓库工具 Hive、工作流引擎语言 Pig、机器学习算法库 Mahout、数据库连接器 Sqoop、日志数据采集系统 Flume、流处理平台 Kafka、流数据计算框架 Storm、分布式协调服务 ZooKeeper、HBase SQL 搜索引擎 Phoenix、全文搜索引擎 Elasticsearch、安装部署配置管理器 Ambari、新分布式执行框架 Tez 等,见图 5-1。

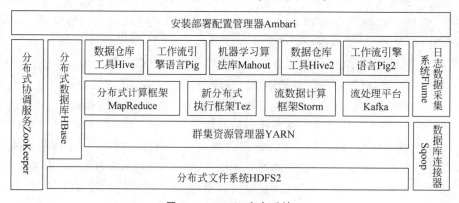

图 5-1　Hadoop 生态系统

Hadoop 由 Apache Software Foundation 公司于 2005 年作为 Lucene 的子项目 Nutch 的一部分正式引入。它受 Google Lab 开发的 MapReduce 编程模型包和 Google File System(GFS)的启发。2006 年 3 月,MapReduce 和 Nutch Distributed File System(NDFS)分别被纳入 Hadoop 项目中。Hadoop 最初只与网页索引有关,后成为分析大数据的平台。目前有很多公司开始提供基于 Hadoop 的商业软件、支持、服务和培训。Cloudera 公司于

2008年开始提供基于 Hadoop 的软件和服务。GoGrid 于 2012 年开始与 Cloudera 合作,以加速企业的 Hadoop 应用推广。Dataguise 公司于 2012 年推出了一款针对 Hadoop 的数据保护和风险评估。

2. 分布式计算框架 MapReduce

1) 概念

MapReduce 是一种编程模型,用于大规模数据集的并行运算。其软件实现是指定一个 Map(映射)函数,用来把一组键值对映射成一组新的键值对,指定并发的 Reduce(归约)函数,用来保证所有映射的键值对其中的每一个共享相同的键组。

MapReduce 是面向大数据并行处理的计算模型、框架和平台,它包括三层含义:①MapReduce 是一个基于集群的高性能并行计算平台,允许使用普通商用服务器构成一个包含数十、数百至数千个结点的分布和并行计算集群;②MapReduce 是一种并行计算与运行软件框架,能自动完成计算任务的并行化处理,自动划分计算数据和计算任务,在集群结点上自动分配和执行任务以及收集计算结果,将数据分布存储、数据通信、容错处理等并行计算涉及很多系统底层的复杂细节交由系统处理,可减少软件开发人员的负担;③MapReduce 是一种并行程序设计模型与方法,它借助于函数式程序设计语言 Lisp 的设计思想,提供简易并行程序设计方法,用 Map 和 Reduce 两个函数编程实现并行计算任务,提供抽象操作和并行编程接口,以简便大数据编程和计算处理。

2) 主要功能

(1) 大数据划分和计算任务调度。系统自动将大数据划分为很多个数据块,每个数据块对应于一个计算任务,并自动调度计算结点来处理相应的数据块。任务调度主要负责分配和调度计算结点(Map 结点或 Reduce 结点),同时负责监控这些结点的执行状态,并负责 Map 结点执行的同步控制。

(2) 数据/代码互定位。为减少数据通信,一个基本原则是本地化数据处理,即一个计算结点尽可能处理其本地磁盘上所分布存储的数据,这实现了代码向数据的迁移;当无法进行这种本地化数据处理时,再寻找其他可用结点并将数据从网络上传送给该结点(数据向代码迁移),但将尽可能从数据所在的本地机架上寻找可用结点以减少通信延迟。

(3) 系统优化。为减少数据通信开销,中间结果数据进入 Reduce 结点前会进行合并处理;一个 Reduce 结点所处理的数据可能会来自多个 Map 结点,为了避免 Reduce 计算阶段发生数据相关性,Map 结点输出的中间结果需使用一定的策略进行适当的划分,保证相关性数据发送到同一个 Reduce 结点;此外,系统还进行一些计算性能优化处理,如对最慢的计算任务采用多备份执行、选最快完成者作为结果。

(4) 出错检测和恢复。以低端商用服务器构成的大规模 MapReduce 计算集群中,结点硬件(主机、磁盘、内存等)出错和软件出错是常态,因此 MapReduce 需要能检测并隔离出错结点,并调度分配新的结点接管出错结点的计算任务。同时,系统还将维护数据存储的可靠性,用多备份冗余存储机制提高数据存储的可靠性,并能及时检测和恢复出错的数据。

3. 群集资源管理器 YARN

Apache Hadoop YARN(Yet Another Resource Negotiator,另一种资源协调器)是一种 Hadoop 资源管理器,可为上层应用提供统一的资源管理和调度,它的引入为集群在利用率、资源统一管理和数据共享等方面带来了巨大便利。

YARN的基本思想是将Job Tracker的两个主要功能(资源管理和作业调度/监控)分离,创建一个全局Resource Manager和若干个针对应用程序的Application Master。YARN分层结构的本质是Resource Manager。这个实体控制整个集群并管理应用程序向基础计算资源的分配。Resource Manager将各种资源(计算、内存、带宽等)安排给基础Node Manager(结点代理)。Resource Manager与Application Master一起分配资源,与Node Manager一起监视其基础应用程序。Application Master负责承担Task Tracker的一些角色,Resource Manager负责承担Job Tracker的角色。Application Master负责协调来自Resource Manager的资源,并通过Node Manager监视容器的执行和资源使用(CPU、内存的资源分配)。

4. 分布式协调服务 ZooKeeper

ZooKeeper是一个分布式的,开放源码的应用程序协调服务器,是Google的Chubby开源实现,是Hadoop和HBase的重要组件。它是一个为分布式应用提供一致性服务的软件,其功能包括:配置维护、域名服务、分布式同步、组服务等。ZooKeeper的目标就是封装好复杂易出错的关键服务,将简单易用的接口和性能高效、功能稳定的系统提供给用户。

5. 安装部署配置管理器 Ambari

Apache Ambari是一种基于Web的工具,支持Apache Hadoop集群的安装、部署、管理和监控。Ambari支持大多数Hadoop组件,包括HDFS、MapReduce、Hive、Pig、HBase、ZooKeeper、Sqoop和Hcatalog等。Ambari是开源软件,是Apache Software Foundation中的一个项目。2017年11月发布版本2.6.0。

6. 新分布式执行框架 Tez

Apache Tez是针对Hadoop数据处理应用程序的新分布式开源计算框架。它将多个有依赖的作业转换为一个作业,从而大幅提升DAG(Database Availability Group,数据库可用性组)作业的性能。Tez不直接面向最终用户,它帮助Hadoop批处理大数据。如果Hive和Pig使用Tez而不是MapReduce作为其数据处理工具,其响应时间会明显提升。Tez构建在YARN之上。Tez产生的主要原因是绕开MapReduce所施加的限制。除了必须要编写Mapper和Reducer的限制之外,还强制让所有类型的计算都满足这一范例,还有效率低下的问题。

7. 分布式文件系统 HDFS

HDFS被设计成适合运行在通用硬件上的分布式文件系统,其容错性高,适合部署在廉价机器上。HDFS能提供高吞吐量的数据访问,适合大规模数据集应用。HDFS放宽了一部分POSIX(Portable Operating System Interface of UNIX,可移植操作系统接口)约束,以实现流式读取文件系统数据。早年的HDFS是作为Apache Nutch搜索引擎项目的基础架构而开发的。HDFS是Apache Hadoop Core项目的一部分。

HDFS的特点包括:①硬件故障检测与恢复。HDFS由数百或数千个存储着文件数据片段的服务器组成,每个组成部分都很可能出现故障,因此,它设计了故障检测和自动快速恢复功能。②数据访问。运行在HDFS上的应用程序必须流式访问其数据集,它不是运行在普通文件系统之上的普通程序。HDFS被设计成适合批量处理的,而不是用户交互式的。

重点是在数据吞吐量,而不是数据访问的反应时间,POSIX 的很多硬性需求对于 HDFS 应用都是非必需的,去掉 POSIX 一小部分关键语义可以获得更好的数据吞吐率。③大数据集。运行在 HDFS 之上的程序有大量数据集。HDFS 文件大小由吉字节(GB)到太字节(TB)级别不等,所以,HDFS 必须支持大文件,它需提供高聚合数据带宽,一个集群需支持数百个结点,一个集群还应支持千万级别的文件。④迁移计算。在靠近计算数据所存储的位置来进行计算是最理想的状态,尤其是在数据集特别巨大的时候。这样消除了网络的拥堵,提高了系统的整体吞吐量。HDFS 提供了接口,以便让程序将自己移动到离数据存储更近的位置。HDFS 被设计成可以简便实现平台间迁移的工具。⑤名字结点和数据结点。HDFS 是主从结构,一个 HDFS 集群是一个名字结点,它是一个管理文件命名空间和调节客户端访问文件的主服务器,用来管理对应结点的存储。HDFS 对外开放文件命名空间并允许用户数据以文件形式存储。内部机制是将一个文件分割成一个或多个块,这些块被存储在一组数据结点中。名字结点用来操作文件命名空间的文件或目录操作。它同时确定块与数据结点的映射。数据结点负责文件系统客户的读写请求,执行块的创建,删除和结点块复制指令。

8. 分布式数据库 HBase

HBase 是一个分布式的、面向列的、可伸缩的分布式开源数据库,是 Apache Hadoop 子项目。HBase 不是传统关系数据库,它是非结构化数据存储的数据库,是基于列的而不是基于行的模式。利用 HBase 技术可在廉价 PC Server 上搭建大规模结构化存储集群。HBase 利用 Hadoop HDFS 作为其文件存储系统。HBase 利用 Hadoop MapReduce 来处理 HBase 中的海量数据。

HBase 位于结构化存储层,Hadoop HDFS 为 HBase 提供了高可靠性的底层存储支持,Hadoop MapReduce 为 HBase 提供了高性能的计算能力,ZooKeeper 为 HBase 提供了稳定服务和 failover 机制。此外,Pig 和 Hive 还为 HBase 提供语言支持,使得在 HBase 上进行数据统计处理非常简单。Sqoop 可为 HBase 提供 RDBMS 数据导入功能,使传统数据库数据向 HBase 迁移非常方便。

9. 数据仓库工具 Hive

Hive 是基于 Hadoop 的数据仓库工具,可将结构化的数据文件映射为一张数据库表,并提供简单的 SQL 查询功能,可以将 SQL 语句转换为 MapReduce 任务运行。Hive 是建立在 Hadoop 上的数据仓库基础构架。它提供了一系列的工具,可用来进行数据提取转换加载(ETL),这是一种可以存储、查询和分析存储在 Hadoop 中的大规模数据的机制。Hive 定义了简单的类 SQL,称为 HQL,它允许熟悉 SQL 的用户查询数据。同时,这个语言也允许熟悉 MapReduce 的开发者开发自定义的 Mapper 和 Reducer 来处理内建的 Mapper 和 Reducer 无法完成的复杂的分析工作。

10. 工作流引擎语言 Pig

Pig 是一种数据流语言和运行环境,用于检索非常大的数据集,为大型数据集的处理提供了一个更高层次的抽象。Pig 包括两部分:一是用于描述数据流的语言,称为 Pig Latin;二是用于运行 Pig Latin 程序的执行环境。Apache Pig 是一种高级语言,适合 Hadoop 和 MapReduce 平台查询大型半结构化数据集。通过允许对分布式数据集进行类似 SQL 的查询,Pig 可以简化 Hadoop 使用。

11. 日志数据采集系统 Flume

Flume 是 Cloudera 的一种分布式海量日志采集、聚合和传输系统。Flume 支持在日志系统中定制各类数据发送方,用于数据收集、简单数据处理,并将结果写到数据接收方。Flume 提供从 console(控制台)、RPC(Thrift-RPC)、text(文件)、tail(UNIX tail)、syslog(syslog 日志系统)、支持 TCP 和 UDP 两种模式,到 exec(命令执行)等在数据源上收集数据的功能。

Flume 有 Flume-og 和 Flume-ng 两个版本。Flume-og 采用多 Master 方式。为保证配置数据的一致性,Flume 引入了 ZooKeeper,Flume Master 间使用 Gossip 数据传输协议同步数据。与 Flume-og 相比,Flume-ng 取消了集中管理配置的 Master 和 ZooKeeper 而演变为一种数据传输工具。Flume-ng 另一个不同是读入数据和写出数据时由不同工作线程处理(称为 Runner)。

12. 流处理平台 Kafka

Kafka 是 Apache 基金开发的开源流处理平台,由 Scala 和 Java 编写。Kafka 是一种高吞吐量的分布式发布订阅消息系统,可处理消费者规模的网站中的所有动作流数据。Kafka 通过 Hadoop 并行加载机制统一线上和线下的消息,以便为集群提供实时数据。Kafka 特性包括:①通过磁盘数据结构提供消息的持久化,这种结构对于太字节(TB)级数据存储也能够保持长时间稳定性;②高吞吐量,即使是非常普通的硬件,Kafka 也可以支持每秒数百万的消息;③支持通过 Kafka 服务器和消费机集群来分区消息;④支持 Hadoop 并行数据加载。

13. 数据库连接器 Sqoop

Sqoop 是一种开源数据库连接工具,用于 Hadoop 与传统数据库间的数据传递和互转。Sqoop 项目开始于 2009 年,是 Apache 项目。对于 NoSQL 数据库,它提供了一种连接器,能够分割数据集并创建 Hadoop 任务来处理每个区块。随着云计算的普及,Hadoop 和传统数据库之间的数据传输和转移变得越来越重要。

14. 流数据计算框架 Storm

Apache Storm 是一种分布式实时大数据处理系统。是一种流数据计算框架,具有高摄取率、容错性和扩展性。Storm 最初由 Nathan Marz 和 BackType 的团队创建。BackType 是一家社交分析公司。后来 Storm 被收购,并通过 Twitter 开源。Apache Storm 已成为分布式实时处理系统的标准,允许大量数据处理。Apache Storm 用 Java 和 Clojure 编写,是实时分析的计算框架。

5.2.2 爬虫、清洗等技术与工具

1. 大数据采集

1) 大数据采集的特点

(1) 数据结构的多样性。大数据具有多样性的特点,即包含多种数据结构,有结构化的、半结构化的,也有非结构化的。而传统数据则是结构化的。有统计显示,大数据中,非结

构化数据占比高达85%。

(2) 大数据来源的多元化。大数据,除传统数据源外,还增加了一些新的数据源,例如,卫星影像数据、社交网络微博、微信、论坛、QQ聊天数据、股市数据、监控探头的视频数据、网络舆情监测数据等。

(3) 采集方式的智能化。与传统数据人工采集相比,大数据采集以智能化为主、人工为辅。一般情况下,大数据由智能设备、仪器、传感器、摄像头等产生,其过程无须人工干预。

2) 大数据资源的采集方法

(1) 按需求采集数据。大数据资源的应用需要经过采集、存储、分析、处理等过程,而大数据的应用决定了其初始的目标性。大数据的采集需要根据目标需求采集。采集是源头,也是关键。没有采集就没有后面的过程。

(2) 使用新的技术。大数据是普通软件和技术所不能处理的数据。因此,必须采用新的技术。无论是采集、存储、分析、处理,还是具体应用,大数据新技术的应用是前提条件。已经有的新技术包括云计算技术、海量异构数据存储、分布式集群计算、深度学习和挖掘技术、个性化推荐技术等。

(3) 可采取"众包"模式。大数据资源的采集可采用"众包"模式。"众包"是一种新的生产组织模式,通过"众包",将大数据资源的采集工作分配出去,一方面可降低成本;另一方面可以集思广益,并组织大规模生产。

2. 爬虫技术

1) 概念

网络爬虫是一种按照一定的规则,自动地抓取万维网信息的程序或者脚本。其可以从万维网上下载网页,是搜索引擎的重要组成。爬虫在抓取网页的过程中,不断从当前页面上抽取新的URL放入队列,直到满足系统的一定停止条件。所有被爬虫抓取的网页将会被系统存储,进行一定的分析、过滤,并建立索引,以便之后的查询和检索。

2) 结构技术分类

网络爬虫按照系统结构和实现技术,大致可以分为以下几种类型:通用网络爬虫、聚焦网络爬虫、增量式网络爬虫、深层页面爬虫等。实际中的网络爬虫通常是几种爬虫技术的结合。

(1) 通用网络爬虫。通用网络爬虫又称全网爬虫,爬行对象从一些种子URL扩充到整个Web,主要为门户站点、搜索引擎和大型Web服务提供商采集数据。

(2) 聚焦网络爬虫。聚焦网络爬虫是指选择性地爬行那些与预先定义好的主题相关页面的网络爬虫。与通用网络爬虫相比,聚焦网络爬虫只需要爬行与主题相关的页面,极大地节省了硬件和网络资源,保存的页面也因数量少而更新快,还可以很好地满足一些特定人群对特定领域信息的需求。聚焦网络爬虫是需要关注的重点爬虫类型。聚焦爬虫(又被称为网页蜘蛛、网络机器人,在FOAF社区中间,更经常地被称为网页追逐者),是一种按照一定的规则,自动地抓取万维网信息的程序或者脚本。

(3) 增量式网络爬虫。增量式网络爬虫是指对已下载网页采取增量式更新和只爬行新产生的或者已经发生变化的网页的爬虫,它能够在一定程度上保证所爬行的页面是尽可能新的页面。与周期性爬行和刷新页面的网络爬虫相比,增量式爬虫只会在需要的时候爬行新产生或发生更新的页面,并不重新下载没有发生变化的页面,可有效减少数据下载量,及时更新已爬行的网页,减小时间和空间上的耗费,但是增加了爬行算法的复杂度和实现难度。

(4) 深层页面爬虫。Web 页面按存在方式分为表层网页和深层网页。表层网页是传统搜索引擎可以索引的页面,是以超链接可以到达的静态网页为主构成的 Web 页面。深层网页是大部分内容不能通过静态链接获取的、隐藏在搜索表单后的,只有用户提交一些关键词才能获得的 Web 页面。例如,那些用户注册后内容才可见的网页就属于深层页面。深层页面爬虫包含六个基本功能模块(爬行控制器、解析器、表单分析器、表单处理器、响应分析器、LVS 控制器)和两个爬虫内部数据结构(URL 列表、LVS 表),其中,LVS(Label Value Set)表示标签/数值集合,用来表示填充表单的数据源。深层页面爬虫爬行过程中最重要部分就是表单填写,包含两种类型:基于领域知识的表单填写和基于网页结构分析的表单填写。

3) 应用分类

抓取目标的描述和定义是决定网页分析算法与 URL 搜索策略如何制定的基础。而网页分析算法和候选 URL 排序算法是决定搜索引擎所提供的服务形式和爬虫网页抓取行为的关键所在。这两部分的算法又是紧密相关的。现有聚焦爬虫对抓取目标的描述可分为基于目标网页特征、基于目标数据模式和基于领域概念 3 种。

(1) 基于目标网页特征的爬虫,其所抓取、存储并索引的对象一般为网站或网页。根据种子样本获取方式可分为:预先给定的初始抓取种子样本;预先给定的网页分类目录和与分类目录对应的种子样本,如 Yahoo!分类结构等;通过用户行为确定的抓取目标样例,分为:①用户浏览过程中显示标注的抓取样本;②通过用户日志挖掘得到访问模式及相关样本。其中,网页特征可以是网页的内容特征,也可以是网页的链接结构特征等。

(2) 基于目标数据模式的爬虫,其所针对的是网页上的数据,所抓取的数据一般要符合一定的模式,或者可以转换或映射为目标数据模式。

(3) 基于领域概念的爬虫。其需要建立目标领域的本体或词典,用于从语义角度分析不同特征在某一主题中的重要程度。

4) 爬虫工具

(1) Web Scraper。它是一个独立的 Chrome 扩展,安装数目已经到了 20 万。它支持点选式的数据抓取,另外支持动态页面渲染,并且专门为 JavaScript、AJAX、下拉拖动、分页功能做了优化,并且带有完整的选择器系统,另外支持数据导出到 CSV 等格式。它们还有自己的 Cloud Scraper,支持定时任务、API 式管理、代理切换功能。

(2) Data Scraper。它是 Chrome 的扩展,可以将单个页面的数据通过单击的方式爬取到 CSV、XSL 文件中。在这个扩展中已经预定义了 5 万多条规则,可以用来爬取将近 1.5 万个热门网站。

(3) Listly。它是 Chrome 的插件,可以快速地将网页中的数据进行提取,并将其转换为 Excel 表格导出,操作非常便捷。例如,获取一个电商商品数据、文章列表数据等,使用它就可以快速完成。另外,它也支持单页面和多页面以及父子页面的采集,值得一试。

3. 清洗技术

1) 数据清洗的概念

数据清洗(Data Cleaning)指发现并纠正数据文件中可识别错误的过程,是对数据进行重新审查和校验的过程,目的在于删除重复信息、纠正存在的错误、处理无效值和缺失值等,并提供数据一致性。数据清洗是一个反反复复的过程,不可能一次完成。

数据清洗从名词上解释就是把"脏数据""洗掉"。因为数据仓库中的数据是面向某一主题的数据集合,这些数据从多个业务系统中抽取出来而且包含历史数据,这就难免有的数据是错误数据、有的数据相互之间有冲突。这些错误的或有冲突的数据显然就是"脏数据"。按照一定的规则把"脏数据""洗掉"就是数据清洗。而数据清洗的任务是过滤那些不符合要求的数据,将过滤的结果交给业务主管部门,确认是过滤掉还是由业务单位修正之后再进行抽取。

2)待清洗的数据

不符合要求的数据主要是不完整数据、错误数据和重复数据三大类。

(1)不完整数据。这类数据主要是一些应该有的,但实际缺失的信息,如供应商的名称、分公司的名称、客户信息缺失。应将这类数据过滤出来,按缺失的内容向客户提交,要求在规定的时间内补全。

(2)错误数据。这类错误数据产生的原因是业务系统不够健全,在接收输入后没有进行判断直接写入后台数据库,例如,数值数据输入成全角数字字符、字符串数据后面有一个回车操作、日期格式不正确、日期越界等。

(3)重复数据。这类数据是因为重复操作导致的结果。待确认是重复的数据后,可将其去除,以保证数据的唯一性。

3)数据清洗方法

一般来说,数据清洗是将数据精简以除去重复记录,并使剩余部分转换成标准可接收格式的过程。数据清洗标准模型是将数据输入到数据清洗处理器,通过一系列步骤"清洗"数据,然后以期望的格式输出清洗过的数据。数据清洗从数据的准确性、完整性、一致性、唯一性、适时性、有效性几方面来处理数据的丢失值、越界值、不一致代码、重复数据等问题。数据清洗一般针对具体应用,因而难以归纳统一的方法和步骤,但是根据数据不同可以给出相应的数据清洗方法。

(1)解决不完整数据的方法。大多数情况下,缺失的值必须手工填入(即手工清洗)。当然,某些缺失值可以从本数据源或其他数据源推导出来,这就可以用平均值、最大值、最小值或更为复杂的概率估计代替缺失的值,从而达到清洗的目的。

(2)错误值的检测及解决方法。用统计分析的方法识别可能的错误值或异常值,如偏差分析、识别不遵守分布或回归方程的值,也可以用简单规则库检查数据值,或使用不同属性间的约束、外部的数据来检测和清洗数据。

(3)重复记录的检测及消除方法。数据库中属性值相同的记录被认为是重复记录,通过判断记录间的属性值是否相等来检测记录是否相等,相等的记录合并为一条记录。

(4)不一致性的检测及解决方法。从多数据源集成的数据可能有语义冲突,可定义完整性约束用于检测不一致性,也可通过分析数据发现联系,从而使得数据保持一致。

4)ETL技术

ETL(Extract-Transform-Load)是用来描述将数据从来源端经过抽取(Extract)、转换(Transform)、加载(Load)至目的端的过程。ETL是构建数据仓库的重要一环,用户从数据源抽取出所需的数据,经过数据清洗,最终按照预先定义好的数据仓库模型,将数据加载到数据仓库中去。

ETL结果的质量表现为正确性、完整性、一致性、完备性、有效性、时效性和可获取性等几个特性。而影响其质量的原因有很多,主要取决于系统集成和历史数据,包括以下几方面:业务系统不同时期系统之间数据模型不一致,业务系统不同时期业务过程有变化,旧系统模块在运营、人事、财务、办公系统等相关信息中不一致,遗留系统和新业务、管理系统数据集成不完备带来的不一致性。

ETL 的核心是 ETL 转换过程,主要包括以下几方面。①空值处理:可捕获字段空值,进行加载或替换为其他含义数据,并可根据字段空值实现分流加载到不同目标库。②规范化数据格式:可实现字段格式约束定义,对于数据源中的时间、数值、字符等数据,可自定义加载格式。③拆分数据:依据业务需求对字段可进行分解,如主叫号为 8610825853138148,可进行区域码和电话号码分解。④验证数据正确性:可利用 Lookup 及拆分功能进行数据验证。针对该主叫号,进行区域码和电话号码分解后,可利用 Lookup 返回主叫网关或交换机记载的主叫地区,进行数据验证。⑤数据替换:对于业务因素,可实现无效数据、缺失数据的替换。⑥Lookup:查获丢失数据并返回用其他手段获取的缺失字段,保证字段完整性。⑦建立 ETL 过程的主外键约束:对无依赖性的非法数据,可替换或导出到错误数据文件中,保证主键唯一记录的加载。

很多情况下,数据清洗工具与 ETL 工具是合二为一的平台。常见的工具包括:①Datastage,是一种数据集成软件平台,能够帮助企业从分散在各个系统中的复杂异构信息获得更多价值。②Informatica,数据集成平台,可以在改进数据质量的同时,访问、发现、清洗、集成并交付数据。③Kettle,开源 ETL 工具,用 Java 编写,可以在 Windows、Linux、UNIX 上运行,数据抽取高效稳定。④ODI(Oracle Data Integrator),是 Oracle 数据库厂商提供的数据集成类工具,开放数据链路接口,受 Oracle 数据库的影响,有局限性。⑤OWB(Oracle Warehouse Builder),是 Oracle 的一个综合工具,提供对 ETL(提取、转换和加载)、完全集成的关系和维度建模、数据质量、数据审计,及数据和元数据的整个生命周期的管理。⑥Cognos,是 BI 核心平台之上,以服务为导向进行架构的一种数据模型,是唯一可以通过单一产品和在单一可靠架构上提供完整业务智能功能的解决方案。⑦Beeload,是国产 ETL 工具。Beeload 集数据抽取、清洗、转换及装载于一体,通过标准化企业各个业务系统产生的数据,向数据仓库提供高质量的数据。

5) 数据清洗工具

(1) 思迈特软件 Smartbi。其数据清洗功能非常强大,Smartbi 具有轻量级 ETL 功能,可视化流程配置,简单易用,业务人员可以参与。采用分布式计算架构,单结点支持多线程,可处理大量数量,提高数据处理性能。强大的数据处理功能不仅支持异构数据,还支持内置排序、去重、映射、行列合并、行列转换聚合、去空值等数据预处理功能。

(2) Python 语言。它是一种面向对象的动态语言,最初被设计用来编写自动化脚本。它越来越多地被用来开发独立的大型项目,因为版本不断更新,语言新功能也在增加。

(3) PyCharm。它是一种 Python 集成开发环境,有一整套工具,可以帮助用户在使用 Python 语言开发时提高效率,如调试、语法亮点、Project 管理、代码跳转、智能提示、自动完成、单元测试、版本控制等。

5.2.3 大数据分析、挖掘及可视化技术

大数据分析与挖掘的目的是获得更有价值的数据或结果,它也是知识发现的过程。

1. 大数据分析与挖掘概述

数据分析,是指对类型多样、增长快速、内容真实的数据进行分析,从中找出可以帮助决策的隐藏模式、未知的相关关系以及其他有用信息的过程。在这一过程中,有两个关键技术:一个是文本分析,另一个是机器学习。而大数据分析则是根据数据生成机制,进行数据采集与存储,并对数据进行格式化清洗,以大数据分析模型为依据,在集成化大数据分析平台的支撑下,运用云计算技术调度计算分析资源,最终挖掘出大数据背后的模式或规律的数据分析过程。

数据挖掘是知识发现的一个步骤,指从大数据中通过算法挖掘隐藏于其中有价值信息的过程。通过统计、在线分析处理、情报检索、机器学习、专家系统和模式识别等诸多方法和手段来实现数据挖掘的目标。数据挖掘是多学科和技术的应用,涉及的学科方法包括:统计学的抽样、估计和假设检验;人工智能、模式识别和机器学习的搜索算法、建模技术和学习理论。涉及的学科包括运筹学、进化计算、信息论、信号处理、可视化和信息检索等。近年来,数据挖掘引起了信息产业界的极大关注,其主要原因是从大数据获取的信息和知识可以广泛用于商务管理、生产控制、市场分析、工程设计和科学探索等领域。

2. 大数据分析与挖掘方法

(1) 事物分类。分类是指按照种类、等级或性质分别归类。把无规律的事物分为有规律的,按照不同的特点划分事物,使事物更有规律。建立分类模型,对于没有分类的数据进行分类。

(2) 变量估计。估计与分类类似,不同之处在于,分类描述的是离散型变量的输出,而估值处理连续值的输出;分类的类别是确定数目的,估值的量是不确定的。一般来说,估值可以作为分类的前一步工作。给定一些输入数据,通过估值,得到未知的连续变量的值,然后根据预先设定的阈值,进行分类。

(3) 未知预测。预测指在掌握现有信息的基础上,依照一定的方法和规律对未来的事情进行测算,以预先了解事情发展的过程与结果。目的是对未来未知变量的预测,这种预测是需要时间来验证的,即必须经过一定时间后,才知道预测的准确性是多少。

(4) 关联分析。关联分析,又称关联挖掘,是一种简单、实用的分析技术,其目的是发现数据集中数据的关联性,从而描述一个事物中某些属性和某种规律和模式。关联分析是从大量数据中发现项集之间的关联。关联分析的一个典型例子是购物篮分析。该过程通过发现顾客放入其购物篮中的不同商品之间的联系,分析顾客的购买习惯。通过了解哪些商品频繁地被顾客同时购买,帮助零售商制定营销策略。其他的应用还包括价目表设计、商品促销、商品的排放和基于购买模式的顾客划分。

(5) 对象聚类。聚类是对记录分组,把相似的记录放在一个聚集里。将物理或抽象对象的集合分成由类似的对象组成的多个类的过程被称为聚类。由聚类所生成的簇是一组数据对象的集合,这些对象与同一个簇中的对象彼此相似,与其他簇中的对象相异。聚类分析又称群分析,它是研究(样品或指标)分类问题的一种统计分析方法。聚类分析有很多方法,如系统聚类法、有序样品聚类法、动态聚类法、模糊聚类法、图论聚类法、聚类预报法等。

(6) 数据的可视化。可视化是对数据挖掘结果进行直观表示的方式。在数据挖掘时,可以通过软件工具进行数据的展现、分析、钻取,将数据挖掘的分析结果形象地显示出来。

3. 可视化的基本概念

可视分析是大数据分析的重要方法。大数据可视分析旨在利用计算机自动化分析能力的同时,充分挖掘人对于可视化信息的认知能力优势,将人、机的各自强项进行有机融合,借助人机交互式分析方法和交互技术,辅助人们更为直观和高效地洞悉大数据背后的信息、知识与智慧。

可视化的概念于1987年2月在美国国家科学基金会(National Science Foundation)的一个专题研讨会上提出。1995年前后,网络信息技术的发展使可视化技术有了比较大的突破。近年,大数据的出现使之有了更为广泛的用途。

可视化就是将科学计算的中间数据或结果数据,转换为人们容易理解的图形图像形式。有学者将信息可视化(Information Visualization)定义为:对抽象数据使用计算机支持的、交互的、可视化的表示形式以增强认知能力。与传统计算机图形学以及科学可视化研究不同,信息可视化的研究重点更加侧重于通过可视化图形呈现数据中隐含的信息和规律,所研究的创新性可视化表征旨在建立符合人的认知规律的心理映像。

经过30年的发展,信息可视化已成为分析复杂问题强有力的工具。随着计算机、图形图像技术的发展,现在已经可以用丰富的色彩、动画技术、三维立体显示及仿真(虚拟现实)等手段,表现各种现实和虚拟的场景。科学计算可视化已广泛应用于流体计算力学、有限元分析、医学图像处理、分子结构模型、天体物理、空间探测、地球科学、数学等领域。

4. 面向大数据应用的可视化技术

大数据的出现刺激了可视化技术的快速发展。大数据可视化技术涉及传统的科学可视化和信息可视化,其目的是掘取信息和洞悉知识。信息的可视化分为文本、网络或图、时空及多维数据等。

1) 文本可视化

文本信息是典型的非结构化数据,是互联网中最主要的信息类型,也是物联网各种传感器采集后生成的主要信息类型,人们日常工作和生活中接触最多的文档多以文本形式存在。文本可视化的意义在于,能够将文本中蕴含的语义特征(例如,词频与重要度、逻辑结构、主题聚类、动态演化规律等)直观展示出来。典型的文本可视化技术是标签云,将关键词根据词频或其他规则进行排序,按照一定规律进行布局排列,用大小、颜色、字体等图形属性对关键词进行可视化,如图5-2所示。

图 5-2　标签云

2) 网络图可视化

网络关联关系是大数据中最常见的关系,例如,互联网与社交网络。基于网络结点和连接的拓扑关系,直观地展示网络中潜在的模式关系,例如,结点或边聚集性,是网络可视化的主要内容之一,如图 5-3 所示。

3) 多维数据可视化

多维数据分析的目标是探索多维数据项的分布规律和模式,并揭示小同维度属性之间的隐含关系。二维散点图将两个维度属性值集合映射至两条轴,在二维轴确定的平面内通过图形标记的小同视觉元素来反映其他维度的属性值,如图 5-4 所示。平行坐标是可视化高维几何和分析多元数据的常用方法。为了在 n 维空间中显示一组点,

图 5-3　网络图可视化

绘制由 n 条平行线组成的背景,通常是垂直且等距的。高维空间的一个点,可以表示为一条折线,这条折线在 n 条平行线之间,折线的拐点在平行线上,n 条平行线为平行坐标轴。第 i 个轴上顶点的位置对应于该点的第 i 个坐标。此可视化与时间序列可视化密切相关,如图 5-5 所示。

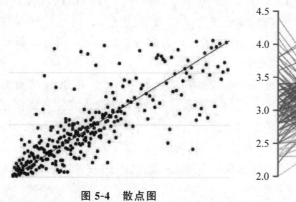

图 5-4　散点图

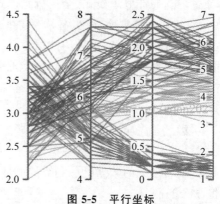

图 5-5　平行坐标

5.2.4　大数据管理

1. 大数据平台框架概述

国家大数据战略,个仅要将大数据作为战略资源,也要将其作为国家治理的创新手段。在统筹布局建设国家大数据平台的基础上,逐渐推动数据的统一、整合、开放和共享机制。

大数据管理架构应该是"一个机制、两个体系和三个平台"的结构。大数据管理工作机制应包括数据共享与开放、工作协同、大数据科学决策、精准监管和公共服务机制等。两个体系指大数据的交换、共享、一致、整合和应用的安全保障和标准化工作。三个平台担负大数据集约化基础设施、网络资源、计算资源、存储资源、安全资源、集中管理、系统运维、大数据采集、处理、分析和应用,见图 5-6。

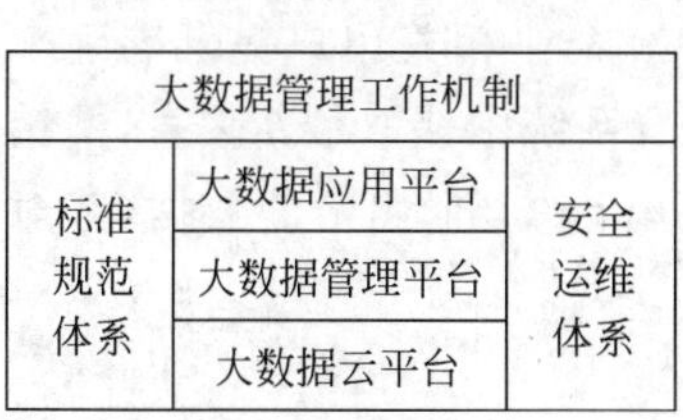

大数据云平台是国家大数据战略的基础设施。因为单台计算机无法处理大数据,因此必须采用分布式架构,对海量数据进行分布式数据挖掘,必须依托云计算的分布

图 5-6　大数据平台框架

式处理、分布式数据库、云存储和虚拟化技术。云计算的核心是将对被用网络连接的计算资源统一管理和调度，构成一个计算资源池向用户提供按需分配的服务。

大数据管理平台是云平台之上的数据交换、存储、共享和开放的平台，它为大数据应用提供统一的数据支持。其具体工作包括破除信息孤岛、整合与集中数据资源、建立数据资源目录、构建数据中心、分布式数据管理、数据互联互通等。

大数据应用平台侧重数据（关联、趋势和空间）分析模型的构建，利用可视化、仿真技术和数据挖掘工具，通过数学统计、在线分析、情报检索、机器学习、专家系统、知识推理和模式识别等，提升治国理政的能力，使决策过程科学化。

2. 数据整合

数据整合就是把在不同数据源收集、整理、清洗、转换后的数据加载到一个新的数据源，为数据消费者提供一种统一数据视图的数据集成方式。数据整合有如下多种方法。

（1）多个数据库整合。通过对各个数据源的数据交换格式进行一一映射，从而实现数据的流通与共享。对于有全局统一模式的多数据库系统，用户可以通过局部外模式访问本地库，通过建立局部概念模式、全局概念模式、全局外模式，用户可以访问集成系统中的其他数据库；对于联邦数据库系统，各局部数据库通过定义输入/输出模式，进行各联邦数据库系统之间的数据访问。基于异构数据源系统的数据整合有多种方式，所采用的体系结构也各不相同，但其最终目的是相同的，即实现数据的流通共享。

（2）数据仓库整合。数据仓库是一个面向主题的、集成的、相对稳定的、反映历史变化的数据集合，用于支持管理决策。从数据仓库的建立过程来看，数据仓库是一种面向主题的整合方案，因此首先应该根据具体的主题进行建模，然后根据数据模型和需求从多个数据源加载数据。由于不同数据源的数据结构可能不同，因而在加载数据之前要进行数据转换和数据整合，使得加载的数据统一到需要的数据模型下，即根据匹配、留存等规则，实现多种数据类型的整合。

（3）中间件整合。中间件是位于用户与服务器之间的中介接口软件，是异构系统集成所需的黏结剂。现有的数据库中间件允许用户在异构数据库上调用 SQL 服务，解决异构数据库的互操作性问题。功能完善的数据库中间件，可以对用户屏蔽数据的分布地点、数据库管理平台、特殊的本地应用程序编程接口等差异。

（4）Web 服务整合。Web 服务可理解为自包含的、模块化的应用程序，它可以在网络中被描述、发布、查找及调用；也可以把 Web 服务理解为是基于网络的、分布式的模块化组件，它执行特定的任务，遵守具体的技术规范，这些规范使得 Web 服务能与其他兼容的组件进行互操作。

（5）主数据管理整合。主数据管理通过一组规则、流程、技术和解决方案，实现对企业数据一致性、完整性、相关性和精确性的有效管理，从而为所有企业相关用户提供准确一致的数据。主数据管理提供了一种方法，通过该方法可以从现有系统中获取最新信息，并结合各类先进的技术和流程，使得用户可以准确、及时地分发和分析整个企业中的数据，并对数据进行有效性验证。

3. 大数据共享

随着信息时代的不断发展，不同部门、不同地区间的信息交流逐步增加，计算机网络技术的发展为信息传输提供了保障。当大数据出现时,数据共享问题被提上了议事日程。

数据共享就是让在不同地方使用不同计算机、不同软件的用户能够读取他人数据并进行各种操作运算和分析。数据共享可使更多人充分地使用已有的数据资源,以减少资料收集、数据采集等重复劳动和相应费用,把精力放在开发新的应用程序及系统上。由于数据来自不同的途径,其内容、格式和质量千差万别,因而给数据共享带来了很大困难,有时甚至会遇到数据格式不能转换或数据格式转换后信息丢失的问题,这阻碍了数据在各部门和各系统中的流动与共享。

数据共享的程度反映了一个地区、一个国家的信息发展水平,数据共享程度越高,信息发展水平越高。要实现数据共享,首先应建立一套统一的、法定的数据交换标准,规范数据格式,使用户尽可能采用规定的数据标准。如美国、加拿大等国家都有自己的空间数据交换标准,目前我国正在抓紧研究制定国家的空间数据交换标准,包括矢量数据交换格式、栅格影像数据交换格式、数字高程模型的数据交换格式及元数据格式,该标准建立后,将对我国大数据产业的发展产生积极影响。其次,要建立相应的数据使用管理办法,制定相应的数据版权保护、产权保护规定,各部门间签订数据使用协议,这样才能打破部门、地区间的信息保护,做到真正的信息共享。

4. 大数据开放

数据开放没有统一的定义,一般指把个体、部门和单位掌握的数据提供给社会公众或他人使用。政府数据开放就是要创造一个可持续发展机制发挥数据的社会、经济和政治价值,通过开放数据推动社会和经济发展。政府作为最大的数据拥有者,应当成为开放数据和鼓励其合理使用的主体。

1) 数据开放存在的主要问题

(1) 数据公开制度不完善。在实际工作中,很难确定数据有没有涉及个人隐私、商业机密等问题。开放是相互的,很多部门没有真正意识到数据开放的重要性和作用,往往以"保密"或者"不宜公开"为理由不愿开放数据。海量数据分散在各个部门或者层级,潜在的价值被忽略。数据的开放要经过存储、清洗、分析、挖掘、处理、利用等多个环节才能形成有价值的数据集,在每一个实施环节都需要有相应的制度法规和技术标准作为依据。

(2) 数据开放程度不高。首先,各地平台提供的数据总量较小,无法满足经济发展与社会创新领域的需求。很多利用价值较高的数据只在部门内部共享,并未对社会开放。其次,数据质量参差不齐。由于对数据的质量没有严格的要求,而容易造成数据失真。另外,开放数据平台门槛较高,很多数据只开放不更新,不提供下载服务,无法形成有价值的数据源。

(3) 数据安全隐患。大数据开放是双刃剑,在给人们生活带来便利的同时,构成了巨大隐患。传统方法是采用划分边界、隔离内外网等来控制风险。但是随着移动互联网、云计算、5G、Wi-Fi技术的广泛应用,网络边界已经消失,木马、漏洞和攻击都可能威胁数据安全。

2) 数据开放保障机制的建议

(1) 法律保障机制。完善法律体系是促进政府数据开放的必经之路,加快制定大数据管理制度、法规和标准规范是当务之急。数据开放原则、使用权限、开放领域、分级标准及安全隐私等问题都需要细化。通过制度保障保证数据安全。

(2) 数据共享机制。首先,要加快国家数据库的建设,消除部门信息壁垒;其次,统筹数据管理,引导各部门发布社会公众所需的相关数据;最后,制定统一的数据开放标准和格式,方便数据上传和下载,满足不同群体的数据需求。

(3) 技术保障机制。数据的有效性和正确性直接影响到数据汇聚和处理的成果,因此必须要保障数据的质量。一旦数据来源不纯、不可信或无法使用,就会影响科学决策。针对数据体量大、种类多的数据集,需要先进技术和人才的支撑,因此,既懂统计学也懂计算机的分析型和复合型人才要加强培养。

5.3 大数据主要应用领域

5.3.1 大数据典型应用

(1) 精准医学。在 2011 年美国医学界首次提出"精准医学"的概念后,2015 年 1 月奥巴马在其国情咨文中提出"精准医学计划"。精准医疗(Precision Medicine)是一种将个人基因、环境与生活习惯差异考虑在内的疾病预防与处置的新兴方法。中国也随之启动了"精准医学计划"。科学技术部决定在 2030 年前政府将在精准医疗领域投入 600 亿元,其中,中央财政支付 200 亿元,企业和地方财政配套 400 亿元。

(2) 精准农业。精准农业又称为精确农业或精细农作,发源于美国,是 20 世纪 80 年代末,经济发达国家继 LISA(低投入可持续农业)后,为适应信息化社会发展要求对农业发展提出的一个新的课题,是信息技术与农业生产全面结合的一种新型农业。精准农业是采用 3S(GPS、GIS 和 RS)等高新技术与现代农业技术相结合,对农资、农作实施精确定时、定位、定量控制的现代化农业生产技术,可最大限度地提高农业生产力,是实现优质、高产、低耗和环保的可持续发展农业的有效途径。精准农业将农业带入数字和信息时代,是 21 世纪农业的重要发展方向。

(3) 精准营销。精准营销是在精准定位的基础上,依托现代信息技术手段建立个性化的顾客沟通服务体系,实现企业可度量的低成本扩张之路,是有态度的网络营销理念中的核心观点之一。公司需要更精准、可衡量和高投资回报的营销沟通,需要更注重结果和行动的营销传播计划,还有越来越注重对直接销售沟通的投资。在互联网里,人们面对的、可获取的信息(如商品、资讯等)成指数式增长,如何在这些巨大的信息数据中快速挖掘出对人们有用的信息已成为当前急需解决的问题,所以网络精准营销的概念应运而生。精准营销有三个层面的含义:第一,精准的营销思想,营销的终极追求就是无营销的营销,到达终极思想的过渡就是逐步精准;第二,是实施精准的体系保证和手段,而这种手段是可衡量的;第三,就是达到低成本可持续发展的企业目标。

(4) 精准广告。也叫精准推送,指广告主按照广告接受对象的需求,精准、及时、有效地将广告呈现在广告对象面前,以获得预期转化效果。它是一种革命性的网络推广方式,即点对点推送,精准而高效。个人计算机中的 Cookie 文件(一种记录用户上网信息的文件)可以实现跟踪分析,利用特征关键词对用户进行分类,同时与广告主产品的特征进行关联、匹配和排序。

5.3.2 数据中心及其智能化

1. 数据中心

数据中心是企业用来在 Internet 基础设施上传递、加速、展示、计算、存储数据信息的基础设施。

随着数据中心行业在全球的蓬勃发展,以及经济的快速增长,数据中心的发展建设将处于高速时期,再加上各地政府部门给予新兴产业的大力扶持,都为数据中心行业的发展带来了很大的优势。随着数据中心行业的大力发展,将来在很多城市中都会有很大的发展空间,一些大型的数据中心也会越来越多。数据中心将会成为企业竞争的资产,企业的商业模式也会因此而发生改变。

数据中心是与人力资源、自然资源一样重要的战略资源,在信息时代下的数据中心行业中,只有对数据进行大规模和灵活性的运用,才能更好地去理解数据、运用数据,才能促使我国数据中心行业快速高效发展,体现出国家发展的大智慧。海量数据的产生,也促使信息数据的收集与处理发生了重要的转变,企业也从实体服务走向了数据服务。产业界需求与关注点也发生了转变,企业关注的重点转向了数据,计算机行业从追求计算能力转变为数据处理能力,软件业将从编程为主向数据为主转变,云计算的主导权也将从分析向服务转变。在信息时代下,数据中心的产生,使更多的网络内容将不再由专业网站或者特定人群所产生,而是由全体网民共同参与。随着数据中心行业的兴起,网民参与互联网、贡献内容也更加便捷,呈现出多元化。巨量网络数据都能够存储在数据中心,数据价值也会越来越高,可靠性能也在进一步加强。

2. 数据中心智能化

数据中心被智能化后被称为数智中心,其主要包含以下几方面。

(1) 统一的数据收集及管理智能化。核心功能包括数据收集、数据持久化、数据管道等方面的智能化。

(2) 用户管理智能化。主要实现 NIS、LDAP 等多种方式的用户统一认证管理等方面的智能化。

(3) 报警管理智能化。主要实现根据设备的运行情况、发生的故障、日常的巡检结果,系统通过预设模板定时生成运维、巡检报告,并自动推送给指定人员。

(4) 可视化展示智能化。主要实现全面性能、链路监控及可视化展示等方面的智能化。对计算中心资源的服务器、存储、CPU、内存、网络(流入/流出速率、丢包率和错包率)以及风火水电等场地设备等各项指标的实时监测提供可视化展示功能。

(5) 配置管理数据库(Configuration Management Database,CMDB)智能化。主要实现设备资产的导入/导出、变更管理、变更对比、自动添加以及资产检索等方面的智能化。

(6) 故障定位及修复管理智能化。主要实现设备及系统服务的故障自动发现、追溯、定位、分析、恢复,且通过以往解决的经验进行解决方案的自动推送,提升整体运维效率。

(7) 业务拓扑智能化。主要实现资产网络拓扑图的自动生成、资产拖曳、资产关联、告警联动、业务收/放。

(8) 知识库建设。主要实现运维单自动创建、故障评级、故障知识分类、故障检索、故障智能推送、知识统计。

5.3.3 大数据未来发展趋势

1. 未来推动大数据行业市场需求增长的主要因素

(1) 物联网的兴起。得益于物联网的发展,智能手机已经应用于控制家用电器上,

Google Assistant、小米、小爱相关智能设备在家庭中实现特定任务自动化。

(2) 人工智能的广泛应用。AI 执行任务比人类更快、更精确,从而能够减少错误并改善整体流程,这使得人们可以更加专注于更关键的任务,同时提升服务质量。

(3) 暗数据迁移到云。尚未转换为数字格式的数据称为暗数据,它是尚未开发的巨大存储库,未来这些模拟数据库将被数字化并在迁移到云中,它们的利用,有利于企业进行预测分析决策。

(4) 量子计算。尽管量子计算尚处于起步阶段,但相关研究实验从未停止,量子计算将能够极大提升计算机数据处理能力,缩短处理时间。很快,诸如 Google、IBM 和 Microsoft 之类的大型科技公司将开始测试量子计算机,并将其集成到他们的业务流程中。

(5) 边缘计算。随着物联网发展,企业收集数据方式逐渐转向设备端,对数据传输处理延迟提出更高要求,由于边缘计算相对于云计算更加靠近数据源头,可以有效降低数据传输处理到反馈的迟延,同时具有显著效率成本优势和安全隐私保护优势。

(6) 开源解决方案。越来越多的免费数据和软件工具被公开可用,例如开源软件,在加速数据处理方面取得了较大进步,同时具有实时访问和响应数据功能,小型组织和初创企业将从中受益。毫无疑问,开源软件更加便宜,可以帮助企业降低运营成本,未来将会蓬勃发展。

2. 大数据行业发展趋势

(1) 数据安全与隐私保护需求日渐高涨。安全与隐私保护意识日益增强,敏感信息约束和数据安全检查成为互联网、移动端的用户数据管控的难点。

(2) 单一大数据平台向大数据、人工智能、云计算融合的一体化平台发展。传统的单一大数据平台已经无法满足用户的应用需求,而将大数据、人工智能、云计算融于一体的大数据分析平台,将成为一个联系 IT 系统与从员工、客户、合作伙伴、社会,到设备的一个全生态的核心系统。

(3) 发挥数据价值,企业逐步推进数字化转型。越来越多的企业将"数字"视为核心资源、资产和财富,纷纷制定数字化转型战略,以抢占数字经济的新的制高点。大部分企业将制定数字化战略,积极推进数字化转型,达到敏捷业务创新和业务智能的发展目标。

(4) 中小大数据企业聚焦细分市场领域。随着大数据产业链逐渐完善,在大数据各个细分市场,包括硬件支持、数据源、交易层、技术层、应用层以及衍生层等,都出现了大量不同类型的中小独立公司,带动各自领域的技术与应用创新。随着大数据应用层次深入,产业分工将更加明确,中小企业需聚焦于细分领域,推出针对性产品,寻找自己的定位与价值。

思 考 题

1. 什么是大数据?大数据产生的背景是什么?
2. 大数据发展有几个阶段?
3. 大数据涉及哪些关键技术?
4. Hadoop 是什么?
5. 有哪几种爬虫?什么是数据清洗?什么是 ETL?

6. 什么是数据可视化？有几哪种可视化技术？
7. 什么是数据整合？什么是数据共享？什么是数据开放？
8. 大数据主要有哪几方面的应用？
9. 什么是数据中心？什么是数据中心智能化？
10. 大数据未来发展趋势是什么？

人工智能技术

本章将介绍人工智能概述、人工智能技术分类和人工智能主要应用领域。通过本章的学习,学生可了解人工智能的定义、人工智能派系之争、人工智能的发展历程、机器学习、人工神经网络、深度学习、自然语言处理与情感分析、计算机视觉、智能数据挖掘、算法对经济的影响、机器人的新技术、自主系统、国内外常用人工智能平台、人工智能应用、人工智能未来发展趋势等。

6.1 人工智能概述

6.1.1 人工智能的定义

人工智能(Artificial Intelligence,AI)是一门综合了计算机科学、生理学和哲学的交叉学科。人工智能的研究课题涵盖面很广,从机器视觉到专家系统,包括许多不同的领域,其特点是让机器学会"思考"。为了区分机器是否会"思考",有必要给出"智能"的定义,包括究竟"会思考"到什么程度才叫智能。

人工智能学科是计算机科学中涉及研究、设计和应用智能机器的一个分支。它的近期主要目标在于研究用机器来模仿和执行人脑的某些智力功能,并开发相关理论和技术。

人工智能是智能机器所执行的通常与人类智能有关的智能行为,如判断、推理、证明、识别、感知、理解、通信、设计、思考、规划、学习和问题求解等思维活动。

6.1.2 人工智能派系之争

人工智能自诞生以来,从符号主义、联结主义到行为主义变迁,这些研究从不同角度模拟人类智能,在各自研究中都取得了很大的成就。

1. 符号主义

符号主义,又称为逻辑主义、心理学派或计算机学派,其原理主要为物理符号系统假设和有限合理性原理。符号主义认为,人工智能源于数学逻辑,人的认知基元是符号,而且认知过程即符号操作过程,通过分析人类认知系统所具备的功能和机能,然后用计算机模拟这些功能,来实现人工智能。符号主义的主要困难表现在机器博弈的困难、机器翻译不完善和人的基本常识问题表现不足。

2. 联结主义

联结主义，又称为仿生学派或生理学派，其原理主要为神经网络及神经网络间的连接机制与学习算法。联结主义认为，人工智能源于仿生学，特别是人脑模型的研究，人的思维基元是神经元，而不是符号处理过程，因而人工智能应着重于结构模拟，也就是模拟人的生理神经网络结构，功能、结构和智能行为是密切相关的，不同的结构表现出不同的功能和行为。人工神经网络模拟，也即通过改变神经元之间的连接强度来控制神经元的活动，使之模拟生物的感知与学习能力，可用于模式识别、联想记忆等。联结主义的主要困难表现在对知识获取在技术上的困难和模拟人类心智方面的局限。

3. 行为主义

行为主义，又称进化主义或控制论学派，他们认为，人工智能源于控制论，智能取决于感知和行动，提出了智能行为的"感知—动作"模式，智能不需要知识、表示和推理；人工智能可以像人类智能一样逐步进化；智能行为只能在现实世界中与周围环境交互作用而表现出来。

6.1.3 人工智能发展历程

人工智能的发展并非一帆风顺，它经历了以下几个阶段。

第一阶段：20世纪50年代人工智能的兴起和冷落。人工智能概念首次提出后，相继出现了一批显著的成果，如机器定理证明、跳棋程序、通用问题求解程序、LISP表处理语言等。但由于消解法推理能力有限，以及机器翻译等的失败，使人工智能走入了低谷。

第二阶段：20世纪60年代末到20世纪70年代，专家系统使人工智能研究出现新高潮。DENDRAL化学质谱分析系统、MYCIN疾病诊断和治疗系统、PROSPECTIOR探矿系统、HearsayⅡ语音理解系统等专家系统的研究和开发，将人工智能引向了实用化。并且，1969年成立了国际人工智能联合会议。

第三阶段：20世纪80年代，第五代计算机使人工智能得到了很大发展。1982年，日本开始了"第五代计算机研制计划"，即"知识信息处理计算机系统（KIPS）"，其目的是使逻辑推理达到数值运算那么快。虽然此计划最终失败，但它的开展形成了一股研究人工智能的热潮。

第四阶段：20世纪80年代末，神经网络飞速发展。1987年，美国召开第一次神经网络国际会议，宣告了这一新学科的诞生。此后，各国在神经网络方面的投资逐渐增加，神经网络迅速发展起来。

第五阶段：20世纪90年代，人工智能再次出现新的研究高潮。互联网技术的发展，使人工智能由单个智能主体转向基于网络环境下的分布式人工智能研究。不仅研究基于同一目标的分布式问题求解，而且研究多个智能主体的多目标问题求解，人工智能更面向实用。另外，由于Hopfield多层神经网络模型的提出，人工神经网络研究与应用出现了欣欣向荣的景象。

6.2 人工智能技术分类

6.2.1 机器学习

1. 机器学习概述

机器学习（Machine Learning）是研究计算机怎样模拟或实现人类的学习行为，以获取新的知识或技能,重新组织已有的知识结构使之不断改善自身的性能。它是人工智能的核心,是使计算机具有智能的根本途径,其应用遍及人工智能的各个领域,主要使用归纳、综合而不是演绎。机器学习在人工智能的研究中具有十分重要的地位。机器学习逐渐成为人工智能研究的核心之一。它的应用已遍及人工智能的各个分支,如专家系统、自动推理、自然语言理解、模式识别、计算机视觉、智能机器人等领域。其中尤其典型的是专家系统中的知识获取瓶颈问题,人们一直在努力试图采用机器学习的方法加以克服。机器学习的研究是根据生理学、认知科学等对人类学习机理的了解,建立人类学习过程的计算模型或认识模型,发展各种学习理论和学习方法,研究通用的学习算法并进行理论上的分析,建立面向任务的具有特定应用的学习系统。这些研究目标相互影响相互促进。自从 1980 年在卡内基·梅隆大学召开第一届机器学术研讨会以来,机器学习的研究工作发展很快,已成为中心课题之一。

2. 机器学习的发展史

机器学习是人工智能研究较为年轻的分支,它的发展过程大体上可分为 4 个时期。第一阶段是在 20 世纪 50 年代中叶到 20 世纪 60 年代中叶,属于机器学习的热烈时期;第二阶段是在 20 世纪 60 年代中叶至 20 世纪 70 年代中叶,被称为机器学习的冷静时期;第三阶段是从 20 世纪 70 年代中叶至 20 世纪 80 年代中叶,称为复兴时期。机器学习的最新阶段始于 1986 年。机器学习进入新阶段的重要表现在下列诸方面。

(1) 机器学习已成为新的边缘学科并在高校形成一门课程。它综合应用心理学、生物学和神经生理学以及数学、自动化和计算机科学形成机器学习理论基础。

(2) 结合各种学习方法,取长补短的多种形式的集成学习系统研究正在兴起。特别是连接学习符号学习的耦合可以更好地解决连续性信号处理中知识与技能的获取与求精问题,这种学习方法因此而受到重视。

(3) 机器学习与人工智能各种基础问题的统一性观点正在形成。例如,学习与问题求解结合进行、知识表达便于学习的观点产生了通用智能系统的组块学习。类比学习与问题求解结合的基于案例的方法已成为经验学习的重要方向。

(4) 各种学习方法的应用范围不断扩大,一部分已形成商品。归纳学习的知识获取工具已在诊断分类型专家系统中广泛使用。连接学习在声图文识别中占优势。分析学习已用于设计综合型专家系统。遗传算法与强化学习在工程控制中有较好的应用前景。与符号系统耦合的神经网络连接学习将在企业的智能管理与智能机器人运动规划中发挥作用。

(5) 与机器学习有关的学术活动空前活跃。国际上除每年一次的机器学习研讨会外,还有计算机学习理论会议以及遗传算法会议。

6.2.2 人工神经网络与深度学习

1. 人工神经网络

人工神经网络(Artificial Neural Network,ANN)是从信息处理角度对人脑神经元网络进行抽象,建立某种简单模型,按不同的连接方式组成不同的网络。神经网络是一种运算模型,由大量的结点(或称神经元)之间相互连接构成。每个结点代表一种特定的输出函数,称为激励函数。每两个结点间的连接都代表一个对于通过该连接信号的加权值,称为权重,这相当于人工神经网络的记忆。网络的输出则依网络的连接方式、权重值和激励函数的不同而不同。而网络自身通常都是对自然界某种算法或者函数的逼近，也可能是对一种逻辑策略的表达。

人工神经网络中处理单元的类型分为三类：输入单元、输出单元和隐单元。输入单元接收外部世界的信号与数据；输出单元实现系统处理结果的输出；隐单元是处在输入和输出单元之间，不能由系统外部观察的单元。神经元间的连接权值反映了单元间的连接强度，信息的表示和处理体现在网络处理单元的连接关系中。人工神经网络是一种非程序化、适应性、大脑风格的信息处理，其本质是通过网络的变换和动力学行为得到一种并行分布式的信息处理功能，并在不同程度和层次上模仿人脑神经系统的信息处理功能，见图6-1。

1943年，心理学家 W. S. McCulloch 和数理逻辑学家 W. Pitts 建立了神经网络和数学模型，称为 MP 模型。他们通过 MP 模型提出了神经元的形式化数学描述和网络结构方法，证明了单个神经元能执行逻辑功能，从而开创了人工神经网络研究的时代。20世纪60年代，M. Minsky 等仔细分析了以感知器为代表的神经网络系统功能后于1969年出版了 *Perceptron* 一

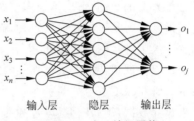

图6-1 人工神经网络

书，指出感知器不能解决高阶谓词问题，使人工神经网络的研究处于低潮。1982年，加州工学院 J. J. Hopfield 提出了 Hopfield 神经网格模型。1986年，Rumelhart、Hinton、Williams 提出了 BP 算法。最近几十年，人工神经网络的研究不断深入，已取得了很大的进展，在模式识别、智能机器人、自动控制、预测估计、生物、医学、经济等领域解决了许多现代计算机难以解决的实际问题，表现出了良好的智能特性。

2. 深度学习概念

深度学习的概念源于人工神经网络的研究。含多个隐层的感知器是一种深度学习结构。深度学习通过组合低层特征形成更加抽象的高层表示属性类别或特征，以发现数据的分布式特征。深度学习是机器学习中一种基于对数据进行表征学习的方法。观测值可以使用多种方式来表示，如每个图像像素强度值的向量，或者更抽象地表示成一系列边、特定形状的区域等。而使用某些特定的表示方法更容易从实例中学习（如人脸识别或面部表情识别）。深度学习的好处是用非监督式或半监督式的特征学习和分层特征提取高效算法来替代手工获取特征。从一个输入中产生一个输出所涉及的计算可以通过一个流向图来表示。流向图是一种能够表示计算的图，在这种图中每一个结点表示一个基本的计算及一个计算的值，计算的结果被应用到这个结点的子结点。考虑这样一个计算集合，它可以被允许在每一个结点和可能的图结构中，并定义一个函数族。输入结点没有父结点，输出结点没有子结点。这种流向图的一个特别属性是深度，即从一个输入到一个输出的最长路径的长度。深度机器学习方法分为有监督学习与无监督学习。不同学习框架下建立的学习模型不一定相同。例如，卷积神经网络（Convolutional Neural Networks, CNNs）是一种深度的监督学习下的机器学习模型，而深度置信网（Deep Belief Nets, DBNs）就是一种无监督学习下的机器学习模型。基于深度置信网络提出的非监督贪心逐层训练算法，为解决深层结构相关的优化难题带来希望，随后提出多层自动编码器属于深层次结构。此外，Lecun 等人提出的卷积神经网络是第一个真正多层结构学习算法，它利用空间相对关系减少参数数目以提高训练性

能。深度学习是机器学习研究中的一个新的领域,其动机在于建立、模拟人脑进行分析学习的神经网络,它模仿人脑的机制来解释(图像、声音和文本)数据。

深度学习(Deep Learning,DL)是机器学习(Machine Learning,ML)领域中一个新的研究方向。深度学习是学习样本数据的内在规律和表示层次,这些学习过程中获得的信息对诸如文字、图像和声音等数据的解释有很大的帮助。它的最终目标是让机器能够像人一样具有分析学习能力,能够识别文字、图像和声音等数据。深度学习是一个复杂的机器学习算法,在语音和图像识别方面取得的效果,远远超过先前的相关技术。

深度学习在搜索技术、数据挖掘、机器学习、机器翻译、自然语言处理、多媒体学习、语音、推荐和个性化技术,以及其他相关领域都取得了很多成果。深度学习使机器模仿视听和思考等人类的活动,解决了很多复杂的模式识别难题,使得人工智能相关技术取得了很大进步。深度学习是机器学习的一种,而机器学习是实现人工智能的必经路径。深度学习的概念源于人工神经网络的研究,含有多个隐层的多层感知器就是一种深度学习结构。深度学习通过组合低层特征形成更加抽象的高层表示属性类别或特征,以发现数据的分布式特征表示。研究深度学习的动机在于建立模拟人脑进行分析学习的神经网络,它模仿人脑的机制来解释数据,例如图像、声音和文本等。

从一个输入中产生一个输出所涉及的计算可以通过一个流向图来表示:流向图是一种能够表示计算的图,在这种图中每一个结点表示一个基本的计算以及一个计算的值,计算的结果被应用到这个结点的子结点的值。考虑这样一个计算集合,它可以被允许在每一个结点和可能的图结构中,并定义了一个函数族。输入结点没有父结点,输出结点没有子结点。这种流向图的一个特别属性是深度:从一个输入到一个输出的最长路径的长度。传统的前馈神经网络能够被看作拥有等于层数的深度(比如对于输出层为隐层数加1)。支持向量机 SVMs 深度是2(一个对应于核输出或者特征空间,另一个对应于所产生输出的线性混合)。

人工智能研究的方向之一,是以所谓"专家系统"为代表的,用大量"如果-就"(If-Then)规则定义的,自上而下的思路。人工神经网络标志着另外一种自下而上的思路。神经网络没有一个严格的正式定义。它的基本特点,是试图模仿大脑的神经元之间传递、处理信息的模式。

3. 特点

区别于传统的浅层学习,深度学习的不同在于:

(1) 强调了模型结构的深度,通常有5层、6层,甚至十多层的隐层结点。

(2) 明确了特征学习的重要性。也就是说,通过逐层特征变换,将样本在原空间的特征表示变换到一个新特征空间,从而使分类或预测更容易。与人工规则构造特征的方法相比,利用大数据来学习特征,更能够刻画数据丰富的内在信息。

通过设计建立适量的神经元计算结点和多层运算层次结构,选择合适的输入层和输出层,通过网络的学习和调优,建立起从输入到输出的函数关系,虽然不能100%找到输入与输出的函数关系,但是可以尽可能地逼近现实的关联关系。使用训练成功的网络模型,就可以实现我们对复杂事务处理的自动化要求。

4. 训练过程

(1) 自下上升的非监督学习。就是从底层开始,一层一层地往顶层训练。采用无标定数据(有标定数据也可)分层训练各层参数,这一步可以看作一个无监督训练过程,这也是和传统神经网络区别最大的部分,可以看作特征学习过程。具体地,先用无标定数据训练第一层,训练时先学习第一层的参数,这层可以看作是得到一个使得输出和输入差别最小的三层神经网络的隐层,由于模型容量的限制以及稀疏性约束,使得得到的模型能够学习到数据本身的结构,从而得到比输入更具有表示能力的特征;在学习得到 $n-1$ 层后,将 $n-1$ 层的输出作为第 n 层的输入,训练第 n 层,由此分别得到各层的参数。

(2) 自顶向下的监督学习。就是通过带标签的数据去训练,误差自顶向下传输,对网络进行微调。基于第一步得到的各层参数进一步优调整个多层模型的参数,这一步是一个有监督训练过程。第一步类似神经网络的随机初始化初值过程,由于第一步不是随机初始化,而是通过学习输入数据结构得到的,因而这个初值更接近全局最优,从而能够取得更好的效果。所以深度学习的良好效果在很大程度上归功于第一步的特征学习的过程。

6.2.3 自然语言处理与情感分析

1. 概念

自然语言处理(Natural Language Processing,NLP)是指利用人类交流所使用的自然语言与机器进行交互通信的技术。通过人为的对自然语言的处理,使得计算机对其能够可读并理解。自然语言处理的相关研究始于人类对机器翻译的探索。虽然自然语言处理涉及语音、语法、语义、语用等多维度的操作,但简单而言,自然语言处理的基本任务是基于本体词典、词频统计、上下文语义分析等方式对待处理语料进行分词,形成以最小词性为单位,且富含语义的词项单元。

自然语言处理是以语言为对象,利用计算机技术来分析、理解和处理自然语言的一门学科,即把计算机作为语言研究的强大工具,在计算机的支持下对语言信息进行定量化的研究,并提供可供人与计算机之间能共同使用的语言描写。自然语言处理包括自然语言理解(Natural Language Understanding,NLU)和自然语言生成(Natural Language Generation,NLG)两部分。它是典型的边缘交叉学科,涉及语言科学、计算机科学、数学、认知学、逻辑学等,关注计算机和人类(自然)语言之间的相互作用的领域。

实现人机间自然语言通信意味着要使计算机既能理解自然语言文本的意义,也能以自然语言文本来表达给定的意图、思想等。前者称为自然语言理解,后者称为自然语言生成。因此,自然语言处理大体包括自然语言理解和自然语言生成两部分。

无论是实现自然语言理解,还是自然语言生成,都远不如人们原来想象的那么简单,而是十分困难的。从现有的理论和技术现状看,通用的、高质量的自然语言处理系统,仍然是较长期的努力目标。

2. 技术及分类

(1) 信息抽取。信息抽取是将嵌入在文本中的非结构化信息提取并转换为结构化数据的过程,从自然语言构成的语料中提取出命名实体之间的关系,是一种基于命名实体识别更深层次的研究。信息抽取的主要过程有三步:首先对非结构化的数据进行自动化处理,其次是针对性地抽取文本信息,最后对抽取的信息进行结构化表示。信息抽取最基本的工作是命名实体识别,而核心在于对实体关系的抽取。

（2）自动文摘。自动文摘是利用计算机按照某一规则自动地对文本信息进行提取、集合成简短摘要的一种信息压缩技术,旨在实现两个目标:首先使语言简短,其次要保留重要信息。

（3）语音识别技术。语音识别技术就是让机器通过识别和理解过程把语音信号转变为相应的文本或命令的技术,也就是让机器听懂人类的语音,其目标是将人类语音中的词汇内容转换为计算机可读的数据。要做到这些,首先必须将连续的讲话分解为词、音素等单位,还需要建立一套理解语义的规则。语音识别技术从流程上讲有前端降噪、语音切割分帧、特征提取、状态匹配几部分。而其框架可分成声学模型、语言模型和解码三部分。

（4）Transformer模型。该模型于2017年由Google团队提出。它是一种基于注意力机制来加速深度学习算法的模型,模型由一组编码器和一组解码器组成,编码器负责处理任意长度的输入并生成其表达,解码器负责把新表达转换为目的词。该模型利用注意力机制获取所有其他单词之间的关系,生成每个单词的新表示。它的优点是注意力机制能够在不考虑单词位置的情况下,直接捕捉句子中所有单词之间的关系。模型抛弃了之前传统的encoder-decoder模型必须结合RNN或者CNN(Convolutional Neural Networks)的固有模式,使用全Attention的结构代替了LSTM,减少计算量和提高并行效率的同时不损害最终的实验结果。但是此模型也存在缺陷,首先此模型计算量太大,其次还存在位置信息利用不明显的问题,无法捕获长距离的信息。

（5）基于传统机器学习的自然语言处理技术。自然语言处理可将处理任务进行分类,形成多个子任务,传统的机械学习方法可利用SVM(支持向量机模型)。

（6）基于深度学习的自然语言处理技术。深度学习是机器学习的一大分支,在自然语言处理中须应用深度学习模型,如卷积神经网络、循环神经网络等,通过对生成的词向量进行学习,完成自然语言分类、理解的过程。

3. 当前难点

1) 内容的有效界定

日常生活中句子间的词汇通常是不会孤立存在的,需要将话语中的所有词语进行相互关联才能够表达出相应的含义,一旦形成特定的句子,词语间就会形成相应的界定关系。如果缺少有效的界定,内容就会变得模棱两可,无法进行有效的理解。例如,他背着母亲和姐姐悄悄地出去玩了。这句话中如果不对介词"和"做出界定,就很容易形成母亲和姐姐两个人不知道他出去玩,或者是母亲不知道他和姐姐出去玩两种理解。

2) 消歧和模糊性

词语和句子在不同情况下的运用往往具备多个含义,很容易产生模糊的概念或者是不同的想法。例如,高山流水这个词具有多重含义,既可以表示自然环境,也能表达两者间的关系,甚至是形容乐曲的美妙,所以自然语言处理需要根据前后内容进行界定,从中消除歧义和模糊性,表达出真正的意义。

3) 有瑕疵的或不规范的输入

例如,语音处理时遇到外国口音或地方口音,或者在文本的处理中处理拼写、语法或者光学字符识别(OCR)的错误。

4) 语言行为与计划

句子常常并不只是字面上的意思,例如,"你能把盐递过来吗",一个好的回答应当是把盐递过去；在大多数上下文环境中，"能"将是糟糕的回答，虽说回答"不"或者"太远了我拿不到"也是可以接受的。再者，如果一门课程上一年没开设，对于提问"这门课程去年有多少学生没通过？"回答"去年没开这门课"要比回答"没人没通过"好。

4. 情感分析

情感分析（又称为观点挖掘或感情 AI）是指使用自然语言处理、文本分析、计算语言学和生物特征识别来系统地识别、提取、量化和研究情感状态和主观信息。情感分析广泛应用于分析客户的心声，如评论和调查回复、在线和社交媒体，以及从市场营销到客户服务再到临床医学的保健材料。

情感分析的一个基本任务是在文档、句子或特征/方面级别对给定文本的极性进行分类，判断在文档、句子或实体特征/方面中表达的意见是积极的、消极的还是中性的。高级的"超越极性"情感分类着眼于诸如"愤怒""悲伤""快乐"等情绪状态。

文本情感分析有多种方法，包括基于情感词典的情感分析方法、基于传统机器学习的情感分析方法、基于深度学习的情感分析方法。

基于情感词典的情感分析方法，是指根据不同情感词典所提供的情感词的情感极性，来实现不同粒度下的情感极性划分。

基于传统机器学习的情感分析方法，是指通过大量有标注的或无标注的语料，使用统计机器学习算法，抽取特征，最后再进行情感分析输出结果。基于传统机器学习的情感分类方法主要分为三类：有监督、半监督和无监督的方法。

基于深度学习的情感分析方法，是使用神经网络来进行情感分析，典型的神经网络学习方法有：卷积神经网络（Convolutional Neural Network，CNN）、递归神经网络（Recurrent Neural Network，RNN）、长短时记忆（Long Short-Term Memory，LSTM）网络等。通过对基于深度学习的情感分析方法细分，可以分为：单一神经网络的情感分析方法、混合（组合、融合）神经网络的情感分析方法、引入注意力机制的情感分析方法和使用预训练模型的情感分析方法。

6.2.4 计算机视觉

1. 概念与定义

计算机视觉是指用摄影机和计算机代替人眼对目标进行识别、跟踪和测量等机器视觉，并进一步做图形处理，使计算机处理成为更适合人眼观察或传送给仪器检测的图像。计算机视觉就是给计算机安装上眼睛（照相机）和大脑（算法），让计算机能够感知环境。计算机视觉是使用计算机及相关设备对生物视觉的一种模拟。它的主要任务就是通过对采集的图片或视频进行处理以获得相应场景的三维信息。计算机视觉就是用各种成像系统代替视觉器官作为输入敏感手段，由计算机来代替大脑完成处理和解释。计算机视觉的最终研究目标就是使计算机能像人那样通过视觉观察和理解世界，具有自主适应环境的能力。

2. 相关技术

（1）图像处理技术就是把输入图像转换成具有所希望特性的另一幅图像。例如，可通过处理使输出图像有较高的信噪比，或通过增强处理突出图像的细节，以便于操作员的检验。在计算机视觉研究中经常利用图像处理技术进行预处理和特征抽取。

(2) 模式识别技术,就是根据从图像抽取的统计特性或结构信息,把图像分成预定的类别。例如,文字识别或指纹识别。在计算机视觉中,模式识别技术经常用于对图像中的某些部分,例如分割区域的识别和分类。

(3) 图像理解技术。给定一幅图像,图像理解程序不仅描述图像本身,而且描述和解释图像所代表的景物,以便对图像代表的内容做出决定。在人工智能视觉研究的初期经常使用景物分析这个术语,以强调二维图像与三维景物之间的区别。图像理解除了需要复杂的图像处理以外,还需要具有关于景物成像的物理规律的知识以及与景物内容有关的知识。

3. 应用

计算机视觉有很多方面的应用,下面介绍几种典型的应用。

(1) 在医疗计算机视觉和医学图像处理方面的应用。该领域的应用是从图像数据中提取用于患者的医疗诊断的信息。这里的图像数据通常是显微镜图像、X 射线图像、血管造影图像、超声图像和断层图像中的信息。这里的图像数据可以是检测肿瘤、动脉粥样硬化或其他恶性变化的数据,也可以是器官的尺寸、血流量等。这种应用还可用于医学研究的测量,例如,对脑结构或医学治疗质量的测量。计算机视觉在医疗领域的应用还包括图像增强技术,例如超声图像或 X 射线图像,通过图像增强技术降低噪声对图像的影响。

(2) 在工业领域的应用,也称机器视觉。其通过信息提取用于支撑制造工序。比如质量控制,通过机器视觉自动检测最终产品的缺陷。再如,工业机械人臂定位。

(3) 在军事上的应用。比如通过卫星或无人机的图像数据,探测敌方士兵或车辆的位置以便巡航导弹制导和攻击。通常导弹发射时没有特定的目标,当导弹飞抵大致区域后,通过其获取的图像数据再判断将被攻击的目标是不是与预设的目标"一致"。现代军事上称为"战场感知",即将导弹、卫星、无人机传感器获取的图像数据,传送给战场决策支持系统,以便其给出战略预判。

(4) 在自主无人驾驶运载工具中的应用。比如无人潜水器、陆地无人驾驶车辆、无人机等。这类运载工具的自主化水平与计算机视觉关系密切,因为其运动过程首先需要计算机视觉识别障碍物,其次才是运动方向的选择。

6.2.5 智能数据挖掘

1. 概念

智能数据挖掘是人工智能和数据库领域研究的热点问题,它是指从数据库的大量数据中揭示出隐含的、先前未知的并有潜在价值的信息的非平凡过程。智能数据挖掘是一种决策支持过程,它主要基于人工智能、机器学习、模式识别、统计学、数据库、可视化技术等,高度自动化地分析企业的数据,做出归纳性的推理,从中挖掘出潜在的模式,帮助决策者调整市场策略,减少风险,做出正确的决策。

智能数据挖掘一般分为数据准备、规律寻找和规律表示三个步骤。数据准备是从相关的数据源中选取所需的数据并整合成用于数据挖掘的数据集;规律寻找是用某种方法将数据集所含的规律找出来;规律表示是尽可能以用户可理解的方式(如可视化)将找出的规律表示出来。数据挖掘的任务有关联分析、聚类分析、分类分析、异常分析、特异群组分析和演变分析等。

近年来，数据挖掘引起了信息产业界的极大关注，其主要原因是存在大量数据，可以广泛使用，并且迫切需要将这些数据转换成有用的信息和知识。获取的信息和知识可以广泛用于各种应用，包括商务管理、生产控制、市场分析、工程设计和科学探索等。数据挖掘利用了来自如下一些领域的思想：①来自统计学的抽样、估计和假设检验；②人工智能、模式识别和机器学习的搜索算法、建模技术和学习理论。数据挖掘也迅速地接纳了来自其他领域的思想，这些领域包括最优化、进化计算、信息论、信号处理、可视化和信息检索。一些其他领域也起到重要的支撑作用。特别地，需要数据库系统提供有效的存储、索引和查询处理支持。源于高性能（并行）计算的技术在处理海量数据集方面常常是重要的。分布式技术也能帮助处理海量数据，并且当数据不能集中到一起处理时更是至关重要的。

2. 数据挖掘的对象

数据的类型可以是结构化的、半结构化的，甚至是异构型的。发现知识的方法可以是数学的、非数学的，也可以是归纳的。最终被发现了的知识可以用于信息管理、查询优化、决策支持及数据自身的维护等。

数据挖掘的对象可以是任何类型的数据源。可以是关系数据库，此类包含结构化数据的数据源；也可以是数据仓库、文本、多媒体数据、空间数据、时序数据、Web数据，此类包含半结构化数据甚至异构性数据的数据源。

发现知识的方法可以是数字的、非数字的，也可以是归纳的。最终被发现的知识可以用于信息管理、查询优化、决策支持及数据自身的维护等。

3. 数据挖掘的步骤

在实施数据挖掘之前，先制定采取什么样的步骤，每一步都做什么，达到什么样的目标是必要的，有了好的计划才能保证数据挖掘有条不紊地实施并取得成功。很多软件供应商和数据挖掘顾问公司提供了一些数据挖掘过程模型，来指导他们的用户一步步地进行数据挖掘工作。例如，SPSS公司的5A和SAS公司的SEMMA。

数据挖掘过程模型步骤主要包括定义问题、建立数据挖掘库、分析数据、准备数据、建立模型、评价模型和实施。下面具体看一下每个步骤的具体内容。

（1）定义问题。在开始知识发现之前最先的也是最重要的要求就是了解数据和业务问题。必须要对目标有一个清晰明确的定义，即决定到底想干什么。例如，想提高电子信箱的利用率时，想做的可能是"提高用户使用率"，也可能是"提高 次用户使用的价值"，要解决这两个问题而建立的模型几乎是完全不同的，必须做出决定。

（2）建立数据挖掘库。建立数据挖掘库包括以下几个步骤：数据收集，数据描述，选择，数据质量评估和数据清理，合并与整合，构建元数据，加载数据挖掘库，维护数据挖掘库。

（3）分析数据。分析的目的是找到对预测输出影响最大的数据字段和决定是否需要定义导出字段。如果数据集包含成百上千的字段，那么浏览分析这些数据将是一件非常耗时和累人的事情，这时需要选择一个具有好的界面和功能强大的工具软件来协助完成这些事情。

（4）准备数据。这是建立模型之前的最后一步数据准备工作。可以把此步骤分为四部分：选择变量，选择记录，创建新变量，转换变量。

（5）建立模型。建立模型是一个反复的过程。需要仔细考察不同的模型以判断哪个模型对面对的商业问题最有用。先用一部分数据建立模型,然后再用剩下的数据来测试和验证这个得到的模型。有时还有第三个数据集,称为验证集,因为测试集可能受模型的特性的影响,这时需要一个独立的数据集来验证模型的准确性。训练和测试数据挖掘模型需要把数据至少分成两部分,一个用于模型训练,另一个用于模型测试。

(6)评价模型。模型建立好之后,必须评价得到的结果、解释模型的价值。从测试集中得到的准确率只对用于建立模型的数据有意义。在实际应用中,需要进一步了解错误的类型和由此带来的相关费用的多少。经验证明,有效的模型并不一定是正确的模型。造成这一点的直接原因就是模型建立中隐含的各种假定,因此,直接在现实世界中测试模型很重要。先在小范围内应用,取得测试数据,觉得满意之后再向大范围推广。

(7)实施。模型建立并经验证之后,可以有两种主要的使用方法。一种是提供给分析人员做参考,另一种是把此模型应用到不同的数据集上。

4. 数据挖掘方法

(1)分类是指按照种类、等级或性质分别归类。把无规律的事物分为有规律的,按照不同的特点划分事物,使事物更有规律。建立分类模型,对于没有分类的数据进行分类。

(2)估计与分类类似,不同之处在于,分类描述的是离散型变量的输出,而估值处理连续值的输出;分类的类别是确定数目的,估值的量是不确定的。一般来说,估值可以作为分类的前一步工作。给定一些输入数据,通过估值,得到未知的连续变量的值,然后,根据预先设定的阈值进行分类。

(3)预测指在掌握现有信息的基础上,依照一定的方法和规律对未来的事情进行测算,以预先了解事情发展的过程与结果。预测的目的是对未来未知变量的预测,这种预测是需要时间来验证的,即必须经过一定时间后,才知道预测的准确性是多少。

(4)关联分析又称关联挖掘,是一种简单、实用的分析技术,就是发现存在于大量数据集中的关联性或相关性,从而描述了一个事物中某些属性同时出现的规律和模式。关联分析是从大量数据中发现项集之间有趣的关联和相关联系。关联分析的一个典型例子是购物篮分析。该过程通过发现顾客放入其购物篮中的不同商品之间的联系,分析顾客的购买习惯。通过了解哪些商品频繁地被顾客同时购买,帮助零售商制定营销策略。其他的应用还包括价目表设计、商品促销、商品的排放和基于购买模式的顾客划分。

(5)聚类是对记录分组,把相似的记录放在一个聚集里。将物理或抽象对象的集合分成由类似的对象组成的多个类的过程被称为聚类。由聚类所生成的簇是一组数据对象的集合,这些对象与同一个簇中的对象彼此相似,与其他簇中的对象相异。聚类分析又称群分析,它是研究(样品或指标)分类问题的一种统计分析方法。聚类分析有很多方法,如系统聚类法、有序样品聚类法、动态聚类法、模糊聚类法、图论聚类法、聚类预报法等。

(6)可视化是对数据挖掘结果进行直观表示的方式。在数据挖掘时,可以通过软件工具进行数据的展现、分析、钻取,将数据挖掘的分析结果形象地显示出来。

6.2.6 算法对经济的影响

算法主要是指信息系统解决问题时所需要遵循的一系列规则、指令和程序,形象地讲,就是"机器解决问题"时所依据的一套系统化策略机制或策略集合。算法是一种依托海量内容、多元用户和不同场景等核心数据信息,进行自主挖掘、自动匹配和定点分发的智能互联网技术。算法是企业获取市场竞争力的一种重要技术工具。

1. 算法的正面影响

进入21世纪,算法与人们的生产和生活紧密相关。例如,用于新闻创作和推荐、线上购物的个性推荐、信息检索和过滤、网约车等。算法对社会的影响势不可挡,算法在为公众提供极大技术便利的同时,对网络生态的发展也产生了深刻影响。

(1)算法极大地降低了公众筛选有效信息的社会成本。算法的核心价值是利用对用户的年龄职业、兴趣爱好、网络行为与时空环境等关键信息的统计分析,致力于在信息内容、产品服务等多元层面实现对用户的追踪推测、精准分发和有效供给。这就在很大程度上改善了既往技术语境下公众付出的高昂时间与经济成本,让人们能够从以往单一重复的信息、产品和服务筛选行为中得以解放,满足了公众对于信息和服务的分众化需求。

(2)算法不断建构和重塑着既有的网络群体关系。算法场景造就了公众的数据化和标签化,在强化了既有群体边界的同时,也促进了新的共同体关系的形成。以往网络群体互动关系的形成,大多是公众自发性主动找寻、相互选择的结果。而算法社会下,无论是信息内容的分发还是产品服务的送达,作为中介的算法在进行一对一的关系匹配或资源分配时,首先要对用户进行标签化甚至评分制的"全面数据化"处理。

在此过程中,主要是依据用户接收到相关信息和服务后的单击次数、停留时长、举报屏蔽以及转评赞等各种反馈行为,对其主要观点、情感倾向和媒介消费行为进行精准的图谱画像。进而通过后台信息匹配、技术调节与资源控制等方式,帮助用户发现、连接起具有相似观点或共同兴趣的其他共同体关系。

2. 算法的负面影响

毋庸置疑,技术驱动的算法红利越来越广泛而深刻地影响着人们的生活:网络购物离不开"算法比价"、商业运营离不开"算法宣传"、日常出行离不开"算法导航",甚至求职也需要"算法匹配"等。但看似理性、中立的算法背后,也存在着一定的技术偏见:大数据"杀熟""欺生"、算法侵犯隐私乃至引发群体极化等现象时有发生。算法盛行给网络生态带来的一系列冲击,值得人们警觉与深思。

算法是数字经济的重要基础,甚至被认为是智能社会的灵魂掌舵者。也正因此,被社会性异常算法主导的数字化生存体系,将会累积巨大的技术与社会风险,法律需要对其及时关注并有效介入调整,从而维护正常、健康的数字社会秩序。

1) 社会性异常算法的概念与表现

社会性异常算法是指看似符合经济理性人逻辑和计算机运算逻辑,但实际上却是具有显著负外部性(即带来巨大社会成本)甚至社会破坏性的价值失衡型算法。近年来,社会性异常算法在数字营销、数字服务、数字交易等领域攻城略地、甚嚣尘上,对市场的可持续发展和社会稳定造成了严重的不良影响。具体表现如下。

(1)大数据杀熟。相关算法根据网络用户的消费历史、收入水平、职业领域、硬件品牌、所在地域等,呈现和推荐不同的产品价格,用低价吸引新客户消费,用高价榨取老客户利润。网店购物、在线旅游订票、App打车等领域多次暴露这类问题,引发了普遍的社会不满与担忧,并引发了消费者、企业和监管部门的博弈"持久战"。

(2)智能监工。相关算法根据数字追踪器实时记录的物流仓储部门员工从货架上挑选与打包货物的速度,判断员工的工作效率,并在此基础上生成解雇与否的指令;或者根据电子地图上的理论距离,严格控制外卖骑手的行驶路线与送达时间,并据此生成关于超时罚款的处分结论。"打工者被困在算法里"问题已经成为数字就业领域的巨大困扰。

(3) 恶性推荐。相关算法优先呈现向网络搜索引擎公司缴纳了推广费的医疗诊所,全然不顾消费者安全,导致了一系列恶果;或者根据用户在线历史痕迹,反复向用户推荐相关主题的文章、视频,向青少年推荐过度娱乐化的不良信息,刻意制造传播障碍,影响不同群体价值观的形成,对网络环境造成破坏。

此外,在网络文学、网络影视、网络销售、网络评比等领域,相关算法助长了恶意刷分、虚构播放量、好评与销售额造假、花钱打榜等破坏市场正当竞争的行为。而许多交不起推广费用的网店、小微企业、个人创作者,则无法获得推荐、流量或靠前的排名,其生存和发展受到很大影响。

2) 社会性异常算法对数字经济的影响

算法的作为与不作为现象共存,对数字经济发展的负面影响日益显现。从实践来看,算法涉及消费安全、劳动安全乃至产业安全、社会安全。从理论上看,社会性异常算法在很大程度上已经成为一种半公开半隐秘的社会财富搜集、获取(夺取)、转移与积累工具,牵动着社会的敏感神经。因此,它既具有潜在的经济与政治双重属性,又存在明显的道德风险与法律风险,在风险累积到一定程度后,可能会引发相当规模的社会问题,导致社会矛盾爆发。

(1) 破坏数字经济的社会基础。社会性异常算法容易导致消费者对数字技术丧失信任、导致劳动者对科技进步产生厌恶,制造消极情绪和不稳定因素,从而使得数字经济丧失和谐稳定的外部发展环境,陷入基于技术性强迫的社会性紧张之中。

(2) 冲击经济法律秩序。"算法枷锁""每时每刻须劳动"等数字经济领域的"996"现象,对劳动法、社会保障法等造成了重大冲击,就业保护、劳动者休息权、公民健康权等制度被"技术性架空",不利于人力资源可持续养护与开发。

(3) 导致数字经济秩序的控制权转移。"不讲道德者获利""投机取巧者胜出"这类经营哲学如果在数字经济领域大行其道,将催生不计后果的商业逐利冲动和资本扩张风险,不仅使科技偏离善治轨道,更会严重侵蚀数字经济的制度性根基,最终在算法绑架下,数字经济秩序的实际控制权将可能被完全置于资本手中,而游离于政府监管之外,进而政府在宏观调控与行政监管领域作用甚微、应对数字经济风险能力降低。

6.2.7 机器人的新技术

现代科技界研究机器人大体上有三个方向:一是让机器人具有更强的智能和功能;二是让机器人更具人形,也就是更像人;三是微型化,让机器人可以做更多细致的工作。

1. 类人机器人

目前,机器人正在进入"类人机器人"的高级发展阶段,即无论从相貌到功能还是从思维能力和创造能力方面,都向人类"进化"甚至在某些方面大大超过人类,如计算能力和特异功能等。类人型机器人技术,集自动控制、体系结构、人工智能、视觉计算、程序设计、组合导航、信息融合等众多技术于一体。专家指出,未来的机器人在外形方面将大有改观,如目前的机器人大都为方脑袋、四方身体以及不成比例的粗大四肢,行进时要靠轮子或只做上下前后左右的机械运动,而未来的机器人从相貌上来看与人将没有区别,它们将靠双腿行走,其上下坡和上下楼梯的平衡能力也与人无异,有视觉、有嗅觉、有触觉、有思维,能与人对话,能在核反应堆工作,能灭火,能在所有危险场合工作,甚至能为人治病,还可克隆自己和自我修复。总之,它们能在各种非常艰难危险的工作中,代替人类去从事各种工作,其工作能力甚至会超过人类,如图 6-2 所示。

2. 生化机器人

人类的终极形态将是生化机器人。未来的人类和机器人的界限将逐渐消失,人类将拥有机器人一样强壮的身体,机器人将拥有人类一样聪明的大脑。随着生化机器人技术的逐步成熟,人脑机器人和肉身机器人可能是机器人的终极形态。有了生化机器人技术后,机器器官和人类大脑能够"对话",让身体的免疫系统接受这个外来的器官,这样就不会产生不良的排斥反应。人类到死亡的时候,往往大脑中的大部分细胞还是活的。如果把这些细胞移植到一

图 6-2　类人型机器人

个机器身体内,制造一个具有人类大脑的机器人,人类就有望实现永生的梦想。图 6-3 展现了具有人造皮肤的生化机器人。

3. 纳微机器人

微机器人作为人们探索微观世界的技术装备,在微机械零件装配、MEMS 的组装和封装、生物工程、微外科手术、光纤耦合作业、超精密加工及测量等方面具有广阔的应用前景和研究价值。微机器人的研究方向,包括纳米级微驱动机器人、微操作机器人和微小型机器人。纳米级微驱动机器人是指机器人的运动位移在几微米和几百微米的范围内;微操作机器人是指对微小物体的整体或部分进行精度在微米或亚微米级的操作和处理;微小型机器人体积小、耗能低,能进入一般机械系统无法进入的狭窄作业空间,方便地进行精细操作。韩国 Chonnam National 大学的科学家 2007 年 10 月研制出一种微型机器人,可以很轻松地进入人体的动脉血管,清除一些血栓内的疾病。如图 6-4 所示为能杀死癌细胞的纳米机器人。

图 6-3　具有人造皮肤的生化机器人

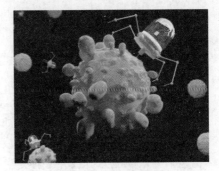

图 6-4　纳米机器人

6.2.8　自主系统

1. 自主式人工智能系统

自主的字面意思指自己做主,不受别人支配。在人工智能中,自主系统(Autonomous System)指能够在无人干预情况下对周围环境进行独立感知和识别,并对下一步行为做出

自我判断和决策的人工智能系统。传统认知指人认识外界事物或对外界事物信息加工的过程。其能力指人脑加工、存储和提取信息的能力,包括感觉(对外界的反应)、知觉(对事物整体的认识)、记忆、注意(对某一对象的指向和集中)、思维(对客观事物的概括和间接的反应,其反映的是事物本质和事物间规律性的联系)、想象(对已存储的表象进行加工改造形成新形象的心理过程)和语言(人能表达或理解语句,辨析有歧义的语句,判别不同语句的实际语义)能力。

"软件人"是一种无形的物质形式,属于软件演化的结果,是广义软件人工生命。"软件人"不仅会形成群体,彼此通信和协作,也会迁移。这使其具有了与目前最先进机器人匹敌的能力。例如,十八岁人工智能美少女"小冰",就是微软打造的一款人工智能交互主体人物。她是诗人、歌手、主持人,也是画家和设计师。"小冰"注重人工智能在拟合人类情商维度的发展,强调人工智能情商,而非任务完成,并不断学习人类创造者的能力。2021年9月22日,第九代"小冰"发布会称,她已实现仅用200个对话样本达到4.19的高分,这已非常接近人类。目前,深度内嵌"小冰"的智能设备已累计超过10亿台,已成为全球规模最大的第三方跨设备人工智能系统。清华大学的原创虚拟学生"华智冰"与微软的"小冰"类似,也展现了国人在人工智能方面的智慧,如图6-5所示。

图 6-5 "小冰"和"华智冰"

2. 自主式人工智能系统的功能

目前,自主式人工智能系统已具备感知、认知、学习、思维、推理、判断和决策的能力,其智力已达到孩童的水平。

(1)自主式人工智能系统已经具备了独立感知对象、获取数据、存储、识别对象、推理、判断和决策的能力。自主式人工智能系统对外界的感知是通过智能传感器、探测仪等实现的。其首先是定位和标识目标对象;第二步是获取目标数据,或直接采集数字信号或将模拟信号转换为数字信号;第三步是与信息-物理融合系统CPS连接,将数据传给计算机存储;第四步是利用模式识别技术将已获取的数据与对象进行模式匹配,以识别预定目标。目前模式识别技术在以下几方面表现不俗,如(印刷和手写)文字识别、车牌自动识别、人脸识别、导弹对攻击目标的自动识别等。现以战斧导弹为例,说明自主式人工智能系统的自主能力,当然也包括其认知能力。战斧导弹是美国舰对地巡航导弹,用于攻击固定目标。发射后,地形匹配制导雷达利用存储的地图与实际地形比较,确定导弹的位置,校正飞行路线。弹载全球定位系统与至少4颗卫星联系,接收导航信号,确定飞行状况。如果飞行轨道偏离,其人工智能系统会自动纠错。其目标区域末端导航由光学数字场景匹配区域关联系统提供,将存储的目标图像与实际目标图像比较,确定既定目标,及自动发起攻击。

(2)自主式人工智能系统已经初步具备了独立认知能力。其具体表现在:感知(如传感器对外界的反应)能力、知觉(如导弹中模式识别对目标对象的整体识别)能力、记忆(计算机的存储)能力、注意(如巡航导弹对被攻击对象的指向和寻找)能力、思维(如Google自动驾驶汽车对外界环境中人和物体的识别,及人和物体关系的识别。再如2016年Facebook人脸识别技术的识别率已经达到了97.25%。不仅如此,它还可以对人与人的关系进行识别,及对人与人关系的大数据规律进行分析)能力、想象能力(如《阿凡达》电影的拍摄,首先是人物形体的动作捕捉,在底片扫描完成后,使用诸如BOUJOU、PFTRACK等软件跟踪镜头,捕捉摄影机运动轨迹并将其送入三维软件合成和渲染,就可以得到电影人物阿凡达的画面。电影中新的人物形象是原拍摄人物在计算机中存储图像的更新和替换)和语言(如机器能听懂人的语言,并能自动应答其问题)能力。

(3) 自主式人工智能系统也表现出较强的学习能力。机器学习学科主要研究计算机模拟人类学习行为和过程,获得新的数据、信息、知识或技能,然后重组知识结构,以便改善自身性能。例如,人机曾经进行过多次象棋大战,以前多是机器败北。但2016年3月15日,韩国围棋选手李世石1∶4憾负人工智能阿尔法围棋(AlphaGo)。这说明机器具有较强的学习能力。人工智能在语音识别、图像分类、机器翻译、可穿戴设备、无人驾驶汽车、医疗诊断等方面均取得了突破性进展,标志着机器已具备了初级学习的能力。

(4) 自主式人工智能系统的智力水平已经达到了一个新的高度。2011年,超级计算机沃森与人类鏖战智力问答完胜,这一结果表明,计算机已经具备了对人类提问的自主判断和自动应答的图灵智能实验测试水平,实验结果证明计算机已具备了人的智能。近年,计算机的深度学习能力异军突起,它借助神经网络模拟人脑进行分析学习,使强人工智能水平大增,特别适合于解析大数据问题。2014年年末,谷歌宣布对人类神经大脑模拟系统研究成果:递归神经网络已进一步实现更强的"逻辑推理能力"。2015年10月,美国伊利诺伊大学的研究小组完成的测试发现,当时最先进人工智能系统的智力相当于4岁孩子的水平。2016年,谷歌智商测试表明,当年人工智能已经接近6岁儿童。2023年ChatGPT的智能水平已经达到9岁的儿童。

3. 自主武器

自主武器是指能够在无人干预情况下独立搜索、识别并攻击目标的一种新式武器,包括某些防御武器所具有的能够拦截来袭的导弹、火箭弹和炮弹或附近的飞机的自主模式均属于自主武器的雏形。作为一种新式武器,有专家认为其出现可能改变战争模式,而其在随后发展中是否能够区分平民和军事目标也受到国际人道组织的关注。

自主武器在国际上并没有一个明确而广泛接受的定义。红十字国际委员会将其定义为:可以根据自身所部署的环境中不断变化的情况,随时学习或调整运转的武器。真正的自主武器能够在无人干预或操控的情况下搜索、识别并使用致命武力攻击包括人类在内的目标(敌军战斗员)。也有人将自主武器称作杀手机器人,其是具有某种形式人工智能的移动系统,能够在无人控制的情况下在动态环境中运行。

自动武器不同于自主武器,其虽以完备和独立的方式运行,但最初目标由操作人员设定并控制,并在可控环境下严格执行预编程行动或序列。无人机属于遥控武器,其必须由操作人员选定目标并激活、瞄准和发射相关武器。因此,无人机不属于自主武器。

6.3 人工智能主要应用领域

6.3.1 国内外常用人工智能平台

AI模型训练平台,基于核心模块和应用场景不同,又可以称作深度学习平台、机器学习平台、人工智能平台(以下统称作 AI 平台)。AI 平台提供业务到产品、数据到模型、端到端、线上化的人工智能应用解决方案。用户在 AI 平台能够使用不同的深度学习框架进行大规模的训练，对数据集和模型进行管理和迭代，同时，通过 API 和本地部署等方式接入到具体业务场景中使用。简单地理解，即 AI 平台＝AI SaaS＋PaaS＋IaaS，其中，SaaS 是 Software-as-a-Service 的缩写，意思为软件即服务；PaaS 是 Platform as a Service 的缩写，是指平台即服务；IaaS 是 Infrastructure as a Service 的缩写，即基础设施即服务。指把 IT 基础设施作为一种服务通过网络对外提供，并根据用户对资源的实际使用量或占用量进行计费的一种服务模式。下面是国内外有代表性的平台。

(1) 腾讯 DI-X(Data Intelligence X)人工智能平台，是基于腾讯云强大计算能力的一站式深度学习平台。它通过可视化的拖曳布局，组合各种数据源、组件、算法、模型和评估模块，让算法工程师和数据科学家在其之上，方便地进行模型训练、评估及预测。

(2) 阿里云机器学习平台 PAI(Platform of Artificial Intelligence)，为传统机器学习和深度学习提供了从数据处理、模型训练、服务部署到预测的一站式服务。

(3) ChatGPT(Chat Generative Pre-trained Transformer)，美国 OpenAI 研发的聊天机器人程序，2022 年 11 月 30 日发布。ChatGPT 是人工智能技术驱动的自然语言处理工具，它能够通过理解和学习人类的语言来进行对话，还能根据聊天的上下文进行互动，真正像人类一样来聊天交流，甚至能完成撰写邮件、视频脚本、文案、翻译、代码、写论文等任务。

使用 AI 平台，能够简化开发人员对数据预处理和管理、模型训练和部署等烦琐的代码操作，加快算法开发效率，提高产品的迭代周期。并且通过 AI 平台能整合计算资源、数据资源、模型资源，使用者能对不同资源进行复用和调度。开放 AI 平台后，也能有效地进行商业化，对企业所处领域的 AI 业务生态环境有一定的推动和反馈。

6.3.2 人工智能应用

1. 无人驾驶

无人驾驶汽车是智能汽车的一种，也称为轮式移动机器人，主要依靠车内以计算机系统为主的智能驾驶控制器来实现无人驾驶。无人驾驶中涉及的技术包含多方面，例如，计算机视觉、自动控制技术等。

近年，无人驾驶技术飞速发展，以无人机、无人舰等为代表，见图 6-6。无人飞机是自动控制、具有自动导航和执行特殊任务的无人飞行器，具有全天候、大纵深、长时间作战、快速侦查的能力。第一架无人机是在 1942 年的 12 月 24 日研制成功。无人舰是一种无人操作的舰艇，主要有无人水面舰艇和无人潜航器两种。主要用于执行危险及不适于有人船只执行的任务。无人舰艇有望在未来 10 年内彻底变革海军的军事行动和战争。

图 6-6 无人机和无人舰

据2018年5月1日报道,由"中国通号"研发的全球首套时速350km高铁自动驾驶系统(C3+ATO)顺利完成实验室测试,即将进入现场实验,标志着我国高铁自动驾驶技术取得重大突破。这项关键技术的突破,完全是中国自主研发取得的,核心技术和产品100%国产化,并建立了中国的技术标准。

2. 自动导引车

AGV(Automated Guided Vehicle,自动导引运输车)是指装备有电磁或光学等自动导引装置,是便携式机器人沿地板上长标记线或导线下面或使用无线电波、视觉相机、磁体或激光器进行导航。它们最常用于工业应用中,以在大型工厂厂房、仓库、码头周围运输重物。

智能AGV小车是指一种带有电磁、光学或视觉自动导向装置的运输车辆,可以在没有驾驶员的情况下安全地将货物运送到指定地点,由自充电电池供电。凭借占地面积不固定、自动化程度高、应用灵活、安全可靠、无人操作、维护方便等优势,迅速在自动化仓库中立足。

上海洋山四期自动化码头是全球最大的自动化码头,集装箱装卸转运全部由智能设备完成。先进的无人驾驶AGV让码头前沿的水平运输实现了无人化,如图6-7所示。

图6-7 上海洋山四期自动化码头AGV

据《三湘都市报》报道,2022年6月28日,京东物流长沙"亚洲一号"智能物流园区内,百余台应用5G技术的"地狼"AGV智能拣选机器人正式投用,标志着行业首次实现上百台5G"地狼"AGV的大规模并发作业,如图6-8所示。

图6-8 "地狼"AGV

3. 智能电网

智能电网的核心在于构建具备智能判断与自适应调节能力的多种能源统一入网和分布

式管理的智能化网络系统,可对电网与客户用电信息进行实时监控和采集,且采用最经济、最安全的输配电方式将电能输送给终端用户,实现对电能的最优配置与利用,提高电网运行的可靠性和能源利用效率。智能电网的本质是能源替代和兼容利用,它需要在开放的系统和共享信息模式的基础上,整合系统中的数据,优化电网的运行和管理。

4. 智能楼宇

智能楼宇,也称智能建筑,其核心是 5A 系统,即建筑设备自动化系统(BA)、通信自动化系统(CA)、办公自动化系统(OA)、火灾报警与消防连动自动化系统(FA)和安全防范自动化系统(SA)。通过综合布线将 5 个系统进行有机综合,使建筑物具有安全、便利、高效、节能的特点。

智能楼宇最早是对讲系统,源于欧美等发达国家,20 世纪 80 年代末进入我国。20 世纪 90 年代初期,国外楼宇对讲系统生产制造商陆续进入中国市场。20 世纪 90 年代末,楼宇对讲产品进入第二个高速发展期,大型社区联网及综合性智能楼宇对讲设备开始涌现。目前,一个比较完善的智能楼宇至少包括视频监控系统、安防报警系统、楼宇对讲系统、门禁一卡通系统、火灾报警系统、公共广播系统、多媒体会议系统、有线电视和卫星电视系统、多媒体信息发布系统、机房系统、楼宇 BA 系统及 IBS 系统集成部分。

5. 智能家居

智能家居,又称智能住宅,是融合自动化控制系统、计算机网络系统和网络通信技术于一体的网络化、智能化的家居控制系统。智能家居将让用户有更方便的手段来管理家庭设备,例如,通过触摸屏、无线遥控器、电话、互联网或者语音识别控制家用设备,更可以执行场景操作,使多个设备形成联动。另外,智能家居内的各种设备相互间可以通信,不需要用户指挥也能根据不同的状态互动运行,从而给用户带来最大程度的高效、便利、舒适与安全。

智能家居集成是利用综合布线技术、网络通信技术、安全防范技术、自动控制技术、音视频技术将家居生活有关的设备集成。网络通信技术是智能家居集成中关键的技术之一。安全防范技术是智能家居系统中必不可少的技术,在小区及户内可视对讲、家庭监控、家庭防盗报警、与家庭有关的小区一卡通等领域都有广泛应用。自动控制技术是智能家居系统的核心技术,广泛应用在智能家居控制中心、家居设备自动控制模块中,对于家庭能源的科学管理、家庭设备的日程管理都有十分重要的作用。音视频技术是实现家庭环境舒适性、艺术性的重要技术,体现在音视频集中分配、背景音乐、家庭影院等方面。

智能家居系统包含的主要子系统有:家居布线系统、家庭网络系统、智能家居(中央)控制管理系统、家居照明控制系统、家庭安防系统、背景音乐系统、家庭影院与多媒体系统、家庭环境控制系统 8 个子系统。

6.3.3 人工智能未来发展趋势

1. 人工智能技术进入大规模商用阶段,人工智能产品全面进入消费级市场

中国通信巨头华为已经发布了自主研发的人工智能芯片并将其应用在旗下智能手机产品中,苹果公司推出的 iPhone X 也采用了人工智能技术实现面部识别等功能。三星最新发布的语音助手 Bixby 则从软件层面对长期以来停留于"你问我答"模式的语音助手做出升级。人工智能借由智能手机已经与人们的生活越来越近。

2. 基于深度学习的人工智能的认知能力将达到人类专家顾问级别

"认知专家顾问"在 Gartner 的报告中被列为未来 2~5 年被主流采用的新兴技术,这主要依赖于机器深度学习能力的提升和大数据的积累。

过去几年人工智能技术之所以能够获得快速发展,主要源于三个元素的融合:性能更强的神经元网络、价格低廉的芯片以及大数据。其中,神经元网络是对人类大脑的模拟,是机器深度学习的基础,对某一领域的深度学习将使得人工智能逼近人类专家顾问的水平,并在未来进一步取代人类专家顾问。当然,这个学习过程也伴随着大数据的获取和积累。

3. 人工智能实用主义倾向显著,未来将成为一种可购买的智慧服务

过去几年我们看到俄罗斯的人工智能机器人尤金首次通过了著名的图灵测试,又见证了谷歌的 AlphaGo 和 Master 接连战胜人类围棋冠军,尽管这些史无前例的事件隐约让我们知道人工智能技术已经发展到了一个很高的水平,但因为太过浓厚的"炫技"色彩也让公众对人工智能技术产生很多质疑。

4. 人工智能技术将严重冲击劳动密集型产业,改变全球经济生态

许多科技界的大佬一方面受益于人工智能技术,另一方面又对人工智能技术发展过程中存在的威胁充满担忧。包括比尔·盖茨、埃隆·马斯克、蒂芬·霍金等人都曾对人工智能的发展做出警告。尽管从目前来看对人工智能取代甚至毁灭人类的担忧还为时尚早,但毫无疑问,人工智能正在抢走各行各业劳动者的饭碗。

思 考 题

1. 什么是人工智能?
2. 人工智能有什么派系?其争议是什么?
3. 人工智能发展经历了几个阶段?
4. 什么是机器学习?什么是人工神经网络?什么是深度学习?
5. 什么是自然语言处理?什么是情感分析?
6. 什么是计算机视觉?
7. 什么是智能数据挖掘?数据挖掘有几种方法?
8. 请介绍算法对经济的影响。
9. 请介绍三种机器人新技术。
10. 什么是自主式人工智能系统?
11. 什么是自动导引车?
12. 人工智能未来发展趋势是什么?

区块链

本章将介绍区块链概述、典型区块链技术、区块链主要应用领域和相关技术应用。通过本章的学习,学生可了解区块链基本概念、区块链技术、特点及其价值、区块链的发展历程、以太坊技术框架、超级账本 Fabric 技术框架、区块链的行业应用、区块链发展趋势、数字货币、中国现代化支付系统、电子支付和国际资金清算系统等。

7.1 区块链概述

7.1.1 区块链的基本概念

1. 区块链的概念

区块链(Blockchain),从科技层面看,涉及数学、密码学、互联网和计算机编程等很多科学技术问题。从应用视角看,是一个分布式的共享账本和数据库,具有去中心化、不可篡改、全程留痕、可以追溯、集体维护、公开透明等特点。这些特点保证了区块链的"诚实"与"透明",为区块链创造信任奠定了基础。而区块链丰富的应用场景,基本上都基于区块链能够解决信息不对称问题,实现多个主体之间的协作信任与一致行动。

区块链提供了分布式数据存储、点对点传输、共识机制、加密算法等计算机技术新的应用模式。本质上是一个去中心化的数据库,同时作为比特币的底层技术,是一串使用密码学方法相关联产生的数据块,每一个数据块中包含一批次交易的信息,用于验证其信息的有效性(防伪)和生成下一个区块。但区块链的安全风险是制约其健康发展的短板。因此,区块链的安全保障体系探索迫切需要加快进行。

2. 类型

(1) 公有区块链(Public Block Chain):是指世界上任何个体或者团体都可以发送交易,且交易能够获得该区块链的有效确认,任何人都可以参与其共识过程。公有区块链是最早的区块链,也是应用最广泛的区块链,各大 Bitcoin 系列的虚拟数字货币均基于公有区块链,世界上有且仅有一条该币种对应的区块链。

(2) 联合(行业)区块链(Consortium Block Chain):由某个群体内部指定多个预选的结点为记账人,每个块的生成由所有的预选结点共同决定(预选结点参与共识过程),其他接入结点可以参与交易,但不过问记账过程(本质上还是托管记账,只是变成分布式记账,预选结点的多少、如何决定每个块的记账者成为该区块链的主要风险点),其他任何人可以通过该区块链开放的 API 进行限定查询。

(3) 私有区块链(Private Block Chains):仅使用区块链的总账技术进行记账,可以是一个公司,也可以是个人,独享该区块链的写入权限,本链与其他的分布式存储方案没有太大区别。传统金融都是想实验尝试私有区块链,而公链的应用例如 Bitcoin 已经工业化,私链的应用产品还在摸索当中。

7.1.2 区块链的技术、特点及其价值

1. 架构模型

区块链系统架构模型,自下而上由数据层、网络层、共识层、激励层、合约层和应用层组成。其中,数据层封装了底层数据区块以及相关的数据加密和时间戳等基础数据和基本算法;网络层则包括分布式组网机制、数据传播机制和数据验证机制等;共识层主要封装网络结点的各类共识算法;激励层将经济因素集成到区块链技术体系中来,主要包括经济激励的发行机制和分配机制等;合约层主要封装各类脚本、算法和智能合约,是区块链可编程特性的基础;应用层则封装了区块链的各种应用场景和案例。该模型中,基于时间戳的链式区块结构、分布式结点的共识机制、基于共识算力的经济激励和灵活可编程的智能合约是区块链技术最具代表性的创新点。

2. 核心技术

(1) 分布式账本,指的是交易记账由分布在不同地方的多个结点共同完成,而且每一个结点记录的是完整的账目,因此它们都可以参与监督交易合法性,同时也可以共同为其作证。与传统分布式存储不同,区块链分布式存储的独特性主要有两点:一是区块链每个结点都按照块链式结构存储完整的数据,传统分布式存储一般是将数据按照一定的规则分成多份进行存储;二是区块链每个结点存储都是独立的、地位等同的,依靠共识机制保证存储的一致性,而传统分布式存储一般是通过中心结点往其他备份结点同步数据。没有任何一个结点可以单独记录账本数据,从而避免了单一记账人被控制或者被贿赂而记假账的可能性。也由于记账结点足够多,理论上讲除非所有的结点被破坏,否则账目就不会丢失,从而保证了账目数据的安全性。

(2) 非对称加密。存储在区块链上的交易信息是公开的,但是账户身份信息是高度加密的,只有在数据拥有者授权的情况下才能访问到,从而保证了数据的安全和个人的隐私。其使用计算机密码学的非对称加密方法。

(3) 共识机制。就是所有记账结点之间如何达成共识,去认定一个记录的有效性,这既是认定的手段,也是防止篡改的手段。区块链提出了四种不同的共识机制,适用于不同的应用场景,在效率和安全性之间取得平衡。区块链的共识机制具备"少数服从多数"以及"人人平等"的特点,其中,"少数服从多数"并不完全指结点个数,也可以是计算能力、股权数或者其他的计算机可以比较的特征量。"人人平等"是当结点满足条件时,所有结点都有权优先提出共识结果、直接被其他结点认同后并最后有可能成为最终共识结果。以比特币为例,采用的是工作量证明,只有在控制了全网超过 51% 的记账结点的情况下,才有可能伪造出一

条不存在的记录。当加入区块链的结点足够多的时候,这基本上不可能,从而杜绝了造假的可能。

(4) 智能合约。是基于这些可信的不可篡改的数据,可以自动化地执行一些预先定义好的规则和条款。以保险为例,如果说每个人的信息(包括医疗信息和风险发生的信息)都是真实可信的,那就很容易在一些标准化的保险产品中,进行自动化的理赔。在保险公司的日常业务中,虽然交易不像银行和证券行业那样频繁,但是对可信数据的依赖是有增无减。因此,利用区块链技术,从数据管理的角度切入,能够有效地帮助保险公司提高风险管理能力。具体来讲,主要分为投保人风险管理和保险公司的风险监督。

3. 特征

(1) 去中心化。区块链技术不依赖额外的第三方管理机构或硬件设施,没有中心管制,除了自成一体的区块链本身,通过分布式核算和存储,各个结点实现了信息自我验证、传递和管理。去中心化是区块链最突出、最本质的特征。

(2) 开放性。区块链技术的基础是开源的,除了交易各方的私有信息被加密外,区块链的数据对所有人开放,任何人都可以通过公开的接口查询区块链数据和开发相关应用,因此整个系统信息高度透明。

(3) 独立性。基于协商一致的规范和协议(类似比特币采用的哈希算法等各种数学算法),整个区块链系统不依赖其他第三方,所有结点能够在系统内自动安全地验证、交换数据,不需要任何人为的干预。

(4) 安全性。只要不能掌控全部数据结点的51%,就无法肆意操控修改网络数据,这使区块链本身变得相对安全,避免了主观人为的数据变更。

(5) 匿名性。除非有法律规范要求,单从技术上来讲,各区块结点的身份信息不需要公开或验证,信息传递可以匿名进行。

7.1.3 区块链的发展历程

中本聪(Satoshi Nakamoto)是首次提出区块链概念的日裔美国人。2008年他发表了一篇名为《比特币:一种点对点式的电子现金系统》(*Bitcoin:A Peer-to-Peer Electronic Cash System*)的论文,描述了一种被他称为"比特币"的电子货币及其算法。2009年,他发布了首个比特币软件 Bitcoin-Qt,并正式启动了比特币金融系统。

在随后的几年中,区块链成为电子货币比特币的核心组成部分:作为所有交易的公共账簿。通过利用点对点网络和分布式时间戳服务器,区块链数据库能够进行自主管理。为比特币而发明的区块链使它成为第一个解决重复消费问题的数字货币。比特币的设计已经成为其他应用程序的灵感来源。

2014年,区块链2.0成为一个关于去中心化区块链数据库的术语。对这个第二代可编程区块链,经济学家们认为它是一种编程语言,可以允许用户写出更精密和智能的协议。因此,当利润达到一定程度的时候,就能够从完成的货运订单或者共享证书的分红中获得收益。区块链2.0技术跳过了交易和"价值交换中担任金钱和信息仲裁的中介机构"。它们被用来使人们远离全球化经济,使隐私得到保护,使人们"将掌握的信息兑换成货币",并且有能力保证知识产权的所有者得到收益。第二代区块链技术使存储个人的"永久数字ID和形象"成为可能,并且对"潜在的社会财富分配"不平等提供解决方案。

2019年1月10日,中国国家互联网信息办公室发布《区块链信息服务管理规定》,2019年2月15日起施行。2018年,23个欧洲国家签署了区块链合作协议,法国为此建立了区块链加速器。2018年,美国联邦政府和各州政府出台了区块链相关立法,美国国会、商务部国家标准与技术研究院(NIST)等部门先后发布了《2018年联合经济报告》《区块链:背景和政策问题》《区块链和在政府应用中的适用性》《区块链技术概述》等报告,初步阐明了美国政府对区块链的监管和发展思路。2017年,日本经济产业省(METI)公布了区块链平台评估方法。

2019年1月10日,国家互联网信息办公室发布《区块链信息服务管理规定》2019年10月24日,在中央政治局第十八次集体学习时,习近平总书记强调,"把区块链作为核心技术自主创新的重要突破口""加快推动区块链技术和产业创新发展"。"区块链"已走进大众视野,成为社会的关注焦点。

2021年,国家高度重视区块链行业发展,各部委发布的区块链相关政策已超60项,区块链不仅被写入"十四五"规划纲要中,各部门更是积极探索区块链发展方向,全方位推动区块链技术赋能各领域发展,积极出台相关政策,强调各领域与区块链技术的结合,加快推动区块链技术和产业创新发展,区块链产业政策环境持续利好发展。

7.2 典型区块链技术介绍

7.2.1 以太坊技术框架

1. 以太坊介绍

以太坊是一种开放的有智能合约功能的公共区块链平台,通过其专用加密货币以太币(Ether,简称"ETH")提供以太虚拟机(Ethereum Virtual Machine,EVM)处理去中心化合约应用。以太虚拟机是可以执行复杂算法的具备图灵完备的基于栈的虚拟机。以太坊使用场景包括支付系统(用于去中心数字货币交易、价值互换)和去中心化应用(黄金和股票的数字化应用、金融衍生品应用、数字认证、追踪溯源、游戏等)。其有以下几个特点。

(1) 智能合约:存储在区块链上的程序,由各结点运行,需要运行程序的人支付手续费给结点的矿工或权益人。

(2) 代币:智能合约可以创造代币供分布式应用程序使用。分布式应用程序的代币化让用户、投资者以及管理者的利益一致。代币也可以用来进行首次代币发行。

(3) 叔块:将因为速度较慢而未及时被收入母链的较短区块链并入,以提升交易量。

(4) 账户系统和世界状态:以太坊不采用UTXO,容易支持更复杂的逻辑。

(5) 状态通道:原理类似比特币的闪电网络,可提升交易速度,降低区块链的负担,并提高可扩展性。尚未实现,开发团队包括雷电网络(Raiden Network)和移动性网络(Liquidity Network)。

2. 以太坊的整体架构

以太坊的架构分为三层:底层服务、核心层和顶层应用,如图7-1所示。

(1) 底层服务。包含P2P网络服务、LevelDB数据库、密码学算法以及分片(Sharding)优化等基础服务。P2P网络中每一个结点彼此对等,各个结点共同提供服务,不存在任何特

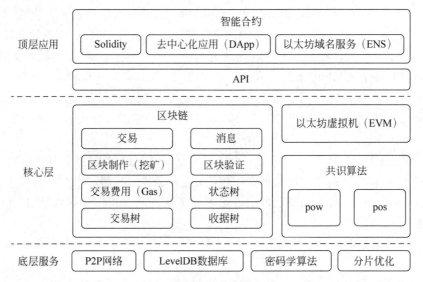

图 7-1　以太坊的整体架构

殊结点,网络中的结点能够生成或审核新数据。而以太坊中的区块、交易等数据最终都是被存储在 LevelDB 数据库中。密码学算法用于保证数据的隐私性和区块链的安全。分片优化使其可以并行验证交易,以加快区块生成速度。这些底层服务共同促使区块链系统平稳地运行。

(2) 核心层。包含区块链、共识算法和以太坊虚拟机等核心元件,其以区块链技术为主体,辅以以太坊特有的共识算法,并以 EVM 作为运行智能合约的载体,该层是以太坊的核心组成部分。区块链构造的去中心化账本需要解决的首要问题就是如何确保不同结点上的账本数据的一致性和正确性,而共识算法正是用于解决这个问题。EVM 是以太坊的一个主要创新,它是以太坊中智能合约的运行环境,使得以太坊能够实现更复杂的逻辑。

(3) 顶层应用。这一层包括 API、智能合约以及去中心化应用等,以太坊的 DApp 通过 Web3.js 与智能合约层进行信息交换,所有的智能合约都运行在 EVM 上,并会用到 RPC 的调用,该层是最接近用户的一层。企业可以根据自己的业务逻辑,实现自身特有的智能合约,以帮助企业高效地执行业务。

3. 区块

区块,可以定义为记录一段时间内发生的交易和状态结果的数据结构,是对当前账本状态的一次共识。区块由区块头、交易列表和叔区块头三部分组成。

(1) 区块头:区块头包含父块的散列值(Prev Hash)、叔区块头的散列值(Uncles Hash)、状态树根散列值(stateRoot)、交易树根散列值(Transaction Root)、收据树根散列值(Receipt Root)、时间戳(Timestamp)、随机数(Nonce)等。以太坊区块链上区块数据结构相对比特币的一个重大改变就是保存了三棵 Merkle 树根,分别是状态树、交易树和收据树。

(2) 交易列表:交易列表是由矿工从交易池中选择收入区块中的一系列交易。

(3) 叔区块头:不在主链上的且被主链上的区块通过 Uncles 字段收留进区块链的孤块叫作"叔区块头"。

4. 账户

账户以地址为索引,地址由公钥衍生而来,取公钥的最后 20B。在以太坊系统中存在两种类型的账户,分别是外部账户和合约账户。外部账户存储以太币余额状态,而合约账户除了余额还有智能合约及其变量的状态。外部账户(Externally Owned Account,EOA)由私钥控制,是由用户实际控制的账户。合约账户是一个包含合约代码的账户。合约账户不是由私钥文件直接控制,而是由合约代码控制。合约账户的地址是由合约创建时合约创建者的地址,以及该地址发出的交易共同计算得出的。

以太坊中每个外部账户都由一对密钥定义,即一个私钥和一个公钥。目前常见的私钥有三种形态:①Private key,就是一份随机生成的 256 位二进制数字。用户甚至可以用纸笔来随机地生成一个私钥,即随机写下一串 256 位的仅包含"0"或"1"的字符串。该 256 位二进制数字就是私钥最初始的状态。②Keystore & Password。在以太坊官方钱包中,私钥和公钥将会以加密的方式保存一份 JSON 文件,存储在 key store 子目录下。这份 JSON 文件就是 Keystore,所以用户需要同时备份 Keystore 和对应的 Password(创建钱包时设置的密码)。③Memonic code,由 BIP 39 方案提出,目的是随机生成 12~24 个比较容易记住的单词,该单词序列通过 PBKDF2 与 HMAC-SHA512 函数创建出随机种子,该种子通过 BIP-0032 提案的方式生成确定性钱包。

5. 数据结构与存储

区块、交易等数据最终都存储在 LevelDB 数据库中。LevelDB 数据库是一个键值对(key-value)数据库,key 一般与散列相关,value 则是存储内容的 RLP 编码。

数据组织形式:以太坊使用了 MPT(Merkle Patricia Trie)树作为数据组织形式,用来组织管理用户的账户状态、交易信息等重要数据。MPT 是一种加密认证的数据结构,它融合了 Merkle 树和 Trie 树(前缀树)两种数据类型的优点。

(1) Merkle 树。它是一种树状数据结构,可以是二叉树,也可以是多叉树。它由一组叶结点、一组中间结点和一个根结点构成。最下面的叶结点包含基础数据,每个中间结点是它的子结点的散列,根结点是它的子结点的散列,代表了 Merkle 树的根部。创建 Merkle 树的目的是允许区块的数据可以零散地传送;结点可以从一个结点下载区块头,从另外的源下载与其相关的树的其他部分,而依然能够确认所有的数据都是正确的。Merkle 树可以用来存储所有键值对。Merkle 树具有下列特性:①每个数据集对应一个唯一合法的根散列值;②很容易更新、添加或者删除树结点,以及生成新的根散列值;③不改变根散列值就无法修改树的任何部分,所以如果根散列值被包括在签名的文档或有效区块中,就可以保证这棵树的正确性;④任何人可以只提供一个到特定结点的分支,并通过密码学方法证明拥有对应内容的结点确实在树里。

(2) Trie 树:key 代表的是从树根到对应 value 的一条路径。即从根结点开始,key 中的每个字符(从前到后)都代表着从根结点出发寻找相应 value 所要经过的子结点。value 存储在叶结点中,是每条路径的最终结点。

(3) MPT 树:它是 Merkle 和 Trie 的结合"体",并做了以下改进:①为了保证树的加密安全,每个结点通过它的散列值被引用。②对于存储在 LevelDB 数据库中的非叶结点,key 代表着结点的 RLP 编码的 SHA3 散列值,value 是结点的 RLP 编码。③引入了很多结点类型来提高效率。例如,空结点(简单的表示空,在代码中就是一个空串)、叶结点(键值对的一个列表,其中,key 是一种特殊的十六进制编码,value 是 RLP 编码)、扩展结点(键值对的列表,但是这里的 value 是其他结点的散列值,通过这个散列值可以链接到其他结点)、分支结点(一个长度为 17 的列表。MPT 中的 key 被编码成一种特殊的十六进制的表示,再加上最后的 value,前 16 个元素对应 key 中的 16 个可能的十六进制字符,如果有一个键值对在这个分支结点终止,则最后一个元素代表一个值,即分支结点既可以是搜索路径的终止,也可以是路径的中间结点)。④用于对 key 进行编码的特殊十六进制前缀编码(HP)。

6. 共识机制

共识机制是区块链事务达成分布式共识的算法。由于点对点网络下存在着或高或低的网络延迟,所以各个结点接收到的事务的先后顺序可能不一样,因此区块链系统需要设计一种机制让结点对在差不多时间内发生的事务的先后顺序实现共识,这就是共识机制。

1) PoW 算法原理

PoW 算法设计的目的是通过工作结果来证明已经完成了相应的工作。POW 算法的原理是:结点通过不断地更换随机数来探寻合适的哈希值,当结点最先计算出合适的哈希值,它所打包的块如果通过其他共识结点的验证,则会被加入到区块链中。

Ethash(以太坊专门的 PoW 算法)为了解决挖矿中心化问题,专门设计了一个能抵制 ASIC、轻客户端可快速验证的 PoW 算法。算法流程:①对于每一个区块,都能通过扫描区块头的方式计算出一个种子,该种子只与当前区块有关;②使用种子能产生一个 16MB 的伪随机缓存,轻客户端会存储缓存;③基于缓存再生成一个 1GB 的数据集,称其为 DAG,数据集中的每一个元素都只依赖于缓存中的某几个元素,也就是说,只要有缓存,就可以快速地计算出 DAG 中指定位置的元素,挖矿者存储数据集,数据集随时间线性增长;④挖矿可以概括为"矿工"从 DAG 中随机选择元素并对其进行散列的过程,DAG 也可以理解为一个完整的搜索空间,挖矿的过程就是从 DAG 中随机选择元素(类似比特币挖矿中试探合适 nonce 的过程)进行散列运算;⑤验证者只需要花费少量的内存存储缓存就可以了,因为验证者能够基于缓存计算得到 DAG 中自己需要的指定位置的元素,然后验证这些指定元素的散列是不是小于某个散列值,也就是验证"矿工"的工作是否符合要求。

Ethash 算法的特点是挖矿的效率基本与 CPU 无关,而与内存大小、带宽正相关,目的是去除专用硬件的优势,抵抗 ASIC。

2) PoS 共识机制

PoS 是一种对货币所有权的证明,即基于网络参与者目前所持有的数字货币的数量和时间进行利益分配。PoS 共识算法的原理是:基于链的 PoS 和 BFT(Byzantine Fault Tolerant,拜占庭容错)风格的 PoS。在基于链的 PoS 中,该算法在每个时隙内伪随机地从验证者集合中选择一个验证者(例如,设置每 10s 一个周期,每个周期都是一个时隙),给予验证者创建新区块的权利,但是验证者要确保该块指向最多的块(指向的上一个块通常是最长链的最后一个块)。因此,随着时间的推移,大多数的块都收敛到一条链上。在 BFT 风格的 PoS 中,分配给验证者相对的权利,让他们有权提出块并且给被提出的块投票,从而决定哪个块是新块,并在每一轮选出一个新块加入区块链。在每一轮中,每一个验证者都为某一特定的块进行"投票",最后所有在线和诚实的验证者都将"商量"被给定的块是否可以添加到区块链中,并且意见不能改变。

7. 交易

以太坊的交易主要是指外部账户向区块链上另一账户以消息形式发送一个签名数据包,其主要包含发送者的签名、接收者的地址以及发送者转移给接收者的以太币数量等内容。交易是以太坊整体架构中的重要部分,它将以太坊的账户连接起来,起到价值的传递作用。

1) 交易内容

from:交易发送者的地址,必填。

to:交易接收者的地址,如果为空则意味这是一个创建智能合约的交易。

value:发送者要转移给接收者的以太币数量。

data(也写作 input):存在的数据字段,如果存在,则表明该交易是一个创建或者调用智能合约交易。

Gas Limit(也写作 Gas,Start Gas):表示这个交易允许消耗的最大 Gas 数量。

Gas Price:表示发送者愿意支付给矿工的 Gas 价格。

nonce:用来区别同一用户发出的不同交易的标记。

Hash:由以上信息生成的散列值(哈希值),作为交易的 ID。

r、s、v:交易签名的三部分,由发送者的私钥对交易 Hash 进行签名生成。

2) 交易费用

为了防止用户在区块链公有链中发送太多的无意义交易,浪费矿工的计算资源,要求交易的发送方为每笔交易付出一定的代价,便是交易费用。

由于比特币中只存在转账交易,每笔交易所需的计算开销大体一致,因此每笔交易的发送者会以比特币的形式,付出相对固定的手续费。而以太坊中引入了智能合约,涉及智能合约创建和调用的交易所消耗的计算差别巨大,因此引入了相对复杂的 Gas、Gas Price 对交易所需的手续费进行定价。

(1) Gas(汽油)是用来衡量一笔交易所消耗的计算资源的基本单位。当以太坊结点执行一笔交易所需的计算步骤越多、越复杂,那么就会说这笔交易消耗的 Gas 越多。

(2) Gas Price(Gas 价格)是一单位 Gas 所需的手续费(以太币,即 Ether)。矿工会对接收到的交易按照 Gas Price 或者按 Gas×Gas Price 从大到小进行排序,以便决定哪个交易会先纳入到区块中。当以太坊公有链上某个时段交易量激增的情况下,为了尽早让矿工接受一笔交易,交易发送者可以提高这笔交易的 Gas Price,以激励矿工。

(3) Gas Limit,有两种:①对于单个交易,Gas Limit(有时也会称作 Start Gas)表示交易发送者愿意为这笔交易执行所支付的最大 Gas 数量,需要发送者在发送交易时设置。可以保护用户免受错误代码影响以致消耗过多的交易费。Gas Price×Gas Limit 表示用户愿意为一笔交易支付的最高金额。②对于区块来说,Gas Limit 是单个区块所允许包含的最大 Gas 总量,由矿工决定它的大小,防止矿工的资源消耗过大,造成挖出的区块无法形成最长的交易链。不过矿工也不能任意地更改区块的 Gas Limit,根据以太坊协议,当前区块的 Gas Limit 只能基于上一个区块的 Gas Limit 上下波动 1/1024。

7.2.2 超级账本 Fabric 技术框架

1. 超级账本 Fabric 的基本特点

(1) 开放性。超级账本是 Linux 基金会于 2015 年年底成立的,自成立后吸引了大批企业,包括 IBM、Accenture、Intel、Cisco、HITACHI 等大企业。现在的 Fabric 源代码主要由 IBM 和 Digital Asset 这两家公司提供,属于 IBM 开源的 block chain 项目。

(2) 开源。Fabric 的源代码是开源的,托管在 Github 上。所有开发者或企业机构都可以自由地下载,进行研究,在此基础上结合业务场景,在不同的商业场景上应用落地。

(3) SDK 支持多语言,降低门槛。目前 Fabric SDK 支持 GO、Java、JS、Python 四种主流语言,大多数开发者可以快速上手,降低了开发的门槛和成本。此外,还有一个 Hyperledger Composer 工具,可以快速地搭建环境。

(4) 可插拔,可扩展。Fabric 中的 CA、数据库、共识算法都是可插拔的。而且,Fabric 中的链码是通过 docker 实现的。

(5) 基于联盟链的前提,兼顾数据共享和隐私保护。Fabric 最大的特点是引入了链码和通道的概念。在 Fabric 中,通过 channel,也即通道隔离数据,只有在这个通道的结点才能共享账本,而访问不了其他账本。通过建立不同的通道,可实现按需共享的目的,更符合现实生活的商业场景。

2. Fabric 的基本架构

Fabric 包括三大基本组件:Peer 结点、Order 结点和 CA 结点。

1) Peer 结点

Peer 结点一般运行在 docker 中,主要负责接收交易请求,是在网络中具有一定功能的服务或软件。而结点之间的通信则通过 GRPC 实现。Peer 结点主要分为三种类型:Endorser、Committer 和 Submitter。每一个 Peer 结点中都维护一份账本,账本数据本身是文件系统。

(1) 背书结点 Endorser:负责对交易进行检查背书,根据定义好的规则读写数据、读写集。这个读写的数据称为状态 db(state db 或者 world state db),可以是 CouchDB 或者 LevelDB。背书就是签署授权的意思。即根据约定往事务里读写数据,可以理解为执行合同中的某一个条款。但是这个数据是没有写到账本中的,因为账本是共享的。

(2) 提交结点 Committer:负责检查交易请求,验证 endorsements 和 transaction 的结果,并且执行交易,并维护区块链和账本结构。Committer 会写共享账本数据。

(3) Submitter:具体职能暂时没用。

2) Order 结点

Order 结点主要负责对收到的交易在网络中进行全局排序。接收 transaction,产生 block,并且负责共识机制的 policy 管理。

3) CA 结点

CA 结点主要负责网络中成员身份管理。目前采用数字证书机制,实现 PKI 服务。包括以下三个组件。

(1) CA:负责证书的颁发和作废,接收来自 RA 的请求,是 PKI 服务中最核心的组件,主要完成对公钥的管理。

(2) RA:对用户身份进行验证,校验数据合法性,负责登记和审核,审核通过了就会发给 CA。

(3) 证书数据库:存放证书。

3. Fabric 运作过程

Fabric 交易流程如图 7-2 所示。

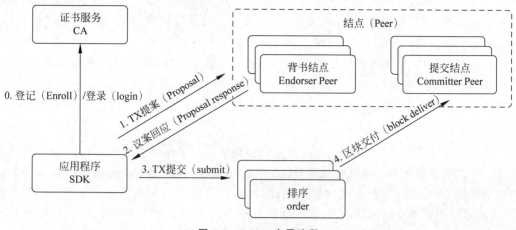

图 7-2　Fabric 交易流程

（1）应用程序客户端通过 SDK 调用证书服务（CA），进行注册和登记，并获取身份证书。

（2）应用程序客户端通过 SDK 向区块链网络发起一个交易提案（Proposal），交易提案把带有本次交易要调用的合约标识、合约方法和参数信息以及客户端签名等信息发送给背书（Endorser）结点。

（3）背书（Endorser）结点收到交易提案（Proposal）后，验证签名并确定提交者是否有权执行操作，同时根据背书策略模拟执行智能合约，并将结果及其各自的 CA 证书签名发还给应用程序客户端。

（4）应用程序客户端收到背书（Endorser）结点返回的信息后，判断提案结果是否一致，以及是否参照指定的背书策略执行，如果没有足够的背书，则中止处理；否则，应用程序客户端把数据打包到一起组成一个交易并签名，发送给 Orderers。

（5）Orderers 对接收到的交易进行共识排序，然后按照区块生成策略，将一批交易打包到一起，生成新的区块，发送给提交（Committer）结点。

（6）提交（Committer）结点收到区块后，会对区块中的每笔交易进行校验，检查交易依赖的输入/输出是否符合当前区块链的状态，完成后将区块追加到本地的区块链，并修改状态。

7.3　区块链主要应用领域

7.3.1　区块链的行业应用

1. 金融服务

金融活动影响人类社会的方方面面，涉及货币、证券、保险、抵押、捐赠等诸多行业。通过金融交易，可以优化社会资源运转效率，实现资源使用的最优化。可以说，人类社会的文明发展，离不开金融交易。

交易本质上交换的是价值的所属权。为了完成一些贵重资产（例如房产、车辆）的交易，往往需要依靠中介和担保机构，不仅过程烦琐，而且手续费用高昂。之所以需要第三方机构介入，是因为交易双方无法充分信任对方提供的信息。一方面，证明所属权只能通过相关机构开具的证明材料，存在造假风险；另一方面，交换过程手续烦琐，存在篡改和错误的风险。为了确保金融交易的可靠完成，出现了第三方担保机构这样的角色。它们通过提供信任保障服务，提高了社会整体经济活动的效率。但现有的第三方中介机制往往存在成本高、时间周期长、流程复杂、容易出错等缺陷。因此，金融领域长期存在提高交易效率的迫切需求。区块链技术可以为金融服务提供有效、可信的所属权证明，以及相当可靠的合约确保机制。

2. 数字货币

银行活动主要包括发行货币、完成存贷款等功能。为了保障货币价值稳定，发行机构必须能时时刻刻保证交易的可靠性和确定性。为了做到这一点，传统的金融系统设计了复杂的安全流程，采用了极为复杂的软件和硬件方案，其建设和维护成本都十分昂贵。即便如此，这些系统仍然存在诸多缺陷，每年都会出现安全攻击和金融欺诈事件。此外，交易过程还常常需要经由额外的支付企业进行处理。这些实际上都增大了交易成本。

以区块链技术为基础的数字货币的出现，对货币的研究和实践都提出了新的启发，被认为有可能促使这一领域发生革命性变化。除了众所周知的比特币等数字货币实验之外，还有诸多金融机构进行了有意义的尝试，尤其是各国进行的法定数字货币研究，具备越来越多的实践意义。

3. 支付清结算业务

支付和清结算是现代金融行业十分重要的操作。随着信息技术的发展，支付清结算业务系统的效率也在不断提高。但当资金的清算涉及多个交易主体和多个认证环节时效率仍然不高，特别是在涉及跨境多方交易等场景时。

区块链技术在处理交易时即确保了交易记录的不可篡改性和对交易结果的有效确认，有望节约清结算的人力和时间成本，降低机构间的争议，提高自动化处理效率。

4. 其他新型支付业务

基于区块链技术，出现了大量的创新支付企业，这些支付企业展示了利用区块链技术带来的巨大商业优势。

5. 证券交易后处理

证券交易包括交易执行环节和交易后处理环节。

交易环节本身相对简单，主要是由交易系统（高性能实时处理系统）完成电子数据库中内容的变更。中心化的验证系统往往极为复杂和昂贵。交易指令执行后的清算（计算交易方的财务义务）和结算（最终资产的转移）环节也十分复杂，需要大量的人力成本和时间成本，并且容易出错。

目前来看，基于区块链的处理系统还难以实现海量交易系统所需要的性能（典型性能为每秒数万笔以上成交，日处理能力超过五千万笔委托、三千万笔成交）。但在交易的审核和清算环节，区块链技术存在诸多的优势，可以极大降低处理时间，同时减少人工的参与。

6. 征信管理

征信管理是一个巨大的潜在市场，据称超过千亿规模（可参考美国富国银行报告和平安证券报告),也是目前大数据应用领域最有前途的方向之一。目前征信相关的大量有效数据集中在少数机构手中。由于这些数据太过敏感,并且具备极高的商业价值,往往会被严密保护起来,形成很高的行业门槛。虽然现在大量的互联网企业(包括各类社交网站)尝试从各种维度获取了海量的用户信息,但从征信角度看,这些数据仍然存在若干问题。这些问题主要包括:①数据量不足,数据量越大,能获得的价值自然越高,过少的数据量无法产生有效价值;②相关度较差,最核心的数据也往往是最敏感的,在隐私高度敏感的今天,用户都不希望暴露过多数据给第三方,因此企业获取到的数据中有效成分往往很少;③时效性不足,企业可以从明面上获取到的用户数据往往是过时的,甚至存在虚假信息,对相关分析的可信度造成严重干扰。

区块链天然存在着无法篡改、不可抵赖的特性。同时,区块链平台将可能提供前所未有规模的相关性极高的数据,这些数据可以在时空中准确定位,并严格关联到用户。因此,基于区块链提供数据进行征信管理,将大大提高信用评估的准确率,同时降低评估成本。

7. 保险行业

保险行业区块链倡议组织(Blockchain Insurance Industry Initiative,B3i)诞生于 2016 年下半年,面向保险行业,探索基于分布式账本的新型技术。分布式账本带来的可信能力,将有望给保险行业带来新的变革。

8. 权属管理与溯源

区块链技术可以用于产权、版权等所有权的管理和追踪。其中包括汽车、房屋、艺术品等各种贵重物品的交易等,也包括数字出版物,以及可以标记的数字资源。

9. 其他项目

在人力资源和教育领域,MIT 研究员朱莉安娜·纳扎雷(Juliana Nazaré)和学术创新部主管菲利普·施密特(Philipp Schmidt)发表了文章 *MIT Media Lab Uses the Bitcoin Blockchain for Digital Certificates*,介绍基于区块链的学历认证系统。基于该系统,用人单位可以确认求职者的学历信息是真实可靠的。2018 年 2 月,麻省理工学院开始向毕业生颁发了首批基于区块链的数字学位证书。

7.3.2 区块链未来发展趋势

1. 未来面临的挑战

从实践进展来看,区块链技术在商业银行的应用大部分仍在构想和测试之中,距离在生活、生产中的运用还有很长的路,而要获得监管部门和市场的认可也面临不少困难。

(1) 受到现行观念、制度、法律制约。区块链去中心化、自我管理、集体维护的特性颠覆了人们的生产生活方式,淡化了国家、监管概念,冲击了现行法律安排。对于这些,整个世界完全缺少理论准备和制度探讨。即使是区块链应用最成熟的比特币,不同国家持有态度也不相同,不可避免地阻碍了区块链技术的应用与发展。解决这类问题,显然还有很长的路要走。

(2) 在技术层面,区块链尚需突破性进展。区块链应用尚在实验室初创开发阶段,没有直观可用的成熟产品。相比于互联网技术,人们可以用浏览器、App 等具体应用程序,实现信息的浏览、传递、交换和应用,但区块链明显缺乏这类突破性的应用程序,面临高技术门槛障碍。再例如,区块容量问题,由于区块链需要承载复制之前产生的全部信息,下一个区块信息量要大于之前的区块信息量,这样传递下去,区块写入信息会无限增大,带来的信息存储、验证、容量问题有待解决。

(3) 竞争性技术挑战。虽然有很多人看好区块链技术,但也要看到推动人类发展的技术有很多种,哪种技术更方便更高效,人们就会应用该技术。例如,如果在通信领域应用区块链技术,通过发信息的方式是每次发给全网的所有人,但是只有那个有私钥的人才能解密打开信件,这样信息传递的安全性会大大增加。同样,量子技术也可以做到,量子通信——利用量子纠缠效应进行信息传递——同样具有高效安全的特点,近年来更是取得了不小的进展,这对于区块链技术来说,就具有很强的竞争优势。

2. 发展趋势

(1) 区块链行业应用加速推进,从数字货币向非金融领域渗透扩散。区块链技术作为一种通用性技术,从数字货币加速渗透至其他领域,和各行各业创新融合。未来区块链的应用将由两个阵营推动。一方面,IT阵营,从信息共享着手,以低成本建立信用为核心,逐步覆盖数字资产等领域;另一方面,加密货币阵营从货币出发,逐渐向资产端管理、存证领域推进,并向征信和一般信息共享类应用扩散。

(2) 企业应用是区块链的主战场,联盟链/私有链将成为主流方向。目前,企业的实际应用集中数字货币领域,属于虚拟经济。未来的区块链应用将脱虚向实,更多传统企业使用区块链技术来降低成本、提升协作效率、激发实体经济增长,是未来一段时间区块链应用的主战场。

(3) 应用催生多样化的技术方案,区块链性能将不断得到优化。未来,区块链应用将从单一到多元方向发展。票据、支付、保险、供应链等不同应用,在实时性、高并发性、延迟和吞吐等多个维度上将高度差异化。这将催生出多样化的技术解决方案。区块链技术还远未定型,在未来一段时间还将持续演进,共识算法、服务分片、处理方式、组织形式等技术环节上都有提升效率的空间。

(4) 区块链与云计算的结合越发紧密,BaaS 有望成为公共信任基础设施。云计算是大势所趋。区块链与云的结合也是必然的趋势。区块链与云的结合有两种模式,一种是区块链在云上,一种是区块链在云里。后面一种,也就是 BaaS,即 Blockchain-as-a-Service(区块链服务平台),是指云服务商直接把区块链作为服务提供给用户。

(5) 区块链安全问题日益凸显,安全防护需要技术和管理全局考虑。区块链系统从数学原理上讲,是近乎完美的,具有公开透明、难以篡改、可靠加密、防 DDoS(分布式拒绝服务)攻击等优点。但是,从工程上来看,它的安全性仍然受到基础设施、系统设计、操作管理、隐私保护和技术更新迭代等多方面的制约。未来需要从技术和管理上全局考虑,加强基础研究和整体防护,才能确保应用安全。

(6) 区块链的跨链需求增多,互联互通的重要性凸显。随着区块链应用深化,支付结算、物流追溯、医疗病历、身份验证等领域的企业或行业,都将建立各自区块链系统。未来这些众多的区块链系统间的跨链协作与互通是一个必然趋势。可以说,跨链技术是区块链实现价值互联网的关键,区块链的互联互通将成为越来越重要的议题。

(7) 区块链竞争日趋激烈,专利争夺成为竞争重要领域。随着参与主体的增多,区块链的竞争将越来越激烈,竞争是全方位的,包括技术、模式、专利等多维度。未来企业将在区块链专利上加强布局。近年,中国区块链专利申请数量出现爆发式增长,中国申请量已超越美国。可以预见,未来的区块链专利争夺将日趋激烈。

(8) 区块链投资持续火爆,代币众筹模式累积风险值得关注。区块链成为资本市场追逐的热点。未来投资还将呈不断上升的趋势。与其他科技领域的融资模式不同,区块链领域出现了一种称为"代币众筹"的模式,即 Initial Coin Offering(ICO),是创业公司发行代币、募集资金的一种众筹方式。

(9) 区块链技术与监管存在冲突,但矛盾有望进一步调和。区块链的去中心化、去中介和匿名性等特性与传统的企业管理和政府监管体系不协调。但也应该看到区块链给监管带来的机遇。未来企业将积极迎合监管需求,在技术方案和模式设计上主动内置监管要求,不仅要做到合规运作,还能大幅度节约监管合规的成本。

7.4 相关技术应用

7.4.1 数字货币

1. 数字货币

数字货币简称为 DC(Digital Currency),是电子货币形式的替代货币。数字金币和密码货币都属于数字货币。

数字货币是一种不受管制的、数字化的货币,通常由开发者发行和管理,被特定虚拟社区的成员所接受和使用。欧洲银行业管理局将虚拟货币定义为:价值的数字化表示,不由央行或当局发行,也不与法币挂钩,但由于被公众所接受,所以可作为支付手段,也可以电子形式转移、存储或交易。

数字货币可以认为是一种基于结点网络和数字加密算法的虚拟货币。数字货币的核心特征主要体现了三方面:①由于来自于某些开放的算法,数字货币没有发行主体,因此没有任何人或机构能够控制它的发行;②由于算法解的数量确定,所以数字货币的总量固定,这从根本上消除了虚拟货币滥发导致通货膨胀的可能;③由于交易过程需要网络中的各个结点的认可,因此数字货币的交易过程足够安全。区块链依然是数字货币的底层基础技术之一。

2. 数字货币的特点

(1) 交易成本低。与传统的银行转账、汇款等方式相比,数字货币交易不需要向第三方支付费用,其交易成本更低,特别是相较于向支付服务供应商提供高额手续费的跨境支付。

(2) 交易速度快。数字货币所采用的区块链技术具有去中心化的特点,不需要任何类似清算中心的中心化机构来处理数据,交易处理速度更快捷。

(3) 高度匿名性。除了实物形式的货币能够实现无中介参与的点对点交易外,数字货币相比于其他电子支付方式的优势之一就在于支持远程的点对点支付,它不需要任何可信的第三方作为中介,交易双方可以在完全陌生的情况下完成交易而无须彼此信任,因此具有更高的匿名性,能够保护交易者的隐私,但同时也给网络犯罪创造了便利,容易被洗钱和其他犯罪活动等所利用。

3. 中央银行数字货币

CBDC，全称为 Central Bank Digital Currencies，译为中央银行数字货币。中国版 CBDC 被描述为数字人民币，是由人民银行发行，由指定运营机构参与运营并向公众兑换，以广义账户体系为基础，支持银行账户松耦合功能，与纸钞和硬币等价，并具有价值特征和法偿性的可控匿名的支付工具。中国版的央行数字货币包括"数字货币和电子支付工具"两部分。2014 年，中国央行成立专门的研究团队，对数字货币发行和业务运行框架、数字货币的关键技术、发行流通环境、面临的法律问题等进行了深入研究。2017 年 1 月，央行在深圳正式成立数字货币研究所。2018 年 9 月，数字货币研究所搭建了贸易金融区块链平台。2019 年 7 月 8 日，国务院已正式批准央行数字货币的研发。2020 年 4 月 17 日，央行数字货币研究所称，正在进行研发过程中的测试。2020 年 4 月 22 日，雄安新区管理委员会改革发展局组织召开了法定数字人民币试点推介会，19 家拟参与落地应用的试点单位参会。

7.4.2　中国现代化支付系统

中国现代化支付系统（China National Advanced Payment System，CNAPS）是我国金融市场基础设施的重要组成部分。由中国人民银行清算总中心作为主体建设、运行和管理。我国已形成了以 CNAPS 为核心、以银行金业金融机构（含财务公司）内部系统为基础、以特许清算机构和支付机构支付系统为补充的多元化支付清算体系，并在人民银行的统一组织下建立了包括参与者监督管理办法、系统运行管理、业务处理办法在内的较完善的制度框架。

1. 发展历程

中国支付系统的建设与发展历经以下 4 个阶段。

第一阶段为 1949 年至 1989 年 5 月的手工联行阶段，支付业务完全依赖于纯手工操作和信件、电报传递支付指令，效率低下，制约了新兴支付工具的使用。

第二阶段为 1989 年 5 月到 2003 年 12 月的电子联行阶段，应用了当时先进的卫星通信传输支付指令，资金清算的效率大大提高，使资金在途时间由原来的半个月缩短为三天，标志着中国支付清算工作开始进入电子化、信息化和网络化时代。

第三阶段是 2003 年 12 月至 2015 年 10 月的中国现代化支付系统。它的运行，标志着支付系统发展迈入了具有世界先进水平的新的历史阶段。

第四阶段是 2015 年 10 月以后，人民币跨境支付系统（CIPS）开始推广使用。

2. 系统功能

中国现代化支付系统包括大额实时支付系统、小额批量支付系统、全国支票影像交换系统、电子商业汇票系统、境内外币支付系统和网上支付跨行清算系统几部分。

（1）大额实时支付系统。大额实时支付系统主要处理规定金额起点以上的跨行贷记支付业务、规定金额起点以下的紧急跨行贷记支付业务、商业银行行内需要通过大额支付系统处理的贷记支付业务、特许参与者发起的即时转账业务、城市商业银行银行汇票资金的移存和兑付资金的汇划业务。大额支付系统逐笔实时处理支付业务，全额清算资金。

（2）小额批量支付系统。小额批量支付系统主要处理跨行同城、异地纸质凭证截留的借记支付以及金额在规定起点以下的小额贷记支付业务。通过小额支付系统的建设，支撑各种支付工具的应用,为银行业金融机构提供低成本、大业务量的支付清算服务,满足社会各种支付的需要。

(3) 网上支付跨行清算系统。网上支付跨行清算系统处理规定金额以下的网上支付业务和账户信息查询业务,包括:网银贷记业务、网银借记业务、第三方贷记业务、网络购物、商旅服务、网银缴费、贷款还款、实时代收、实时代付、投资理财、交易退款、慈善捐款等。

(4) 全国支票影像交换系统。全国支票影像交换系统是指综合运用影像技术、支付密码等技术,将纸质支票转化为影像和电子信息,实现纸质支票截留,利用信息网络技术将支票影像和电子清算信息传递至出票人开户行进行提示付款,实现支票全国通用的业务处理系统。影像交换系统定位于处理银行机构跨行和行内的支票影像信息交换,资金清算通过小额支付系统处理。

(5) 电子商业汇票系统。电子商业汇票系统依托网络和计算机技术,接收、登记、转发电子商业汇票数据电文,提供与电子商业汇票货币给付、资金清算行为相关服务并提供纸质商业汇票登记、查询和商业汇票(含纸质、电子商业汇票)公开报价服务的综合性业务处理平台。目前,电子商业汇票系统各类业务的运行时间均与大额支付系统运行时间相同。

(6) 境内外币支付系统。境内外币支付系统是为我国境内的银行业金融机构和外币清算机构提供外币支付服务的实时全额支付系统,是境内商业银行间外币支付的主要渠道。可处理港币、英镑、欧元、日元、加拿大元、澳大利亚元、瑞士法郎和美元 8 种货币支付业务,满足了国内对多种币种支付的需求,提高了结算效率和信息安全性。

(7) 人民币跨境支付系统。人民币跨境支付系统为境内外金融机构人民币跨境和离岸业务提供资金清算、结算服务,采用实时全额结算方式支持跨境货物贸易和服务贸易结算、跨境直接投资、跨境融资和跨境个人汇款等业务。

7.4.3 电子支付

1. 基本概念

电子支付是指消费者、商家和金融机构之间使用安全电子手段把支付信息通过信息网络安全地传送到银行或相应的处理机构,用来实现货币支付或资金流转的行为。

20 世纪 90 年代,国际互联网迅速走向普及化,逐步从大学、科研机构走向企业和家庭,其功能也从信息共享演变为一种大众化的信息传播手段,商业贸易活动逐步进入这个王国。通过使用因特网,既降低了成本,也造就了更多的商业机会,电子商务技术从而得以发展,使其逐步成为互联网应用的最大热点。为适应电子商务这一市场潮流,电子支付随之发展起来。

2005 年 10 月,中国人民银行公布《电子支付指引(第一号)》,规定:"电子支付是指单位、个人直接或授权他人通过电子终端发出支付指令,实现货币支付与资金转移的行为。电子支付的类型按照电子支付指令发起方式分为网上支付、电话支付、移动支付、销售点终端交易、自动柜员机交易和其他电子支付。"简单来说,电子支付是指电子交易的当事人,包括消费者、厂商和金融机构,使用安全电子支付手段,通过网络进行的货币支付或资金流转。电子支付是电子商务系统的重要组成部分。

2. 电子支付协议

(1) SSL(Secure Sockets Layer,安全套接层协议)。SSL 协议层包括两个协议子层:

SSL 记录协议与 SSL 握手协议。SSL 记录协议的基本特点是连接是专用的和可靠的。SSL 握手协议的基本特点是能对通信双方身份的认证、进行协商的双方的秘密是安全的、协商是可靠的。

（2）SET(Secure Electronic Transaction,安全电子交易协议)。SET 协议运行的目标包括保证信息在互联网上安全传输、保证电子商务参与者信息的相互隔离、解决网上认证问题、保证网上交易的实时性、规范协议和消息格式。SET 协议所涉及的对象有消费者、在线商店、收单银行、电子货币发行机构以及认证中心(CA)。

3. 发展阶段

第一阶段是银行利用计算机处理银行之间的业务,办理结算。
第二阶段是银行计算机与其他机构计算机之间资金的结算,如代发工资等业务。
第三阶段是利用网络终端向客户提供各项银行服务,如自助银行。
第四阶段是利用银行销售终端向客户提供自动的扣款服务。
第五阶段是最新阶段也就是基于 Internet 的电子支付,它将第四阶段的电子支付系统与 Internet 整合,实现随时随地地通过 Internet 进行直接转账结算,形成电子商务交易支付平台。

4. 支付类型

电子支付的业务类型按电子支付指令发起方式分为网上支付、电话支付、移动支付、销售点终端交易、自动柜员机交易和其他电子支付。

（1）网上支付是电子支付的一种形式。广义地讲,网上支付是以互联网为基础,利用银行所支持的某种数字金融工具,发生在购买者和销售者之间的金融交换,而实现从买者到金融机构、商家之间的在线货币支付、现金流转、资金清算、查询统计等过程,由此电子商务服务和其他服务提供金融支持。

（2）电话支付是电子支付的一种线下实现形式,是指消费者使用电话(固定电话、手机、小灵通)或其他类似电话的终端设备,通过银行系统就能从个人银行账户里直接完成付款的方式。

（3）移动支付是使用移动设备通过无线方式完成支付行为的一种新型的支付方式。移动支付所使用的移动终端可以是手机、PDA、笔记本电脑等。

5. 支付工具

支付工具可以分为三大类：①电子货币类,如电子现金、电子钱包等；②电子信用卡类,包括智能卡、借记卡、电话卡等；③电子支票类,如电子支票、电子汇款(EFT)、电子划款等。这些方式各有自己的特点和运作模式,适用于不同的交易过程。以下介绍电子现金、电子钱包、电子支票和智能卡。

（1）电子现金(E-Cash)是一种以数据形式流通的货币。它把现金数值转换成为一系列的加密序列数,通过这些序列数来表示现实中各种金额的市值,用户在开展电子现金业务的银行开设账户并在账户内存钱后,就可以在接受电子现金的商店购物了。

（2）电子钱包是电子商务活动中网上购物顾客常用的一种支付工具,是在小额购物或购买小商品时常用的新式钱包。

（3）电子支票是一种借鉴纸张支票转移支付的优点,利用数字传递将钱款从一个账户转移到另一个账户的电子付款形式。这种电子支票的支付是在与商户及银行相连的网络上以密码方式传递的,多数使用公用关键字加密签名或个人身份证号码(PIN)代替手写签名。

(4) 智能卡是在一张信用卡大小的塑料卡片上安装嵌入式存储器芯片的方法,率先开发成功 IC 存储卡。

6. 支付特征

与传统的支付方式相比,电子支付具有以下特征。

(1) 电子支付是采用先进的技术通过数字流转来完成信息传输的,其各种支付方式都是通过数字化的方式进行款项支付的,而传统的支付方式则是通过现金的流转、票据的转让及银行的汇兑等物理实体来完成款项支付的。

(2) 电子支付的工作环境基于一个开放的系统平台(即互联网),而传统支付则是在较为封闭的系统中运作。

(3) 电子支付使用的是最先进的通信手段,如 Internet、Extranet,而传统支付使用的则是传统的通信媒介;电子支付对软、硬件设施的要求很高,一般要求有联网的微机、相关的软件及其他一些配套设施,而传统支付则没有这么高的要求。

(4) 电子支付具有方便、快捷、高效、经济的优势。用户只要拥有一台上网的 PC,便可足不出户,在很短的时间内完成整个支付过程。支付费用仅相当于传统支付的几十分之一,甚至几百分之一。

在电子商务中,支付过程是整个商贸活动中非常重要的一个环节,同时也是电子商务中准确性、安全性要求最高的业务过程。电子支付的资金流是一种业务过程,而非一种技术。但是在进行电子支付活动的过程中,会涉及很多技术问题。

7.4.4 国际资金清算系统

1. 概述

国际资金清算系统(SWIFT)由环球同业银行金融电讯协会管理。SWIFT 的使用,使银行的结算提供了安全、可靠、快捷、标准化、自动化的通信业务,从而大大提高了银行的结算速度。由于 SWIFT 的格式具有标准化,信用证的格式主要都是用 SWIFT 电文。

SWIFT 信用证是指凡通过 SWIFT 系统开立或予以通知的信用证。在国际贸易结算中,SWIFT 信用证是正式的、合法的、被信用证各当事人所接受的、国际通用的信用证。采用 SWIFT 信用证必须遵守 SWIFT 的规定,也必须使用 SWIFT 手册规定的代号(Tag),而且信用证必须遵循国际商会 2007 年修订的《跟单信用证统一惯例》各项条款的规定。在 SWIFT 信用证可省去开证行的承诺条款(Undertaking Clause),但不因此免除银行所应承担的义务。SWIFT 信用证的特点是快速、准确、简明、可靠。

2. 成立起源

由于国际银行业之间经济活动日益频繁,账务往来与日俱增,传统的手工处理手段无法满足客户的要求,为了适应瞬息万变的市场发展,客户要求在一个国家内,甚至世界范围内的转账结算与资金清算能迅速完成。所以,从 20 世纪 60 年代末 70 年代初,欧洲七家银行就酝酿建立一个国际通信系统以提供国际金融数据及其他信息的快速传递服务,开始对通用的国际金融电文交换处理程序进行可行性研究。研究结果表明,应该建立一个国际化的金融处理系统,该系统要能正确、安全、低成本和快速地传递标准的国际资金调拨信息。

3. 发展历程

1973年5月,来自美国、加拿大和欧洲的15个国家的239家银行宣布正式成立SWIFT,其总部设在比利时的布鲁塞尔,它是为了解决各国金融通信不能适应国际支付清算的快速增长而设立的非营利性组织,负责设计、建立和管理SWIFT国际网络,以便在该组织成员间进行国际金融信息的传输和确定路由。从1974年开始设计计算机网络系统,1977年夏完成了环球同业金融电信网络(SWIFT网络)系统的各项建设和开发工作,并正式投入运营。

该组织创立之后,其成员银行数逐年迅速增加。从1987年开始,非银行的金融机构,包括经纪人、投资公司、证券公司和证券交易所等,开始使用SWIFT,该网络已遍布全球206个国家和地区的八千多家金融机构,提供金融行业安全报文传输服务与相关接口软件,支援八十多个国家和地区的实时支付清算系统。1980年SWIFT连接到中国香港。我国的中国银行于1983年加入SWIFT,是SWIFT组织的第1034家成员行,并于1985年5月正式开通使用,成为我国与国际金融标准接轨的重要里程碑。之后,我国的各国有商业银行及上海和深圳的证券交易所,也先后加入SWIFT。

进入20世纪90年代后,除国有商业银行外,中国所有可以办理国际银行业务的外资和侨资银行以及地方性银行纷纷加入SWIFT。SWIFT的使用也从总行逐步扩展到分行。1995年,SWIFT在北京电报大楼和上海长话大楼设立了SWIFT访问点(SWIFT Access Point,SAP),它们分别与新加坡和中国香港的SWIFT区域处理中心主结点连接,为用户提供自动路由选择。为更好地为亚太地区用户服务,SWIFT于1994年在中国香港设立了除美国和荷兰之外的第三个支持中心,这样,中国用户就可得到SWIFT支持中心讲中文的员工的技术服务。SWIFT还在全球17个地点设有办事处,其2000名的专业人员来自55个国家,其中北京办事处于1999年成立。

SWIFT可提供全世界金融数据传输、文件传输、直通处理(Straight Through Process,STP)、撮合、清算和净额支付服务、操作信息服务、软件服务、认证技术服务、客户培训和24小时技术支持。

SWIFT自投入运行以来,以其高效、可靠、低廉和完善的服务,在促进世界贸易的发展,加速全球范围内的货币流通和国际金融结算,促进国际金融业务的现代化和规范化方面发挥了积极的作用。我国的中国银行、中国农业银行、中国工商银行、中国建设银行、交通银行、中信实业银行等已成为环球银行金融通信协会的会员。这也就是为什么PP只支持电汇这几家国内银行的原因。

SWIFT的设计能力是每天传输1100万条电文,而当前每日传送500万条电文,这些电文划拨的资金以万亿美元计,它依靠的便是其提供的240种以上电文标准。SWIFT的电文标准格式,已经成为国际银行间数据交换的标准语言。这里面用于区分各家银行的代码,就是"SWIFT Code",依靠SWIFT Code便会将相应的款项准确地汇入指定的银行。

SWIFT Code是由该协会提出并被ISO通过的银行识别代码,其原名是BIC(Bank Indentified Code),但是BIC这个名字意思太泛,担心有人理解成别的银行识别代码系统,故渐渐地大家约定俗成地把BIC叫作SWIFT Code了。

4. 协会特点

(1) 需要会员资格。我国的大多数专业银行都是其成员。

(2) 费用。同样多的内容，SWIFT 的费用只有 TELEX（电传）的 18% 左右，只有 CABLE（电报）的 2.5% 左右。

(3) 安全性。较高 SWIFT 的密押比电传的密押可靠性强、保密性高，且具有较高的自动化。

思 考 题

1. 什么是区块链？区块链有什么特点？
2. 请介绍区块链技术。
3. 请介绍区块链的发展历程。
4. 请介绍以太坊和以太坊整体框架。
5. 超级账本 Fabric 有什么特点？
6. 区块链主要应用领域有哪些？
7. 区块链的发展趋势是什么？
8. 什么是数字货币？
9. 请介绍中国现代化支付系统的几个功能。
10. 什么是电子支付？
11. 什么是国际资金清算系统 SWIFT？

信息安全

本章将介绍信息安全概述、信息安全技术和信息安全典型应用。通过本章的学习,学生可了解信息安全威胁、信息安全定义、信息安全属性、信息安全体系、信息安全发展史、物理与设备安全、网络信息安全、软件系统安全、物联网安全、大数据安全、云计算安全、量子通信、信息对抗、国家网络空间安全、黑客与有组织攻击、暗网等。

8.1 信息安全概述

8.1.1 信息安全威胁

信息安全的威胁来自方方面面,例如,计算机病毒、信息泄露、信息完整性被破坏、非法使用、拒绝服务、窃听、假冒、授权侵犯、抵赖、业务流被分析、旁路控制、信息安全法律法规不完善等,不胜枚举。归结起来包括以下几方面。

1. 内部泄密

内部泄密指由于不严谨的企业内部管理,导致内部信息被企业内部人员有意或无意被泄露。它是企业数据外泄的最主要原因。互联网已成为企业信息泄密的巨大威胁。在利益的驱动下,员工点点鼠标、复制数据、通过 E-mail 即可将信息传出。

2. 网络窃听

网络监听工具可以监视和截获网络状态、数据流程以及网络上的信息传输。如果黑客获取超级用户权限,登录主机,即可监控网络设备,并截获数据。网络窃听指非法用户在未授权的情况下,通过 Sniffer 等窃听软件,侦听网络传输信道或服务器、路由器等关键网络设备,通过窃听数据的方法来获得敏感的信息。

3. 病毒感染

计算机病毒是一组计算机指令或者程序代码,它通过自我复制对计算机的功能和数据进行破坏,影响计算机的正常运转甚至导致计算机系统瘫痪。计算机病毒因其破坏性而对计算机系统产生巨大威胁。

4. 黑客攻击

黑客攻击是通过一定的技术手段进入内部网络,通过扫描系统漏洞,利用系统中安全防护的薄弱环节或系统缺陷,攻击目标主机或窃取其中存储的敏感信息。网络监听、拒绝服务、密码破解、后门程序和信息炸弹等是黑客常用的攻击方式。

5. 非授权访问

非授权访问是指未经系统授权就使用网络或计算机资源,通过各种手段规避系统的访问控制机制,越权对网络设备及资源进行访问。假冒、身份攻击和非法用户进入网络系统进行非法操作等,这些都是非授权访问的几种常见手段。

6. 信息丢失

由于病毒感染或者黑客攻击导致文件删除、数据破坏,从而造成关键信息丢失。信息数据面临的安全威胁来自于多方面。通过对信息数据安全威胁的分析可以知道,造成信息数据丢失的原因主要有:软件系统故障(操作系统故障、应用系统故障)、硬件故障、误操作、病毒、黑客、计算机犯罪、自然灾害等。

8.1.2 信息安全定义

1. 信息安全的概念

目前,信息安全没有统一的定义,不同学者和部门,有不同的定义。

有人认为,在技术层次上,信息安全的含义就是保证在客观上杜绝对信息安全属性的安全威胁使得信息的主人在主观上对其信息的本源性放心。

还有人认为,信息安全是指秘密信息在生产、传输、使用、存储过程中不被泄露或破坏。信息安全所面临的威胁主要包括:利用网络的开放性,采取病毒和黑客入侵等手段,渗入计算机系统,进行干扰、篡改、窃取或破坏;利用在计算机 CPU 芯片或在操作系统、数据库管理系统、应用程序中预先安置从事情报收集、受控激发破坏的程序,来破坏系统或收集和发送敏感信息;利用计算机及其外围设备电磁泄漏,拦截各种情报资料等。

美国国家安全电信和信息系统安全委员会(NSTISSC)对信息安全给出的定义是对信息、系统以及使用、存储和传输信息的硬件的保护。但是要保护信息及其相关系统,诸如政策、人事、培训和教育以及技术等手段都是必要的。

目前,国内外有关方面的论述大致分为两类:一类是指具体的信息技术系统的安全,而另一类则是指某一特定信息体系的安全。但有人认为这两种定义均过于狭窄,信息安全定义应该为:一个国家的社会信息化状态不受外来的威胁与侵害,一个国家的信息技术体系不受外来的威胁与侵害。其原因是:信息安全,首先应该是一个国家宏观的社会信息化状态是否处于自主控制之下、是否稳定的问题,其次才是信息技术安全的问题。

总之,信息安全是指保护信息网络中的硬件、软件及其系统中的数据,使之不受偶然的或者恶意的原因而遭到破坏、更改和泄露,保证系统可靠、不间断地正常运行,信息服务不中断。其根本目的就是使内部信息不受外部威胁,因此信息通常要加密。为保障信息安全,要求有信息源认证、访问控制,不能有非法软件驻留,不能有非法操作。

信息安全是一门涉及计算机科学、网络技术、通信技术、密码技术、信息安全技术、应用数学、数论、信息论等多种学科的综合性学科。

2. 信息安全的演变

信息安全的发展是跟信息技术的发展和用户的需求密不可分的,它大致分为通信安全

(COMSEC)、信息安全(INFOSEC)、信息保障(Information Assurance,IA)三个发展阶段，也称为保密→保护→保障发展阶段。

(1) 通信安全(COMSEC)。本阶段开始于20世纪40年代，主要目的是保障传递的信息的安全，防止信源信宿以外的对象查看到信息。1948年，香农发表了具有划时代意义的论文《通信的数学理论》(A Mathematical Theory of Communication)。香农指出，所有的通信信息，都可以编码成数字1和0传输出去，接收后再进行解码，也就是说，任何信息都可以将其数字化，信息一旦数字化，就可以实现通信的无损传输。香农的这一理论描绘了信息数字化的蓝图，奠定了现代通信工程学的基础。

(2) 信息安全(INFOSEC)。20世纪70年代以后，计算机软硬件技术、网络技术快速发展，这种环境下的信息安全可以归纳为对信息系统的保护，是针对信源、信宿之间的传递活动进行的。随着信息数字化的急速发展，信息的传播速度和信息传播的容量得到极快的提高，但同时也给人们带来了前所未有的问题与困惑，如黑客问题、信息战、病毒的传播等。

(3) 信息保障(IA)。信息保障是世界各国信息安全发展的最新阶段。20世纪90年代以来，随着互联网的飞速发展，安全不再局限于对信息的静态保护，而需要对整个信息和信息系统进行保护和防御。我国信息安全国家重点实验室对"信息保障"给出了以下定义："信息保障是对信息和信息系统的安全属性及功能、效率进行保障的动态行为过程。它运用源于人、管理、技术等因素所形成的预警能力、保护能力、检测能力、反应能力、恢复能力和反击能力，在信息和系统生命周期全过程的各个状态下，保证信息内容、计算环境、边界与连接、网络基础设施的真实性、可用性、完整性、保密性、可控性、不可否认性等安全属性，从而保障应用服务的效率和效益，促进信息化的可持续健康发展。"由此可见，信息保障是主动的、持续的。

8.1.3 信息安全属性

信息安全的基本属性主要表现在以下5方面。

1. 保密性

保密性(Confidentiality)就是保证信息为授权者享用而不泄露给未经授权者。保密性是网络信息不被泄露给非授权的用户、实体或过程，或供其利用的特性。即防止信息泄露给非授权个人或实体，信息只为授权用户使用的特性。保密性是在可靠性和可用性基础之上，保障网络信息安全的重要手段。常用的保密技术包括：防侦收(使对手侦收不到有用的信息)、防辐射(防止有用信息以各种途径辐射出去)、信息加密(在密钥的控制下，用加密算法对信息进行加密处理，即使对手得到了加密后的信息也会因为没有密钥而无法读懂有效信息)、物理保密(利用各种物理方法，如限制、隔离、掩蔽、控制等措施，保护信息不被泄露)。

2. 完整性

完整性(Integrity)就是保证信息从真实的发信者传送到真实的收信者手中，传送过程中没有被非法用户添加、删除、替换等。完整性是网络信息未经授权不能进行改变的特性。即网络信息在存储或传输过程中保持不被偶然或蓄意地删除、修改、伪造、乱序、重放、插入等破坏和丢失的特性。完整性是一种面向信息的安全性，它要求保持信息的原样，即信息的正确生成和正确存储和传输。完整性与保密性不同，保密性要求信息不被泄露给未授权的人,而完整性则要求信息不致受到各种原因的破坏。影响网络信息完整性的主要因素有：设备故障、误码(传输、处理和存储过程中产生的误码,定时的稳定度和精度降低造成的误码,各种干扰源造成的误码)、人为攻击、计算机病毒等。保障网络信息完整性的主要方法有：①协议,即通过各种安全协议可以有效地检测出被复制的信息、被删除的字段、失效的字段和被修改的字段；②纠错编码方法,由此完成检错和纠错功能,最简单和常用的纠错编码方法是奇偶校验法；③密码校验和方法,它是抗窜改和传输失败的重要手段；④数字签名,即保障信息的真实性；⑤公证,即请求网络管理或中介机构证明信息的真实性。

3. 可用性

可用性(Availability)就是保证信息和信息系统随时为授权者提供服务,保证合法用户对信息和资源的使用不会被不合理地拒绝。可用性是网络信息可被授权实体访问并按需求使用的特性。即网络信息服务在需要时,允许授权用户或实体使用的特性,或者是网络部分受损或需要降级使用时,仍能为授权用户提供有效服务的特性。可用性是网络信息系统面向用户的安全性能。网络信息系统最基本的功能是向用户提供服务,而用户的需求是随机的、多方面的,有时还有时间要求。可用性一般用系统正常使用时间和整个工作时间之比来度量。可用性应满足以下要求：身份识别与确认、访问控制(对用户的权限进行控制,只能访问相应权限的资源,防止或限制经隐蔽通道的非法访问。包括自主访问控制和强制访问控制)、业务流控制(利用均分负荷方法,防止业务流量过度集中而引起网络阻塞)、路由选择控制(选择那些稳定可靠的子网、中继线或链路等)、审计跟踪(把网络信息系统中发生的所有安全事件情况存储在安全审计跟踪之中,以便分析原因、分清责任,及时采取相应的措施。审计跟踪的信息主要包括：事件类型、被管客体等级、事件时间、事件信息、事件回答以及事件统计等方面的信息)。

4. 可控性

可控性(Controllability)就是出于国家和机构的利益和社会管理的需要,保证管理者能够对信息实施必要的控制管理,以对抗社会犯罪和外敌侵犯。可控性的实施需要明确几个条件：①可知性,即当事人有权知道将发生什么；②可预测性,有某种方法可以预测结果；③可操作性,即当事人有方法控制并调节对象；④时间性,即在某一时期,对象是可控的,而在另一时期,对象可能就是不可控的；⑤空间性,即在某一空间范围内,对象是可控的,而在另一空间范围内,对象可能就是不可控的；⑥等级性,即在某 等级,对象是不可控的,如果在上一级,对象可能就是可控的；⑦授权性,即当事人必须给予一定的权力,也就是要干什么、管理什么、负责什么；⑧明确性,即对象可确定、可计量、可操作,当事人的权限也可界定等。

5. 不可否认性

不可否认性(Non-Repudiation)就是人要为自己的信息行为负责,提供保证社会依法管理需要的公证、仲裁信息证据。不可否认性又称抗抵赖性,即由于某种机制的存在,人们不能否认自己发送信息的行为和信息的内容。传统的方法是靠手写签名和加盖印章来实现信息的不可否认性。在互联网电子环境下,可以通过数字证书机制进行的数字签名和时间戳,保证信息的抗抵赖。不可否认性的目的是为解决有关事件或行为是否发生过纠纷,而对涉及被声称事件或行为不可辩驳的证据进行收集、维护和使其可用,并且证实。与其他安全服务一样,不可否认性服务只对特定应用在一个确定的安全策略上下文背景下才能被提供。与不可否认相联系的事件序列可分为五个不同的行动阶段:服务请求、证据产生、证据传递存储、证据验证和纠纷解决。

总之,信息安全的保密性、完整性和可用性主要强调对非授权主体的控制。而对授权主体的不正当行为如何控制呢?信息安全的可控性和不可否认性恰恰是通过对授权主体的控制,实现对保密性、完整性和可用性的有效补充,主要强调授权用户只能在授权范围内进行合法的访问,并对其行为进行监督和审查。除了上述信息安全的五个基本属性外,还有信息安全的可审计性、可鉴别性等。信息安全的可审计性是指信息系统的行为人不能否认自己的信息处理行为。与不可否认性的信息交换过程中行为可认定性相比,可审计性的含义更宽泛一些。信息安全的可见鉴别性是指信息的接收者能对信息的发送者的身份进行判定。它也是一个与不可否认性相关的概念。

8.1.4 信息安全体系

ISO 7498 标准是目前国际上普遍遵循的计算机信息系统互联标准,1989 年 12 月,ISO 颁布了该标准的第二部分,即 ISO 7498-2 标准,并首次确定了开放系统互连(OSI)参考模型的信息安全体系结构。我国将其作为国家标准,并予以执行。下面就来详细介绍一下 ISO 7498 标准,其中包括五大类安全服务以及提供这些服务所需要的八大类安全机制。

1. 安全服务

安全服务是由参与通信的开放系统的某一层所提供的服务,它确保了该系统或数据传输具有足够的安全性。ISO 7498-2 确定了五大类安全服务,即鉴别、访问控制、数据保密性、数据完整性和不可否认。

(1) 鉴别。这种安全服务可以鉴别参与通信的对等实体和数据源,包括对等实体鉴别和数据源鉴别。

(2) 访问控制。这种安全服务提供的保护,能够防止未经授权而利用通过 OSI 可访问的资源。这些资源可能是通过 OSI 协议可访问的 OSI 资源或非 OSI 资源。这种安全服务可用于对某个资源的各类访问(通信资源的利用,信息资源的阅读、书写或删除,处理资源的执行等)或用于对某个资源的所有访问。

(3) 数据保密性。这种安全服务能够提供保护,以防止数据未经授权而泄露,包括连接保密性、无连接保密性、选择字段保密性和业务流保密性。

(4) 数据完整性。这种安全服务用于对付主动威胁,包括带恢复的连接完整性、不带恢复的连接完整性、选择字段连接完整性、无连接完整性和选择字段无连接完整性。

(5) 不可否认。包括带数据源证明的不可否认和带递交证明的不可否认。

2. 安全机制

ISO 7498-2 确定了八大类安全机制,即加密、数据签名机制、访问控制机制、数据完整性机制、鉴别交换机制、业务填充机制、路由控制机制和公证机制。

(1) 加密。包括保密性、加密算法和密钥管理几部分。

(2) 数字签名机制。这种安全机制决定于两个过程:对数据单元签名和验证已签名的数据单元。第一个过程可以利用签名者私有的(即独有和保密的)信息,而第二个过程则要利用公之于众的规程和信息,但通过它们并不能推出签名者的私有信息。

(3) 访问控制机制。确定访问权,建立多个限制手段,访问控制在数据源或任何中间点用于确定发信者是否被授权与收信者进行通信,或被授权可以利用所需要的通信资源。

(4) 数据完整性机制。一是数据完整性机制的两方面,即单个的数据单元或字段的完整性以及数据单元串或字段串的完整性;二是确定单个数据单元的完整性;三是编序形式;四是保护形式。

(5) 鉴别交换机制。这种安全机制是通过信息交换以确保实体身份的一种机制。

(6) 业务填充机制。这是一种制造假的通信实例、产生欺骗性数据单元或在数据单元中产生假数据的安全机制。该机制可用于提供对各种等级的保护,以防止业务分析。该机制只有在业务填充受到保密性服务保护时才有效。

(7) 路由控制机制。包括路由选择、路由连接和安全策略。

(8) 公证机制。保证由第三方公证人提供,公证人能够得到通信实体的信任,而且可以掌握按照某种可证实方式提供所需保证的必要信息。每个通信场合都可以利用数字签名、加密和完整性机制以适应公证人所提供的服务。在用到这样一个公证机制时,数据便经由受保护的通信场合和公证人在通信实体之间进行传送。

8.1.5 信息安全发展史

1. 早期的信息安全

密码学是一个古老的学科,其历史可以追溯到公元前5世纪希腊城邦为对抗奴役和侵略,与波斯发生多次冲突和战争。由于军事和国家安全的需要,密码学的研究从未间断。

很久以前人们便想尝试通过秘密的文字来传递信息,最早的安全事件出现在当时的恺撒时期(约为公元前51世纪),当时由于通信泄露导致军队的溃败成为史料记载的第一次信息安全事件,随后恺撒发布了自己的加密方法,即使用单表加密体制,这被称为密码学的第一个起源。之后,由于单表密码通过概率的方式极其容易就被破解,16世纪时,亨利三世改进了单表加密的恺撒密码体制,形成了弗吉尼亚密码体制,这以后密码正式进入了多表密码体制的时代。

在美国南北战争时期,多表替代体制大放异彩,Vigenere 密码和 Beaufort 密码是多表替代密码的典型例子。与此同时,密码破译技术也在飞速进步,W. Firedman 在 1918 年所做的使用重合指数破译多表密码成为密码学上的里程碑,随后各国军方对此进行深入研究,一度使得当时世界的密码体制遭到冲击,1949 年,C. Shannon 的《保密系统的通信理论》发表在了《贝尔系统技术杂志》上,一方面把密码学从艺术提升到了科学,另一方面也标志着表替代体制密码的结束。在 C. Shannon 的文章发表之后的 25 年内,对密码学的公开研究几乎是空白,整个信息安全界的发展也只有军方在秘密进行。

20 世纪 40 年代到 20 世纪 60 年代初,电子计算机出现后,因为其体积较大、不易安置、碰撞或搬动过程中容易受损,因此,人们较关心其硬件安全。

2. 20 世纪 70 年代的信息安全

直到 20 世纪 70 年代中期,密码学才开始真正地蓬勃发展起来。另外,互联网的崛起,也刺激了网络安全的研究。这个时期的研究包括以下几方面。

(1) 在密码理论与技术研究方面,1976年,公钥密码思想被提出,比较流行的主要有两类:一类是基于大整数因子分解问题的,其中最典型的代表是RSA;另一类是基于离散对数问题的,如El Gamal公钥密码和影响比较大的椭圆曲线公钥密码。在20世纪70年代中期,Diffie-Hellman率先提出公钥密码的构想,他认为一个密钥进行加解密的这种方式安全性远远不能达到人们的需求,之后由Ron Rivest、Adi Shamirh和Len Adleman三个人开创了RSA算法,为公钥密码体制打下了坚实的基础。

(2) 在安全体系结构理论与技术研究方面,20世纪70年代,ARPANET开始流行并投入使用,并且其使用呈无序的趋势。1973年12月,Robert M. Bob Metcalfe指出ARPANET存在的几个基本问题,单独的远程用户站点没有足够的控制权和防卫措施来保护数据免受授权的远程用户的攻击。20世纪70年代,安全体系结构理论的计算机保密模型(Bell & La padula模型)被提出。

(3) 可信计算机评估准则被提出。20世纪60年代后,人们对安全的关注已经逐渐扩展为以保密性、完整性和可用性为目标的信息安全阶段,主要保证动态信息在传输过程中不被窃取,即使窃取了也不能读出正确的信息;还要保证数据在传输过程中不被篡改,让读取信息的人能够看到正确无误的信息。1977年美国国家标准局(NBS)公布的国家数据加密标准(DES)和1983年美国国防部公布的可信计算机系统评价准则(Trusted Computer System Evaluation Criteria,TCSEC,俗称橘皮书,1985年再版)标志着解决计算机信息系统保密性问题的研究和应用迈上了历史的新台阶。

3. 20世纪80年代的信息安全

20世纪80年代末,国际互联网逐渐普及,安全保密事件频频发生,既有"硬破坏",也有"软破坏",因而,这一阶段的计算机安全不但重视硬件,也重视软件和网络,不但注重系统的可靠性和可用性,而且因使用者多数是涉密的军事和政府部门,因此也非常关注系统的保密性。这个时期的研究和关注点包括以下几方面。

(1) 在密码理论与技术研究方面,20世纪80年代后期,认证码研究在其构造和界的估计等方面已经取得了长足的发展。身份识别研究有两类:一是1984年Shamir提出的基于身份的识别方案,二是1986年Fiat等人提出的零知识身份识别方案。20世纪80年代中期到20世纪90年代初,对于序列密码的研究非常火热,在序列密码的设计与生成以及分析方面出现了一大批有价值的成果。

(2) 在安全协议理论与技术研究方面,20世纪80年代初,安全协议的形式化分析方法起步,随着各种有效方法及思想的不断涌现,目前这一领域在理论上正走向成熟。研究成果主要集中在基于推理知识和信念的模态逻辑、基于状态搜索工具和定理证明技术、基于新的协议模型发展证明正确性理论三方面。

(3) 在安全体系结构理论与技术研究方面,20世纪80年代中期,美国国防部制定了"可信计算机系统安全评价准则"(TCSEC),其后又对网络系统、数据库等方面做出了一系列安全解释,形成了安全信息系统体系结构的最早原则。

(4) 在信息对抗理论与技术研究方面,1988年"蠕虫事件"和计算机系统Y2k问题让人们开始重视信息系统的安全。

4. 20世纪90年代的信息安全

20世纪90年代,伴随着计算机及其网络的广泛应用,诸多安全事件暴露了计算机系统的缺陷,这使计算机科学家和生产厂商意识到,如果不堵住计算机及网络自身的漏洞,犯罪分子将乘虚而入,不但造成财产上的损失,而且将严重阻碍计算机技术的进一步发展和应用。这个时期的研究和关注点包括以下几方面。

(1) 在密码理论与技术研究方面,法国是第一个制定数字签名法的国家,其他国家也正在实施之中。1993年,美国提出密钥托管理论和技术,国际标准化组织制定了X.509标准,以及麻省理工学院开发了Kerboros协议等。美国在1977年制定了数据加密标准,但1997年6月17日被攻破。随后开始制定和评估新一代数据加密标准(称作AES)。欧洲和日本也启动了相关标准的征集和制定工作。

(2) 在安全协议理论与技术研究方面,目前已经提出了大量的实用安全协议,如电子商务协议、IPSec协议、TLS协议、简单网络管理协议(SNMP)、PGP、PEM协议、S-HTTP、S/MIME协议等。

(3) 在安全体系结构理论与技术研究方面,20世纪90年代初,英、法、德、荷四国针对TCSEC准则只考虑保密性的局限,联合提出了包括保密性、完整性、可用性概念的"信息技术安全评价准则"(ITSEC),但是该准则中并没有给出综合解决以上问题的理论模型和方案。六国七方(美国国家安全局和国家技术标准研究所、加、英、法、德、荷)共同提出"信息技术安全评价通用准则"(CC for ITSEC)。CC标准于1999年7月通过国际标准化组织认可,编号为ISO/IEC 15408。

(4) 在信息对抗理论与技术研究方面,黑客利用分布式拒绝服务方法攻击大型网站,导致网络服务瘫痪。计算机病毒和网络黑客攻击技术已经成为新一代军事武器。

5. 21世纪的信息安全现状

进入21世纪,密码理论研究有了一些突破,安全体系结构理论更加完善,信息对抗理论的研究尚未形成系统,网络安全与安全产品丰富多彩。这个时期的研究包括以下几方面。

(1) 在密码理论与技术研究方面,目前国际上对非数学的密码理论与技术(包括信息隐形、量子密码、基于生物特征的识别理论与技术等)非常关注。信息隐藏将在未来网络中保护信息免于破坏起到重要作用,信息隐藏是网络环境下把机密信息隐藏在大量信息中不让对方发觉的一种方法。特别是图像叠加、数字水印、潜信道、隐匿协议等的理论与技术的研究已经引起人们的重视。近年来,英、美、日等国的许多大学和研究机构竞相投入到量子密码的研究之中,更大的计划在欧洲进行。西方国家不仅在密码基础理论方面的研究做得很好,而且在实际应用方面也做得非常好,制定了一系列的密码标准,特别规范。

(2) 在安全体系结构理论与技术研究方面,至今美国已研制出达到TCSEC要求的安全系统(包括安全操作系统、安全数据库、安全网络部件)多达一百多种,但这些系统仍有局限性,还没有真正达到形式化描述和证明的最高级安全系统。

(3) 在信息对抗理论与技术研究方面,该领域正在发展阶段,理论和技术都很不成熟,也比较零散。但它的确是一个研究热点。目前的成果主要是一些产品(如IDS、防范软件、杀病毒软件等)。除攻击程序和黑客攻击外,当前该领域最引人瞩目的问题是网络攻击,美国在网络攻击方面处于国际领先地位。该领域的另一个比较热门的问题是入侵检测与防范。这方面的研究相对比较成熟,也形成了系列产品。

(4) 在网络安全与安全产品研究方面,目前,在市场上比较流行而又能够代表未来发展方向的安全产品大致有以下几类:防火墙、安全路由器、虚拟专用网、安全服务器、电子签证机构 CA 和 PKI 产品，用户认证产品，安全管理中心，入侵检测系统（IDS），安全数据库，安全操作系统。

（5）进入 21 世纪的信息安全保障时代，其主要标志是《信息保障技术框架》（IATF）。如果说对信息的保护，主要还是处于从传统安全理念到信息化安全理念的转变过程中，那么面向业务的安全保障，就完全是从信息化的角度来考虑信息的安全了。体系性的安全保障理念，不仅关注系统的漏洞，而且从业务的生命周期着手，对业务流程进行分析，找出流程中的关键控制点，从安全事件出现的前、中、后三个阶段进行安全保障。面向业务的安全保障不是只建立防护屏障，而是建立一个"深度防御体系"，通过更多的技术手段把安全管理与技术防护联系起来，不再是被动地保护自己，而是主动地防御攻击。也就是说，面向业务的安全防护已经从被动走向主动，安全保障理念从风险承受模式走向安全保障模式。信息安全阶段也转换为从整体角度考虑其体系建设的信息安全保障时代。

8.2 信息安全技术

8.2.1 物理与设备安全

1. 物理安全

1）物理安全的概念

物理安全是为保证信息系统的安全可靠运行，降低或阻止人为或自然因素从物理层面对信息系统保密性、完整性、可用性带来的安全威胁，从系统的角度采取的适当安全措施。

物理安全也称实体安全，是系统安全的前提。硬件设备的安全性能直接决定了信息系统的保密性、完整性、可用性，信息系统所处物理环境的优劣直接影响了信息系统的可靠性，系统自身的物理安全问题也会对信息系统的保密性、完整性、可用性带来安全威胁。

物理安全是以一定的方式运行在一些物理设备之上的，保障物理设备安全的第一道防线。因为物理安全会导致系统存在风险，例如，环境事故造成的整个系统毁灭；电源故障造成的设备断电以至操作系统引导失败或数据库信息丢失；设备被盗、被毁造成数据丢失或信息泄露；电磁辐射可能造成数据信息被窃取或偷阅；报警系统的设计不足或失灵可能造成的事故等。

设备安全技术主要是指保障构成信息网络的各种设备、网络线路、供电连接、各种媒体数据本身以及其存储介质等安全的技术，主要包括设备的防盗、防电磁泄漏、防电磁干扰等，是对可用性的要求。所有的物理设备都是运行在一定的物理环境之中的。

物理环境安全是物理安全的最基本保障，是整个安全系统不可缺少和忽视的组成部分。环境安全技术主要是指保障信息网络所处环境安全的技术，主要技术规范是对场地和机房的约束，强调对于地震、水灾、火灾等自然灾害的预防措施，包括场地安全、防火、防水、防静电、防雷击、电磁防护、线路安全等。

2）概念的理解

（1）狭义物理安全。传统意义的物理安全包括设备安全、环境安全/设施安全以及介质安全。设备安全的技术要素包括设备的标志和标记、防止电磁信息泄露、抗电磁干扰、电源保护以及设备振动、碰撞、冲击适应性等方面。环境安全的技术要素包括机房场地选择、机房屏蔽、防火、防水、防雷、防鼠、防盗、防毁、供配电系统、空调系统、综合布线、区域防护等方面。介质安全的安全技术要素包括介质自身安全以及介质数据的安全。以上是狭义物理安全观,也是物理安全的最基本内容。

(2) 广义物理安全。广义的物理安全还应包括由软件、硬件、操作人员组成的整体信息系统的物理安全,即包括系统物理安全。信息系统安全体现在信息系统的保密性、完整性、可用性三方面,从物理层面出发,系统物理安全技术应确保信息系统的保密性、可用性、完整性,如通过边界保护、配置管理、设备管理等等级保护措施保护信息系统的保密性,通过容错、故障恢复、系统灾难备份等措施确保信息系统可用性,通过设备访问控制、边界保护、设备及网络资源管理等措施确保信息系统的完整性。

3) 物理安全分类

(1) 信息系统物理安全。为了保证信息系统安全可靠运行,确保信息系统在对信息进行采集、处理、传输、存储过程中,不致受到人为或自然因素的危害,而使信息丢失、泄露或破坏,对计算机设备、设施(包括机房建筑、供电、空调)、环境人员、系统等采取适当的安全措施。

(2) 设备物理安全。为保证信息系统的安全可靠运行,降低或阻止人为或自然因素对硬件设备安全可靠运行带来的安全风险,对硬件设备及部件所采取的适当安全措施。

(3) 环境物理安全。为保证信息系统的安全可靠运行所提供的安全运行环境,使信息系统得到物理上的严密保护,从而降低或避免各种安全风险。

(4) 介质物理安全。为保证信息系统的安全可靠运行所提供的安全存储的介质,使信息系统的数据得到物理上的保护,从而降低或避免数据存储的安全风险。

2. 物理安全威胁与防范

物理安全威胁,指物理设备及配套部件的安全威胁,而不是软件逻辑上的威胁。物理设备运行在某一个物理环境中。环境不好,对物理设备有威胁,自然会影响其运行效果。物理环境安全是物理安全的最基本保障,是整个安全系统不可缺少和忽视的组成部分。环境安全技术主要是保障物联网系统安全的相关技术。其技术规范是物联网系统运行环境内外(场地和机房)的约束。其环境分为自然环境和人为干扰。自然环境包括地震、水灾、火灾等自然灾害。人为环境包括静电、雷击、电磁、线路破坏、盗窃等。

1) 机房环境安全

机房是各类信息设备的中枢,机房工程必须保证网络和计算机等高级设备能长期而可靠地运行。其质量的优劣直接关系到机房内整个信息系统是否能稳定可靠地运行,是否能保证各类信息通信畅通无阻。机房的环境必须满足计算机等各种微机电子设备和工作人员对温度、湿度、洁净度、电磁场强度、噪声干扰、安全保安、防漏、电源质量、振动、防雷和接地等的要求。机房的物理环境受到了严格控制,主要分为几方面:温度、电源、地板、监控。

2) 设备安全与策略

设备安全技术指保障构成信息网络的各种设备、网络线路、供电连接、各种媒体数据本身以及其存储介质等安全的技术,主要包括设备的防盗、防电磁泄漏、防电磁干扰等,是对可用性的要求。

3) 通信线路安全

(1) 线路安全威胁。线路物理安全指为保证信息系统的安全可靠运行,降低或阻止人为或自然因素对通信线路的安全可靠运行带来的安全风险,对线路所采取的适当安全措施。

线路的物理安全按不同的方法分类。例如,可以分为自然安全威胁和人为安全威胁,也可以分为线路端和线路间的安全威胁,还可以分为被破坏程度的安全威胁。线路的物理安全风险主要有:地震、水灾、火灾等自然环境事故带来的威胁;线路被盗、被毁、电磁干扰、线路信息被截获、电源故障等人为操作失误或错误。

(2)线路安全的对策。通信线路的物理安全是网络系统安全的前提。由于通信线路属于弱电,耐压值很低,因此,在其设计和施工中,必须优先考虑保护线路和端口设备不受水灾、火灾、强电流、雷击的侵害。必须建设防雷系统,防雷系统不仅考虑建筑物防雷,还必须考虑计算机及其他弱电耐压设备的防雷。在布线时,要考虑可能的火灾隐患,线路要铺设到一般人触摸不到的高度,而且要加装外保护盒或线槽,避免线路信息被窃听。要与照明电线、动力电线、暖气管道及冷热空气管道之间保持一定距离,避免被伤害或被电磁干扰。充分考虑线路的绝缘、线路的接地与焊接的安全。线路端的接口部分,要加强外部保护,避免信息泄露或线路被损坏。

8.2.2 网络安全

1. 网络安全威胁

1)网络安全概述

计算机网络安全是指利用网络管理控制和技术措施,保证在一个网络环境里,数据的保密性、完整性及可使用性受到保护。计算机网络安全包括两方面,即物理安全和逻辑安全。物理安全指系统设备及相关设施受到物理保护,免于破坏、丢失等。逻辑安全包括信息的完整性、保密性和可用性。计算机网络安全不仅包括组网的硬件、管理控制网络的软件,也包括共享的资源、快捷的网络服务,所以定义网络安全应考虑涵盖计算机网络所涉及的全部内容。

2)潜在威胁

对计算机信息构成不安全的因素很多,其中包括人为的因素、自然的因素和偶发的因素。其中,人为因素是指,一些不法之徒利用计算机网络存在的漏洞,或者潜入计算机房,盗用计算机系统资源,非法获取重要数据、篡改系统数据、破坏硬件设备、编制计算机病毒。人为因素是对计算机信息网络安全威胁最大的因素。

3)计算机网络的脆弱性

互联网是对全世界都开放的网络,任何单位或个人都可以在网上方便地传输和获取各种信息,互联网这种具有开放性、共享性、国际性的特点就对计算机网络安全提出了挑战。互联网的不安全性主要有以下几项:①网络的开放性,网络的技术是全开放的,使得网络所面临的攻击来自多方面,或是来自物理传输线路的攻击,或是来自对网络通信协议的攻击,以及对计算机软件、硬件的漏洞实施攻击;②网络的国际性,意味着对网络的攻击不仅是来自于本地网络的用户,还可以是互联网上其他国家的黑客,所以,网络的安全面临着国际化的挑战;③网络的自由性,大多数的网络对用户的使用没有技术上的约束,用户可以自由地上网、发布和获取各类信息。

2. 网络安全策略

1)技术层面对策

对于技术方面,计算机网络安全技术主要有实时扫描技术、实时监测技术、防火墙、完整性检验保护技术、病毒情况分析报告技术和系统安全管理技术。综合起来,技术层面可以采取以下对策。

(1) 建立安全管理制度。提高包括系统管理员和用户在内的人员的技术素质和职业道德修养。对重要部门和信息,严格做好开机查毒,及时备份数据。

(2) 网络访问控制。访问控制是网络安全防范和保护的主要策略。它的主要任务是保证网络资源不被非法使用和访问。它是保证网络安全最重要的核心策略之一。访问控制涉及的技术比较广,包括入网访问控制、网络权限控制、目录级控制以及属性控制等多种手段。

(3) 数据库的备份与恢复。数据库的备份与恢复是数据库管理员维护数据安全性和完整性的重要操作。备份是恢复数据库最容易和最能防止意外的保证方法。恢复是在意外发生后利用备份来恢复数据的操作。

(4) 应用密码技术。应用密码技术是信息安全核心技术,密码手段为信息安全提供了可靠保证。基于密码的数字签名和身份认证是当前保证信息完整性的最主要方法之一,密码技术主要包括古典密码体制、单钥密码体制、公钥密码体制、数字签名以及密钥管理。

(5) 切断传播途径。对被感染的硬盘和计算机进行彻底杀毒处理,不使用来历不明的U盘和程序,不随意下载网络可疑信息。

(6) 提高网络反病毒技术能力。通过安装病毒防火墙,进行实时过滤。对网络服务器中的文件进行频繁扫描和监测,在工作站上采用防病毒卡,加强网络目录和文件访问权限的设置。在网络中,限制只能由服务器才允许执行的文件。

(7) 研发并完善高安全的操作系统。研发具有高安全的操作系统,不给病毒得以滋生的温床才能更安全。

2) 管理层面对策

计算机网络的安全管理,不仅要看所采用的安全技术和防范措施,而且要看它所采取的管理措施和执行计算机安全保护法律、法规的力度。只有将两者紧密结合,才能使计算机网络安全确实有效。

计算机网络的安全管理,包括对计算机用户的安全教育、建立相应的安全管理机构、不断完善和加强计算机的管理功能、加强计算机及网络的立法和执法力度等方面。加强计算机安全管理、加强用户的法律、法规和道德观念,提高计算机用户的安全意识,对防止计算机犯罪、抵制黑客攻击和防止计算机病毒干扰,是十分重要的措施。

8.2.3 软件系统安全

1. 恶意代码

1) 恶意代码概述

恶意代码(Unwanted Code)指没有作用却会带来危险的代码。恶意代码又称恶意软件。比较安全的定义是把所有不必要的代码都看作是恶意的,而不必要代码比恶意代码具有更宽泛的安全含义,包括所有可能与某个组织安全策略相冲突的软件。因为危险程度不同,所以对应的英文也有差异,如 Malicious Software(恶意的、有敌意的、蓄意的)或 Malevolent Software(恶毒的),Malicious Code,Malevolent Code 或者简称 Malware。从危险程度上看,可以将其划分为两类,一是轻微危险程度的,一是严重危险程度的。

轻微危险程度的定义:是指在未明确提示用户或未经用户许可的情况下,在用户计算机或其他终端上安装运行，侵犯用户合法权益的软件。与病毒或蠕虫不同，这些软件很多不是小团体或者个人秘密地编写和散播，反而有很多知名企业和团体涉嫌此类软件。有时也称其为流氓软件（Rogue Software）。更具体地可称为广告软件（Adware）、间谍软件（Spyware）、恶意共享软件（Malicious Shareware）。

严重危险程度的定义：恶意代码是指故意编制或设置的、对网络或系统会产生威胁或潜在威胁的计算机代码。最常见的恶意代码有计算机病毒（简称病毒，Viruses）、特洛伊木马（简称木马，Trojan Horses）、计算机蠕虫（简称蠕虫，Worms）、后门（System Backdoor）、逻辑炸弹（Logic Bombs）等。

恶意代码编写者的一种典型手法是把恶意代码邮件伪装成其他恶意代码受害者的感染报警邮件，恶意代码受害者往往是 Outlook 地址簿中的用户或者是缓冲区中 Web 页的用户，这样可以吸引受害者的注意力。一些恶意代码的作者还表现了高度的心理操纵能力，Love Letter（爱虫，情人节病毒）就是一个突出的例子。一般用户对来自陌生人的邮件附件越来越警惕，而恶意代码的作者也会设计一些诱饵吸引受害者的兴趣。附件的使用正在和必将受到网关过滤程序的限制和阻断，恶意代码的编写者也会设法绕过网关过滤程序的检查。使用的手法可能包括采用模糊的文件类型、将公共的执行文件类型压缩成 zip 文件等。

2）恶意代码类型

非过滤性病毒包括口令破解软件、嗅探器软件、键盘输入记录软件、远程特洛伊和谍件等，组织内部或外部的攻击者使用这些软件来获取口令、侦察网络通信、记录私人通信，暗地接收和传递远程主机的非授权命令，而有些私自安装的 P2P 软件实际上等于在企业的防火墙上开了一个口子。非过滤性病毒有增长的趋势，对它的防御不是一个简单的任务。

（1）非法访问权限。口令破解、网络嗅探和网络漏洞扫描是指公司内部人员通过监测同事的操作，由此取得非法的资源访问权限，这些攻击工具不是自动执行，而是隐蔽操纵的。

（2）键盘记录程序。某些用户组织使用 PC 活动监视软件监视使用者的操作情况，通过键盘记录，防止雇员不适当地使用资源，或者收集罪犯的证据。这种软件也可以被攻击者用来进行信息刺探和网络攻击。

（3）远程访问特洛伊。远程访问特洛伊是安装在受害者机器上，实现非授权的网络访问的程序，例如，Net Bus 和 Sub Seven 可以伪装成其他程序，迷惑用户安装，如伪装成可以执行的电子邮件，或者 Web 下载文件，或者游戏和贺卡等，也可以通过物理接近的方式直接安装。

（4）谍件。谍件（Spyware）与商业产品软件有关，有些商业软件产品在安装到用户机器上的时候，未经用户授权就通过 Internet 连接，让用户方软件与开发商软件进行通信，这部分通信软件就叫作谍件。用户只有安装了基于主机的防火墙，通过记录网络活动，才可能发现软件产品与其开发商在进行定期通信。谍件作为商用软件包的一部分，多数是无害的，其目的多在于扫描系统，取得用户的私有数据。

（5）P2P 系统。基于 Internet 的点到点（Peer-to-Peer）的应用程序如 Napster、Gotomypc、AIM 和 Groove，以及远程访问工具通道像 Gotomypc，这些程序都可以通过 HTTP 或者其他公共端口穿透防火墙，从而让雇员建立起自己的 VPN，这种方式对于组织或者公司有时候是十分危险的。因为这些程序首要从内部的 PC 远程连接到外边的 Gotomypc 主机，然后用户通过这个连接就可以访问办公室的 PC。这种连接如果被利用，就会给组织或者企业带来很大的危害。

2. 系统漏洞概述

系统漏洞（System Vulnerabilities）是指应用软件或操作系统软件在逻辑设计上的缺陷或错误，被不法者利用，通过网络植入木马、病毒等方式来攻击或控制计算机，窃取其中的重要资料和信息，甚至破坏系统。在不同种类的软硬件设备，同种设备的不同版本之间，由不同设备构成的不同系统之间，以及同种系统在不同的设置条件下，都会存在各自不同的安全漏洞问题。漏洞会影响到的范围很大，包括系统本身及其支撑软件、网络客户和服务器软件、网络路由器和安全防火墙等。

Windows 系统漏洞是与时间紧密相关的。从发布之日起，Windows 系统中存在的漏洞会被逐渐暴露出来，这些被发现的漏洞会被微软发布的补丁软件修补，或在以后发布的新版系统中得以纠正。而在新版系统纠正了旧版本中具有漏洞的同时，也会引入一些新的漏洞和错误。例如，比较流行的是 ani 鼠标漏洞，由于利用了 Windows 系统对鼠标图标处理的缺陷，木马作者制造畸形图标文件从而溢出，木马就可以在用户毫不知情的情况下执行恶意代码。因而随着时间的推移，旧的系统漏洞会不断消失，新的系统漏洞会不断出现。系统漏洞问题也会长期存在。

3. 系统后门概述

系统后门指绕过安全性控制而获取对程序或系统访问权的方法。在软件的开发阶段，程序员常常会在软件内创建后门程序以便可以修改程序设计中的缺陷。但是，如果这些后门被其他人知道，或是在发布软件之前没有删除后门程序，那么它就成了安全风险，容易被黑客当成漏洞进行攻击。即使管理员通过改变所有密码类似的方法来提高安全性，仍然能再次侵入，使再次侵入被发现的可能性减至最低。大多数后门设法躲过日志，大多数情况下即使入侵者正在使用系统也无法显示他已在线。因此，后门是系统最脆弱的地方。

不仅 Windows 系统有后门，UNIX 系统也有。系统后门大致有以下几类，例如，密码破解后门，即薄弱的口令账号；rhosts＋＋后门，即入侵者只要向可以访问的某用户的 rhosts 文件中输入"＋＋"，就可以允许任何人从任何地方不需要口令便能进入这个账号；Login 后门，即入侵者获取 login.c 源代码并修改，使它在比较输入口令与存储口令时先检查后门口令，这样就可以长驱直入；服务后门，即入侵者连接到某个 TCP 端口的 Shell，通过后门口令就能获取网络服务。

8.3 信息安全典型应用

8.3.1 物联网安全

1. 物联网安全概念

物联网安全指物联网硬件、软件及其系统中的数据受到保护，不受偶然的或者恶意的原因而遭到破坏、更改、泄露，物联网系统可连续可靠正常地运行，物联网服务不中断。物联网系统的安全是保障物联网应用系统在信息采集、汇聚、传输、处理、决策等全过程中要安全可靠。

物联网安全要求：保密性，避免非法用户读取机密数据；数据鉴别能力，避免结点被恶意注入虚假信息；设备鉴别，避免非法设备接入物联网；完整性，校验数据是否被修改；可用性，确保感知网络的服务任何时间都可提供给合法用户。

面对物联网安全威胁，其安全体系应该包括以下三部分。

(1) 数据安全。通过安全定位，在物联网恶攻的套件下，仍能有效安全地确定结点位置；安全数据融合，任何情况下保证融合数据的真实准确的方法，保证处理数据的保密性、完整性和时效性。

(2) 网络安全。通过安全路由，防止因误用、滥用路由协议而导致网络瘫痪或信息泄露；网络容侵容错，即网络从传输层开始就应该避免入侵或攻击对系统造成的影响，还应使用网络可扩展、负载均衡等策略为应用层提供数据服务。

(3) 结点安全。通过安全有效的密钥管理机制、高效冗余的密码算法、较量级的安全协议为网络传输层和应用层提供安全基础设施。

2. 物联网安全挑战

(1) 互联网的脆弱性。互联网在设计之初，由于其目标是设计一种主要用于研究和军事目的的网络，相对比较封闭，并没有考虑安全问题，互联网本身并不保障安全性，这是当前互联网安全问题日益严重的根源。互联网所具有的安全问题，物联网同样具有。

(2) 复杂的网络环境。物联网将组网的概念延伸到了现实生活的物品当中，从某种意义上来说，现实生活将建设在物联网中，从而导致物联网的组成非常复杂，复杂性带来了不确定性，我们无法确定物联网信息传输的各个环节是否被未知的攻击者控制，复杂性可以说是安全的最大障碍。

(3) 无线信道的开放性。为了满足物联网终端自由移动的需要，物联网边缘一般采用无线组网的方式，但是，无线信道的开放性使其很容易受到外部信号的干扰和攻击；同时，无线信道不存在明显边界，外部观测者可以很容易监听到无线信号。

(4) 物联网终端的局限性。一方面，无线组网方式使物联网面临着更为严峻的安全形势，使其对安全提出了更高要求；另一方面，物联网终端一般是一种微型传感器，其处理、存储能力以及能量都比较低，导致一些对计算、存储、功耗要求较高的安全措施无法加载。

(5) 无线网络攻击升级。无线网络比有线网络更容易受到入侵，因为被攻击端的计算机与攻击端的计算机并不需要网线设备上的连接，攻击者只要在你所在网域的无线路由器或中继器的有效范围内，就可以进入内部网络，访问资源。近几年，针对无线终端、手机、显示屏物理设备的劫持和控制的演示已成为主流。目前，通过智能手机和手持设备发起攻击的技术不断完善。一个非常简单的设备如手机、计算机，就可以攻破智能卡。

(6) 经济利益诱惑。任何一个社会高度依赖的大众化基础设施，都将会吸引一些恶意攻击者的破坏。物联网的价值非常巨大，它将影响并控制现实世界中的事件，并且包含一些非常有价值的信息，从而不可避免地受到攻击者的极度关注。针对物联网的攻击主要表现在以下几方面：利用漏洞的远程设备控制，标签复制和身份窃取，非授权数据访问，破坏数据完整性，传输信号干扰，拒绝服务。

(7) 国家和社会的安全。在物联网发展的高级阶段，由于物联网具有感知、计算和执行能力，广泛存在的感知设备将会对国家、社会、企业和个人信息安全构成新的威胁。一方面，由于物联网具有网络技术种类上的兼容和业务范围上无限扩展的特点，因此当大到国家电网数据小到个人病例情况都连接到看似无边界的物联网时，将可能导致更多的公众个人信息在任何时候、任何地方被非法获取;另一方面,随着国家重要的基础行业和社会关键服务领域如电力、医疗等都依赖于物联网和感知业务,国家基础领域的动态信息将可能被窃取。所有这些问题使得物联网安全上升到国家层面,成为影响国家发展和社会稳定的重要因素。

3. 网络安全技术局限

信息安全专家国富安认为,从物联网概念传入中国之初到现在,随着物联网建设的加快,物联网的安全问题必然成为制约物联网全面发展的重要因素。

与传统网络相比,物联网感知结点大都部署在无人监控的环境,具有能力脆弱、资源受限等特点,并且由于物联网是在现有的网络基础上扩展了感知网络和应用平台,传统网络安全措施不足以提供可靠的安全保障,从而使得物联网的安全问题具有特殊性。所以在解决物联网安全问题时,必须根据物联网本身的特点设计相关的安全机制。

由于物联网设备可能是先部署后连接网络,而物联网结点又无人值守,所以如何对物联网设备远程签约,如何对业务信息进行配置就成了难题。另外,庞大且多样化的物联网必然需要一个强大而统一的安全管理平台,否则单独的平台会被各式各样的物联网应用所淹没,但这样将使如何对物联网机器的日志等安全信息进行管理成为新的问题,并且可能割裂网络与业务平台之间的信任关系,导致新一轮安全问题的产生。传统的认证是区分不同层次的,网络层的认证负责网络层的身份鉴别,业务层的认证负责业务层的身份鉴别,两者独立存在。但是在大多数情况下,物联网机器都拥有专门的用途,因此其业务应用与网络通信紧紧地绑在一起,很难独立存在。

8.3.2 大数据安全

在大数据时代,传统的信息安全手段已经不能满足大数据时代的信息安全要求,对大数据进行安全防护变得更加困难,数据的分布式处理也加大了数据泄露的风险。

(1) 云计算设施为数据窃密创造了上佳的条件,安全威胁将持续加大。随着大数据、云计算技术的发展和应用,越来越多的大数据出现在云端,而大数据在云端的集中存储处理,使得安全保密风险也向云端集中,一旦云端服务器违规外联或被攻击,海量信息可在瞬间被集中窃取。

(2) 大数据成为网络攻击的重点目标,加大了信息泄露风险。大数据的"大",体现在数据被不断地处理和利用后,其价值会越来越大,因此,大数据更易成为攻击者重点关注的大目标。美国"棱镜门"事件显示,美国通过云计算和大数据技术,利用收集的公开数据并进行分析所获得的开源情报占其情报总量的80%~90%,凸显了大数据时代信息泄露风险不断加剧。

(3) 大数据成为高级可持续威胁(APT)的攻击载体和网络攻击手段。数据挖掘和数据分析之类的大数据技术可以被攻击者用来发起高级可持续威胁攻击。攻击者将APT攻击代码隐藏在大数据中,利用大数据发起僵尸网络攻击,能够同时控制大量傀儡机并发起攻击,使得攻击更加精准,从而严重威胁网络安全。

(4) 增加了隐私泄露的风险。在电子邮件、记录存档、社交网络等方面每天有大量数据产生,其中包含大量的个人隐私。大数据的产生也增加了个人隐私泄露的风险,这些用户的数据中不仅有企业运营的数据,也有用户个人的隐私以及用户网络浏览等行为,一旦用户个人的这些信息泄露,被不法分子进行利用,则可能会造成用户个人的财产损失,甚至威胁到用户的人身安全。

8.3.3 云计算安全

1. 云计算安全威胁

云计算服务对信息安全带来了巨大冲击：在云平台中运行的各类云应用没有固定不变的基础设施，没有固定不变的安全边界，难以实现用户数据安全与隐私保护；云服务所涉及的资源由多个管理者所有，存在利益冲突，无法统一规划部署安全防护措施；云平台中数据与计算高度集中，安全措施必须满足海量信息处理需求。

裴小燕和张尼在《信息通信技术（2012-1）》上发表文章"浅析云计算安全"，他们认为，云计算安全威胁包括云中数据安全、应用安全、虚拟化安全、云服务滥用等。

（1）云中数据安全。云计算环境下，用户的所有数据直接存储在云服务商的公有云服务器中，对于私有云来说，公有云存放的数据将存在一定的风险。

（2）应用安全。由于云环境的灵活性、开放性以及公众可用性等特性，给应用安全带来了很大挑战。云服务商在部署应用程序时应当充分考虑未来可能引发的安全风险。对于使用云服务的用户而言，应提高安全意识，采取必要措施，保证云终端的安全。

（3）虚拟化安全。虚拟化是云计算的重要特色，虚拟化技术有效加强了基础设施、平台、软件层面的扩展能力，但虚拟化技术的应用使得传统物理安全边界缺失，传统的基于安全域/安全边界的防护机制难以满足虚拟化下的多租户应用模式，用户信息安全使用户信息隔离问题在共享物理资源环境下的保护更为迫切。

（4）云服务滥用。云计算平台为用户提供低门槛的使用接口，这为不法分子利用云平台提供了机会，如利用庞大的网络资源和计算资源，组织大规模 DDOS 攻击，这样的攻击往往难以防范及溯源。另外，通过对用户整体情况统计分析，可获取我国舆情动向、经济运行情况等重要数据。这将对我国政治、经济、文化安全构成极大威胁。

2. 云计算安全概念

1）云计算安全的定义

在云计算出现之后，云计算就与安全有着密切的联系，产业界、学术界因此提出了云安全的概念。对于云安全一词，目前还没有明确的定义。但是，云安全可以从两方面来理解。第一，云计算本身的安全通常称为云计算安全，主要是针对云计算自身存在的安全隐患，研究相应的安全防护措施和解决方案，如云计算安全体系架构、云计算应用服务安全、云计算环境的数据保护等，云计算安全是云计算健康可持续发展的重要前提。第二，云计算在信息安全领域的具体应用称为安全云计算，主要利用云计算架构，采用云服务模式，实现安全的服务化或者统一安全监控管理。

2）云安全 CSA 模型

当前，美国国家标准与技术研究所（National Institute of Standards and Technology，NIST）给出的 3 种服务模型已经被广泛接受并成为业内的事实规范。这 3 种服务模式包括：基础设施即服务（IaaS）模式、平台即服务（PaaS）模式和软件即服务（SaaS）模式。例如，亚马逊公司提供的以亚马逊网络服务（AWS）为框架的服务器、存储、带宽、数据库，以及信息接口的资源服务模式，就是比较典型的 IaaS 模式；而微软公司的 Azure 服务平台提供一系列可供开发的操作系统,也看作是一种 PaaS 服务模式。

根据其所属层次不同,针对上述 3 类服务模式,CSA 提出了基于基本云服务的层次性及其依赖关系的安全参考模型,如图 8-1 所示。该模型主要反映了从云服务模型到安全控制模型的映射。该安全模型的突出特点是提供商所在的等级越低,云计算用户所要自行承担的安全能力和管理职责就越多。进而 CSA 模型是可以允许用户有条件获取所需安全配置信息以及运行状态信息的,也允许用户部署实施自有专用安全管理软件来保证自己数据的安全。

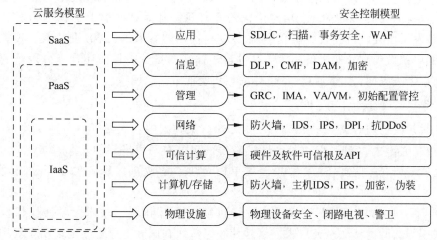

图 8-1 CSA 云计算安全模型

8.3.4 量子通信

1. 量子通信

量子通信是指利用量子纠缠效应进行信息传递的一种新型的通信方式。量子通信是近二十年发展起来的新型交叉学科,是量子论和信息论相结合的新的研究领域。量子通信主要涉及量子密码通信、量子远程传态和量子密集编码等,近来这门学科已逐步从理论走向实验,并向实用化发展。高效安全的信息传输日益受到人们的关注。基于量子力学的基本原理,并因此成为国际上量子物理和信息科学的研究热点。

量子通信系统的基本部件包括量子态发生器、量子通道和量子测量装置。按其所传输的信息是经典还是量子而分为两类。前者主要用于量子密钥的传输,后者则可用于量子隐形传态和量子纠缠的分发。隐形传送指的是脱离实物的一种"完全"的信息传送。从物理学角度,可以这样来想象隐形传送的过程:先提取原物的所有信息,然后将这些信息传送到接收地点,接收者依据这些信息,选取与构成原物完全相同的基本单元,制造出原物完美的复制品。但是,量子力学的不确定性原理不允许精确地提取原物的全部信息,这个复制品不可能是完美的。因此长期以来,隐形传送不过是一种幻想而已。

2. 量子密码术

量子密码术是密码术与量子力学结合的产物,它利用了系统所具有的量子性质。量子密码术并不用于传输密文,而是用于建立、传输密码本。根据量子力学的不确定性原理以及量子不可克隆定理,任何窃听者的存在都会被发现,从而保证密码本的绝对安全,也就保证了加密信息的绝对安全。最初的量子密码通信利用的都是光子的偏振特性,目前主流的实验方案则用光子的相位特性进行编码。首先想到将量子物理用于密码术的是美国科学家威斯纳。他于 1970 年提出,可利用单量子态制造不可伪造的"电子钞票"。但这个设想的实现需要长时间保存单量子态,不太现实。

3. 量子信息学

量子力学的研究进展导致了新兴交叉学科"量子信息学"的诞生,为信息科学展示了美好的前景。另一方面,量子信息学的深入发展,遇到了许多新课题,反过来又有力地促进了量子力学自身的发展。当前量子信息学无论在理论上还是在实验上都在不断取得重要突破,从而激发了研究人员更大的研究热情。但是,实用的量子信息系统是宏观尺度上的量子体系,人们要想做到有效地制备和操作这种量子体系的量子态目前还是十分困难的。其应用主要在以下三方面:保密通信、量子算法和快速搜索。

4. 国内量子通信的发展

中国科学院物理研究所于 1995 年以 BB84 方案在国内首次做了演示性实验,华东师范大学用 B92 方案做了实验,但也是在距离较短的自由空间里进行的。2000 年,中国科学院物理研究所与研究生院合作,在 850nm 的单模光纤中完成了 1.1km 的量子密码通信演示性实验。

2008 年 8 月 12 日,美国《国家科学院院刊》发表了中国科学技术大学潘建伟教授关于量子容失编码实验验证的研究成果。潘建伟小组首次在国际上原理性地证明了利用量子编码技术可以有效克服量子计算过程中的一类严重错误——量子比特的丢失,为光量子计算机的实用化发展扫除了一个重要障碍。

图 8-2 "墨子号"量子通信卫星

2012 年,潘建伟等人在国际上首次成功实现百千米量级的自由空间量子隐形传态和纠缠分发,为发射全球首颗"墨子号"量子通信卫星奠定了技术基础。国际权威学术期刊《自然》杂志于 2012 年 8 月 9 日重点介绍了该成果,见图 8-2。

2017 年 9 月 29 日,世界首条量子保密通信干线——"京沪干线"正式开通。中国科学家成功实现了洲际量子保密通信。这标志着中国在全球已构建出首个天地一体化广域量子通信网络雏形,为未来实现覆盖全球的量子保密通信网络迈出了坚实的一步。

8.3.5 信息对抗

1. 信息对抗概述

1) 信息对抗的定义

信息对抗是指敌对双方在信息领域的对抗活动,主要是通过争夺信息资源,掌握信息获取、传递、处理和应用的主动权,破坏敌方的信息获取、传递、处理和应用,为遏制或打赢战争创造有利条件。因而信息对抗总是围绕着信息获取、信息传递、信息处理或信息应用而展开。交战双方要么阻止对方获取正确信息,要么阻止、干扰或截获对方的信息传递,要么使对方陷入海量信息的汪洋之中而无法及时处理信息,要么使对方无法对处理后的信息正确使用。

信息对抗是在军事斗争中,按照统一意图和计划,通过利用、干扰、破坏、摧毁敌方的信息和信息系统,同时保护己方的信息和信息系统不被敌方利用、干扰、破坏、摧毁,夺取信息的获取权、控制权和使用权,以获取和保持信息优势而采取的各种行动。

2)信息对抗的发展

(1)从战争出现到20世纪初,信息获取是信息对抗的焦点。在古代,信息的获取靠肉眼、耳朵、锣鼓、旌旗、风标、号角、信鸽、烽火通信和驿站传信也是信息的传递方式。

(2)20世纪初到20世纪70—80年代,信息传递是信息对抗的焦点。19世纪30年代发明了电报后,人们开始用无线电传送信号。

(3)20世纪70—80年代,信息处理已成为信息对抗的焦点。在信息化战场上,最重要的事情已不是获得海量的信息和实现信息的有效传递,而是要从中筛选出有价值的信息,也就是说,信息处理将取代信息传递成为信息对抗的新焦点。

3)信息应用是未来信息对抗的焦点

信息对抗的焦点从获取到传递,再到处理,未来信息对抗的焦点必将是信息应用。望远镜、侦察飞机等的发明推动着信息获取这一焦点的发展,以雷达为代表的电子侦察技术的兴起标志着信息获取技术的成熟,并和无线电通信技术一起宣告了信息获取焦点的没落和信息传递焦点的兴起;而以数字通信技术为代表的现代通信技术的出现标志着信息传递技术的成熟。计算机技术的发展将大大提高对战场海量信息的处理能力,最终有可能使信息处理变得容易。而同时,人工智能、脑科学、认知科学和思维科学等科学的发展,极有可能揭开人类如何应用信息的神秘面纱,从而使信息应用成为信息对抗的新焦点。

2. 信息对抗技术

1)光电对抗

光电对抗是指利用光电对抗装备,对敌方光电观瞄器材和光电制导武器进行侦察、干扰或摧毁,以削弱或破坏其作战效能,同时保护己方光电器材和武器的有效使用。光电对抗包括光电侦察和光电干扰两种功能。光电侦察是利用光电装备查明敌方光电器材的类型、特性和方位等信息,为实施光电干扰提供依据。光电侦察有主动和被动两种方式,主动侦察采用滤光探照灯和激光雷达等装备;被动侦察采用红外、激光告警器。

2)网络战

网络战是为干扰、破坏敌方网络信息系统,并保证己方网络信息系统的正常运行而采取的一系列网络攻防行动。网络战分为两大类:一类是战略网络战,另一类是战场网络战。

战略网络战又有平时和战时两种。平时战略网络战是,在双方不发生有火力杀伤破坏的战争情况下,一方对另一方的金融网络信息系统、交通网络信息系统、电力网络信息系统等民用网络信息设施及战略级军事网络信息系统,以计算机病毒、逻辑炸弹、黑客等手段实施的攻击。而战时战略网络战则是,在战争状态下,一方对另一方战略级军用和民用网络信息系统的攻击。

战场网络战旨在攻击、破坏、干扰敌军战场信息网络系统和保护己方信息网络系统,其主要方式有:利用敌方接受路径和各种"后门",将病毒送入目标计算机系统;让黑客利用计算机开放结构的缺陷和计算操作程序中的漏洞,使用专门的破译软件,在系统内破译超级用户的口令;将病毒植入计算机芯片,需要时利用无线遥控等手段将其激活;采用各种管理和技术手段,对己方信息网络系统严加防护。当然,战场网络战的作战手段也可用于战略网络战。

3) 病毒武器

目前,天基信息攻击武器主要集中在计算机病毒武器的研究上。其中的关键是如何将带计算机病毒的电磁辐射信息向敌方的信息系统中的未加防护或防护薄弱环节进行辐射,从而注入病毒,造成敌方信息系统的"瘫痪"。目前的研究热点是射频病毒注入技术。计算机病毒的投放方法很多,主要有预先设伏、无线注入、有线插入、网络入侵、邮件传播、结点攻击等多种方式。

在空间信息对抗中,无线注入是一种重要手段。无线注入是将计算机病毒转换成病毒代码数据流(即无线电信号),将其调制到电子设备发射的电磁波中,通过无线电发射机辐射到敌方无线电接收机中,使病毒代码从电子系统的薄弱环节进入敌方系统。

实施计算机病毒无线注入的方式有多种:一是通过大功率计算机病毒微波发射枪(炮)或相应装置经过精确控制其电磁脉冲峰值向敌方计算机系统的特定部位注入计算机病毒,感染其计算机系统;二是利用大功率微波与计算机病毒的双调制技术直接融合,以连续发射调制有计算机病毒的大功率微波将计算机病毒注入正处于接收信息状态的计算机从而进入敌方计算机系统;三是将计算机病毒转换为与数据通信网络可传输数据相一致的代码在战场空间和战区内以无线电方式传播,利用敌信息侦察与截获信息情报的机会,让经特殊设计的计算机病毒被接收,继而使计算机病毒感染信息侦察系统及与之相连接的指挥控制信息系统。

8.3.6 国家网络空间安全

1. 国家网络空间安全战略

互联网已成为信息传播的新渠道、生产生活的新空间、经济发展的新引擎、文化繁荣的新载体、社会治理的新平台、交流合作的新纽带、国家主权的新疆域。信息技术广泛应用和网络空间兴起发展,极大促进了经济社会繁荣进步,同时也带来了新的安全风险和挑战。随着信息技术深入发展,网络安全形势日益严峻,利用网络干涉他国内政以及大规模网络监控、窃密等活动严重危害国家政治安全和用户信息安全。关键信息基础设施遭受攻击破坏、发生重大安全事件严重危害国家经济安全和公共利益,网络谣言、颓废文化和淫秽、暴力、迷信等有害信息侵蚀文化安全和青少年身心健康,网络恐怖和违法犯罪大量存在直接威胁人民生命财产安全、社会秩序。围绕网络空间资源控制权、规则制定权、战略主动权的国际竞争日趋激烈,网络空间军备竞赛挑战世界和平。网络空间机遇和挑战并存,机遇大于挑战。网络空间安全事关人类共同利益,世界和平与发展,以及国家安全。

维护我国网络安全是协调推进全面建成小康社会、全面深化改革、全面依法治国、全面从严治党战略布局的重要举措,是实现"两个一百年"奋斗目标、实现中华民族伟大复兴中国梦的重要保障。为贯彻落实习近平主席关于推进全球互联网治理体系变革的"四项原则"和构建网络空间命运共同体的"五点主张",2016年12月27日,国家互联网信息办公室发布了《国家网络空间安全战略》,其目的旨在指导中国网络安全工作,维护国家在网络空间的主权、安全、发展利益。

2003年美国制定《网络空间安全国家战略》以来,到2016年世界上已有约70个国家制定了网络安全国家战略,绝大多数国家在2010年之后出台这一战略。经济合作与发展组织的34个成员国中,只有7个国家(智利、希腊、冰岛、以色列、墨西哥、葡萄牙、斯洛文尼亚)没有制定网络安全战略。欧盟28个成员国中,只有6个国家(保加利亚、克罗地亚、希腊、马耳他、葡萄牙、斯洛文尼亚)没有制定网络安全战略。2013年,欧盟也制定了网络安全战略。

2. 国家网络空间安全的原则

安全稳定繁荣的网络空间,对各国乃至世界都具有重大意义。因此各国间应加强沟通、扩大共识、深化合作,积极推进全球互联网治理体系变革,共同维护网络空间和平安全。

1) 尊重网络空间主权

网络空间主权不容侵犯,各国应有自主选择发展的道路、网络管理模式、互联网公共政策和平等参与国际网络空间治理的权利,这是各国都应该遵守的基本原则。任何国家都不搞网络霸权、不搞双重标准,不利用网络干涉他国内政,不从事、纵容或支持危害他国国家安全的网络活动。

2) 和平利用网络空间

和平利用网络空间符合人类的共同利益。各国应遵守《联合国宪章》关于不得使用或威胁使用武力的原则,防止信息技术被用于与维护国际安全与稳定相悖的目的,共同抵制网络空间军备竞赛、防范网络空间冲突。坚持相互尊重、平等相待、求同存异、包容互信,尊重彼此在网络空间的安全利益和重大关切,推动构建和谐网络世界。反对以国家安全为借口,利用技术优势控制他国网络和信息系统、收集和窃取他国数据,更不能以牺牲别国安全谋求自身所谓的绝对安全。

3) 各国管理好自己的网络空间

各国主权范围内的网络事务由各国人民自己做主,各国有权根据本国国情,制定有关网络空间的法律法规,依法采取必要措施,管理本国信息系统及本国疆域上的网络活动;保护本国信息系统和信息资源免受侵入、干扰、攻击和破坏,保障公民在网络空间的合法权益;防范、阻止和惩治危害国家安全和利益的有害信息在本国网络传播,维护网络空间秩序。

4) 协调网络安全与发展

面对全球性的网络安全问题,加强国家间的合作对话、沟通与交流是保持信息通畅、行动一致,以及消除隔阂、减少对抗的基本手段,除了举行网络安全演习、签订安全协议以及进行网络谈判之外,各国还应该经常性开展各种合作对话交流活动,以政府间、企业间、民间的各种友好研究探讨模式,携手努力,共同遏制信息技术滥用,反对网络监听和网络攻击,共同维护网络空间和平安全。

8.3.7 黑客与有组织攻击

1. 计算机黑客

1) 黑客的概念

黑客最早源自英文Hacker,早期在美国的计算机界是带有褒义的。但在媒体报道中,黑客一词往往指那些"软件骇客"(Software Cracker)。黑客一词,原指热心于计算机技术,水平高超的计算机专家,尤其是程序设计人员。但到了今天,黑客一词已被用于泛指那些专门利用计算机网络搞破坏或恶作剧的家伙。对这些人的正确英文叫法是Cracker,有人翻译成"骇客"。开放源代码的创始人Eric Raymond认为,Hacker与Cracker是分属两个不同世界的族群,其基本差异在于,Hacker是有建设性的,而Cracker则专门搞破坏。

黑客所做的不是恶意破坏,他们是一群纵横于网络上的技术人员,热衷于科技探索、计算机科学研究。在黑客圈中,Hack一词无疑是带有正面的意义,例如,System Hacker熟悉操作的设计与维护;Password Hacker精于找出使用者的密码;Computer Hacker则是通晓计算机,可以让计算机乖乖听话的高手。Hacker原意是指用斧头砍柴的工人,最早被引进计算机圈则可追溯自20世纪60年代。加州柏克莱大学计算机教授Brian Harvey在考证此词时曾写到,当时在麻省理工学院(MIT)中的学生通常分成两派,一类是Tool,意指乖乖的学生,成绩都拿甲等;另一类则是所谓的Hack,也就是常逃课、上课爱睡觉,但晚上却又精力充沛喜欢搞课外活动的学生。

Cracker是以破解各种加密或有限制的商业软件为乐趣的人,这些以破解(Crack)最新版本的软件为己任的人,从某些角度来说是一种义务性的、发泄性的,他们讲究Crack的艺术性和完整性,从文化上体现的是计算机大众化。他们以年轻人为主,对软件的商业化怀有敌意。

很多人认为Hacker及Cracker之间没有明显的界线,但实际上,Hacker和Cracker不但很容易分开,而且可以分出第三群"互联网海盗(Internet Pirate)",他们是大众认定的"破坏分子"。但是,人们还是把这群人称为"黑客"。

2)黑客分类

网络中常见的黑客大体有以下三种。

(1)业余计算机爱好者。他们偶尔从网络上得到一些入侵的工具,一试之下居然攻无不胜,然而却不懂得消除证据,因此也是最常被揪出来的黑客。这些人多半并没有什么恶意,只觉得入侵是证明自己技术能力的方式,是一个有趣的游戏,有一定成就感。即使造成什么破坏,也多半是无心之过。只要有称职的系统管理员,就能预防这类无心的破坏发生。

(2)职业的入侵者。这些人把入侵当成事业,认真并且有系统地整理所有可能发生的系统弱点,熟悉各种信息安全攻防工具。他们有能力成为一流的信息安全专家,也许他们的正式工作就是信息安全工程师;但是也绝对有能力成为破坏力极大的黑客。只有经验丰富的系统管理员,才有能力应付这种类型的入侵者。

(3)计算机高手。他们对网络、操作系统的运作了如指掌,对信息安全、网络侵入也许丝毫不感兴趣,但是只要系统管理员稍有疏失,整个系统在他们眼中看来就会变得不堪一击。因此可能只是为了不想和同学分享主机的时间,也可能只是懒得按正常程序申请系统使用权,就偶尔客串,扮演入侵者的角色。这些人通常对系统的破坏性不高,取得使用权后也会小心使用,避免造成系统损坏,使用后也多半会记得消除痕迹。因此,此类入侵比职业的入侵者更难找到踪迹。这类高手通常有能力演变成称职的系统管理员。

3)黑客的目的

黑客入侵的目的主要有以下几方面。

(1)好奇心和满足感。这类人入侵他人的网络系统,以成功与否为技术能力的指标,借以满足其内心的好奇心和成就感。

(2)作为入侵其他系统的跳板。安全敏感度较高的机器,通常有多重使用记录,有严密的安全保护,入侵必须负担的法律责任也更大,所以多数的入侵者会选择安全防护较差的系统,作为访问敏感度较高的机器的跳板,让跳板机器承担责任。

（3）盗用系统资源数。互联网上的上亿台计算机是一笔庞大的财富。破解密码、盗取资源可获取巨大的经济利益。

（4）窃取机密资料。互联网中存放有许多重要的资料，如信用卡号、交易资料等。这些有价值的机密资料对入侵者具有很大的吸引力。他们入侵系统的目的就是得到这些资料。

（5）出于政治目的或报复心理。这类人入侵的目的就是要破坏他人的系统，以达到报复或政治目的。

4）黑客攻击方式

黑客攻击通常分为以下七种典型模式。

（1）监听。指监听计算机系统或网络信息包以获取信息。监听实质上并没有进行真正的破坏性攻击或入侵，但却通常是攻击前的准备动作，黑客利用监听来获取他想攻击对象的信息，如网址、用户账号、用户密码等。这种攻击可以分成网络信息包监听和计算机系统监听两种。

（2）密码破解。指使用程序或其他方法来破解密码。破解密码主要有两种方式，猜出密码或是使用遍历法一个一个地尝试所有可能试出密码。这种攻击程序相当多，如果是要破解系统用户密码的程序，通常需要一个存储着用户账号和加密过的用户密码的系统文件，例如 UNIX 系统的 Password 和 Windows NT 系统的 SAM，破解程序就利用这个系统文件来猜或试密码。

（3）漏洞。指程序在设计、实现或操作上的错误，而被黑客用来获得信息、取得用户权限、取得系统管理者权限或破坏系统。由于程序或软件的数量太多，所以这个数量相当庞大。缓冲区溢出是程序在实现上最常发生的错误，也是最多漏洞产生的原因。缓冲区溢出的发生原因是把超过缓冲区大小的数据放到缓冲区，造成多出来的数据覆盖到其他变量，绝大多数的状况是程序发生错误而结束。但是如果适当地放入数据，就可以利用缓冲区溢出来执行自己的程序。

（4）扫描。指扫描计算机系统以获取信息。扫描和监听一样，实质上并没有进行真正的破坏性攻击或入侵，但却通常是攻击前的准备动作，黑客利用扫描来获取他想攻击对象的信息，如开放哪些服务、提供服务的程序，甚至利用已发现的漏洞样本做对比直接找出漏洞。

（5）恶意程序码。指黑客通过外部设备和网络把恶意程序码安装到系统内。它通常是黑客成功入侵后做的后续动作，可以分成两类：病毒和后门程序。病毒有自我复制性和破坏性两个特性，这种攻击就是把病毒安装到系统内，利用病毒的特性破坏系统和感染其他系统。最有名的病毒就是世界上第一位因特网黑客所写的蠕虫病毒，它的攻击行为其实很简单，就是复制，复制的同时做到感染和破坏。后门程序攻击通常是黑客在入侵成功后，为了方便下次入侵而安装的程序。

（6）阻断服务。其目的并不是要入侵系统或是取得信息，而是阻断被害主机的某种服务，使得正常用户无法接收网络主机所提供的服务。这种攻击有很大部分是从系统漏洞这个攻击类型中独立出来的，它是把稀少的资源用尽，让服务无法继续。例如，TCP 同步信号洪泛攻击是把被害主机的等待队列填满。最近出现一种有关阻断服务攻击的新攻击模式：分布式阻断服务攻击，黑客从 Client 端控制 Hacker，而每个 Hacker 控制许多 Agent，因此黑客可以同时命令多个 Agent 来对被害者做大量的攻击。而且 Client 与 Hacker 之间的沟通是经过加密的。

(7) Social Engineering。指不通过计算机或网络的攻击行为。例如,黑客自称是系统管理者,发电子邮件或打电话给用户,要求用户提供密码,以便测试程序或其他理由。其他像是躲在用户背后偷看他人的密码也属于 Social Engineering。

2. 斯诺登与美国棱镜计划

2013 年 6 月,前美国中央情报局(CIA)职员爱德华·斯诺登将两份绝密资料交给英国《卫报》和美国《华盛顿邮报》,并告之媒体何时发表。按照计划,2013 年 6 月 5 日,英国《卫报》先扔出了第一颗舆论炸弹:美国国家安全局有一项代号为"棱镜"的秘密项目,要求电信巨头威瑞森公司必须每天上交数百万用户的通话记录。6 月 6 日,美国《华盛顿邮报》披露称,过去 6 年间,美国国家安全局和联邦调查局通过进入微软、谷歌、苹果、雅虎等九大网络巨头的服务器,监控美国公民的电子邮件、聊天记录、视频及照片等秘密资料。美国舆论随之哗然。在消息发出后,美国发布了对斯诺登的全球通缉令,要求将这个"叛徒"捉拿归案。于是,斯诺登展开了大逃亡,先后落脚多地,并且最后在俄罗斯得到了庇护。

棱镜计划(PRISM)是一项由美国国家安全局(NSA)自 2007 年小布什时期起开始实施的绝密电子监听计划,该计划的正式名号为"US-984XN"。这个代号为"棱镜"的秘密监控项目,直接进入美国网际网路公司的中心服务器里挖掘数据、收集情报,包括微软、雅虎、谷歌、苹果等在内的 9 家国际网络巨头皆参与其中。根据斯诺登披露的文件,美国国家安全局可以接触到大量个人聊天日志、存储的数据、语音通信、文件传输、个人社交网络数据。

8.3.8 暗网

1. 暗网概述

"暗网"是指隐藏的网络,普通网民无法通过常规手段搜索访问,需要使用一些特定的软件、配置或者授权等才能登录。由于"暗网"具有匿名性等特点,容易滋生以网络为勾连工具的各类违法犯罪,一些年轻人深陷其中。记者在中国裁判文书网上搜索显示,涉"暗网"的案件共有 21 例,涉及贩卖毒品、传播色情恐怖非法信息、侵害公民个人信息等犯罪行为。

互联网是一个多层结构,"表层网"处于互联网的表层,能够通过标准搜索引擎进行访问浏览。藏在"表层网"之下的被称为"深网"。深网中的内容无法通过常规搜索引擎进行访问浏览。"暗网"通常被认为是"深网"的一个子集,其显著特点是使用特殊加密技术刻意隐藏相关互联网信息。

暗网是利用加密传输、P2P 对等网络、多点中继混淆等,为用户提供匿名的互联网信息访问的一类技术手段,其最突出的特点就是匿名性。

人们日常使用的搜索引擎所无法寻找到的,仅能在计算机上进行一系列特殊的操作设置或在特殊软件的辅助之下又或对本机的特殊授权之后方能进入访问的一种网络——即称之为"暗网"。"暗网"之中的数据统统是以常规手段去检索难度极大的"隐身"的方式进行传输交流,服务器地址也是如此。此外,极高的私密性是其中用户联系彼此的一大特点,对进行拦截的手段和网络技术的要求极高,并且破译拦截后的信息也是一大难题。暗网是深网的一个分支,目前可以通过"洋葱网络"或者"I2P 网络"进行。统计数据表明,人们平时所能见的表层网络的域名数量仅占据暗网的 1/500～1/400。

暗网因其与生俱来的隐匿特性,现在被不法分子广泛运用于网络犯罪。从个人行为的网络黑客窃密、数字货币交易、私售非法禁售物品到国家意志的间谍行动，都依托暗网的隐匿服务，因此暗网的存在对防范新型网络、经济、危害国家安全等犯罪行为提出了严峻挑战，特别是公安、国安部门在查处犯罪时追踪溯源方面提出了巨大的挑战。暗网因其巨大的危害特性也被列为新型网络威胁之一。

2. 暗网的由来

互联网的深度远远超出了在搜索中可以轻松访问的表面内容，人们日常所使用的互联网仅仅是冰山一角，其他还没有被传统搜索引擎索引的内容统称为深网。深网的深处被称为"暗网"(Dark Web)。暗网是由美国军方发起的一个科研项目，并于2003年开始实施，就是著名的Tor(洋葱路由器的简称)项目。其研发的主要目的就是为互联网用户提供隐藏自身身份的服务，正是由于这一特性，造成了暗网具有两面性，一方面可以用于正常的保护互联网用户的隐私，另一方面也可以被不法分子用户隐匿犯罪痕迹或者从事其他恶意行为。

正常的互联网访问行为都是透明的，也就是说，用户通过互联网访问服务器的访问记录都是可以回溯审查的，这也是公安、国安部门侦查互联网犯罪的重要手段。例如，互联网用户A通过互联网访问网站B，网站B的服务器部署了流量监控程序，这样就可以通过该程序找到用户A上网所使用的IP地址，进而可以确定其上网终端的地址，从而找到用户A的真实身份以及藏身地点。然而Tor的出现使这一切都变得复杂，Tor的工作原理是在用户A访问网站B的路由要经过一系列中间结点加密传输，最终将网站B的内容返回到用户A，这样一来，追踪溯源就变得极为困难。

3. 暗网技术

目前典型的暗网技术包括洋葱路由（TOR）、隐形互联网计划（Invisible Internet Project, I2P）及自由网（Freenet）等。这几类技术原理大抵类似，基本上都脱胎于20世纪90年代中期美国海军研究实验室(NRL)及国防高等研究计划署(DARPA)开发的洋葱路由技术思路。

洋葱路由，顾名思义，就是用类似于剥洋葱的思路对数据进行多层加密转发：发送者首先确定一组中继结点，然后将需要传输的数据报文和转发路由信息进行层层加密，将最后多层封装后的报文发送给中继链路上的第一个结点；中继结点收到报文后，就像剥洋葱一样拨开一层"洋葱皮"，使用自己的密钥解密报文，获得下一跳的地址和下一层的报文数据，再把数据转发给下一跳；直至最后出口路由结点获得最终的明文，以及转发的最终目的地，并将报文转发给最终目标。

NRL和DARPA研发洋葱路由这样的匿名网络技术，其初衷其实是为了满足情报人员安全隐秘传输数据的需要：情报特工人员身处敌对环境，必须假设其任何通信行为都可能被对手监听，同时也必须防止对手通过对通信元数据（目标在何时与何人发生了通信）的分析发现可疑的线索。这里洋葱路由的多层加密转发机制为用户提供的保护就是所谓的通信匿名性(Anonymity)。

4. 主要特点

(1) 接入简单。只要掌握了基本的"过墙"技术，隐匿身份访问"暗网"只需要对计算机进行简易设置同时下载并不大的软件。此外，"暗网"开发组织还在智能手机平台上发布了访问软件，方便"暗网"访问。暗网虽然原理较为复杂，但是对于普通用户来说，可以把暗网当成一个黑盒,不需要明白如何实现,只需在客户端下载一个接入程序,傻瓜式地配置参数,就可以使用暗网。不需要用户具备专业的计算机知识,只要会上网就能掌握接入方式,而且部分软件还研发了基于智能手机的应用程序,使得暗网的受众更广,也正是暗网简单的接入方式,才有现在暗网庞大的用户群体。

(2) 匿名性强。"暗网"使用分布式、多结点数据访问方法和多层数据加密来为每个数据包设计加密的 IP 地址以进行通信。要获得"暗网"在线记录,必须破解"暗网"使用的加密系统。

(3) 金钱往来隐蔽。"暗网"非法交易的主要支付方式是"比特币",这是一种虚拟电子货币,由具有关联的 64 位数字网络域名组成。比特币不需要买卖双方的个人信息,在技术层面兼顾了效率与安全,在保证交易便捷性的同时,又能够保证交易双方的身份保密性。暗网之所以被网络犯罪使用,主要是因为基于暗网的数字货币交易是完全隐匿在互联网中的,交易支付的保密性、安全性可以媲美瑞士银行。而且数字货币能够兑换成各个国家的货币,是被世界公认的货币,也正是由于这一特性,使得敌对更加肆无忌惮地用暗网来实现其不可告人的非法勾当。而且其交易往来十分隐蔽,更加让思想立场不坚定的人员"放心"地进行非法交易,泄露国家秘密,危害国家安全。

(4) 意识形态混乱。"暗网"本身是由一群自由派和无政府主义者组建的,其中许多人是反对非自由主义或反对政府主义的人,除此之外,美国政府刻意地推波助澜更使得"暗网"的自由倾向非常明显。

(5) 监控困难。针对暗网的监控管理比互联网监控困难得多。

思 考 题

1. 什么是信息安全?
2. 信息安全属性有哪几方面?
3. 请介绍信息安全体系的安全服务和安全机制。
4. 请介绍信息安全发展史。
5. 什么是物理安全?物理安全威胁和防护包括哪几方面?
6. 请介绍网络安全的技术对策。
7. 什么是恶意代码?有哪些类型?
8. 什么是系统漏洞?什么是系统后门?
9. 物联网安全挑战有哪几方面?
10. 大数据安全挑战有哪几方面?
11. 云计算安全挑战有哪几方面?
12. 什么是量子通信?
13. 什么是信息对抗?
14. 国家网络空间安全的原则是什么?
15. 什么是黑客?什么是"骇客"?黑客有几种攻击方式?
16. 什么是暗网?

第9章 生物计算

本章将介绍生物信息技术和生物信息技术应用。通过本章的学习,学生可了解演化计算、生物信息学生物计算机、DNA 计算机、生物芯片、人工生命、人工社会、生物识别技术、脑机接口、脑思维下载与上载等。

9.1 生物信息技术

9.1.1 演化计算

自然界的生物体通过自然选择和自然遗传机制来自组织、自适应地解决问题。受此启发,人们通过模拟自然演化过程来解决某些复杂问题,并进一步发展出计算机科学领域内一个崭新的分支——演化计算。20 世纪 80 年代中期以来,很多国家掀起了研究演化计算的热潮。演化计算是一种通用的问题求解方法,具有自组织、自适应、自学习性和本质并行性等特点,不受搜索空间限制条件的约束,也不需要其他辅助信息。因此,演化算法简单、通用、易操作、能获得较高的效率,越来越受到人们的青睐。

1. 演化计算的发展过程

大自然是人类灵感的源泉。几百年来,将生物界提供的答案应用于实际问题求解,已被证明是一个成功的方法,并已形成一个专门的科学分支——仿生学。自然界提供的答案是经过漫长的自适应过程(即演化过程)所得的结果。除了演化过程的最终结果,也可以利用这一过程本身去解决一些较为复杂的问题。这样,我们不必非常明确地描述问题的全部特征,而只需根据自然法则去产生新的更好的解。

演化计算正是基于这种思想而发展起来的一种通用的问题求解方法。它采用简单的编码技术来表示各种复杂的结构,并通过对一组编码表示进行简单的遗传操作和优胜劣汰的自然选择,来指导学习和确定搜索的方向。由于采用种群(即一组表示)的方式组织搜索,所以它可以同时搜索解空间内的多个区域,而且特别适合大规模并行处理。在赋予演化计算自组织、自适应、自学习等特征的同时,优胜劣汰的自然选择和简单的遗传操作使演化计算具有不受其搜索空间限制性条件(如可微、连续、单峰等)的约束,以及不需要其他辅助信息(如导数)的特点。这些崭新的特点使演化算法不仅能获得较高的效率,而且具有简单、易操作和通用的特性。这些特性正是演化计算越来越受到人们青睐的主要原因之一。

演化计算在 20 世纪 60—70 年代并未受到普遍重视，一是因为当时这些方法本身还不够成熟；二是由于这些方法需要较大的计算量，而当时的计算机还不够普及，且速度跟不上需求，因而限制了它们的应用；三是当时基于符号处理的人工智能方法正处于顶峰状态，使人们难以认识到其他方法的有效性和适应性。

到了 20 世纪 80 年代，人们越来越清楚地意识到传统人工智能方法的局限性，而且随着计算机速度的提高及并行计算机的普及，演化计算对机器速度的要求已不再是制约其发展的因素。德国 Dortmund 大学 1993 年年末的一份研究报告表明，根据不完全统计，演化算法已在 16 个大领域、250 多个小领域中获得了应用。演化计算在机器学习、过程控制、经济预测、工程优化等领域取得的成功，已引起了数学、物理学、化学、生物学、计算机科学、社会科学、经济学及工程应用等领域专家的极大兴趣。

20 世纪 80 年代中期以来，世界上许多国家都掀起了演化计算的研究热潮。由于演化计算应用广泛，一些杂志及国际会议论文集中都有这方面的文章，现在还出版了两种关于演化计算的新期刊 *Evolutionary Computation* 和 *IEEE Transactions on Evolutionary Computation*，一些国际性期刊也竞相出版这方面的专刊。另外，日本新的计算机发展规划 RWC 计划（Real World Computing Program）也把演化计算作为其主要支撑技术之一，以此来进行信息的集成、学习及组织等。

某些学者研究了演化计算的涌现行为（Emergent Behavior）后声称，演化计算与混沌理论、分形几何将成为人们研究非线性现象和复杂系统的新的三大方法，并将与神经网络一起成为人们研究认知过程的重要工具。当前，演化计算的研究内容十分广泛，如演化算法的设计与分析、演化计算的理论基础及其在各个领域中的应用等。可以预计，随着演化计算理论研究的不断深入和应用领域的不断拓宽，演化计算必将取得更大的成功。

2. 演化计算的主要分支

自从计算机出现以来，生物模拟（也称仿生）便成为计算机科学的一个组成部分。其目的之一是试图建立一种人工模拟环境，在这个环境中使用计算机进行仿真，以便更好地了解人类自己和人类的生存空间；另一个目的则是从研究生物系统出发，探索产生基本认知行为的微观机理，然后设计成具有生物智能的机器或模拟系统，以解决复杂问题。例如，神经网络、细胞自动机和演化计算都是从不同角度模拟生物系统而发展起来的研究方向。

演化计算最初具有三大分支：遗传算法（Genetic Algorithm，GA）、演化规划（Evolutionary Programming，EP）和演化策略（Evolution Strategy，ES）。20 世纪 90 年代初，在遗传算法的基础上又形成了一个分支：遗传程序设计（Genetic Programming，GP）。虽然这几个分支在算法实现方面有一些细微差别，但它们有一个共同的特点，即都是借助生物演化的思想和原理来解决实际问题。

1）遗传算法

把计算机科学与进化论结合起来的尝试始于 20 世纪 50 年代末，但由于缺乏一种通用的编码方案，人们只能依赖变异而非交配来产生新的基因结构，故而收效甚微。到 20 世纪 60 年代中期，美国 Michigan 大学的 John Holland 在 A. S. Fraser 和 H. J. Bremermann 等人工作的基础上提出了位串编码技术。这种编码既适于变异操作，又适于交配（即杂交）操作，并且强调将交配作为主要的遗传操作。随后，Holland 将该算法用于自然和人工系统的自适应行为的研究中，并于 1975 年出版了其开创性著作 *Adaptation in Natural and*

Artificial Systems。之后，Holland 等人将该算法加以推广，应用到优化及机器学习等问题中，并正式定名为遗传算法。遗传算法的通用编码技术和简单有效的遗传操作为其广泛、成功的应用奠定了基础。

2) 演化策略

20 世纪 60 年代初，柏林工业大学的学生 I. Rechenberg 和 H. P. Schwefel 等在进行风洞实验时，由于设计中描述物体形状的参数难以用传统方法进行优化，因而利用生物变异的思想来随机改变参数值，并获得了较好的结果。随后，他们对这种方法进行了深入的研究和发展，形成了演化计算的另一个分支——演化策略。

早期演化策略的种群中只包含一个个体，而且只使用变异操作，所使用的变异算子是基于正态分布的变异操作。在每一演化代，变异后的个体与其父体进行比较，选择两者之优。这种演化策略称为(1+1)演化策略或二元(two-membered)演化策略。(1+1)演化策略存在很多弊端，如有时收敛不到全局最优解、效率较低等。它的改进即增加种群内个体的数量，从而演化为$(\mu+1)$演化策略。此时，种群内含有 μ 个个体，随机选取一个个体进行变异，然后取代群体中最差的个体。

演化策略一般只适合求解数值优化问题。近年来，遗传算法也采用十进制编码（或称浮点数编码）技术来求解数值优化问题。ES 与 GA 的互相渗透已使它们没有很明显的界限。

3) 演化规划

演化规划的方法最初是由 L. J. Fogel 等在 20 世纪 60 年代提出的。他们在人工智能的研究中发现，智能行为就是具有预测其所处环境的状态并按给定目标做出适当响应的能力。在研究中，他们将模拟环境描述成由有限字符集中的符号组成的序列。于是问题转化为，怎样根据当前观察到的符号序列做出响应，以获得最大收益。这里，收益按环境中将要出现的下一个符号及预先定义好的效益目标来确定。演化规划中常用有限态自动机(Finite State Machine，FSM)来表示这样的策略。这样，问题就变成如何设计一个有效的 FSM。L. J. Fogel 等借用演化的思想对一群 FSM 进行演化，以获得较好的 FSM。他们将此方法应用到数据诊断、模式识别和分类及控制系统的设计等问题中，取得了较好的结果。后来，D. B. Fogel 借助演化策略方法对演化规划进行了发展，并用于数值优化及神经网络的训练等问题中。

9.1.2 生物信息学

1. 生物信息学

生物信息学领域的核心内容是研究如何通过对 DNA 序列的统计计算分析，更加深入地理解 DNA 序列、结构、演化及其与生物功能之间的关系。

从广义的角度说，生物信息学主要从事对基因组研究相关生物信息的获取、加工、存储、分配、分析和解释，包括两层含义，一是对海量数据的收集、存储、整理与服务；另一个是从中发现新的规律。

生物信息学是把基因组 DNA 序列信息分析作为源头，找到基因组序列中代表蛋白质和 RNA 基因的编码区；同时，阐明基因组中大量存在的非编码区的信息实质，破译隐藏在 DNA 序列中的遗传语文规律；在此基础上，归纳、整理与基因组遗传语文信息释放及其调控相关的转录谱和蛋白质谱的数据，从而认识代谢、发育、分化、进化的规律，见图 9-1。

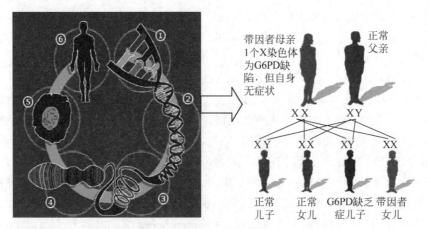

图 9-1 生物信息学的对象和目标

2. 生物信息学发展历史

1) 产生的背景

1866 年,孟德尔从实验上提出了假设:基因是以生物成分存在;1871 年,Miescher 从死的白细胞核中分离出脱氧核糖核酸(DNA);1944 年,Avery 和 McCarty 证明了 DNA 是生命器官的遗传物质;1944 年,Chargaff 发现了著名的 Chargaff 规律,即 DNA 中鸟嘌呤的量与胞嘧定的量总是相等,腺嘌呤与胸腺嘧啶的量相等。与此同时,Wilkins 与 Franklin 用 X 射线衍射技术测定了 DNA 纤维的结构。1953 年,James Watson 和 Francis Crick 在《自然》杂志上推测出 DNA 的三维结构(双螺旋)。Crick 于 1954 年提出了遗传信息传递的规律,中心法则(Central Dogma),见图 9-2。

 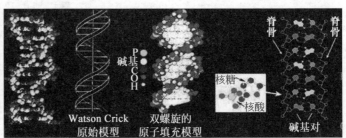

图 9-2 DNA 双螺旋

2001 年 2 月,人类基因组工程测序的完成,使生物信息学走向了一个高潮。2003 年 4 月 14 日,美国人类基因组研究项目首席科学家 Collins F 博士在华盛顿隆重宣布"人类基因组序列图绘制成功,人类基因组计划(Human Genome Project,HGP)的所有目标全部实现",识别了大约三万两千个基因,并提供了四类图谱,即遗传、物理、序列、转录序列图谱。这标志着"人类基因组计划胜利完成"和"后基因组时代"已来临,见图 9-3。

2) 生物信息学发展阶段

生物信息学的发展过程与基因组学研究密切相关,大致可分为三个阶段,即前基因组时代、基因组时代、后基因组时代。

(1) 前基因组时代,介于 20 世纪 50 年代末至 20 世纪 80 年代末,这一时期也是早期生物信息学研究方法逐步形成阶段。

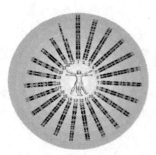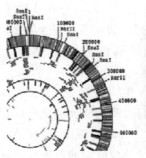

图 9-3　人类基因组

(2) 基因组时代,介于 20 世纪 80 年代末至 2003 年的 HGP 顺利完成,这是生物信息学真正兴起并形成了一门多学科的交叉、边缘学科。

(3) 后基因组时代,自 2003 年 HGP 完成开始。

9.1.3　生物计算机与 DNA 计算机

1. 生物计算机

1) 生物计算机定义

生物计算机,主要是以生物电子元件构建的计算机。它利用蛋白质的开关特性,用蛋白质分子作元件从而制成生物芯片。其性能是由元件与元件之间电流启闭的开关速度来决定的。用蛋白质制成的计算机芯片,它的一个存储点只有一个分子大小,所以它的存储容量可以达到普通计算机的 10 亿倍。由蛋白质构成的集成电路,其大小只相当于硅片集成电路的十万分之一。而且运行速度更快,只 10^{-11} s,大大超过人脑的思维速度。

2) 生物计算机的优点

(1) 可靠性高。由生物分子构成的分子集成电路(生物芯片)也同一般的生物体一样,具有"自我修复"机能,也就是说,即便这种芯片出了点故障也无关大局,它能够慢慢地自动恢复过来,达到自我修复的目的。所以,生物计算机的可靠性非常高,经久耐用,具有"半永久性"。这对于目前的电子计算机来说,简直是一件不可思议的事情。

(2) 拟人性。生物计算机的主要原材料是生物工程技术产生的蛋白质分子,生物计算机具有生物活性,能够和人体的组织有机地结合起来,尤其是能够与大脑和神经系统相连。这样,生物计算机就可直接接受大脑的综合指挥,成为人脑的辅助装置或扩充部分,并能由人体细胞吸收营养补充能量,因而不需要外界能源。它将成为能植入人体内,能帮助人类学习、思考、创造、发明的最理想的伙伴。另外,由于生物芯片内流动电子间碰撞的可能性极小,几乎不存在电阻,所以生物计算机的能耗极小。由于蛋白质分子能够自我组合,再生新的微型电路,使得生物计算机具有生物体的一些特点,例如,能模仿人脑的思考机制。

2. DNA 计算机

1) DNA 计算机定义

科学家研究发现,脱氧核糖核酸(DNA)有一种特性,能够携带生物体的大量基因物质。数学家、生物学家、化学家以及计算机专家从中得到启迪,正在合作研究制造未来的液体 DNA 计算机。这种 DNA 计算机的工作原理是以瞬间发生的化学反应为基础,通过和酶的相互作用,将发生过程进行分子编码,把二进制数翻译成遗传密码的片段,每一个片段就是著名的双螺旋的一个链,然后对问题以新的 DNA 编码形式加以解答。和普通的计算机相比,DNA 计算机的优点首先是体积小,但存储的信息量却超过现在世界上所有的计算机。

2) DNA 计算机的优点

(1) 密集度高。由于 DNA 生物电子元件比硅芯片上的电子元件要小很多,而且生物芯片本身具有天然独特的立体化结构,其密度要比平面型硅集成电路高 5 个数量级,因此具有巨大的存储能力。例如,体积为 $1m^3$ 的液体生物计算机,存储的信息比世界上所有计算机存储的信息总和还要多,而分子集成电路的密集度可以达到现有半导体超大规模集成电路的 10 万倍。

(2) 速度快。分子逻辑元件的开关速度比目前的硅半导体逻辑元件开关速度高出 1000 倍以上。如果让几万亿个 DNA 分子在某种酶的作用下进行化学反应,就能使生物计算机同时运行几十亿次,这就意味着运算速度要比当今最新一代超级计算机快 10 万倍,能量消耗仅相当于普通计算机的十亿分之一。

9.1.4 生物芯片

1. 生物芯片定义

生物芯片(Biochip)是通过微加工和微电子技术在芯片表面构建微型生物化学分析系统,可实现对生命机体的组织、细胞、蛋白质、核酸、糖类及其他生物组分进行准确、快速、大信息量的检测,见图 9-4。

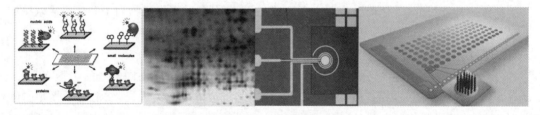

图 9-4 生物芯片

2. 生物芯片的分类

生物芯片主要类型包括基因芯片(gene-chip)、蛋白质芯片(protein-chip)、组织芯片(tissue-chip)和芯片实验室(lab-on-chip)等。

1) 基因芯片

基因芯片,又称为寡核苷酸探针微阵列,是基于核酸探针互补杂交技术原理而研制的。所谓核酸探针只是一段人工合成的碱基序列,在探针上连接一些可检测的物质,根据碱基互补的原理,利用基因探针到基因混合物中识别特定基因,见图 9-5。

2) 蛋白质芯片

蛋白质芯片与基因芯片的原理类似,它是将大量预先设计的蛋白质分子(如抗原或抗体等)或检测探针固定在芯片上组成密集的阵列,利用抗原与抗体、受体与配体、蛋白与其他分子的相互作用进行检测,见图 9-6。

3) 组织芯片

组织芯片技术是一种不同于基因芯片和蛋白芯片的新型生物芯片。它是将许多不同个

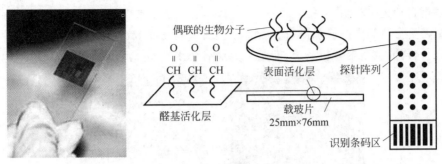

图 9-5　基因芯片

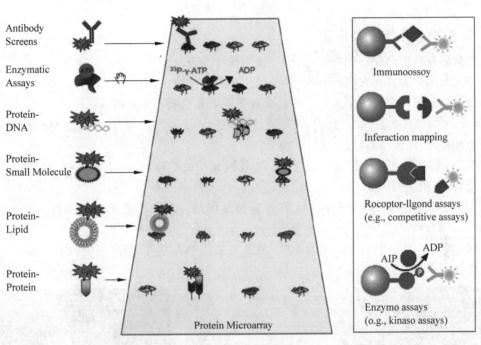

图 9-6　蛋白质芯片

体小组织整齐地排布于一张载玻片上而制成的微缩组织切片,从而进行同一指标(基因、蛋白)的原位组织学的研究,见图 9-7。

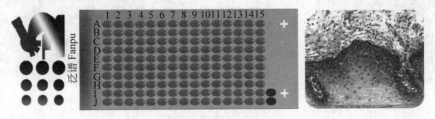

图 9-7　组织芯片

4) 芯片实验室

芯片实验室是将生命科学研究中所涉及的许多不连续的分析过程(如样品制备、基因扩增、核酸标记及检测等)融为一体,形成便携式微型生物全分析系统。它的最终目的是实现将生物分析的全过程集成在一片芯片上完成,从而使现时许多烦琐、不精确和难以重复的生物分析过程自动化、连续化和微缩化,所以芯片实验室是未来生物芯片发展的最终目标。芯片实验室将生命科学中的样品制备、生化反应、结果检测和数据处理的全过程,集中在一个芯片上进行,构成微型全分析系统,即芯片实验室,见图9-8。

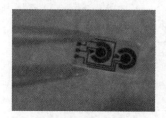 

图 9-8　芯片实验室

3. 生物芯片技术的应用

生物芯片技术已经在生物学、医学和食品科学等领域取得了丰硕的成果。生物芯片技术的开发与运用还将在农业、环保、司法鉴定、军事中的基因武器等广泛的领域中开辟一条全新的道路。下面重点展望生物芯片技术在中药研究领域的应用前景。

(1) 生物芯片在基因结构与功能研究上的应用:基因测序与基因表达分析,基因突变和多态性检测,见图9-9(a)。

(2) 生物芯片在食品科学上的应用:转基因食品的检测,食品中微生物的检测和食品卫生检验,见图9-9(b)。

(3) 生物芯片在医学中的应用:在疾病诊断中的应用和生物芯片在疫苗研制中的应用,见图9-9(c)。

(4) 生物芯片在中药研究中的展望:筛选有效的中药复方,筛选药物的有效成分,中药安全性的检测,中药材品质的鉴定。

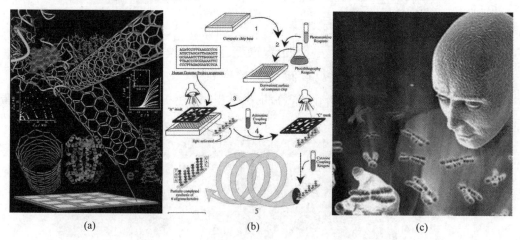

图 9-9　生物芯片应用

9.1.5　人工生命与人工社会

1. 人工生命定义

人工生命是指用计算机和精密机械等生成或构造表现自然生命系统行为特点的仿真系

统或模型系统。自然生命系统的行为特点表现为自组织、自修复、自复制的基本性质，及形成这些性质的混沌动力学、环境适应和进化。

中国青年学者涂晓媛在1996年获美国计算学会ACM最佳博士论文奖，她的论文题目是"人工动物的计算机动画"。涂晓媛的"人工鱼"被英语国家通用的数学教科书引用，被许多西方国家的学术刊物广泛介绍。涂晓媛研究开发的"人工鱼"(Artificial Fish)是基于生物物理和智能行为模型的计算机动画新技术，是在虚拟海洋中活动的人工鱼社会群体。"人工鱼"不同于一般的计算机"动画鱼"之处在于："人工鱼"具有"人工生命"的特征，具有"自然鱼"的某些生命特征，如意图、习性、感知、动作、行为等。涂晓媛的"人工鱼"是由工程技术路径研究开发的"人工生命"，是基于生物物理和智能行为模型的，用计算机动画技术在屏幕上画出来的"人工鱼"，是具有自然鱼生命特征的计算机动画。

当前构建人工生命的途径主要有以下三类。

(1) 第一类是通过软件的形式，即用编程的方法建造人工生命。由于这类人工生命主要在计算机内活动，其行为主要通过计算机屏幕表现出来，所以它们被称为虚拟人工生命或数字人工生命。人们熟悉的计算机病毒就是一种较为低等的数字人工生命。

(2) 第二类是通过硬件的形式，即通过电线、硅片、金属板、塑料等各种硬件的方法在现实环境中建造类似动物或人类的人工生命。它们被称为"现实的人工生命"或"机器人版本的人工生命"。机器人是这类人工生命的代表。

(3) 第三类是通过"湿件"的方式，即在试管中通过生物化学或遗传工程的方法合成或创造人工的生命。不过这种方法在目前并不能从头开始，即完全从无生命物质开始合成生命，而只能对现有的生命进行改造创造人工生命，如克隆羊。因为这种工作基本运用的仍然是传统的生物学的方法，所以，作为一个新的研究领域的人工生命目前还属于计算机科学的一个分支，主要由一些计算机专家在进行研究。

2. 人工生命的发展历史

20世纪初，逻辑在算术机械运算中的运用，导致过程的抽象形式化。

20世纪40年代末—20世纪50年代初，冯·诺依曼提出了机器自增长的可能性理论。以计算机为工具，迎来了信息科学的发展。

20世纪70年代以来，科拉德(Conrad)和他的同事研究人工仿生系统中的自适应、进化和群体动力学，提出了不断完善的"人工世界"模型。

20世纪80年代，人工神经网络兴起，出现了许多神经网络模型和学习算法。与此同时，人工生命的研究也逐渐兴起。1987年，召开了第一届国际人工生命会议。

自从1987年兰顿提出人工生命的概念以来，人工生命研究已走过了三十多年的历程。人工生命的独立研究领域的地位已被国际学术界所承认。

3. 人工社会

20世纪90年代末到21世纪初，人工生命的概念被延伸到人工社会，它是仿真社会研究的延续，是一种基于代理的建模、模拟和分析的方法，是人工生命(具有自然生命行为特征的人造系统)计算方法在社会系统中的应用。1994年，社会计算概念被提出，它是计算科学与社会科学的交叉。

人工社会是一种计算模型，主要利用计算机模拟方法进行社会分析，是人工生命方法的应用，是一种模拟生物演化行为的模型。人工社会建模时需要自动元胞机、L-系统、复杂网络、演化计算、蚁群算法、粒子群算法、人工免疫系统、复杂适应系统等方法的支持。如果将这些方法综合应用于复杂系统，对学者将是一种挑战，首先要构建一个复杂社会系统模型，接着需要构建一个以信息技术为基础的计算环境（甚至是一个计算平台，或称为数字虚拟空间），然后在这个环境中进行复杂系统的实验，并根据计算（实验）出的结果进行决策。人工社会通常与计算实验（计算机仿真实验方法）、平行系统方法（在现实系统或世界与虚拟系统或世界之间建立一种对应关系）一起用于复杂社会系统的计算，通过社会计算模拟和仿真，在计算机系统（计算平台或数字虚拟空间）中观察复杂社会系统的演化，以便对其进行调节和控制。

平行智能是一种基于人工智能的平行系统方法，就是在现实物理空间与数字虚拟空间之间的智能交互，通过人工系统和实际系统组成的闭环反馈、虚实互动、平行执行和协同，以确保人工社会按照人的期望目标发展。它是人类、人工、自然和组织多种智能的集成。平行智能的实施需要数字孪生、Web 3.0 和区块链技术的支持。平行系统的操作步骤包括：第一，利用人工社会或人工系统对复杂系统进行建模，它把人工社会看成类似于计算机"游戏"的建模；第二，利用计算实验对复杂系统进行分析和评估，一旦有了针对性的人工社会，就可以把人的行为、社会的行为放到计算机里面，把计算机变成为一个实验室，进行"计算实验"，通过"计算实验"分析复杂系统的行为，评估其可能的后果；第三，将现实社会与人工社会并举，通过两者之间的虚实互动，以平行执行方式对复杂系统的运行进行有效的控制和管理。

9.2 生物信息技术应用

9.2.1 生物识别技术

1. 生物识别概述

生物识别就是通过计算机与光学、声学、生物传感器和生物统计学原理等高科技手段密切结合，利用人体固有的生理特性（如指纹、脸像、虹膜等）和行为特征（如笔迹、声音、步态等）来进行个人身份的鉴定。

生物识别技术指通过人类生物特征进行身份认证的一种技术，人类的生物特征通常具有唯一性、可以测量或可自动识别和验证、遗传性或终身不变等特点，因此生物识别认证技术较传统认证技术存在较大的优势。

生物识别技术分为初级、中级和高级三类。掌型识别、脸型识别、语音识别和签名识别等为初级；视网膜识别、虹膜识别和指纹识别等为中级；血管纹理识别、人体气味识别、DNA 识别等为高级。其中，指纹识别技术目前应用广泛的领域有门禁系统、微型支付等。

传统的身份鉴定方法包括身份标识物品（如钥匙、证件、ATM 卡等）和身份标识知识（如用户名和密码），但由于主要借助体外物，一旦证明身份的标识物品和标识知识被盗或遗忘，其身份就容易被他人冒充或取代。而生物识别技术比传统的身份鉴定方法更具安全、保密和方便性。生物特征识别技术具有不易遗忘、防伪性能好、不易伪造或被盗、随身"携带"和随时随地可用等优点。

生物识别系统对生物特征进行取样，提取其唯一的特征并且转换成数字代码，并进一步将这些代码组成特征模板。由于微处理器及各种电子元器件成本不断下降，精度逐渐提高，生物识别系统逐渐应用于商业上的授权控制如门禁、企业考勤管理系统安全认证等领域。用于生物识别的生物特征有手形、指纹、脸形、虹膜、视网膜、脉搏、耳郭等，行为特征有签字、声音、按键力度等。基于这些特征，人们已经发展了手形识别、指纹识别、面部识别、发音识别、虹膜识别、签名识别等多种生物识别技术。

2．生物识别种类

目前已出现了许多生物识别技术，如指纹识别、手掌识别、声音识别、视网膜识别、虹膜识别、签名识别、面部识别、基因识别、静脉识别、步态识别、人物识别等。

（1）指纹识别。指纹识别有多种方法。其中有些是仿效传统的公安部门使用的方法，比较指纹的局部细节；有些直接通过全部特征进行识别；还有一些使用更独特的方法，如指纹的波纹边缘模式和超声波。有些设备能即时测量手指指纹，有些则不能。在所有生物识别技术中，指纹识别是当前应用最为广泛的一种。

（2）手掌识别。即通过测量使用者的手掌和手指特征进行识别，高级的产品还可以识别三维图像。手掌识别不仅性能好，而且使用比较方便。它适用的场合是用户人数比较多，或者用户虽然不经常使用，但使用时很容易接受。

（3）声音识别。即通过分析使用者的声音的物理特性来进行识别的技术。现今，虽然已经有一些声音识别产品进入市场，但使用起来还不太方便，这是因为传感器和人的声音可变性很大。

（4）视网膜识别。即使用光学设备发出的低强度光源扫描视网膜上独特的图案。有证据显示，视网膜扫描是十分精确的，但它要求使用者注视接收器并盯着一点。这对于戴眼镜的人来说很不方便，而且与接收器的距离很近，也让人不太舒服。所以尽管视网膜识别技术本身很好，但用户的接受程度很低。

（5）虹膜识别。它是与眼睛有关的生物识别中对人产生较少干扰的技术。它使用相当普通的照相机元件，而且不需要用户与机器发生接触。另外，它有能力实现更高的模板匹配性能。因此，它吸引了各种人的注意。

（6）签名识别。其优势是人们习惯将签名作为一种在交易中确认身份的方法，它的进一步发展也不会让人们觉得有太大不同。实践证明，签名识别是相当准确的，因此签名很容易成为一种可以被接受的识别符。

（7）面部识别。又称人脸识别、面相识别、面容识别等。面部识别使用通用的摄像机作为识别信息获取装置。以非接触的方式获取识别对象的面部图像，计算机系统在获取图像后与数据库图像进行比对后完成识别过程。

（8）基因识别。基因识别是一种利用DNA指纹进行的生物识别技术，即使用生物学实验或计算机等手段识别DNA序列上的具有生物学特征的片段。

（9）静脉识别。使用近红外线读取静脉模式，与存储的静脉模式进行比较，进行识别。其工作原理是依据人类手指中流动的血液可吸收特定波长的光线，而使用特定波长光线对手指进行照射，可得到手指静脉的清晰图像，再将其与事先注册的手指静脉特征进行比对，从而确认登录者的身份。

（10）步态识别。即使用摄像头采集人体行走过程的图像序列，进行处理后同存储的数据进行比较,来达到身份识别的目的。步态识别作为一种生物识别技术,具有其他生物识别技术所不具有的独特优势,即在远距离或低视频质量情况下的识别潜力,且步态难以隐藏或伪装等。步态识别主要是针对含有人的运动图像序列进行分析处理,通常包括运动检测、特征提取与处理和识别分类三个阶段。

(11) 人物识别。又叫人脸识别,或称人像识别,运用人工智能领域内先进的生物识别技术,特指利用分析比较人物视觉特征信息进行身份鉴别的计算机技术。广义的人物识别实际包括构建人物识别系统的一系列相关技术,包括人物图像采集、人物定位、人物识别预处理、身份确认以及身份查找等;而狭义的人物识别特指通过人物进行身份确认或者身份查找的技术或系统。

9.2.2 脑机接口

1. 脑机接口概述

脑机接口(Brain Computer Interface,BCI)指在人或动物大脑与外部设备之间创建的直接连接,实现脑与设备的信息交换。这一概念其实早已有之,但直到20世纪90年代以后,才开始有阶段性成果出现。

脑机接口,有时也称作"大脑端口"或者"脑机融合感知",它是在人或动物脑(或者脑细胞的培养物)与外部设备间建立的直接连接通路。在单向脑机接口的情况下,计算机或者接收脑传来的命令,或者发送信号到脑(例如视频重建),但不能同时发送和接收信号。而双向脑机接口允许脑和外部设备间的双向信息交换。

在该定义中,"脑"一词意指有机生命形式的脑或神经系统,而并非仅仅是"mind"。"机"意指任何处理或计算的设备,其形式可以从简单电路到硅芯片。

对脑机接口的研究已持续了超过40年。20世纪90年代中期以来,从实验中获得的此类知识显著增长。在多年来动物实验的实践基础上,应用于人体的早期植入设备被设计及制造出来,用于恢复损伤的听觉、视觉和肢体运动能力。研究的主线是大脑不同寻常的皮层可塑性,它与脑机接口相适应,可以像自然肢体那样控制植入的假肢。在当前所取得的技术与知识的进展之下,脑机接口研究的先驱者们可令人信服地尝试制造出增强人体功能的脑机接口,而不仅止于恢复人体的功能。这种技术在以前还只存在于科幻小说之中。

2. 发展史

1999年,哈佛大学的Garrett Stanley试图解码猫的丘脑外侧膝状体内的神经元放电信息来重建视觉图像。他们记录了177个神经元的脉冲列,使用滤波的方法重建了向猫播放的八段视频,从重建的结果中可以看到可辨认的物体和场景。

2006年,布朗大学研究团队完成首个大脑运动皮层脑机接口设备植入手术,能够用来控制鼠标。

2008年,匹兹堡大学神经生物学家宣称利用脑机接口,猴子能用操纵机械臂给自己喂食——这标志着该技术发展已经容许人们将动物脑与外部设备直接相连。

2012年,脑机接口设备已能够胜任更复杂和广泛的操作,得以让瘫痪病人对机械臂进行操控,自己喝水、吃饭、打字与人交流。

2014年,巴西世界杯开幕式,高位截瘫青年Juliano Pinto在脑机接口与人工外骨骼技术的帮助下开出一球。

2016年，Nathan Copeland用意念控制机械手臂和前美国总统奥巴马握手。

2019年1月，Chmielewski作为约翰斯·霍普金斯大学一项脑机接口研究的参与者，通过一次长达10h的手术，将6个微电极阵列(MEA)植入大脑两侧。随后，研究者一直试图通过不断的改善和训练，让他获得同时控制两个假肢的能力。

2020年8月29日，埃隆·马斯克自己旗下的脑机接口公司Neuralink举行发布会，找来"三只小猪"向全世界展示了可实际运作的脑机接口芯片和自动植入手术设备。

2022年3月，中国神经外科领域的一项新突破——脑机接口柔性电极技术在世界顶级学术期刊《科学》杂志上发表。这项突破是一种脑机接口柔性电极技术，由首都医科大学附属北京天坛医院研发，是提高手术精准度、保护神经功能的关键技术。该技术将仅有$2\mu m$大小的电极点组成的新型柔性电极，通过手术放到大脑上，帮助医生更精确地"看"到大脑内部神经等，从而最大限度地保护大脑功能。

2022年6月25日，我国自主研发的国内首款介入式脑机接口完成动物实验。

3. 脑机接口方式

(1) 侵入式脑机接口。侵入式脑机接口通常直接将几十上百个电极阵列植入到大脑的灰质，因而所获取的神经信号的质量比较高，缺点是容易引发免疫反应和伤疤，进而导致信号质量的衰退甚至消失。部分侵入式脑机接口一般植入到颅腔内，但是位于灰质外。基于"光反应成像"的脑机接口尚处在理论阶段。其概念是在颅腔内植入可测量单神经元兴奋状态的微型传感器，以及受其驱动的微型激光源。可用该激光源的波长或时间模式的变化来编码神经元的状态，并将信号发送到颅腔外。该概念的优点是可在感染、免疫反应和愈伤反应的概率较小的条件下长时间监视单个神经元的兴奋状态，见图9-10。

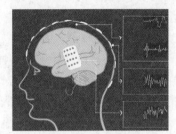

图9-10 侵入式脑机接口

(2) 非侵入式脑机接口。这种方法是将装置戴在身体上，如戴在头上，但由于颅骨对信号的衰减作用和对神经元发出的电磁波的分散和模糊效应，记录到信号的分辨率并不高。这种信号波可以被检测到，但很难确定发出信号的脑区或者相关的单个神经元的放电，见图9-11。

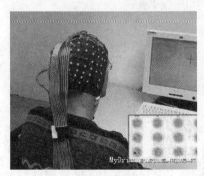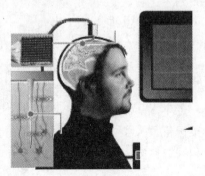

图9-11 非侵入式脑机接口

(3) 脑电图。脑电图(EEG)作为有潜力的非侵入式脑机接口已得到深入研究，这主要是因为该技术良好的时间分辨率、易用性、便携性和相对低廉的价格。但该技术的一个问题是它对噪声的敏感性,另一个使用EEG作为脑机接口的现实障碍是使用者在工作之前要进行大量的训练。

(4) 脑磁图(MEG)。就是利用核磁共振成像(fMRI)实现非侵入式脑机接口。

(5) 细胞培养。在动物(或人)体外的培养皿中建立神经组织和人造设备之间的通信机制。该方法是建造具有问题解决能力的神经元网络,进而促成生物式计算机。研究者在半导体晶片上培养神经组织,并且从这些神经细胞记录信号或对其进行刺激。其属于"神经电子学"(Neuroelectronics)。

4. 应用

使用人工装置(假体)替换掉原有功能已削弱的部分神经或感觉器官。神经假体最广泛的应用是人工耳蜗,全世界已约有几十万人植入。也有一些神经假体是用于恢复视力的,如人工视网膜,迄今在这方面的工作仅局限于将人工装置直接植入脑部。

9.2.3 大脑思维下载与上载

从古到今,永生是人类一直追求的梦想,然而,思想的永恒与肉体的死亡却是一对不可调和的矛盾。人是灵与肉的天然混合体,离开了思想和智能,人如同"行尸走肉"。离开了肉体,人的思想不能正常工作。人类生命的有限性决定了它承载的思想不能长久,于是,人类一直试图把自己的思想从大脑中输出出来。输出个人思想和智能的方式很多,例如,撰写书籍和论文,录制声音和影像等,但这种形式的智能只能保存,不能"存活",但人们还是认为自己的生命没有得到"永生"。

尽管人类已成功将部分智能转移至计算机或网络中"养活"起来,例如,将人的思维编制成计算机程序,再如,将专家的知识转换为专家系统,但是,到目前为止,这种人类智能的移植还是非常有限的。个人全部智能的提取,并在其他载体中"养活"依然是非常困难的事。人体作为一种智能的载体,有很大的局限性,如记忆力、思维快慢、困难问题的解决等,人脑智能因此受到限制。

灵与肉的分离,并寄生于新的载体是解决这一问题的思路之一。如果能将人的思维从其身体中"提取"出来,移植到另外一种介质或载体中,使之"存活"并演化,将是一件非常有意义的工作。

1. 人脑思维下载

2005年,英国未来学家伊恩·皮尔森(Ian Pearson)预言:计算机技术将帮助人类实现"灵魂"不死。45年后,思维可以脱离大脑存在。大脑的内容可以"下载"到计算机硬盘中保存。虚拟空间将成为人类未来的栖身地。人的思想可以在计算机中永生。

近年,读大脑的研究工作已经取得了不少成果。据2007年2月12日英国《卫报》报道,由英国伦敦大学学院、牛津大学和德国研究机构的神经科学家组成的研究小组提出:用磁影像共振仪对人脑进行扫描,将扫描到的信息转化为具体的思维,从而解读出一个人想要干什么。这是科学家们第一次以这种方式成功解读人的思维。但目前对大脑信号的读取和对内容的完整理解仍有很大的局限性。

奥地利格拉茨理工大学生物医学研究所的Gert Pfurtscheller教授研究的"人机界面"帽子能探测到人脑中特定的运动区域的神经细胞活动,该技术将帮助瘫痪的病人移动机器人手臂,或是帮助他们在虚拟的键盘上打字,见图9-12。

图 9-12　人机界面系统

大脑思维体系完整读取目前还处在初级阶段,读大脑工作还远未达到完整理解个人想法的程度。不过,随着技术的进步和完善,大脑思维体系"完整下载"还需要较长一段时间。

2. 人脑智慧上载

人脑智慧上载就是将已经"下载"的人脑智慧系统完整地迁移进入一个新的载体中的过程。可以加载人脑智慧的载体有人、动物、计算机、网络、智能设备、多个智能系统混合体。要想完成这一过程,有两个问题需要考虑,一是找到新的适合载体,二是如何将已经下载的人脑智慧迁移进入新的载体内。

1) 人脑智慧载体

实际上,选择一个非常合适的载体是一件很困难的事。解决这个问题的思路有以下三个。

(1) 自然物改造。既然寻找到一个理想载体是困难的,不妨寻找"大体"或"基本"合适的自然物,然后加以改造。另外,动物躯体也是不错的载体,它在某些方面具有超过人体的机体优势,稍加改造后就可以加载人脑智慧,见图9-13。

图 9-13　人头马身

(2) 人工物。计算机、网络、智能设备等都属于人工物。从理论上说,可以设计出非常适合某一个人脑智慧系统的载体,但是,就目前的技术和工艺水平,生产出一个可以加载人脑智慧的人工物载体,依然存在很大的难度,见图9-14。

(3) 混合体设计。混合体是一种折中的选择。它可以将自然物的优势与人工物的优势结合起来,同时也可以节约人工制造的时间和费用,见图9-15。

2) 上载

人脑智慧一旦离开人体就必须进入新的载体才能生存。上载是进入新载体的过程,也是与新载体合二为一的过程。这一过程需要选型与配型、加载与控制和共生与演化三个步

图 9-14　电影《阿凡达》中的重机械外骨骼战争机器

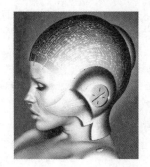 

图 9-15　半人半机器和《星球大战前传》电影中的智慧动物

骤完成。

第一步,选型与配型。为了避免或减少人脑智慧与载体彼此不适应,人脑智慧必须先进行载体的选型和配型。选型和配型的关键是两者的结构和数据类型要匹配。人脑智慧加载应尽量选择与之配型的新载体。人脑智慧与载体有80%以上的部件匹配属于"较好"匹配,这种情况可以加载;有50%~80%部件匹配属于"基本"匹配,这种情况要调整人脑智慧或载体后才可以加载;有10%~50%的部件匹配属于"不"匹配,这种情况不能加载;只有10%以内的结构匹配属于"禁止"匹配,这种情况绝对不能加载。

第二步,加载与控制。加载是指人脑智慧进入新载体的过程。人脑智慧加载进入新载体后首先要找到一处存储空间驻留,紧接着是逐步与载体的相应部分接口连通,然后是接管新载体的神经指挥系统,最后才是对整个新载体的控制。由控制到共生有一个配合过程。刚刚加载进入时,人脑智慧首先尝试对载体各部分的控制,然后是与载体各部分的配合,这有一个训练、学习和调整的过程。人脑智慧对载体的控制要达到从有意识到无意识操控的程度,最后要达到本能反应的程度。一旦人脑智慧与载体合二为一,融为一体,即进入共生阶段。人脑智慧加载就像一个司机驾驶一部新的汽车。司机开门进入新车后,系安全带,看仪表,启动引擎,控制油门和刹车,驾驶汽车上路,了解汽车在不同路况下的功能和性能,实现人车合一。

第三步,共生与演化。如果说接管和控制新载体是第一步,那么,彼此适应和共生演化才是稳定合作的新阶段。进入共生阶段后,人脑智慧与新的载体融为一体。为了使自身功能更强大,人脑智慧将对新的载体进行改造,使之与人脑智慧协同演化。具体过程是:首先,人脑智慧与新载体全面信息连通,其次是数据一体化和共享,最后是数据资源的综合利用。

思 考 题

1. 什么是演化计算？它有几个分支？
2. 生物信息学主要研究什么？
3. 什么是生物计算机？什么是DNA计算机？
4. 什么是生物芯片？它有几个类型？
5. 什么是人工生命？什么是人工社会？
6. 生物识别有哪几个种类？
7. 什么是脑机接口？其接口方式有哪几种？
8. 请介绍大脑思维下载与上载的可能性。

新技术及其应用

本章将介绍新技术及其应用,涉及微观硬件新技术、宏观硬件新技术和软件新技术应用。通过本章的学习,学生可了解石墨烯及其应用、纳微器件及其应用、芯片设计与封装技术、芯片智能趋势、中国芯片面临的挑战、超级计算机、算力与国家间竞争、虚拟币与挖矿、量子计算机、操作系统的发展趋势、Web 3.0、硬件软化技术、增强现实、数字孪生与元宇宙技术等。

10.1 微观硬件新技术

10.1.1 石墨烯及其应用

1. 概述

石墨烯(Graphene)是一种以 sp^2 杂化连接的碳原子紧密堆积成单层二维蜂窝状晶格结构的新材料。石墨烯具有优异的光学、电学、力学特性,在材料学、微纳加工、能源、生物医学和药物传递等方面具有重要的应用前景,被认为是一种未来革命性的材料。石墨烯常见的粉体生产的方法为机械剥离法、氧化还原法、SiC 外延生长法,薄膜生产方法为化学气相沉积法(CVD)。

石墨烯在自然界中有存在,只是难以剥离出单层结构。石墨烯一层层叠起来就是石墨,厚 1mm 的石墨大约包含 300 万层石墨烯。铅笔在纸上轻轻划过,留下的痕迹就可能是几层甚至仅一层石墨烯。

2004 年,英国曼彻斯特大学的两位科学家安德烈·盖姆(Andre Geim)和康斯坦丁·诺沃消洛夫(Konstantin Novoselov)发现一种非常简单的方法得到越来越薄的石墨薄片,即从高定向热解石墨中剥离出石墨片,然后将薄片的两面粘在一种特殊的胶带上,撕开胶带,就能把石墨片一分为二。不断地这样操作,薄片越来越薄,最后,他们得到了仅由一层碳原子构成的薄片,这就是石墨烯。他们因此获得 2010 年诺贝尔物理学奖。

2. 理化性质

1) 物理性质

(1) 石墨烯内部结构。碳原子的排列方式与石墨单原子层一样,以 sp^2 杂化轨道成键,并具有如下的特点：碳原子有4个价电子，其中3个电子生成sp^2键，即每个碳原子都贡献一个位于pz轨道上的未成键电子，近邻原子的pz轨道与平面成垂直方向可形成π键，新形成的π键呈半填满状态。研究证实，石墨烯中碳原子的配位数为3，每两个相邻碳原子间的键长为$1.42×10^{-10}$m，键与键之间的夹角为120°。除了σ键与其他碳原子链成六角环的蜂窝式层状结构外，每个碳原子的垂直于层平面的pz轨道可以形成贯穿全层的多原子的大π键（与苯环类似），因而具有优良的导电和光学性能。

(2) 力学特性。石墨烯是已知强度最高的材料之一，且韧性很好，可以弯曲，石墨烯的理论杨氏模量达1.0TPa，固有的拉伸强度为130GPa。而利用氢等离子改性的还原石墨烯也具有非常好的强度，平均模量可达0.25TPa。由石墨烯薄片组成的石墨纸拥有很多的孔，因而石墨纸显得很脆，然而，经氧化得到功能化石墨烯，再由功能化石墨烯做成石墨纸则会异常坚固强韧。

(3) 电子效应。石墨烯在室温下的载流子迁移率约为15 000cm^2/(V·s)，这一数值超过了硅材料的10倍，是已知载流子迁移率最高的物质锑化铟(InSb)的两倍以上。在某些特定条件下如低温下，石墨烯的载流子迁移率甚至可高达250 000cm^2/(V·s)。与很多材料不一样，石墨烯的电子迁移率受温度变化的影响较小，50~500K的任何温度下，单层石墨烯的电子迁移率都在15 000cm^2/(V·s)左右。

(4) 热性能。石墨烯具有非常好的热传导性能。纯的无缺陷单层石墨烯的导热系数高达5300W/(m·K)，是目前为止导热系数最高的碳材料，高于单壁碳纳米管(3500W/(m·K))和多壁碳纳米管(3000W/(m·K))。当它作为载体时，导热系数也可达600W/(m·K)。此外，石墨烯的弹道热导率可以使单位圆周和长度的碳纳米管的弹道热导率的下限下移。

(5) 光学特性。石墨烯具有非常良好的光学特性，在较宽波长范围内吸收率约为2.3%，看上去几乎是透明的。在几层石墨烯厚度范围内，厚度每增加一层，吸收率增加2.3%。大面积的石墨烯薄膜同样具有优异的光学特性，且其光学特性随石墨烯厚度的改变而发生变化。这是单层石墨烯所具有的不寻常低能电子结构。室温下，对双栅极双层石墨烯场效应晶体管施加电压，石墨烯的带隙可在0~0.25eV间调整。施加磁场，石墨烯纳米带的光学响应可调谐至太赫兹范围。

另外，石墨烯的溶解性具有超疏水性和超亲油性，熔点可能在5000K左右。

2) 化学性质

(1) 化合物。

① 氧化石墨烯(grapheneoxide)：是一种通过氧化石墨得到的层状材料。

② 石墨烷(graphane)：可通过石墨烯与氢气反应得到，是一种饱和的碳氢化合物，是六角网络结构。

③ 氮掺杂石墨烯或氮化碳(carbonnitride)：在石墨烯晶格中引入氮原子后变成氮掺杂的石墨烯，生成的氮掺杂石墨烯表现出较纯石墨烯更多优异的性能，呈无序、透明、褶皱的薄纱状，部分薄片层叠在一起，形成多层结构，显示出较高的比电容和良好的循环寿命。

(2) 生物相容性。羧基离子的植入可使石墨烯材料表面具有活性功能团，从而大幅度提高材料的细胞和生物反应活性。石墨烯呈薄纱状，与碳纳米管的管状相比，更适合于生物材料方面的研究。并且石墨烯的边缘与碳纳米管相比，更长，更易于被掺杂以及化学改性，更易于接受功能团。

另外,其具有氧化性、还原性、稳定性和加成反应性。

3. 主要应用

随着批量化生产难题的逐步突破,石墨烯产业化应用步伐正在加快,最先实现商业化应用的领域可能会是以下几方面。

(1) 用于基础研究。石墨烯对物理学基础研究有着特殊意义,例如,某些理论量子效应可通过实验验证。

(2) 传感器。石墨烯可以做成化学传感器。石墨烯的二维结构对环境非常敏感,其制成的传感器在医学上检测多巴胺、葡萄糖等具有良好的灵敏性。

(3) 晶体管。由于高度稳定性,石墨烯可以用来制作10nm左右晶体管,其工作频率提高可达100GHz。

(4) 新能源电池。新能源电池也是石墨烯最早商用的一大重要领域。美国麻省理工学院已成功研制出表面附有石墨烯纳米涂层的柔性光伏电池板。石墨烯超级电池的成功研发,也解决了新能源汽车电池的容量不足以及充电时间长的问题。

(5) 海水淡化。水环境中的氧化石墨烯薄膜与水亲密接触后,可形成约0.9nm宽的通道,小于这一尺寸的离子或分子可以快速通过。通过控制孔径大小,能高效过滤海水中的盐分。

(6) 储氢材料。石墨烯具有质量轻、高化学稳定性和高比表面积等优点,使之成为储氢材料的最佳候选者。

10.1.2 纳微器件及其应用

1. 纳米技术

纳米是尺寸或大小的度量单位(nm),$1nm=10^{-9}m$,4倍原子大小,万分之一头发粗细。纳米技术就是研究在千万分之一米(10^{-7}米)到亿分之一米(10^{-9}米)内原子、分子和其他类型物质进行操纵和加工的技术。纳米技术可以使芯片集成度进一步提高,电子元件尺寸、体积缩小,使半导体技术取得突破性进展,大大提高计算机的容量和运行速度。

纳米技术是一门在$0.1\sim100\mu m$尺度空间内,对电子、原子和分子的运动规律和特性进行研究并加以应用的高科技学科,它的目标是用单原子、分子制造具有特定功能的产品。国内外科技界已普遍认为纳米技术已成为当今研究领域中最富有活力、对未来经济和社会发展有着十分重要的研究对象。纳米科技正在推动人类社会产生巨大的变革,它不仅将促使人类认识的革命,而且将引发一场新的工业革命。

纳米技术是20世纪末期崛起的崭新科学技术领域,是一个全新的高科技学科群,它包括纳米电子学、纳米光电子学、纳米光子学、纳米物理学、纳米光学、纳米材料学、纳米机械学、纳米生物学、纳米测量学、纳米工艺学、纳米医学、纳米显微学、纳米信息技术、纳米环境工程和纳米制造等,是一门基础研究与应用探索相互融合的新兴技术。

2. 纳米电子学

纳米电子学是纳米技术的重要组成部分,是传统微电子学发展的必然结果,是纳米技术发展的主要动力。纳米电子学在传统固态电子学基础上,借助最新物理理论和最先进工艺手段,按照全新的概念来构造电子器件与系统。纳米电子学在更深层次上开发物质潜在的信息和结构的能力,使单位体积物质存储和处理信息的功能提高百万倍以上,实现了信息采集和处理能力的革命性突破。纳米电子学与光电子学、生物学、机械学等学科结合,可以制成纳米电子/光电子器件、分子器件、纳米电子机械系统、纳米光电子机械系统、微型机器人等,将对人类的生产和生活方式产生变革性的影响,纳米电子/光电子学将成为21世纪信息时代的关键科学技术。

纳米电子技术是指在纳米尺寸范围内构筑纳米和量子器件,集成纳米电路,从而实现量子计算机和量子通信系统的信息计算、传输与处理的相关技术,其中,纳米电子器件是目前纳米电子技术发展的关键与核心。现在,纳米电子技术正处在蓬勃发展时期,其最终目标在于立足最新的物理理论和最先进的工艺手段,突破传统的物理尺寸与技术极限,开发物质潜在的信息和结构潜力,按照全新的概念设计制造纳米器件、构造电子系统,使电子系统的存储和处理信息能力实现革命性的飞跃。

受摩尔定律限制,在未来若干年里,继续提高计算机存储密度和运算能力将面临严峻的挑战。这些挑战既有原理性的物理限制,又有技术性的工艺限制。然而,纳米电子技术、纳米电子器件与纳米电子学的出现为微电子技术的发展提供了新的途径和转机。这一方面可归功于微电子技术与纳米技术的不断发展;另一方面则要归功于半个多世纪来微电子学与量子物理学对纳米电子器件的制备、特性、机理与表征提供的有力支持。

3. 纳米电子器件

纳米电子器件指利用纳米级加工和制备技术,如光刻、外延、微细加工、自组装生长及分子合成技术等,设计制备而成的具有纳米级尺度和特定功能的电子器件。目前,人们利用纳米电子材料和纳米光刻技术,已研制出许多纳米电子器件,如电子共振隧穿器件共振二极管、三极共振隧穿晶体管、单电子晶体管、金属基、半导体、纳米粒子、单电子静电计、单电子存储器、单电子逻辑电路、金属基单电子晶体管存储器、半导体存储器、硅纳米晶体制造的存储器、纳米浮栅存储器、纳米硅微晶薄膜器件和聚合体电子器件等。

4. 纳米电子器件的特点

以纳米技术制造的电子器件,其性能大大优于传统的电子器件,其特点如下。

(1) 纳米电子器件的基础性特性。①速度快。纳米电子器件的工作速度是硅器件的1000倍,因而可使产品性能大幅度提高。②功耗低。纳米电子器件的功耗仅为硅器件的1/1000。③信息存储量大。在一张不足巴掌大的5英寸光盘上,至少可以存储30个北京图书馆的全部藏书。④体积小和重量轻。可使被加工出的各类电子产品体积和重量大为减小。

(2) 纳米金属颗粒易燃易爆。几个纳米的金属铜颗粒或金属铝颗粒,一遇到空气就会产生激烈的燃烧,发生爆炸。因此,纳米金属颗粒的粉体可用来做成烈性炸药,做成火箭的固体燃料可产生更大的推力。用纳米金属颗粒粉体作催化剂,可以加快化学反应速率,大大提高化工合成的产出率。

(3) 纳米金属块体耐压耐拉。将金属纳米颗粒粉体制成块状金属材料,强度比一般金属高十几倍,又可拉伸几十倍。用来制造飞机、汽车、轮船,重量可减小到原来的十分之一。

(4) 纳米陶瓷刚柔并济。用纳米陶瓷颗粒粉末制成的纳米陶瓷具有塑性,为陶瓷业带来了一场革命。将纳米陶瓷应用到发动机上,汽车会跑得更快,飞机会飞得更高。

(5) 纳米氧化物材料五颜六色。纳米氧化物颗粒在光的照射下或在电场作用下能迅速改变颜色。用它作士兵防护激光枪的眼镜再好不过了。将纳米氧化物材料做成广告板,在电、光的作用下,会变得更加绚丽多彩。

(6) 纳米半导体材料法力无边。纳米半导体材料可以发出各种颜色的光,可以做成小型的激光光源,还可将吸收的太阳光中的光能变成电能。用它制成的太阳能汽车、太阳能住宅有巨大的环保价值。用纳米半导体制成的各种传感器,可以灵敏地检测温度、湿度和大气成分的变化,在监控汽车尾气和保护大气环境方面将得到广泛应用。

(7) 纳米药物材料的毫微。把药物与磁性纳米颗粒相结合,服用后,这些纳米药物颗粒可以自由地在血管和人体组织内运动。再在人体外部施加磁场加以导引,使药物集中到患病的组织中,药物治疗的效果会大大提高。还可利用纳米药物颗粒定向阻断毛细血管,"饿"死癌细胞。纳米颗粒还可用于人体的细胞分离,也可以用来携带DNA治疗基因缺陷症。目前已经用磁性纳米颗粒成功地分离了动物的癌细胞和正常细胞,在治疗人的骨髓疾病的临床实验上获得成功,前途不可限量。

(8) 纳米材料的加工性。在纳米尺寸按照人们的意愿,自由地剪裁、构筑材料,这一技术被称为纳米加工技术。该技术可以使不同材质的材料集成在一起,它既具有芯片的功能,又可探测到电磁波(包括可见光、红外线和紫外线等)信号,同时还能完成计算机的指令,这就是纳米集成器件。将这种集成器件应用在卫星上,可以使卫星的重量、体积大大减小,发射更容易,成本也更低。

5. 纳米电子器件的应用

(1) 纳米CMOS器件主要有:绝缘层上硅金氧半场效晶体管、硅-锗异质金氧半场效晶体管、低温金氧半场效晶体管、双极金氧半场效晶体管、本征硅沟道隧道型金氧半场效晶体管等。

(2) 量子效应器件包括:量子干涉器件、量子点器件和谐振隧道器件。而谐振隧道器件又包括横向谐振隧道器件、谐振隧道晶体管、谐振隧道场效应晶体管、双极量子谐振隧道晶体管、谐振隧道热电子晶体管、纵向谐振隧道器件和隧道势垒调制晶体管等。

(3) 单电子器件主要包括:单电子箱、电容祸合和电阻祸合单电子晶体管、单电子神经网络晶体管、单电子结阵列、单电子泵浦、单电子陷阱和单电子旋转门等。

(4) 单原子器件和单分子器件包括:单电子开关、单原子点接触器件、单分子开关、分子线、量子效应分子电子器件、电化学分子电子器件等。

10.1.3 芯片设计与封装技术

一枚芯片的生成包括芯片设计、晶圆制造、芯片封装和测试三个环节。

1. 芯片设计

芯片设计,又称集成电路设计(Integrated Circuit design,IC design),也可称为超大规模集成电路设计(VLSI design),是指以集成电路、超大规模集成电路为目标的设计流程。集成电路设计涉及对电子器件(例如晶体管、电阻器、电容器等)、器件间互连线模型的建立。所有的器件和互连线都需安置在一块半导体衬底材料之上,这些组件通过半导体器件制造工艺(例如光刻等)安置在单一的硅衬底上,从而形成电路。

EDA(Electronic Design Automation,电子设计自动化)被誉为"芯片之母",专门用于

IC芯片设计,类似CAD软件。目前全球EDA软件主要由Cadence、Synopsys、Mentor三家美国企业垄断,占全球70%市场份额,在国内则占80%以上的市场份额。EDA软件被禁,对国内厂商影响较大。国内华大九天的数字电路仿真EDA工具技术支持5nm工艺,其他模拟电路EDA工具支持28nm制程;国产存储EDA厂商概伦电子,在器件建模和电路仿真等部分工具中能够支持7nm/5nm/3nm等先进工艺结点和FinFET、FD-SOI等各类半导体工艺路线;而另一家EDA公司思尔芯主要聚焦数字芯片的前端验证,其相关EDA产品能做到支持10nm。

2. 晶圆制造

晶圆是指制作硅半导体电路所用的硅晶片,其原始材料是硅。高纯度的多晶硅溶解后掺入硅晶体晶种,然后慢慢拉出,形成圆柱形的单晶硅。硅晶棒在经过研磨、抛光、切片后,形成硅晶圆片,也就是晶圆。

3. 芯片封装和测试

1) 芯片封装

芯片封装是指安装半导体集成电路芯片用的外壳,它不仅起着安放、固定、密封、保持芯片和增强电热性能的作用,而且芯片上的接点用导线连接到封装外壳的引脚上,这些引脚又通过印制板上的导线与其他器件建立连接,从而实现内部芯片与外部电路的连接。因为芯片必须与外界隔离,以防止空气中的杂质对芯片电路的腐蚀而造成电气性能下降。另外,封装后的芯片也更便于安装和运输。由于封装技术的好坏还直接影响到芯片自身性能的发挥和与之连接的PCB(印制电路板)的设计和制造,因此它至关重要。封装对CPU以及其他芯片有重要的作用。

2) 芯片封装分类

(1) 封装材料:塑料、陶瓷、玻璃、金属等。

(2) 封装形式:普通双列直插式,普通单列直插式,小型双列扁平,小型四列扁平,圆形金属、体积较大的厚膜电路等。

3) 芯片封装和测试工艺流程

一般芯片封装的流程大致如下:封装前测试→圆片减薄→圆片切削→芯片粘贴→清洗→引线键合→清洗→模塑封装→裁切成型→装配焊球→回流焊→检查及测试→打标/激光印字→包装。下面仅对关键步骤进行解释。

(1) 封装前测试。封装上线前一般会先对芯片进行电性测试。

(2) 芯片颗粒切割。用钻石切割锯片将晶圆上的芯片颗粒沿着切割线切开,形成一颗颗方形的芯片。

(3) 芯片粘贴。采用导电银浆等黏结剂将芯片粘贴在镀有金属镍/金薄层的载板上。

(4) 引线键合封装或倒装芯片封装。用机械钢嘴将金线一端加压固定在芯片四周围的焊盘上,另一端加压固定在载板的金属接脚上,让芯片上的焊区与载板上镀有镍/金层的焊区相连。同样,也可以经由倒装芯片封装的方法,让芯片上的焊区与载板上镀有锡合金层的焊区以焊料球相连。

(5) 塑封。将引线键合后的芯片与载板放在铸模内,注入环氧树脂后再烘烤硬化模塑包封,塑封其实就是将芯片完全包覆起来,以隔绝外界的水汽与污染,以保护芯片、焊接线及焊盘。

(6) 裁切成型。用机械工具将多余的环氧树脂去除,并将塑料外壳裁切成所需的形状,裁切成型后就得到黑色方体的集成电路。

(7) 植球和回流焊。使用特别设计的吸拾工具(焊球自动拾放机)将浸有助焊剂的焊料锡球放置在载板的焊盘上,在传统的回流焊炉内,在氮气环境下进行回流焊接,使锡球与载板焊区焊接。

(8) 封装后测试。就是将测试用的电子信号,经由载板上的金属接脚输入集成电路,再经由金线传送到焊盘,流入芯片,然后经过芯片内部运算后的结果,再由另外某些焊盘送出,最后由另外的金线传送到载板上的球形接脚输出,这样可以根据输出信号判断集成电路是否正常工作。

4) 先进封装技术

除了双列直插式(Dual Inline-pin Package,DIP)封装、组件封装式(Plastic Quad Flat Package)封装、插针网格式(Pin Grid Array Package,PGA)芯片封装、BGA 球栅阵列式封装、芯片尺寸式(Chip Size Package,CSP)封装、多芯片模块式(Multi Chip Module,MCM)封装外,近年,又出现了以下新的封装技术。

(1) SiP 封装(System in-a-package)为 MCM 封装(多芯片组件封装,即将多块半导体裸芯片组装在一块布线基板上)的演进。SiP 由无源器件、光电组件等不同功能的电子组件组进行排列组装,形成一个系统或者子系统,关注系统在封装内的实现。

(2) 2.5D/3D 封装属于高密度先进封装(HDAP)与系统级封装(SiP)的结合,大量运用在集成度高的高端产品中。2.5D 封装及 3D 封装以 SiP 为基础,专注于多芯片的堆叠和并列技术,多应用在集成度较高的产品中,包括传感器产品(MEMS/CIS/Sensor)、高性能计算产品(CPU/GPU/HPC)、网通设备等。

目前,台积电、英特尔、三星、日月光、长电科技等公司相继采用这类技术。

10.1.4 芯片智能趋势

1. 人工智能芯片

1) 人工智能芯片发展阶段

(1) 初级阶段。人工智能芯片从 2016 年开始爆发,目前架构设计已比较稳定,整个产业格局基本成型,大规模商用做好了准备。这类芯片主要运行深度学习算法或部署在云端。

(2) 发展阶段。专用计算芯,大规模量产的情况下具备性能强、体积小、功耗低、成本低等优点。语音识别、图像识别、自动驾驶等定制芯片也是一个趋势。

(3) 进阶阶段。为满足高算力、低功耗和各类算法,可重构计算架构是其中最具代表性的技术之一,其为一种介于通用处理芯片和专用集成电路之间的、利用可配置的硬件资源,根据不同的应用需求灵活重构自身的新型体系结构,同时具备通用计算芯片兼容性和专用集成电路高效性的优点。

(4) 未来阶段。在更远的未来,存内计算芯片、类脑仿生芯片、光子芯片等前沿技术将会从实验室走向产业应用。

2) 典型人工智能芯片

(1) 存内计算芯片。现有的人工智能芯片主要采用"存、算分离"的计算架构,即内存访问和计算是分开的,而神经网络同时具有计算密集和访存密集的特点,内存访问的功耗和延迟等问题突出,因此内存成为处理器性能和功耗的瓶颈。为了解决"存储墙"问题,不少学者提出了存内计算的概念,在内存内直接采用模拟电路实现模拟计算,从而不再需要在处理器和内存之间耗费大量时间和能量移动数据。相比传统数字电路人工智能芯片,使用存内计算加模拟计算的电路能效比将大幅提高。

(2) 类脑仿生芯片。其主流理念是采用神经拟态工程设计的神经拟态芯片。神经拟态芯片采用电子技术模拟已经被证明的生物脑的运作规则,从而构建类似于生物脑电子芯片。神经拟态研究陆续在全世界范围内开展,并且受到了各国政府的重视和支持,美国的脑计划、欧洲的人脑项目,以及最近中国提出的类脑计算计划等。受到脑结构研究的成果启发,复杂神经网络在计算上具有低功耗、低延迟、高速处理以及时空联合等特点。

(3) 光子芯片。硅光子技术目前在数据中心和 5G 的高速数据传输中获得了越来越多的应用。除此之外,硅光子还可以用来以超低功耗直接加速深度学习计算,把深度学习的两个输入调制到两束光上面,然后让两束光在光子芯片的器件上完成 SVD 分解和干涉相乘,最后再把光信号转换为数字信号读出结果。最后,这些光器件都可以集成到同一块硅光子芯片上,从而实现高性能光计算模组。

2. 忆阻器

1) 概述

忆阻材料和器件是实现小尺寸多值非易失存储器的最佳方式,应当大力发展。忆阻材料和器件是构建类脑芯片的基础,加大对其科技投入具有重要现实意义。纳米尺寸忆阻器电阻可通过电场连续调节并保持,被认为是最有希望模拟生物突触的信息电子器件。高性能的忆阻器需要基于特殊设计的纳米忆阻材料,控制电子或者离子来改变忆阻材料的电阻。目前,通过控制离子实现忆阻功能发展迅速,主要通过控制氧离子或者金属离子在忆阻材料基体中形成导电丝,实现电阻的连续调节。开发 CMOS 兼容的忆阻材料,利用标准 CMOS 工艺加工忆阻器件是国际发展的大趋势,这是获得低成本类脑芯片的必经之路。目前以下几个研究内容需要重点关注:研制连续可调多值忆阻器,构建人工神经网络;研制量子忆阻器,构建多值非易失存储器,提高忆阻器的稳定性;量化不同忆阻材料体系的不同缺陷的形成能和迁移能,以及量化忆阻器件导电通道可控性和稳定性;开发基于碳水化合物材料忆阻器件,人工神经网络与生物神经网络充分融合。

2) 忆阻器材料

忆阻器最常见的结构为金属/绝缘体/金属的堆垛结构,包括两层电极材料和一层功能忆阻材料。器件的阻变特性与功能层材料和电极材料密切相关。虽然在阻变存储器早期的发展阶段研究人员未将电阻转变现象与蔡少棠教授提出的忆阻器理论联系起来,但阻变存储器几十年的发展已经能够较好地反映忆阻器材料体系及其物理机制的全貌。总结几十年的发展,忆阻器材料可分为以下几种:二元金属氧化物、钙钛矿类材料、固态电解质材料、硫系化合物半导体材料和有机材料。

3) 类突触器件与芯片

原则上,具有记忆功能的器件都可称为类突触器件。具体地,若材料的光、电、力、热等性能在外界刺激下产生不易失变化,基于此种材料制作的器件都可称为类突触器件,类突触器件可构建类脑芯片。光学器件和电学器件是应用最为广泛的器件,下面介绍两种被广泛研究的类突触器件，分别为忆阻器件与类脑芯片、光子类突触器件与芯片。

(1) 忆阻器件与类脑芯片。忆阻器件是一种新兴微电子器件，它的电导状态受外界施加电场的影响，可以在两个或者多个状态间切换，具有非易失性、与现有CMOS工艺兼容、可微缩性好、集成密度高、速度快、能耗低等诸多优点，是一种非常具有发展潜力的基础器件。目前，国际上忆阻器件的应用方向主要有两个，一个是存储类应用，如嵌入式存储；另一个是计算类应用，如类脑计算。忆阻器因能够完全模拟生物突触行为，有望模拟重建生物神经网络并实现神经形态类脑计算，在类脑计算及其硬件化领域引起广泛关注。现阶段国际上的研究者对忆阻材料的研究主要集中在利用忆阻器替代神经网络模型中的权重参数，实现神经网络硬件化。目前，利用忆阻器模拟生物突触并完全类似生物大脑皮层工作还未实现，这主要是由于目前研究者还未掌握生物大脑皮层学习和识别的具体算法。研究生物大脑运行算法，并构建响应的神经网络模型，最终利用忆阻器将神经网络模型硬件化，将成为未来类人智能的一个重要研究方向。

(2) 光子类突触器件与芯片。由于受冯·诺依曼计算架构的限制，在计算机中计算和存储不能同时进行，这种架构严重制约计算机的计算效率和能耗。人脑消耗20W的功率能够处理1020MAC/s的数据量，计算效率约比当今超级计算机高9个数量级。受大脑高效计算和低能耗的启发，人们开始转向对人脑的研究。人的大脑中大约含有1011个生物神经元，它们通过1015个连接连成一个系统。由于神经元间通过突触相互连接，信息在突触间进行转换、加权处理和传递，而突触又是神经元最重要、数量最多的组成部分。同时光学又因为其高速、低能耗、低串扰、可扩展性和高互连带宽等优点，逐渐被研究者所利用。因此利用光电子器件作为类突触器件去模拟生物突触非常必要。另外，光电子器件和神经元遵从的动力学具有数学同构性，基于这种同构性，光电子器件能够模拟神经元行为并实现类脑计算，进而构建光学类脑芯片。

10.1.5 芯片产业现状与展望

1. 国内外芯片产业状况

半导体产品分为集成电路、光电子器件、分立器件和传感器四类。其中，集成电路占80%以上的绝对优势，称为芯片行业。全球半导体产业链主要由半导体支撑产业、制造产业和应用产业组成。其中有些企业专事代工(Foundry)，如台积电。与之相对应的是拥有完整设计和生产能力的公司(Independent Development Manufacturer，IDM)，如英特尔、德州仪器。此外也有独立的设计公司(Fabless)，如高通、博通、联发科等。芯片半导体产业链是一个全球产业链，根据比较优势原则，不同国家和地区在诸多半导体细分领域具有不同的优势，且高度集中于少数垄断企业。

硬件厂商分为四大阵营：一是芯片设计和制造商，他们掌握核心技术，具有极强的增值能力；二是整机产品技术拥有者；三是OEM(代工、委托)厂商；四是渠道经营公司。我国企业基本属于后两类。国外产品利用技术、服务等方面的优势，加强与国内产品的竞争，继续扩大其产品在国内的市场份额，而国内机厂商要想涉足高端网络产品领域困难很大。

半导体产业行业壁垒高，是典型的资本-技术双密集型产业，关键部件和生产原料垄断在少数企业中，市场集中度居高不下。在全球半导体企业中，美国公司占据排名前十中的八家，综合竞争力处于行业领先地位。从细分领域来看，关键环节技术往往掌握在少数几家大企业中。以半导体硅片和电子特气技术为例,前者主要被日本信越化学、日本胜高、中国台湾环球晶圆、德国世创和韩国 SK 五大企业占据,后者则被美国空气化工、法国液化空气、日本大阳日酸和德国林德四大公司占据,其他企业很难染指。在半导体光刻胶供应商中,日本企业占据绝对主导地位,囊括全球 72% 的市场份额。全球半导体设备市场则主要集中在美国、荷兰和日本制造商手中,荷兰光刻机巨头 ASML 则垄断了全球光刻机高端市场的 83.3%。

长期以来,芯片产业基本上被高通、台积电、苹果、三星等少数几家巨头垄断。在这个产业中,三星营收最强,Intel 其次。而其他的企业一时很难追赶和超越,特别是垄断企业的技术被迭代多次后,其门槛越来越高。芯片的研发,美、日、韩等发达国家有多年基础。另外,我国一直是芯片第一大进口大国,全世界 50% 以上的芯片出口到中国,2018 年其进口额到 3072 亿美元。我国的芯片技术与发达国家和地区还存在一段差距,目前,我国主要从事低端芯片的研发和制造。产生这个结果的原因是芯片的自主知识产权。为了克服芯片生产的瓶颈,首先应该进行技术迭代,提升技术和专利水平,不断进行技术创新,打造出自己的芯片。其次在研制自己的芯片的同时,也要基于全新的芯片开发出相应的平台和软件,并使这个平台达到世界先进水平。

目前,中国的集成电路已经形成了技术体系,建立了产业链,产业生态和竞争力得到了完善和提升。高端芯片设计能力大幅提高。制造工艺取得长足进步,65nm、40nm、28nm 工艺量产,14nm 技术研发突破,特色工艺竞争力提高。集成电路封装从中低端进入高端,竞争力大幅提升。关键装备和材料实现从无到有,整体水平达到 28nm,部分产品进入 5~10nm(国际科研成果工艺已达 1nm;台积电 2019 年实现 5nm 结点量产、2022 年 3nm 量产)被国内外生产线采用。培养了一批富有创新活力,具备一定国际竞争力的骨干企业。据海关总署统计,我国半导体设备国产化率不足 20%,仅 2021 年的进口额就高达 4325 亿美元。本土技术水平成为我国半导体产业发展的最大瓶颈。

2. 中国面临的挑战

特朗普上台后开始对中国高科技企业进行"打压",拜登继任后由对中国高科技企业的"打压"转变为对中国芯片产业的"精准"封锁。这是近年来中国面临的来自外界最严重的信息安全威胁。中国崛起,特别是信息技术的快速发展,使美国开始"很不自信",并对中国高科技企业实施制裁,这是中美在信息技术领域的博弈。

2018 年 12 月 1 日,孟晚舟在加拿大被捕,这说明美国对华为的打压早有预谋。2019 年 5 月 16 日,华为及 70 家关联企业被美国列入贸易管制黑名单。2020 年,美国商务部对华为出口管制"加码",使华为无法制造出麒麟芯片。2020 年 8 月 17 日,美国商务部宣布禁止华为获取在美国境内外开发和生产的美国技术和软件。2021 年,美国对华为进行第四轮制裁。2022 年 8 月 9 日,美国颁布《芯片与科学法案》。2022 年 8 月 16 日,美国开始封杀 EDA(芯片设计)软件在中国范围内的使用权。以上过程说明,美国对中国信息技术的打压已由企业级上升为国家级,也预示着中美之间芯片博弈矛盾的升级。

3. 对策

我们认为,在战略层面,中美芯片博弈应该是全局性的和智谋性的纲领,在此拟提出顶层规划与布局、系统性策略、匹配式回应、主动出击和贴身博弈的总体战略。

第一，顶层规划与布局。党的二十大报告中明确提出了"国家安全体系和能力现代化"战略。这是我国国家安全顶层的战略指针，但党的二十大报告的战略还不够具体和细化，其需要落实到具体可操作层面。比较而言，中国属于大政府，美国属于小政府。中国政府擅长顶层设计和规划，美国政府则相对实用和有针对性。据报道，美国国会将成立一个专门针对中国的特设委员会，而白宫则专门设立了国家安全委员会中国事务部。另外，美国国务院宣布将启动"中国协调办公室"。受其启发，中国也应该在人大、政协和国务院下属的政府中设立美国事务工作组，以便更有针对性和国家层面的应对布局。

第二，系统性策略。指较全面、有层次、递进式且逻辑清晰的策略。就目前中美芯片博弈的战略，客观而言，美国较有章法。从 2018 年抓捕孟晚舟，2019 年将华为等企业列入贸易管制黑名单，2020 年禁止华为获取美国技术和软件，2022 年《芯片与科学法案》颁布以及四方芯片联盟成立等，美国对中国芯片产业的"打压"由针对企业上升为针对国家，表现出较强的系统性。在此建议，中国针对美国的芯片策略，应该也是系统性的、全面的、有层次的、递进式的、有计划的和有逻辑性的。

第三，匹配式回应。指契合式有针对性的回应，且在多个维度寻找对方的薄弱点发力。从针对中国高科技的一系列打压动作来看，美方一直在寻找并针对中国芯片的薄弱点发力，并具有较强的针对性和精准性，这是美方的"高明"之处。对此，中国也应该进行相应（匹配）的回击，并设计和制定出针对性较强的多维度配套回应措施。对美国的反击或反制，我们认为，不应该是报复性的反击，而应该是理智的回应。中华民族的"太极"智慧是"四两拨千斤"，通过技巧将对方攻击的力量转换为动能，然后回传给对方，其为匹配式回应。

第四，主动出击。习近平在 2023 年 1 月 31 日下午中共中央政治局第二次集体学习时强调，"要加快构建新发展格局，增强发展的安全性主动权"。在近年中美芯片博弈过程中，中国一直很被动，这对中国国家安全非常不利。因此，在未来一段时间内，我们应该将注意力放在对美国芯片政策的预判，提前做好预案和应对措施，变被动为主动。

第五，贴身博弈。与中华民族相比，西方国家属于狼性。目前美国采用的是"无底线"激烈竞争。因为民族特质差异，中国人不太习惯贴身对抗和博弈。对狼性民族，中国应该学会贴身对抗和博弈。我们认为，物理学中的弹性力学、塑性力学和断裂力学理论对中美芯片博弈有较好的启示。比如弹性力学，其要求在博弈过程中，通过贴身接触，将对方的作用力反弹回去，且双方均无伤损，这是中美芯片博弈（双赢）的最好方式。再如塑性力学，通过贴身接触，将对方的作用力反弹回去，且博弈过程中双方部分受伤不能复原。就目前美方的芯片策略来看，美方宁愿受伤也要将中国"置于死地"，对此，中国应该做好这方面的准备。又如断裂力学，通过贴身接触将对方的作用力反弹回去，其结果是某一方或双方出现了不可修复的断裂性损伤（作用固体出现断裂现象）不能恢复。比如一方某一部分出现了"破裂"（以华为为例，其手机部被迫分离出荣耀公司），对此，中国也应该做好这方面的准备。

10.2 宏观硬件新技术

10.2.1 超级计算机

1. 超级计算机概念

超级计算机（Super Computer）在《计算机科学技术百科辞典》中做了如下简短的解释：

具有非常高的运算速度,有非常快而容量又非常大的主存储器和辅助存储器,并充分使用并行结构软件的计算机。

超级计算机是计算机中功能最强、运算速度最快、存储容量最大的一类计算机。超级计算机通常是指由数以万计处理器(机)组成的、能计算普通 PC 和服务器不能完成的大型复杂课题的计算机。超级计算机的两个主要特点是:存储容量非常大和计算速度非常快,即数据处理能力特别强。

2. 超级计算机的结构

超级计算机的体系结构有以下几种。

(1) 对称多处理(Symmetric Multi-Processor,SMP)。SMP 结构的计算机一般在单个机柜中包含两个以上处理器,各处理器完全相同,平等地访问软硬件资源,处理器间通过总线或者交叉开关相连,共享存储器,但有各自独立的 Cache。SMP 的优势在于其透明的编程模式,串行程序一般可不加修改直接运行于 SMP 之上。缺点是由于对公共内存和 I/O 的竞争,加上维护 Cache 一致性的开销,导致扩展能力有限。

(2) 大规模并行处理(Massively Parallel Processing,MPP)。MPP 指在同一地点由大量处理器构成的并行计算机,一般以通用 64 位微处理器作为处理结点,多为分布存储方式,结点间通信用消息传递方式,其规模可扩展到数千结点。MPP 系统的优点是峰值速度高,并有良好的可扩展性。主要缺点是消息传递能力与结点运算能力难以匹配。

(3) 机群(Cluster)。机群系统是互相连接的多个独立计算机的集合,Cluster 是用高速互连的网络连接起来的一组微机或工作站,各结点都是独立的(有独立完整的内存和操作系统)计算机。机群系统包括下列组件:高性能的计算结点机(PC、工作站或 SMP);具有较强网络功能的微内核操作系统;高效的网络/交换机(如千兆位以太网);网卡;快速传输协议和服务;中间件层;并行程序设计环境与工具。

(4) 群聚集(Constellations)。其指以大型 SMP(处理器数目不少于 16 个)为结点构成的 Cluster,各结点间通过高速专用网络互连,也称为机群 SMP(Cluster-SMP 或 CSMP)。新近的巨型计算机多采用这种结构,如 IBM ASCI White 系统由 512 个结点机构成,每个结点含 16 个 Power3 处理器,结点内共享存储,结点间由交叉开关互连。

3. 超级计算机之争

2010 年我国的超级计算机第一次获得第一名以后,多次获得第一名排序,随后中国和美国之间的超级计算机之争开始逐步白热化。根据"十三五"高性能计算专项课题三个 E 级超算的原型计算机系统计划(总经费 31 亿),2018 年 10 月 24 日神威 E 级原型计算机、"天河三号"E 级原型计算机和曙光 E 级原型计算机系统已经全部完成交付。神威 E 级原型计算机硬件、软件和应用三大系统中,处理器、网络芯片组、存储和管理系统等核心器件全部为国产化。"天河三号"E 级原型计算机采用自主的飞腾处理器、天河高速互联通信和麒麟操作系统,实现了芯片的全部国产化。中科曙光 E 级超算原型计算机采用自主 X86 架构处理器和加速器的异构众核体系架构。我国的三大超算原型计算机已经全面进入 E 级算力水平。近年我国主动退出了全球顶级超级计算机排序,以便进入全自主模式的研究,如图 10-1 所示。

(a) 神威超级计算机

(b) 天河三号超级计算机

(c) 曙光超级计算机

图 10-1　我国的超级计算机

10.2.2　算力与国家间竞争

1. 算力新闻

工业和信息化部 2022 年 8 月 10 日发布的数据显示，2021 年我国算力核心产业规模达 1.5 万亿元。截至 2022 年 6 月底，我国在用数据中心机架总规模超过 590 万标准机架，服务器规模近两千万台。数据显示，我国已建成全球规模最大、技术领先的网络基础设施。截至 2022 年 6 月底，5G 基站数达到 185.4 万个，5G 移动电话用户数超过 4.5 亿户；截至 2021 年年底，全国在用超大型、大型数据中心已超过 450 个，智算中心超过 20 个。这说明，我国算力产业生态初步形成。据中国信息通信研究院测算，2021 年，我国云计算市场规模超过3000亿元。天眼查数据显示,截至目前,我国有云计算相关企业30.8万余家,2022年1月以来新增云计算相关企业约5.7万家。工业和信息化部张云明副部长说,将着力构建以新一代通信网络为基础,以数据和算力设施为核心,以融合基础设施为突破重点的新型信息基础设施体系。亿邦智库联合中国物流与采购联合会公共采购分会发布的《2022数字化采购发展报告》显示,受访企业中已有超七成企业实现了数字化采购。京东工业品调研数据显示,通过优化供应商管理实现供需快速匹配,企业能够将供应链综合成本降低30%以上。随着新一代信息通信技术加速融入实体经济,算力向工业领域延伸拓展,激发了数据要素的创新活力。

2. 算力

算力(也称哈希率)是比特币网络处理能力的度量单位。即为计算机(CPU)计算哈希函数输出的速度。比特币网络必须为了安全目的而进行密集的数学和加密相关操作。例如,当网络达到10Th/s的哈希率时,意味着它可以每秒进行10万亿次计算。

在通过"挖矿"得到比特币的过程中,必须找到其相应的解 m,而对于任何一个64位的哈希值,要找到其解 m,都没有固定算法,只能靠计算机随机的 Hash 碰撞,而一个挖矿机每秒钟能做多少次 Hash 碰撞,就是其算力的代表,单位写成 Hash/s,这就是工作量证明机制(Proof Of Work,POW)。

3. 算力与新一代信息技术

日前,比特币全网算力已经全面进入 P 算力时代($1P=2^{10}T$),P 算力时代意味着全球算力竞赛进入新阶段。算力是衡量在一定的网络消耗下生成新块的单位的总计算能力。每个硬币的单个区块链随生成新的交易块所需的时间而变化。算力为大数据的发展提供坚实的基础保障,大数据的爆发式增长,给现有算力提出了巨大挑战。互联网时代的大数据高速积累,全球数据总量呈几何式增长,现有的计算能力已经不能满足需求。据 IDC 报告,全球信息数据90%产生于最近几年。并且到2020年,40%左右的信息会被云计算服务商收存,其中1/3的数据具有价值。因此算力的发展迫在眉睫,否则将会极大束缚人工智能的发展应用。我国的算力和算法水平还有待提升,因为算力的核心是芯片,而芯片生产是目前我国的瓶颈产业。

大数据是人工智能发展的基础保障,是人工智能这台机器高速运转的燃料。没有大数据的支撑,人工智能就没有了燃料,谈不上发展。算力是人工智能发展的技术保障,是人工智能发展的动力和引擎。二者都是人工智能密不可分的一部分。反过来,人工智能的发展和应用又会反过来提升大数据和算力的技术革新,提高大数据和算力的水平。三者相辅相成,融合发展,才是未来信息时代发展的潮流趋势。大家都非常熟悉 AlphaGo,之所以能战胜棋类顶尖高手,除了人工智能的深度学习技术之外,大数据提供的一千多万个棋谱才是它持续进步乃至几乎无懈可击的根源。在深度学习应用到人脸识别之前,基于大数据的识别成功率只有93%,而深度学习和算法的更新,将人脸识别系统成功率提升到了97%以上,为人脸识别的商业应用铺平了道路。

人工智能、大数据和算力的发展已出现融合的迹象,三者已经有机结合成了一个智能化整体,其内涵和外延趋于多样化,各个细分领域的应用也丰富叠加。人工智能与大数据、算力的区别与界限越来越模糊。现阶段,人工智能和大数据的应用已经渗透到工业、农业、医学、国防、经济、教育等各个领域,所产生的商业和社会价值几乎是无限量的。云计算随着人工智能和物联网的发展应用,也不再局限于存储和计算,已经成为各个行业发展变革的重要推动力。

总之,算力的发展为大数据发展提供坚实的技术保障,算力和大数据的发展为人工智能发展提供技术支撑和基础原料,是人工智能突破性进步的核心所在。人工智能的进步又反过来给算力和大数据提供变革的推手。

4. 国家间的算力竞争

数字经济时代,国家和国家竞争能力高低的核心指标之一包括算力,而算力包含五方面:一是计算速度,芯片、服务器、计算机、超算系统都反映这方面的能力;二是算法;三是大数据存储量;四是通信能力,包括5G基站多少、通信的速度、延滞、带宽、可靠性、能耗;五是云计算服务能力,包括数据处理中心服务器的数量。总之,数字经济时代,国家和国家的核心竞争力以计算速度、计算方法、通信能力、存储能力、数据总量来度量。

从硬件基础设施上说,看云计算数据处理中心中的服务器数量和5G基站数量来代表数字经济的强弱高低。服务器有三个功能:通信、存储、计算,相当于一台大型计算机。一个地区后台使用的服务器多,表明这个地区数据存储量大、通信量大、计算量大;5G基站多,表明通信覆盖的程度好。软件上就看数据服务能力、算法和算力了。

10.2.3 虚拟币与挖矿

1. 虚拟货币

1) 虚拟货币概述

虚拟货币是指非真实的货币。知名的虚拟货币如百度公司的百度币、腾讯公司的Q币、Q点、盛大公司的点券、新浪推出的微币(用于微游戏、新浪读书等)、侠义元宝(用于侠义道游戏)、纹银(用于碧雪情天游戏)。2013年流行的数字货币有:比特币、莱特币、无限币、夸克币、泽塔币、烧烤币、便士币(外网)、隐形金条、红币、质数币。全世界发行有上百种数字货币。圈内流行"比特金、莱特银、无限铜、便士铝"的传说。

根据中国人民银行等部门发布的通知、公告,虚拟货币不是货币当局发行,不具有法偿性和强制性等货币属性,并不是真正意义上的货币,不具有与货币等同的法律地位,不能且不应作为货币在市场上流通使用,公民投资和交易虚拟货币不受法律保护。

2021年5月18日,中国互联网金融协会、中国银行业协会、中国支付清算协会联合发布《关于防范虚拟货币交易炒作风险的公告》。公告明确表示,有关机构不得开展与虚拟货币相关的业务,同时提醒消费者要提高风险防范意识,谨防财产和权益损失。

2) 虚拟货币种类

虚拟币种类多样,在国外接受度比较高的虚拟货币有Facebook的F币、网络游戏Second Life的林登币等,在国内比较有代表性的虚拟货币有腾讯Q币、新浪U币、百度币、盛大元宝等。

(1)市场上的虚拟货币主要有四类:①由游戏运营商开发,供玩家在网络游戏中作为交易媒介而使用的游戏币;②由门户网站或者即时通信工具发行,供本运营网络空间内使用用的专用虚拟货币;③既可以在虚拟货币发行主体内使用,又可以向非发行主体购买商品和服务的交互式虚拟货币；④基于密码学和现代网络 P2P 技术,通过复杂的数学算法产生的,特殊的电子化、数字化的网络密码币。

(2) 网络虚拟货币大致可以分为三种。第一类是大家熟悉的游戏币。在单机游戏时代,主角靠打倒敌人、进赌馆赢钱等方式积累货币,用这些购买草药和装备,但只能在自己的游戏机里使用。那时,玩家之间没有"市场"。自从互联网建立起门户和社区、实现游戏联网以来,虚拟货币便有了"金融市场",玩家之间可以交易游戏币。第二类是门户网站或者即时通信工具服务商发行的专用货币,用于购买本网站内的服务。使用最广泛的当属腾讯公司的 Q 币,可用来购买会员资格、QQ 秀等增值服务。第三类互联网上的虚拟货币,如比特币(BTC)、莱特币(LTC)等,比特币是一种由开源的 P2P 软体产生的电子货币,也有人将比特币意译为"比特金",是一种网络虚拟货币。主要用于互联网金融投资,也可以作为新式货币直接用于生活中。

2. 虚拟货币"挖矿"

虚拟货币"挖矿"活动指通过专用"矿机"计算生产虚拟货币的过程,能源消耗和碳排放量大,对国民经济贡献度低,对产业发展、科技进步等带动作用有限,加之虚拟货币生产、交易环节衍生的风险越发突出,其盲目无序发展对推动经济社会高质量发展和节能减排带来不利影响。

2021 年 11 月 10 日,国家发展和改革委员会组织召开虚拟货币"挖矿"治理专题视频会议,强调各省区市要坚决贯彻落实好虚拟货币"挖矿"整治工作的有关部署,对本地区虚拟货币"挖矿"活动进行清理整治,严查严处国有单位机房涉及的"挖矿"活动。

为有效防范处置虚拟货币"挖矿"活动盲目无序发展带来的风险隐患,深入推进节能减排,助力如期实现碳达峰、碳中和目标,国家发展和改革委员会等部门发布了关于整治虚拟货币"挖矿"活动的通知。

整治虚拟货币"挖矿"活动对促进我国产业结构优化、推动节能减排、如期实现碳达峰、碳中和目标具有重要意义。各地区、各部门和有关企业要高度重视,充分认识整治虚拟货币"挖矿"活动的必要性和重要性,切实把整治虚拟货币"挖矿"活动作为促进经济社会高质量发展的一项重要任务,进一步增强责任感和紧迫感,抓住关键环节,采取有效措施,全面整治虚拟货币"挖矿"活动,确保取得实际成效。

10.2.4 量子计算机

1. 定义

量子计算机(Quantum Computer)是一类遵循量子力学规律进行高速数学和逻辑运算、存储及处理信息的物理装置。

量子计算机的概念源于可逆计算机的研究。研究可逆计算机的目的是解决计算机中的能耗问题。量子计算机对每一个叠加分量实现的变换相当于一种经典计算,所有这些经典计算同时完成,并按一定的概率振幅叠加起来,给出计算结果。这种计算称为量子并行计算,也是量子计算机的优越性。量子计算机与传统计算机一样,也由许多硬件和软件组成。其中,软件包括量子算法、量子编码等；硬件包括量子晶体管、量子存储器、量子效应器等。

量子计算机,以量子态为记忆单元和信息存储形式,以量子动力学演化为信息传递与加工基础的量子通信与量子计算。在量子计算机中其硬件的各种元件的尺寸达到原子或分子的量级。

与传统计算机信息处理基本单元 0 和 1 一样,量子计算机的基本单位量子比特(qubit)也用 0 或 1 表示,其分别对应量子力学体系中的两个态。例如,光子的两个正交的偏振方向,磁场中电子的自旋方向,或核自旋的两个方向,原子中量子处在两个不同能级,或任何量子系统的空间模式等。量子计算的原理就是量子力学系统中量子态演化的结果。

量子晶体管就是通过电子高速运动来突破物理的能量界限,从而实现晶体管的开关作用,这种晶体管控制开关的速度很快,晶体管比起普通的芯片运算能力更强,而且对使用环境条件适应能力更强,晶体管是量子计算机不可缺少的一部分。量子存储器是一种存储信息效率很高的存储器,它能够在非常短时间里对任何计算信息进行赋值,也是量子计算机不可缺少的组成部分之一。量子计算机的效应器是量子计算机的控制系统,主要用于各部件的运行控制。

2. 技术突破

2007 年,加拿大 DWave 公司成功研制出一台具有 16 量子比特的"猎户星座"量子计算机,并于 2008 年 2 月 13 日和 2 月 15 日分别在美国加州和加拿大温哥华展示,如图 10-2 所示。

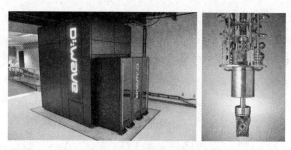

图 10-2　DWave 量子计算机

据 2019 年 10 月 23 日《自然》杂志报道,谷歌量子 AI 团队成功用实验证明了"量子的优越性",研制出一个包含 53 个可用量子比特可编程的超导量子计算机,其可在 200s 内完成一个计算,其速度相当于 Summit 超级计算机 1 万年耗时,如图 10-3 所示。

图 10-3　"量子霸权"量子计算机

2020 年 12 月 4 日《科学》杂志公布了中国"九章"的重大突破。中国科学技术大学的潘建伟、陆朝阳等人成功构建 76 个光子的量子计算原型计算机"九章",求解数学算法高斯玻色取样只需 200s。在特定赛道上，200s 的"量子算力"相当于目前"最强超算"6 亿年的计算能力，其速度比 2019 年谷歌发布的 53 个超导量子计算原型计算机快一百亿倍，如图 10-4 所示。

图 10-4 "九章"量子计算机

2021 年 10 月 26 日，中国科学技术大学的潘建伟团队完成了光子数 113 个的量子计算原型计算机"九章二号"和 66b 可编程超导量子计算原型计算机"祖冲之二号"，如图 10-5 所示。

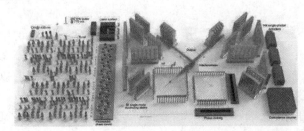

图 10-5 "九章二号"和"祖冲之二号"量子计算原型计算机

2023 年 10 月 11 日，中国科学技术大学潘建伟教授、陆朝阳教授团队成功构建 255 个光子的量子计算原型机"九章三号"，刷新了光量子信息技术世界纪录，其处理高斯玻色取样数学问题的速度相比于"九章二号"提升了一百万倍，比最强的超级计算机"前沿"快一亿亿倍，如图 10-6 所示。

图 10-6 "九章三号"量子计算原型机

3. 快速发展

2021 年 2 月 8 日，中国科学院量子信息重点实验室的科技成果转化平台合肥本源量子科技公司，发布具有自主知识产权的量子计算机操作系统"本源司南"。

2021 年 7 月 27 日，东京大学与日本 IBM 宣布，商用量子计算机已开始投入使用，这在日本属于首次。

2021年11月15日,IBM公司宣称,已经研制出了一台能运行127个量子比特的量子计算机"鹰",这是迄今全球最大的超导量子计算机。

2022年1月,德国于利希研究中心(Forschungszentrum Jülich)启动了拥有超过5000个量子位元的量子计算机,是欧洲量子计算机发展的一个重要里程碑。该台超级量子计算机由加拿大量子计算系统供应商D-Wave公司制造。

2022年6月9日,英国国防部称获得政府首台量子计算机。英国国防部表示将与英国量子计算机开发商Orca Computing共同合作,探索量子技术在国防领域的应用。

2022年8月25日,百度发布集量子硬件、量子软件、量子应用于一体的产业级超导量子计算机"乾始"。

2022年11月,芬兰和欧洲量子计算公司IQM的科学家研制出了一种新的超导量子比特"独角兽",并以99.9%的置信度利用"独角兽"实现了量子逻辑门。

2023年1月28日,合肥本源量子计算科技有限责任公司已研发出多台中国量子计算机,并成功交付一台量子计算机给用户使用。其标志着我国具备量子计算机整机交付能力。

4. 量子计算机理论

1) 原理

(1) 量子比特。传统计算机信息处理的基本单元是比特,比特是一种有两个状态的物理系统,用0与1表示。在量子计算机中,基本信息单位是量子比特(qubit),用两个量子态|0⟩和|1⟩代替经典比特状态0和1。量子比特相较于比特来说,有独一无二的优点,它以两个逻辑态的叠加态的形式存在,这表示的是两个状态是0和1的相应量子态叠加。

(2) 态叠加原理。量子计算机模型的核心技术是态叠加原理,属于量子力学的一个基本原理。在一个体系中,每一种可能的运动方式被称作态。在微观体系中,量子的运动状态无法确定,呈现统计性,与宏观体系确定的运动状态相反。量子态就是微观体系的态。

(3) 量子纠缠。即当两个粒子互相纠缠时,一个粒子的行为会影响另一个粒子的状态,此现象与距离无关,理论上即使相隔足够远,量子纠缠现象依旧能被检测到。因此,当两个粒子中的一个粒子状态发生变化,即此粒子被操作时,另一个粒子的状态也会相应地随之改变。

(4) 量子并行原理。量子并行计算是量子计算机能够超越传统计算机最引人注目的先进技术。量子计算机以指数形式存储数字,通过将量子位增至300个量子位就能存储比宇宙中所有原子还多的数字,并能同时进行运算。函数计算如果通过经典循环方法,则会耗时很长;如果直接通过幺正变换,将大大降低工作能量损耗,可真正实现可逆计算。

2) 内文定律

内文(Neven)表示,量子计算机的算力相对于传统计算机之所以能够以双重指数的速率增长,是因为量子计算机有两种变化的指数相互纠缠在一起。

第一个是量子计算机相比传统计算机,具有指数形式的算力。例如,如果量子计算机的计算电路具有四个量子比特位的话,那么传统计算机的计算电路就需要16个(2^4)传统比特位才能获得与量子计算机同样的算力。即使现在量子技术还不算很成熟,这个定律也是成立的。

第二个变化的指数来源于量子处理器的不断革新升级,算力不断提升。Neven表示性能最好的量子芯片性能将以指数速度发展。

3）量子计算机技术趋势预测

第一阶段,开发50~100个量子比特的高精度专用量子计算机,可解决超级计算机无法解决的高复杂度特定问题,实现计算科学中的"量子计算优越性"。

第二阶段,通过对规模化多体量子体系的精确制备、操控与探测,研制可相干操纵数百个量子比特的量子模拟机,用于解决若干超级计算机无法胜任的工作,具有重大实用价值,其可用于量子化学、新材料设计、优化算法等。

第三阶段,通过专用量子计算与模拟机的研制过程中发展起来的各种技术,提高量子比特的操纵精度,使之超越量子计算苛刻的容错阈值(大于99.9%),大幅度提高可集成的量子比特数目至百万量级,实现容错量子逻辑门,研制可编程的通用量子计算原型计算机。

5. 量子计算机创新历史

1982年,Feynman提出了仿真模拟量子力学系统,为最早量子计算机的思想框架。

1985年,牛津大学的David Deutsch在发表的论文中,证明了任何物理过程原则上都能很好地被量子计算机模拟,并提出基于量子干涉的计算机模拟即"量子逻辑门"这一新概念,并指出量子计算机可以通用化、量子计算错误的产生和纠正等问题。

1994年,AT&T公司的Perer Shor博士发现了因子分解的有效量子算法。1996年,S. Loyd证明了Feyrman的猜想,他指出模拟量子系统的演化将成为量子计算机的一个重要用途。随后,各国政府和各大公司纷纷制定了针对量子计算机的研究计划。

2007年,加拿大DWave公司成功研制出一台具有16量子比特的"猎户星座"量子计算机。2009年11月15日,美国国家标准技术研究院研制出可处理两个量子比特的量子计算机。

2019年10月23日,谷歌量子团队设计出包含53个可用量子比特的可编程超导量子计算机。

2020年12月4日,中国科学技术大学潘建伟团队成功构建76个光子的量子计算原型计算机"九章"。

2021年10月26日,113个光子的量子计算原型计算机"九章二号"和66b可编程超导量子计算原型计算机"祖冲之二号"问世。

10.3 软件新技术应用

10.3.1 操作系统的发展趋势

1. 操作系统多元化趋势

进入21世纪,操作系统已经呈现多元化的趋势,有的针对PC,有的针对服务器,有的针对智能手机或便携移动设备,这一特点将成为未来操作系统的一种趋势。

Windows操作系统是一款微软公司开发的针对PC的操作系统,是目前世界上使用最广泛的操作系统。

UNIX是一款强大的多用户、多任务操作系统,支持多种处理器架构,按照操作系统的分类,属于分时操作系统,其主要用于服务器或大中型计算机。

Linux是基于UNIX操作系统的自由软件和开放源代码的操作系统,目前其已经成为其他操作的核心代码。

macOS("麦塔金"操作系统)由苹果公司研发,主要用于苹果系列产品。

Android("安卓"操作系统)是一种基于 Linux 的由 Google 组织开发的开放源码操作系统,主要使用于移动设备,如智能手机和平板电脑。

鸿蒙(Harmony OS)是华为开发的操作系统。它是华为基于开源项目 Open Harmony 开发的面向多种全场景智能设备的商用版本。2021 年 4 月 22 日正式上线,主要用于智能手机或移动便携设备。

麒麟操作,也称银河麒麟(KylinOS),原是在"863 计划"和国家核高基科技重大专项支持下,由国防科技大学研发,主要用于超级计算机。

2. 操作系统未来需求挑战

1）开源化

开源软件模式及其实现的价值越来越得到社会的认可。开源改变了未来操作系统的开发模式,使得聚集大家的力量打破组织边界、持续创造出更高质量、更安全和更易用的操作系统成为可能。另外,更重要的是它改变了操作系统的使用方式——从"使用许可"为主的商业模式变成以支持和咨询等面向服务为主的商业模式,在全球向服务经济转型的过程中扮演着日益重要的角色。从本质上讲,开源操作系统的开发模式和许可机制更加适合于面向服务的商业模型,其利润核心并不是纯软件开发或者是任何形式的软件产品,而是软件服务。

2）专用化

随着计算机应用领域的不断拓展以及普适计算、移动计算和网络计算技术的迅速发展,越来越多的领域需要满足特殊需求的专用操作系统,如嵌入式操作系统、多媒体操作系统、企业应用操作系统等。这类系统未来的应用领域会越来越广。

3）小型化或微型化

通用操作系统的规模和复杂性过大。为了适应特定的应用领域,如手机、手持游戏机和平板,甚至在特定的家用设备,如智能遥控器等,未来操作系统必然逐渐向规模和功能小型化发展。此外,随着纳米技术的发展,在一些微型设备中需要专门设计一些微型操作系统,已经开始研究的纳米操作系统就是其中一种。

4）便携化

随着虚拟化技术的发展,目前的操作系统已经可以像文件一样随身携带,并在不同的计算机上运行。但对于现在的虚拟机规模过大等问题还有待进一步研究改进。

5）网络化

网络已经成为人们生活中的一部分,操作系统也越来越依赖网络资源的共享与通信。尽管目前提出了网络操作系统和分布式操作系统,但这类操作系统在技术上还不成熟,因此要想达到目标,要在相关领域做重点研究。

6）安全化或可信化

互联网的开放性和安全性已被众多厂商重视,他们开始注意操作系统的安全性和可信性,因此,具有较高安全性和可信性的操作系统将是未来的具体要求。

3. 操作系统的技术趋势

为了适应新时代要求,操作系统正在经历一系列重大变化,这些变化将给软件带来前所未有的发展空间,各大软件公司纷纷根据自己的特长提出相应的对策。

1) 操作系统内核将呈现出多平台统一的趋势

传统的操作系统内核主要采用模块化设计技术,只能应用于固定的平台。随着组件化、模块化技术的不断成熟,操作系统内核将呈现出多平台统一的发展趋势。

2) 功能将不断增加,逐渐形成平台环境

不断增加的功能并不是每个用户所能用得到的,然而操作系统作为一个标准的套装软件必须满足尽可能多用户的需要,于是系统不断膨胀,功能不断增加,并逐渐形成从开发工具到系统工具再到应用软件的一个平台环境。

3) 中间件发展趋势

与软件构件技术紧密结合,支持现代软件开发方式,实现软件的工业化生产。已有的构件技术包括 J2EE、CORBA、.NET 等。中间件的开发将越来越多地采用一些开源技术,例如 Apache、OpenSSL、Linux、Eclipse、JBoss 和 Tomcat 等。提供对移动计算等多种设备的支持,提出新的基于协调技术的软件协同模式。原先的消息中间件、交易中间件已经成为标准的应用服务器中不可分割的一部分,并逐步向操作系统内核延伸。应用服务器、门户、数据集成、Web 服务、EAI 厂商不断将中间件的功能扩充到他们的产品中。微软.NET 和 GXA(Global XML Architecture)将不断占领非 Java 的中间件空间。

4) 嵌入式系统及软件技术发展趋势

嵌入式系统是以应用为中心的系统,它将吸取 PC 的成功经验,形成不同行业的标准。统一的行业标准具有设计技术共享、构件兼容、维护方便和合作生产等特点,是增强行业性产品竞争能力的有效手段。走开放系统道路、建立行业性的嵌入式软件开发平台是加快嵌入式软件技术发展的有效途径之一。

5) 网格操作系统

网格(Web Service)技术正在成为影响信息技术下一个高潮的最重要的核心技术。它正产生下一代操作系统和用户界面,从而推动新一代计算机应用。

6) 泛在操作系统

2021 年 8 月 30 日在北京举办的第九届未来信息通信技术国际研讨会上,中国科学院院士梅宏发表"泛在操作系统的机遇与挑战"的主题演讲。他认为,人机物融合带来了机联网、社交网、物联网和各种各样的计算模式,泛在计算时代离我们越来越近。面向泛在计算,需要全新的操作系统,完成计算通信和电子产品的垂直整合、软硬协同、场景驱动等,这些都为操作系统的发展带来新机遇。泛在操作系统就是在场景驱动下进行的,大多数都源于传统嵌入式操作系统的技术途径。例如,美国面向制造业的操作系统,德国面向汽车的操作系统,华为正在做的面向物联的操作系统等,都能够归为泛在操作系统的应用案例。从单一计算模式到多样服务模式、从有限固定资源到海量、异质、异构、自主资源,系统管理的复杂性呈指数级增加;从单一信息空间到三元融合空间,从封闭到开放,从确定到非确定,辖域范围和性质发生根本性变化;从单点单向信任到多方多元互信,信任关系错综复杂,可信性难以保障,这些均为泛在操作系统所必须具备的功能。为此,2021 年 9 月 27 日国家自然科学基金委员会信息科学部二处发布了"泛在操作系统及生态构建研究"专项项目,以便支持泛在操作系统展开前瞻性的探索。

10.3.2　Web 3.0

Web 3.0 是 Web 1.0 和 Web 2.0 的升级版,是互联网发展的新方向。技术层面,Web 3.0 是基于区块链技术的技术综合体;控制权方面,Web 3.0 是用户和建设者共同享有各种权利;激励系统方面,用户权利被极大扩张。

1. Web 3.0 的演化

早在 2006 年 11 月,Yahoo! 创始人杨致远就在 Technet 峰会上从公共载体的角度指出,Web 3.0 将被深化,是一种真正的公共载体,它使专业、半专业和消费者的界线越来越模糊,并创造出一种商业和应用程序的网络效应。Netflix 创始人 Reed Hastings 在同一峰会上从带宽的角度阐述了 Web 3.0 的定义:Web 1.0 是拨号上网,50K 平均带宽,Web 2.0 是 1M 平均带宽,而 Web 3.0 将是 10M 带宽,全视频的网络。2007 年 8 月,Google 首席执行官埃里克·施密特出席首尔数字论坛时从应用程序建立方法的角度表示,Web 3.0 将是拼凑在一起的应用程序,使程序较小且速度很快,可在任何设备(如手机)上运行,而数据在网络中。

2014 年,以太坊的联合创始人加文·伍德在《我们为什么需要 Web 3.0?》一文中给出了对 Web 3.0 的描述,即它是基于区块链技术体系搭建的去中心化网络系统,该系统包含一系列开源协议,能为应用开发者提供开发工具;Web 3.0 区别于 Web 2.0,将不再由传统的中心化企业所拥有,系统中的数字资产将归开发者和用户所有。

维基百科从技术演进的角度将 Web 3.0 的定义延伸至当前各大技术潮流迈向新的成熟阶段的具体体现,即 Web 3.0 包括无处不联网、网络计算、开放技术、开放身份、智能网络、分布式数据库、智能应用程序。实际上,Web 3.0 是基于分布式账本技术、密码学技术实现价值点对点传递的"安全可信的价值互联网",同时也是综合了 5G、边缘计算、AI、虚拟现实技术的"立体的智能全息互联网"。

2. Web 3.0 的优点

Web 3.0 具有安全可信、传递价值、新型激励系统和全真互联等优点。

(1) 安全可信地进行价值传递。Web 1.0 和 Web 2.0 缺乏安全可信的价值传递系统,不能像邮件、短信那样点对点地传输"价值",只能借助第三方支付平台(如支付宝、财付通等)背书进行价值的登记、流转、清算与结算。基于区块链技术,Web 3.0 以密码学技术为基础,通过高度去中心化的分布式共识机制,完整、不可篡改地、高度保护隐私地记录价值转移(交易)的全过程。区块链可以直接通过区块链上的智能合约和通证来完成价值的点对点的即时传递,因此,Web 3.0 既可以有效保护和传递链上数字资产,还可以保护链下实物资产,即通过射频识别标签(RFID)、传感器、二维码等数据识别传感技术以及全球定位系统,实现数据自动采集,从源头上降低虚假数据上链的可能性,实现链上数字资产和链下实物资产的价值映射。

(2) 用户拥有较大的自主权。Web 3.0 高度重视用户权利的保护,以用户为中心,账户归用户拥有,赋予用户较大的自主权。一是用户拥有身份自主管理权。在 Web 3.0 时代,基于区块链技术,用户通过公私钥的签名与验签机制相互识别数字身份,而无须在互联网平台上开户。分布式账本是一个严防篡改的可信计算范式,Web 3.0 可以利用该技术构建其全新的可信分布式数字身份管理系统,发证方、持证方和验证方之间可以端到端地传递信任,从而在没有互联网平台账户的条件下可信地验证身份。二是用户拥有数据自主权。分布式账本技术可提供一种全新的自主可控数据隐私保护方案,用户数据经密码算法保护后在分布式账本上存储,用户直接决定数据可以被谁使用、使用用途和范围。此外,由于分布式账本上的智能合约具有透明可信、自动执行、强制履约等优势,用户可以更好地防范算法滥用、算法风险。用户自主权的增强也使得自身能在互联网上积累更多的数字资产。此外,Web 3.0上的任何一种服务都有多家提供者,而不是由单一的平台进行控制,平台通过分布式协议连起来,用户可以以极小的代价从一个服务商转移到另一个服务商,在很大程度上实现了用户与建设者之间的平权。

(3) 构建全新的新型激励系统。Web 3.0则基于区块链技术,利用分布式账本技术,构建起激励相容的开放式环境,本质上是用户与建设者共建共享的新型经济系统,将彻底重构互联网经济的组织形式和商业模式。在新型经济系统中,众多互不认识的个体通过"去中心"的分布式协同工作,共同进行投资、运营、管理项目,项目决策由参与者共同投票决定,而决策后的事项采用智能合约自动执行,并共同拥有权益(Stake)和资产。可以看出,这种新型经济系统是真正的用户共创共建、共享共治,用户既是网络的参与者和建设者,也是网络的投资者、拥有者以及价值分享者。Web 3.0是新技术,也是新的生产力,将使生产关系发生深刻变革,主要体现在激励机制的重构和新型经济系统的构建。

(4) 属于立体的、智能化的全真互联。一是基于语义网络的智能互联网。Web 3.0是一种语义网络,即能够根据语义进行判断的智能网络,其既能组合信息,又能像人类一样读懂信息,更能以类似人类的方式进行自主学习和知识推理。显而易见,基于语义网络的Web 3.0更加智能化、自动化和人性化,也能够提供更为精准、智能的信息。二是立体的全息互联网。Web 3.0需要为用户提供前所未有的交互性以及高度的沉浸感和参与感,这就要求利用VR、AR、MR、XR等技术,5G、人工智能、渲染等技术,以及基层的芯片等技术来打造立体化的全息互联网。

(5) 平台之间互联互通的资产流动与分工细化。Web 3.0阶段,平台之间的壁垒大幅度削弱,用户的数据流通性加强,平台之间实现真正的互联互通尤其是数字资产在平台之间的自由流动。而平台之间的竞争回归到产品创新、服务创新、价值创新本身,这也促使程序化不用依赖平台就能通过开发敏捷的小应用来获益。Web 3.0使专业分工更细,在一条链上可以集成不同企业和个人提供的客户端的功能A、客户端的功能B、服务端的服务响应、服务端的文件存储、服务端的数据认证等功能。

3. Web 1.0、Web 2.0和Web 3.0的比较

Web 3.0是Web 1.0和Web 2.0技术和应用演化的结果,是互联网发展的新阶段。三者之间紧密相连又存在较大区别,如表10-1所示。

表10-1 Web 1.0、Web 2.0和Web 3.0的比较

序号	分类	Web 1.0	Web 2.0	Web 3.0
1	时间区段	1991—2006年	2007—2018年	2019年至今
2	表现形式	门户网站	社交网站和智能网站	基于区块链的语义网
3	支撑技术	PC互联网	移动互联网、社交技术、大数据、人工智能等	区块链、VR/AR/MR/XR、人工智能、渲染技术

续表

序号	分类	Web 1.0	Web 2.0	Web 3.0
4	传递内容	传递海量信息	传递个性信息	传递价值
5	权利归属	信息选择权	信息表达权	信息拥有权
6	经济系统	互联网平台主导,用户被动	互联网平台为中心,用户为辅	用户和建设者共建共享

(1) 从发展阶段来看,Web 1.0 是互联网发展的第一个阶段,发展主要时间段为 1991—2006 年;Web 2.0 是互联网发展的第二个阶段,发展主要时间段为 2007—2018 年;Web 3.0 作为互联网发展的新阶段和高阶阶段,从 2019 年开始进入快速发展期,正在高速发展。

(2) 从表现形式来看,Web 1.0 阶段的主要表现形式是门户网站,如雅虎网、新浪网、搜狐网、网易网和腾讯网等;Web 2.0 阶段的主要表现形式是社交网站和智能网站,如推特、新浪微博、微信、抖音、快手等;Web 3.0 阶段的主要表现形式则是基于区块链的语义网等,正处于快速演变中。

(3) 从支撑技术来看,Web 1.0 阶段的基础技术主要是 PC 互联网技术等;Web 2.0 阶段的基础技术主要有移动互联网、社交技术、大数据、人工智能等技术;Web 3.0 阶段的基础技术主要有区块链、VR/AR/MR/XR、人工智能、渲染技术、芯片等。

(4) 从传递内容来看,Web 1.0 阶段主要是传递海量的信息;Web 2.0 阶段传递的主要是海量的,更加智能化、个性化的信息;Web 3.0 阶段传递的是智能化、精准化信息与价值。

(5) 从权利归属来看,Web 1.0 阶段用户获得了更多的信息选择权,但权利基本归属于门户网站运营者;Web 2.0 阶段用户获得了更多的表达权、展示权和数字资产,但是主要权利集中于互联网平台企业;Web 3.0 阶段用户获得身份、数据自主权,用户权利进一步扩大,用户与建设方共建共享。

(6) 从经济系统来看,Web 1.0 阶段的经济系统以互联网企业为主导,用户处于被动状态;Web 2.0 阶段的经济系统以互联网平台企业为中心,用户虽然获得了一定经济权利但是仍然处于附属地位;Web 3.0 阶段的经济系统由用户和建设者共建共享,是以用户为核心的数字经济和元宇宙。

10.3.3 硬件软化技术

软件硬化与硬件软化是两个不同的发展方向。

软件硬化指软件的功能会用硬件来实现,其首先是通过软件设计,然后转换成硬件来实现,软件设计一般通过 EDA 软件实现。而硬件软化就是硬件的功能用软件来代替或实现,比如解压卡,其可以用软件解压代替。目前比较前瞻性的硬件软化技术有以下几种。

1. 片上系统(SoC)技术

片上系统(System-on-Chip,SoC)设计人员正在软件中实现越来越多的功能,以获得灵活性,减轻为了支持不断演化的标准而导致的不确定性,并使同一个芯片能够为众多最终产品提供服务。相较于优化硬件而言,将功能从硬件移动到在处理器上运行的软件中,可能会付出性能降低和功耗增加的代价。解决这一问题,其中一种方法是使用一组小型任务专用处理器,而不是一个大型通用处理器。此方法可在图像识别、数据库查询和机器学习等应用中使用。

受 ASIC 芯片组启发,萌生将完整计算机所有不同的功能块一次直接集成于一颗硅片上的想法。SoC 称为系统级芯片,也有称片上系统,意指它是一个产品,是一个有专用目标的集成电路,其中包含完整系统并有嵌入软件的全部内容。同时它又是一种技术,用以实现从确定系统功能开始,到软/硬件划分,并完成设计的整个过程。

从狭义角度讲,它是信息系统核心的芯片集成,是将系统关键部件集成在一块芯片上;从广义角度讲,SoC 是一个微小型系统,如果说中央处理器(CPU)是大脑,那么 SoC 就是包括大脑、心脏、眼睛和手的系统。国内外学术界一般倾向将 SoC 定义为将微处理器、模拟 IP 核、数字 IP 核和存储器(或片外存储控制接口)集成在单一芯片上,它通常是客户定制的,或是面向特定用途的标准产品。

SoC 定义的基本内容有两方面:其一是构成,二是形成过程。系统级芯片的构成可以是系统级芯片控制逻辑模块、微处理器/微控制器 CPU 内核模块、数字信号处理器 DSP 模块、嵌入的存储器模块、和外部进行通信的接口模块、含有 ADC/DAC 的模拟前端模块、电源提供和功耗管理模块,对于一个无线 SoC 还有射频前端模块、用户定义逻辑以及微电子机械模块,更重要的是一个 SoC 芯片内嵌有基本软件模块或可载入的用户软件等。系统级芯片形成或产生过程包含以下三方面:①基于单片集成系统的软硬件协同设计和验证;②再利用逻辑面积技术使用和产能占有比例有效提高即开发和研究 IP 核生成及复用技术,特别是大容量的存储模块嵌入的重复应用等;③超深亚微米、纳米集成电路的设计理论和技术。

SoC 设计的关键技术主要包括总线架构技术、IP 核可复用技术、软硬件协同设计技术、SoC 验证技术、可测性设计技术、低功耗设计技术、超深亚微米电路实现技术等,此外还要做嵌入式软件移植、开发研究。用 SoC 技术设计系统芯片,一般先要进行软硬件划分,将设计基本分为两部分:芯片硬件设计和软件协同设计。芯片硬件设计包括:功能设计阶段,设计描述和行为级验证,逻辑综合,门级验证,布局和布线。

2. 可编程芯片

可编程化系统单芯片(PSoC)是一种可编程化的混合信号阵列架构,由一个芯片内建的微控制器(MCU)所控制,整合可组态的类比与数位电路,内含 UART、定时器、放大器(Amplifier)、比较器、数位类比转换器(ADC)、脉波宽度调变(PWM)、滤波器(Filter),以及 SPI、GPIO、I2C 等数十种元件,协助客户节省研发时间。

可编程芯片,顾名思义,就是拥有"数字系统"可进行逻辑编程的芯片,如高度可编程神经刺激芯片,可以满足多种脑机接口的应用和开发需求,它打破传统刺激器仅为专业应用定制的桎梏,在不大于 $10mm^2$ 的尺寸内包含 320 个刺激电极,为人机接口的研发和应用打开宽阔的大门。

可编程芯片,在接口芯片中,各硬件单元不是固定接死的,可由用户在使用中选择,即通过计算机指令来选择不同的通道和不同的电路功能,称为编程控制,接口电路的组态(即电路工作状态)可由计算机指令来控制的接口芯片称为可编程序接口芯片。

知识可编程智能芯片系统包括各种海量 AI 算法硬件单元(AI-AHE),如可重构深度学习单元、可重构概率图单元、可重构图处理单元、可重构演化计算单元、可重构输入/输出(I/O)单元等。知识单元是知识可编程智能芯片系统的特征,知识单元负责存储知识芯片的重构知识表征,根据这些知识表征在芯片运行时根据芯片的应用场景、输入/输出数据、运行状态等信息,得出如何重构芯片的知识,并映射成芯片的新结构和时序控制,完成对知识芯片进行重构的过程。

3. 软件定义技术

软件定义就是用软件去定义系统的功能,用软件给硬件赋能,实现系统运行效率和能量效率最大化。软件定义的本质就是在硬件资源数字化、标准化的基础上,通过软件编程去实现虚拟化、灵活、多样和定制化的功能,对外提供客户化的专用智能化、定制化的服务,实现应用软件与硬件的深度融合。其核心是 API(Application Programming Interface)。API 解除了软硬件之间的耦合关系,推动应用软件向个性化方向发展,硬件资源向标准化方向发展,系统功能向智能化方向发展。API 之上,一切皆可编程;API 之下,"如无必要,勿增实体"。

软件定义有三大特点或者发展趋势,即硬件资源虚拟化、系统软件平台化、应用软件多样化。①硬件资源虚拟化是指将各种实体硬件资源抽象化,打破其物理形态的不可分割性,以便通过灵活重组、重用发挥其最大效能;②系统软件平台化,是指通过基础软件对硬件资源进行统一管控、按需分配、按需配置,并通过标准化的编程接口解除上层应用软件和底层硬件资源之间的紧耦合关系,使其可以各自独立演化;③应用软件多样化。在成熟的平台化系统软件解决方案的基础上,应用软件不受硬件资源约束,将得到可持续地迅猛发展,整个系统将实现更多的功能,对外提供更为灵活高效的和多样化的服务。软件定义的系统,将随着硬件性能的提升、算法效能的改进、应用数量的增多,逐步向智能系统演变。

10.3.4 增强现实

1. 概述

增强现实(Augmented Reality,AR)是一种实时计算摄影机影像的位置及角度并加上相应图像的技术,是一种将真实世界信息和虚拟世界信息"无缝"集成的新技术,这种技术的目标是在屏幕上把虚拟世界套在现实世界并进行互动。

增强现实技术,把原本在现实世界某一时间空间范围内很难体验到的实体信息(视觉信息、声音、味道、触觉等)通过计算机等科学技术,模拟仿真后再叠加,将虚拟的信息应用到真实世界,让人类感官感知,从而达到超越现实的感官体验。真实的环境和虚拟的物体实时地叠加到了同一个画面或空间同时存在。

增强现实技术,不仅展现了真实世界的信息,而且将虚拟信息同时显示出来,两种信息相互补充、叠加。在视觉化的增强现实中,用户利用头盔显示器,把真实世界与计算机图形多图像重合成在一起,便可以看到真实的世界围绕着它。

增强现实技术包含多媒体、三维建模、实时视频显示及控制、多传感器融合、实时跟踪及注册、场景融合等新技术与新手段。增强现实提供了在一般情况下,不同于人类可以感知的信息。

AR 系统具有三个突出的特点:①真实世界和虚拟世界的信息集成;②具有实时交互性;③在三维尺度空间中增添定位虚拟物体。

2. 组成形式

一个完整的增强现实系统由一组紧密连接、实时工作的硬件部件与相关的软件系统协同实现,有三种组成形式比较常见。

(1) Monitor-Based 式。在基于计算机显示器的 AR 实现方案中,摄像机摄取的真实世界图像输入到计算机中,与计算机图形系统产生的虚拟景象合成,并输出到屏幕显示器。用户从屏幕上看到最终的增强场景图片。它虽然简单,但可带给用户沉浸感。

(2) 光学透视式。头盔式显示器(Head-Mounted Displays,HMD)被广泛应用于虚拟现实系统中,用以增强用户的视觉沉浸感。增强现实技术工程师采用了类似的显示技术,在 AR 中广泛应用穿透式 HMD。根据具体实现原理划分为两大类,分别是基于光学原理的穿透式 HMD(Optical See-through HMD)和基于视频合成技术的穿透式 HMD(Video See-through HMD)。光学透视式增强现实系统具有简单、分辨率高、没有视觉偏差等优点,但它同时也存在着定位精度要求高、延迟匹配难、视野相对较窄和价格高等不足。

(3) 视频透视式。视频透视式增强现实系统采用的基于视频合成技术的穿透式 HMD(Video See-through HMD)。

3. 工作原理

移动式增强现实系统早期原型增强现实的基本理念是将图像、声音和其他感官增强功能实时添加到真实世界的环境中。增强现实远比在电视广播中见到的任何技术都要先进,尽管增强现实的早期版本一开始是出现在通过电视播放的比赛和橄榄球比赛中,例如,Racef/x 和添加的第一次进攻线,它们都是由 SporTVision 创造的。这些系统只能显示从一个视角所能看到的图像。下一代增强现实系统将能显示所有观看者的视角的图像画面。

增强现实要努力实现的不仅是将图像实时添加到真实的环境中,而且还要更改这些图像以适应用户的头部及眼睛的转动,以便图像始终在用户视角范围内。

4. 应用领域

AR 技术不仅在与 VR 技术相类似的应用领域,诸如尖端武器、飞行器的研制与开发、数据模型的可视化、虚拟训练、娱乐与艺术等领域具有广泛的应用,而且由于其具有能够对真实环境进行增强显示输出的特性,在医疗研究与解剖训练、精密仪器制造和维修、军用飞机导航、工程设计和远程机器人控制等领域,具有比 VR 技术更加明显的优势。

医疗领域:医生可以利用增强现实技术,轻易地进行手术部位的精确定位。

军事领域:部队可以利用增强现实技术,进行方位的识别,获得实时所在地点的地理数据等重要军事数据。

古迹复原和数字化文化遗产保护:文化古迹的信息以增强现实的方式提供给参观者,用户不仅可以通过 HMD 看到古迹的文字解说,还能看到遗址上残缺部分的虚拟重构。

工业维修领域:通过头盔式显示器将多种辅助信息显示给用户,包括虚拟仪表的面板、被维修设备的内部结构、被维修设备零件图等。

网络视频通信领域:该系统使用增强现实和人脸跟踪技术,在通话的同时在通话者的面部实时叠加一些如帽子、眼镜等虚拟物体,在很大程度上提高了视频对话的趣味性。

电视转播领域:通过增强现实技术可以在转播体育比赛的时候实时地将辅助信息叠加到画面中,使得观众可以得到更多的信息。

娱乐、游戏领域:增强现实游戏可以让位于全球不同地点的玩家,共同进入一个真实的自然场景,以虚拟替身的形式,进行网络对战。

旅游、展览领域：人们在浏览、参观的同时，通过增强现实技术将接收到途经建筑的相关资料、观看展品的相关数据资料。

市政建设规划：采用增强现实技术将规划效果叠加到真实场景中以直接获得规划的效果。

10.3.5 数字孪生与元宇宙技术

1. 数字孪生

数字孪生技术，就是将现实物理系统数字化，并映射到数字虚拟空间中，然后在数字虚拟空间中构建数字模型，并进行计算机仿真，以对应现实物理系统的全生命周期过程。

数字孪生是充分利用物理模型、传感器更新、运行历史等数据，集成多学科、多物理量、多尺度、多概率的仿真过程，在虚拟空间中完成映射，从而反映相对应的实体装备的全生命周期过程。数字孪生是一种超越现实的概念，可以被视为一个或多个重要的、彼此依赖的装备系统的数字映射系统，如图 10-7 所示。

图 10-7　数字孪生

2005 年，信息-物理系统（Cyber-Physical System，CPS）被提出。其目标就是实现物理世界和信息世界的交互融合。通过大数据分析、人工智能等新一代信息技术在虚拟世界的仿真分析和预测，以最优的结果驱动物理世界的运行。数字孪生的本质就是在信息世界对物理世界的等价映射，因此数字孪生更好地诠释了 CPS，成为实现 CPS 的最佳技术。

数字孪生是一个普遍适应的理论技术体系，可以在众多领域应用，在产品设计、产品制造、医学分析、工程建设等领域应用较多。在国内应用最深入的是工程建设领域，关注度最高、研究最热的是智能制造领域。

最早，数字孪生思想由密歇根大学的 Michael Grieves 命名为"信息镜像模型"，而后演变为"数字孪生"的术语。数字孪生也被称为"数字双胞胎"和"数字化映射"。数字孪生是在基于定义的模型基础上深入发展起来的，企业在实施基于模型系统工程的过程中产生了大量物理和数学模型，这些模型为数字孪生的发展奠定了基础。2012 年，NASA 给出了数字孪生的概念描述：数字孪生是指充分利用物理模型、传感器、运行历史等数据，集成多学科、多尺度的仿真过程，它作为虚拟空间中对实体产品的镜像，反映了相对应物理实体产品的全生命周期过程。

数字孪生的重要启发在于，它实现了现实物理系统向数字空间数字化模型的反馈。这是一次工业领域中，逆向思维的壮举。人们试图将物理世界发生的一切，映射到数字空间中。只有带有回路反馈的全生命跟踪,才是真正的全生命周期概念。这样,就可以真正在全生命周期范围内,保证数字与物理世界的协调一致。基于数字化模型进行的各类仿真、分析、数据积累、挖掘,甚至人工智能的应用,都能确保它与现实物理系统的适用性。这就是数字孪生对智能制造的意义所在。

近年,数字孪生和平行智能技术的出现,使经济系统的运行状态可以在数字虚拟空间中表征和推演,并以计算机屏幕可视化方式直观呈现。在此过程中,决策者可动态交互、实时调优其运行目标,并使之收敛到最佳经济效果,然后将决策反馈到现实中,新技术在经济学领域的应用既是我们面临的一个新挑战,也是难得一遇的机遇。

《江苏省化工企业安全生产信息化管理平台》已经部署到省内一百余家化工企业,其功能模块包括全流程管理、风险监控、安全风险分区、流程管控、人员管理等,系统融合三维实景数据并叠加点位数据,将人员、车辆、作业、工艺等相关点位进行实时渲染,实现点位数据全方位可视化展示与分析,如图 10-8 所示。

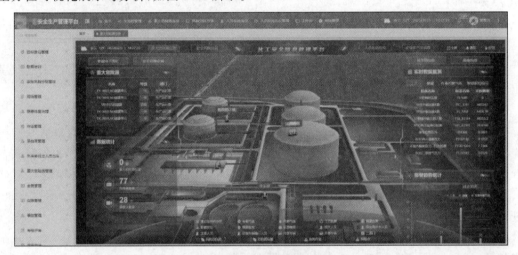

图 10-8　信息化管理平台

数字生产线(Digital Thread)是数字孪生的企业级应用。Digital Thread 可实现双向沟通,即真实物理产品的状态和参数将通过与智能生产系统集成的信息物理系统 CPS 向数字化模型反馈,使生命周期各个环节的数字化模型保持一致,从而能够实现动态、实时评估系统的当前及未来的功能和性能。而装备在运行的过程中,又通过将不断增加的传感器、机器的连接而收集的数据进行解释利用,可以将后期产品生产制造和运营维护的需求融入早期的产品设计过程中,形成设计改进的智能闭环,如图 10-9 所示。

数字孪生描述的是通过数字生产线连接的各具体环节的模型。可以说数字生产线是把各环节集成,再配合智能的制造系统、数字化测量检验系统以及赛博物理融合系统的结果。通过数字生产线集成了生命周期全过程的模型,这些模型与实际的智能制造系统和数字化测量检测系统进一步与嵌入式的信息物理系统(CPS)进行无缝的集成和同步,从而使我们能够在这个数字化产品上看到实际物理产品可能发生的情况。

简单地说,数字生产线贯穿了整个产品生命周期,尤其是产品设计、生产、运维的无缝集成;而数字孪生更像是智能产品的概念,它强调的是从产品运维到产品设计的回馈。数字孪生是物理产品的数字化影子,通过与外界传感器的集成,反映对象从微观到宏观的所有特

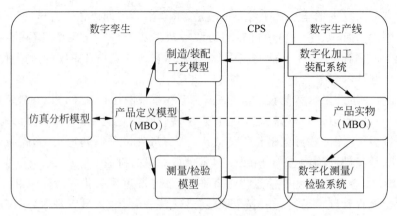

图 10-9　数字孪生与数字生产线

性,展示产品的生命周期的演进过程。当然,不止产品,生产产品的系统(生产设备、生产线)和使用维护中的系统也要按需建立数字孪生。

2. 元宇宙

元宇宙(Metaverse)是与现实世界映射和交互的虚拟世界,并具备新型社会体系的数字生活空间。

元宇宙本质上是对现实世界的虚拟化、数字化过程,需要对内容生产、经济系统、用户体验以及实体世界内容等进行大量改造。但元宇宙的发展是循序渐进的,是在共享的基础设施、标准及协议的支撑下,由众多工具、平台不断融合、进化而最终成形。它基于扩展现实技术提供沉浸式体验,基于数字孪生技术生成现实世界的镜像,基于区块链技术搭建经济体系,将虚拟世界与现实世界在经济系统、社交系统、身份系统上密切融合,并且允许每个用户进行内容生产和世界编辑。

2021 年是元宇宙商业元年。2021 年年初,SoulApp 在行业内首次提出构建"社交元宇宙"。2021 年 3 月,被称为元宇宙第一股的罗布乐思(Roblox)正式在纽约证券交易所上市。5 月,微软首席执行官萨蒂亚·纳德拉表示公司正在努力打造一个"企业元宇宙"。8 月,海尔率先发布制造行业的首个智造元宇宙平台;英伟达宣布推出全球首个为元宇宙建立提供基础的模拟和协作平台;字节跳动斥巨资收购 VR 创业公司 Pico。10 月 28 日,美国社交媒体巨头脸书(Facebook)宣布更名为"元"(Meta),来源于"元宇宙"(Metaverse)。12 月 21 日,百度发布的首个国产元宇宙产品"希壤"正式开放定向内测,用户凭邀请码可以进入希壤空间进行超前体验。

10.3.6　ChatGPT 与大模型

1. ChatGPT 简介

ChatGPT(Chat Generative Pre-trained Transformer),是美国人工智能研究实验室 OpenAI 于 2022 年 11 月 30 日研发的一款聊天机器人程序,它属于人工智能技术驱动的自然语言处理工具,能够根据预训练阶段所见的模式和统计规律回答问题,还能根据聊天的上下文进行互动聊天,甚至替你撰写邮件、视频脚本、文案、翻译、代码,写论文等任务。ChatGPT 的以上优点将使它在以下产业方向上有巨大应用空间,比如归纳文字工作、代码开发相关工作、图像生成领域、智能客服类工作等。

ChatGPT 使用的是 Transformer 神经网络架构,是一种用于处理序列数据的模型,拥有语言理解和文本生成能力。ChatGPT 连接了大量语料库,语料库包含的是真实世界的对话,因此,其聊天和交互能力很强。ChatGPT 采用的是基于人类反馈的强化学习方法,这样 ChatGPT 模型产出的内容与人类的常识、认知、需求、价值观保持一致。这是 ChatGPT 在人工智能生成内容技术方面取得了较大突破,解决了自然语言处理领域在语言内容表达、内容生产效率与丰富度方面的难题。

但 ChatGPT 仍然有一定的局限性。因为 ChatGPT 采用的是奖励模型,因此其能力将受该模型能力"上限"的影响。其次,ChatGPT 需要巨量的语料来拟合真实世界,这对语料标注员的综合素质提出了较高要求。如果需要创造不存在的知识,或像人一样依靠主观猜测提问者的意图时,ChatGPT 将会"捉襟见肘"。AI 迭代也是 ChatGPT 的一个"瓶颈",或迭代未达预期,或迭代开销太大。因此,ChatGPT 技术仍有巨大的发展空间。

2. ChatGPT 的负面影响

其负面主要来自以下几方面:①ChatGPT 可以撰写学术论文,因此,多家学术期刊发表声明,要求禁止使用 ChatGPT;②未经授权使用个人数据。在意大利,其被禁止;③因为担心 ChatGPT 对敏感代码的生成能力,韩国三星电子已禁止在工作场所使用;④因为 ChatGPT 可以完成作业,因此日本文部科学省将禁止学生在考试中使用;⑤因为跨境数据泄露的风险,中国支付清算协会已倡议谨慎使用 ChatGPT;⑥日本上智大学、东京大学、东北大学和京都大学等均表示,未经导师许可,不允许在任何作业中使用 ChatGPT 生成文本、程序源代码、计算结果等。

3. 大模型

1) 大模型的定义

大模型就是指参数规模超过千亿的机器学习模型,主要应用于自然语言处理、计算机视觉、语音识别等领域,它们在这些领域的表现越来越好,特别是在大场景下的表现能力十分突出。这些模型可应用于处理大规模的数据和复杂的问题。大模型拥有数量庞大的参数,比如 GPT-3 是有名的大模型,有 1.75 万亿个参数。

传统机器学习模型,如逻辑回归、决策树、朴素贝叶斯等,因为规模较小,其只能处理少量的数据。而深度学习模型则可以包含数百万个参数,处理海量数据。超大规模深度学习模型达到了百亿、千亿、万亿级别的参数,需要使用超级计算机进行训练。

2) 大模型的优缺点

大模型具有以下优点:①处理大规模数据能力强。大模型可以处理海量数据,从而提高机器学习模型的准确性和泛化能力。②处理复杂问题能力强。大模型具有更高的复杂度和更强的灵活性,可以处理更加复杂的问题。③具有更高的准确率和性能。大模型具有更多的参数和更为复杂的结构,能够更加准确地表达数据分布和学习到更复杂的特征,从而提高模型的准确率和性能。

大模型的缺点:①训练和推理时间较长。大模型需要处理大量的数据和参数,训练和推理时间较长,需要消耗更多的计算资源。②模型规模较大,存储成本较高。大模型的参数数量较多,需要更大的存储空间。③需要更高的计算能力。大模型需要使用更强的计算机和计算资源,加大了相关的投入成本。

3) 模型规模的发展历程

(1) 传统机器学习模型阶段。20世纪90年代初,机器学习模型主要以逻辑回归、神经网络、决策树和贝叶斯方法等为代表。传统的机器学习模型最大的特点是模型规模较小,只能处理较小的数据集。

(2) 深度学习模型阶段。深度学习模型的兴起可以追溯至20世纪80年代。但是受制于硬件和软件的限制,深度学习模型的应用一直受到限制。直到近年来,随着计算机硬件和软件的发展,深度学习模型得到了广泛应用。深度学习模型的代表包括卷积神经网络、循环神经网络、深度信念网络等。

(3) 超大规模深度学习模型阶段。随着深度学习模型在各个领域的成功应用,人们开始关注如何将深度学习模型扩大到更大的规模。学者们开始尝试训练更大的深度学习模型,超大规模深度学习模型开始应运而生,其规模可以达到百亿级别的参数。这样的模型需要在超级计算机上进行训练,需要消耗大量的时间和能源。但是,超大规模深度学习模型的出现,为机器学习应用带来了更多的可能性。

(4) 模型量子化阶段。随着大模型的发展,模型的计算复杂度和存储需求也越来越高,在一些轻量级场景下,大模型可能太过笨重。因此,模型量子化的发展愈发重要。模型量子化是指将原本浮点数表示的权重和激活值转换为更小的整数或者非浮点数来表示,从而减少了计算和存储的成本,同时又不影响模型的准确性。

4. 同类比较

(1) 与ChatGPT类似的系统。国外的有Microsoft Bing、Chatsonic、Jasper Chat、Google Bard AI、Character AI、Colossal Chat、YouChat、OpenAI Playground、DialoGPT、Perplexity AI、Claude、Caktus AI、GitHub Copilot X、Amazon Codewhisperer、Replika、Chai AI、Neeva AI、Chinchilla AI等。国内的有百度智能对话产品Baidu Chatbot、阿里巴巴旗下的智能对话工具AliChat、腾讯智能对话产品Tencent Chatbot、小米智能对话工具XiaoMi Chatbot、微信智能对话产品WeChat AI等。

(2) 类似的大模型。据2023年5月28日《中国人工智能大模型地图研究报告》称,据不完全统计目前国内已经发布了79个大模型,出现了华为的盘古、北京智源的悟道、百度的文心一言、阿里的通义千问、科大讯飞的星火认知等多个在行业具有影响力的大模型,其主要是自然语言理解、机器视觉和多模态方面的大模型。国内半数以上大模型已经开源,如清华大学的ChatGLM-68、复旦大学的MOSS以及百度的文心系列大模型。这方面论文发表量和引用量较高的,比如清华大学和阿里、百度联合开发的CogView模型论文、华为的FILP、百度的ERNIE 3.0以及阿里的M6-OFA,但其学术影响与国际相比仍有一定差距。尽管美国的谷歌和Open AI等机构处于世界领先,但欧洲、俄罗斯、以色列等国家和地区也有多个团队和技术人员致力于大模型研究。

思 考 题

1. 什么是石墨烯?它将有什么应用?
2. 什么是纳微器件?其会有什么应用?

3. 请介绍芯片设计与封装技术。
4. 请介绍芯片智能的发展趋势。
5. 请介绍中国芯片面临的挑战。
6. 什么是超级计算机？
7. 什么是算力？什么是国家算力？请介绍算力与国家竞争。
8. 什么是虚拟币和挖矿？
9. 什么是量子计算机？其最新发展是什么？
10. 请介绍操作系统的发展趋势。
11. 什么是 Web 3.0？什么是增强现实？
12. 什么是数字孪生？什么是元宇宙？
13. ChatGPT 是什么？它有什么负面影响？
14. 什么是大模型？它的优缺点是什么？

参考文献

[1] 张凯.计算机科学技术前沿技术[M].北京：清华大学出版社,2010.
[2] 张凯.计算机导论[M].2版.北京：清华大学出版社,2020.
[3] 张凯.大数据导论[M].北京：清华大学出版社,2020.
[4] 张凯.信息安全导论[M].北京：清华大学出版社,2018.
[5] 张凯.物联网导论[M].2版.北京：清华大学出版社,2022.
[6] 张凯.软件过程演化与进化论[M].1版.北京：清华大学出版社,2009.
[7] 张凯.电子商务系统分析与设计[M].北京：清华大学出版社,2014.
[8] 张凯.物联网软件工程[M].北京：清华大学出版社,2014.
[9] 张凯.物联网安全教程[M].北京：清华大学出版社,2014.
[10] 张凯.管理信息系统教程[M].2版.北京：清华大学出版社,2015.
[11] 张凯.信息资源管理[M].4版.北京：清华大学出版社,2020.
[12] 张凯.软件开发环境与工具教程[M].2版.北京：清华大学出版社,2022.
[13] 徐蕾,李莎,宁焕生.Web 3.0概念、内涵、技术及发展现状[J].工程科学学报,2023,45(05)：774-786.
[14] 姜奇平.Web 3.0的深义[J].互联网周刊,2022(22)：6.
[15] 刘景丰,柚李.算力向西,下一盘大棋[J].大数据时代,2022(05)：6-20.
[16] 曾纯.数据与算力的底座[J].中国工业和信息化,2022(04)：2.
[17] 尹首一.人工智能芯片概述[J].微纳电子与智能制造,2019,1(02)：7-11.
[18] 任源,潘俊,刘京京,等.人工智能芯片的研究进展[J].微纳电子与智能制造,2019,1(02)：20-34.
[19] 杜超.浅析HTML5的新特性[J].信息与电脑(理论版),2017(21)：41-42.
[20] 李赫,孙继飞,杨泳,等.基于区块链2.0的以太坊初探[J].中国金融电脑,2017(06)：57-60.
[21] 秉泽."暗网"：你所不了解的互联网[J].保密工作,2016(02)：47-48.